Verena Ebert
Koloniale Straßennamen

Koloniale und Postkoloniale Linguistik
Colonial and Postcolonial Linguistics

Herausgegeben von Stefan Engelberg,
Peter Mühlhäusler, Doris Stolberg, Thomas Stolz
und Ingo H. Warnke

Band 16

Verena Ebert

Koloniale Straßennamen

Benennungspraktiken im Kontext kolonialer Raumaneignung in der deutschen Metropole von 1884 bis 1945

DE GRUYTER

ISBN 978-3-11-111487-3
e-ISBN (PDF) 978-3-11-071813-3
e-ISBN (EPUB) 978-3-11-071814-0

Library of Congress Control Number: 2020950706

Bibliografische Information der Deutschen Nationalbibliothek
Die Deutsche Nationalbibliothek verzeichnet diese Publikation in der Deutschen Nationalbibliografie; detaillierte bibliografische Daten sind im Internet über http://dnb.dnb.de abrufbar.

© 2022 Walter de Gruyter GmbH, Berlin/Boston
Dieser Band ist text- und seitenidentisch mit der 2021 erschienenen gebundenen Ausgabe.
Druck und Bindung: CPI books GmbH, Leck

www.degruyter.com

Vorwort

Das Buch ist eine leicht überarbeitete Fassung meiner im Sommersemester 2019 an der Philosophischen Fakultät der Universität Würzburg eingereichten Dissertationsschrift. Die Promotion wurde am 16. Dezember 2019 mit dem Rigorosum erfolgreich abgeschlossen. Ein großes Dankeschön ergeht an alle, die zum Gelingen und zur Fertigstellung dieses Projekts beigetragen haben und von denen ich an dieser Stelle einige namentlich nennen möchte.

Ich danke allen Mitarbeiterinnen und Mitarbeiter der Stadtarchive, die mich bei meinen Inventarisierungsarbeiten durch entsprechende Durchsicht bzw. Bereitstellung historischer Benennungsakten, Adressbücher, Straßenverzeichnisse oder Stadtpläne tatkräftig unterstützt haben. Dem Freundeskreis für Cartographica in der Stiftung Preußischer Kulturbesitz e. V. möchte ich für die finanzielle Unterstützung meines Forschungsaufenthalts in der Kartenabteilung der Staatsbibliothek Berlin danken. Besonderer Dank geht an Wolfgang Crom für die hervorragenden Arbeitsbedingungen vor Ort, sein Interesse am Thema und seine langjährige Unterstützung.

Prof. Dr. Ingo H. Warnke und Prof. Dr. Thomas Stolz möchte ich für die Einladung zu diversen Symposien der Study Group *Koloniallinguistik* des Hanse-Wissenschaftskollegs (HWK) und der Creative Unit *Language in Colonial Contexts* der Universität Bremen und ihre wertvollen Hinweise danken.

Prof. Dr. Stefan Engelberg, Prof. Dr. Peter Mühlhäusler, Dr. Doris Stolberg, Prof. Dr. Thomas Stolz und Prof. Dr. Ingo H. Warnke danke ich für die Aufnahme der Arbeit in die Reihe *Koloniale und Postkoloniale Linguistik – Colonial and Postcolonial Linguistics*. Dr. Cornelia Stroh danke ich für die Erstellung der Druckvorlage aus dem Manuskript, Dr. Carolin Eckardt vom Verlag De Gruyter für die geduldige redaktionelle Betreuung.

Bei Prof. Dr. Wolf Peter Klein möchte ich mich für das sportliche Mitfiebern in den letzten Wochen vor Abgabe der Dissertation und seine spontane Zusage, das Zweitgutachten dieser Arbeit zu übernehmen, herzlich bedanken.

Mein größter Dank gilt Prof. Dr. Matthias Schulz, der diese Arbeit betreut hat: Ich danke ihm für das Vertrauen in mich, für die vielen sachlichen Hinweise, die in diese Arbeit eingeflossen sind und die stete Bekräftigung, diese Arbeit schreiben zu können.

Verena Ebert
Würzburg 2020

Inhalt

Vorwort —— V

Abbildungen —— XI

Diagramme —— XIII

Tabellen —— XV

1 Einleitung —— 1

2 Theoretische Grundlagen und Forschungsstand: Straßennamen und ihre Erforschung —— 8
2.1 Historische und (weitere) kulturwissenschaftliche Ansätze —— 12
2.1.1 Kulturgeschichtliche Konzepte —— 13
2.1.2 Gedächtnistheoretische Konzepte —— 15
2.1.3 Critical Toponymies —— 16
2.1.4 Straßennamen (und weitere Ortsnamen) des Kolonialismus in historischen und (weiteren) kulturwissenschaftlichen Studien —— 17
2.1.5 Zwischenfazit —— 20
2.1.6 Sprachwissenschaftliche Perspektiven auf geschichts- und (weitere) kulturwissenschaftliche Ansätze —— 20
2.2 Sprachwissenschaftliche Ansätze —— 22
2.2.1 Onomastik —— 22
2.2.2 Toponomastik —— 25
2.2.3 Koloniallinguistik —— 32
2.2.4 Kolonialtoponomastik —— 33
2.3 Ergebnisse, Forschungsdesiderate —— 41

3 Methodisches Vorgehen —— 46
3.1 Grundprinzipien —— 46
3.1.1 Sprachhistorischer Zugriff —— 47
3.1.2 Ortsübergreifender Zugriff —— 47
3.1.3 Deskriptiver Zugriff —— 48
3.1.4 Abgrenzungen —— 49
3.2 Ortskorpus —— 51
3.3 Quellen —— 52

3.3.1	Koloniallexika —— 53	
3.3.2	Straßennamenlexika —— 55	
3.3.3	Straßenbenennungsakten —— 57	
3.3.4	Adressbücher —— 58	
3.3.5	Stadtpläne —— 63	
3.4	Identifizierungs- und Inventarisierungsaufgabe anhand ausgewählter Städte des Ortskorpus —— 65	
3.4.1	Kolonial motivierte Straßenbenennungen in Dresden —— 65	
3.4.2	Koloniale motivierte Straßenbenennungen in Breslau [Wrocław] —— 68	
3.5	Ergebnisse —— 69	

4   Nameninventar —— 77

5   Verfahren der Datenauswertung: Kategorienraster —— 87
5.1   Raumzeitliche Annotationen —— 89
5.2   Konstruktionsbezogene Annotationen —— 90
5.2.1   Klassifikatoren —— 92
5.2.2   Modifikatoren: MOD-Token vs. MOD-Type —— 94
5.2.3   Klassenzugehörigkeiten der Modifikator-Konstruktionen —— 97
5.2.4   Georeferenzierende Bezüge toponymischer Modifikator-Konstruktionen —— 98
5.3   Raumlinguistische Annotationen —— 99
5.4   Onomastisch-benennungskategoriale Annotationen —— 100
5.5   Argumentatorisch-diskursbezogene Annotationen —— 100
5.6   Annotationskriterien am Beispiel der für Dresden und Breslau [Wrocław] erhobenen SN-Token: Zwischenergebnisse —— 102

6   Analyse: Quantitäten —— 106
6.1   Ortstypen —— 106
6.2   Benennungszeiträume —— 108
6.3   MOD-Types —— 110
6.3.1   Tokenbezogene Quantitäten —— 110
6.3.2   Tokenbezogene Quantitäten in diachroner Perspektive —— 113
6.4   Ergebnisse —— 115

7   Strukturmuster und Diskursfunktionen —— 117
7.1   Klassenzugehörigkeiten der MOD-Token —— 117
7.1.1   Appellativa —— 118

7.1.2	Onyme —— 119
7.1.2.1	Anthroponyme —— 120
7.1.2.2	Toponyme —— 123
7.2	Zwischenergebnisse —— 132
7.3	Diskursfunktionen —— 133
7.3.1	Personalität —— 133
7.3.2	Lokalität —— 137
7.3.2.1	Distributionen und zeitgenössische Zuschreibungen —— 137
7.3.2.2	Räumliche Bezüge —— 145
7.4	Strukturmuster und Diskursfunktionen: Einfluss durch Gruppen der Kolonialbewegung —— 155
7.5	Ergebnisse —— 159
8	**Raumreferenzierung und -belegung —— 163**
8.1	Einzelbenennungen —— 164
8.1.1	Inventare —— 164
8.1.2	Strukturmuster und Diskursfunktionen —— 169
8.2	Cluster —— 173
8.2.1	Klein angelegte Kolonialcluster —— 173
8.2.1.1	Inventare —— 174
8.2.1.2	Strukturmuster und Diskursfunktionen —— 175
8.2.2	Groß angelegte Kolonialcluster —— 176
8.2.2.1	Diachrone Verteilungen der innerhalb von Clustern erfolgten Namenvergaben —— 186
8.2.2.2	Clustertypen: Inventare —— 190
8.2.2.3	Ergebnisse: Strukturmuster und Diskursfunktionen kolonialer Clusterbenennung —— 209
8.2.2.4	Clusterbezogene Georeferenzierungen —— 214
8.3	Exkurs: Kolonialcluster in Lodz bzw. Litzmannstadt (Łódź), Pabianitz [Pabianice] und Königshütte [Chorzów] – fragliche Fälle? —— 218
9	**Benennungsstatus —— 226**
9.1	Umbenennungen —— 229
9.2	Neubenennungen —— 241
9.3	Ergebnisse —— 244
10	**Zusammenfassung —— 247**

Literaturverzeichnis —— 255

Appendix 1: Erstelltes Nameninventar kolonial motivierter
    Straßennamen —— 287

Appendix 2: Ortskorpus —— 293

Appendix 3: Auszug aus dem Annotationsraster für die in Dresden und Breslau
    [Wrocław] verfügten Kolonialismen —— 295

Personen- und Autorenregister —— 299

Sachregister —— 302

Abbildungen

Abbildung 1	Bisherige und neue (fett markiert) Untersuchungsgegenstände der vergleichenden Kolonialtoponomastik —— **40**	
Abbildung 2	Einträge *Carl-Peters-Straße* und *Lettow-Vorbeck-Straße* in Hilscher (2015: 37, 120) —— **57**	
Abbildung 3	Adressbuch Braunschweig (1940 IV: 207) —— **59**	
Abbildung 4	Stadtplan Bremen (1927), Ausschnitt Waller Vorstadt —— **64**	
Abbildung 5	Stadtplan Dresden (1939), Ausschnitt Räcknitz/Zschertnitz —— **66**	
Abbildung 6	Stadtplan Dresden (1923), Ausschnitt Räcknitz/Zschertnitz —— **66**	
Abbildung 7	Stadtplan Breslau (etwa 1941), Ausschnitt Mochbern —— **69**	
Abbildung 8	Stadtplan Lübeck (1938) —— **73**	
Abbildung 9	Stadtplan Oranienburg (1940), Ausschnitt (heutiges) Ärzteviertel —— **79**	
Abbildung 10	Plan Karlsbad [Karlovy Vary] (1940) —— **81**	
Abbildung 11	Plan Prerau [Přerov] (1943) —— **82**	
Abbildung 12	Plan Iglau [Jihlava] (1943) —— **83**	
Abbildung 13	Stadtplan Altenburg (1939), Ausschnitt Kauerndorf (Randsiedlung) —— **166**	
Abbildung 14	Stadtplan Altenburg (1939) —— **171**	
Abbildung 15	Stadtplan Münster (1939), Ausschnitt Gremmendorf —— **174**	
Abbildung 16	Lageplan zur Niederhohndorfer Straße, Adressbuch Zwickau (1943/44 III: 181) —— **176**	
Abbildung 17	Stadtplan Hamburg (ca. 1935), Ausschnitt Kleiner Grasbrook —— **178**	
Abbildung 18	Stadtplan Hamburg (ca. 1935), Ausschnitt Hamm und Horn —— **179**	
Abbildung 19	Stadtplan Hamburg, Ausschnitt Wandsbek-West, im Adressbuch Hamburg (1940) —— **180**	
Abbildung 20	Stadtplan Hamburg, Ausschnitt Wandsbek-Ost, im Adressbuch Hamburg (1940) —— **180**	
Abbildung 21	Stadtplan Hamburg, Ausschnitt Rahlstedt, im Adressbuch Hamburg (1940) —— **181**	
Abbildung 22	Stadtplan Düsseldorf (1937), Ausschnitt Golzheim —— **183**	
Abbildung 23	Stadtplan München (1940), Ausschnitt Trudering —— **185**	
Abbildung 24	Hafenplan Bremen (1938) —— **192**	
Abbildung 25	Stadtplan Stettin (ca. 1939), Ausschnitt Braunsfelde —— **193**	
Abbildung 26	Stadtplan Bochum (1938), Ausschnitt Ehrenfeld —— **198**	
Abbildung 27	Stadtplan Heilbronn (1938), Ausschnitt heutiges Ärzteviertel —— **204**	
Abbildung 28	Adressbuch München (1941 IV: 256) —— **206**	
Abbildung 29	*Lome-* und *Togoweg* in Magdeburg, Neustädter Feld (Milchweg) —— **213**	
Abbildung 30	Stadtplan Duisburg (1942), Ausschnitt Huckingen-Buchholz —— **216**	
Abbildung 31	Stadtplan Pabianitz [Pabianice] (1943), Ausschnitt südlicher Stadtrand —— **220**	
Abbildung 32	Litzmannstädter Zeitung (6.12.1942) —— **221**	
Abbildung 33	Königshütte [Chorzów] (1941), Ausschnitt Bismarck —— **221**	
Abbildung 34	Lodz bzw. Litzmannstadt [Łódź] (1942) —— **223**	
Abbildung 35	Lodz bzw. Litzmannstadt [Łódź] (1942), Ausschnitt Effinghausen —— **224**	
Abbildung 36	Stadtplan Vohwinkel (vor 1935) —— **227**	

Diagramme

Diagramm 1 27 ortsübergreifend verfügte MOD-Types (1984–1945) mit den jew.
MOD-Token —— **112**
Diagramm 2 Ortsübergreifend verfügte MOD-Types in der NS-Zeit (1933–1945) mit den jew.
MOD-Token —— **114**
Diagramm 3 Georeferenzierende Bezüge toponymischer MOD-Token —— **148**

Tabellen

Tabelle 1	Quantitäten an KLASS-Konstruktionen —— 92	
Tabelle 2	Verteilung usueller KLASS-Konstruktionen auf ausgewählte MOD-Konstruktionen —— 93	
Tabelle 3	Type-Token-Relation der Modifikatoren —— 94	
Tabelle 4	Prosodische Strukturen —— 96	
Tabelle 5	Verteilung der SN-Token auf die jeweiligen Ortstypen —— 107	
Tabelle 6	Verfügungszeiträume des Gesamtinventars kolonial motivierter Straßennamen —— 109	
Tabelle 7	Verfügungszeiträume kolonial motivierter Straßennamen nach der de facto-Herrschaft —— 109	
Tabelle 8	Fünf ortsübergreifend verfügte MOD-Types, faktische Kolonialzeit (1884–1919) —— 113	
Tabelle 9	Sieben ortsübergreifend verfügte MOD-Types, Zwischenkriegszeit (1919–1933) —— 114	
Tabelle 10	Distributionen anthroponymischer MOD-Types (ortsübergreifend), Einträge in den Koloniallexika —— 121	
Tabelle 11	Distributionen der Unterklassen toponymischer MOD-Types —— 124	
Tabelle 12	Distributionen choronymischer MOD-Types (ortsübergreifend), Einträge in den Koloniallexika —— 124	
Tabelle 13	Distributionen oikonymischer MOD-Types (ortsübergreifend), Einträge in den Koloniallexika —— 126	
Tabelle 14	Distributionen toponymischer MOD-Types mit praxonymischen Anteilen (ortsübergreifend), Einträge in den Koloniallexika —— 129	
Tabelle 15	Singuläre hydronymische und choronymische MOD-Types, Einträge in den Koloniallexika —— 131	
Tabelle 16	Historische Zuschreibungen anthroponymischer MOD-Types (ortsübergreifend) —— 134	
Tabelle 17	Historische Zuschreibung choronymischer MOD-Types (ortsübergreifend) —— 138	
Tabelle 18	Historische Zuschreibungen oikonymischer MOD-Types (ortsübergreifend) —— 139	
Tabelle 19	Historische Zuschreibungen singulärer hydronymischer und oronymischer MOD-Types —— 142	
Tabelle 20	Distributionen toponymischer MOD-Token hinsichtlich räumlicher Bezüge —— 145	
Tabelle 21	Toponymische MOD-Types (ortsübergreifend), Deutsch-Südwestafrika —— 148	
Tabelle 22	Raumbezogene Formen kolonialer Referenzierung und -belegung —— 163	
Tabelle 23	Singuläre ortsbezogene Einzelbenennungen (a) —— 164	
Tabelle 24	Zwei und mehr voneinander unabhängige ortsbezogene Einzelbenennungen (b) —— 167	
Tabelle 25	Singuläre oder mehrere voneinander unabhängige Einzelbenennungen neben Kolonialclustern (c) —— 168	
Tabelle 26	Ortsspezifische Verteilung von Kleinclustern —— 174	

Tabelle 27	Ortsspezifische Verteilung von Großclustern (annektierte Gebiete ausgenommen) —— 177
Tabelle 28	Zeithistorische Entstehung von Kolonialclustern —— 187
Tabelle 29	Häufigkeitsverteilung zeitgleicher Benennungen als Kolonialcluster —— 188
Tabelle 30	Häufigkeitsverteilung der drei Clustertypen —— 190
Tabelle 31	Großcluster mit ausschließlich toponymischen MOD-Types —— 191
Tabelle 32	Großcluster mit ausschließlich anthroponymischen MOD-Types —— 195
Tabelle 33	Großcluster mit toponymischen, anthroponymischen und ggf. weiteren MOD-Types —— 200
Tabelle 34	Konstruktionen innerhalb von Clustern (Typ 3) —— 204
Tabelle 35	Distributionen toponymischer MOD-Types innerhalb von Clustern (Typ 3) —— 205
Tabelle 36	Distributionen anthroponymischer MOD-Types innerhalb von Clustern (Typ 3) —— 208
Tabelle 37	Distributionen hinsichtlich des Benennungsstatus —— 228
Tabelle 38	Umbenennungsprodukte, Einzelbenennungen —— 229
Tabelle 39	Umbenennungsprodukte, klein angelegte Kolonialcluster —— 230
Tabelle 40	Umbenennungsprodukte, groß angelegte Kolonialcluster —— 231

1 Einleitung

> Der deutsche Kolonialismus ist mehr als imperialistische Machtnahme in Übersee. Das kolonisatorische Handeln des Kaiserreichs [...] ist maßgeblich durch Kommunikation gestützt, also durch die Art und Weise, wie man vor allem durch das Sprechen über Andere und Fremdes sich selbst und das Eigene definiert. Die Sprache ist dabei Werkzeug einer Ordnung der Dinge; (Warnke 2009: 3)

Mit diesen richtungsweisenden Worten zeigt der Herausgeber des Sammelbandes *Deutsche Sprache und Kolonialismus*, der sich erstmalig explizit mit der sprachwissenschaftlich ausgerichteten Erforschung kolonialer Kommunikation des Deutschen Kaiserreichs beschäftigt, gleich zu Beginn seines Vorworts auf, dass die Erforschung der deutschen Kolonialgeschichte ein zentrales Forschungsfeld der germanistischen Linguistik darstellt. In der weiteren Argumentation des Textes kann er klar belegen, dass dieser Themenkomplex jedoch innerhalb sprachgeschichtlicher Untersuchungen bis zu diesem Zeitpunkt völlig unberücksichtigt geblieben ist (vgl. Warnke 2009: 29–40).

In der Geschichtswissenschaft wird bereits seit einiger Zeit betont, dass die deutsche Kolonialherrschaft nicht als episodenhafte Geschichte einer nur drei Jahrzehnte andauernden Herrschaft innerhalb kolonisierter Gebiete in Afrika, China und im Pazifik heruntergebrochen werden kann: Neuere Überblickswerke dieser Disziplin arbeiten klar heraus, dass die Geschichte der „‚kolonialen Situation', und zwar in Übersee ebenso wie in der Metropole" (Speitkamp 2005a: 11), „nicht nur ein ‚strukturgeschichtlich' beschreibbares Herrschaftsverhältnis, sondern zugleich auch eine besondere *Interpretation* [kursiv im Original] dieses Verhältnisses [ist]. Zu seinem Wesenskern gehört eine spezifische Bewusstseinshaltung" (Osterhammel und Jansen 2012: 19). Aus sprachwissenschaftlicher Perspektive ist hier anzufügen, dass die genannte Bewusstseinshaltung „vor allem eine sprachliche Gestalt aufweist" (Warnke 2009: 7). Die linguistische Erforschung kolonialzeitbezogener Kommunikation ist insofern in zweifacher Hinsicht relevant: Koloniales Handeln wird maßgeblich durch Sprache gestützt, und die sprachlich-diskursive Hervorbringung dieses kolonisatorischen Selbstverständnisses reicht über die Zeit des faktischen Kolonialismus bis in die erste Hälfte des 20. Jahrhunderts hinaus.

Das Ziel dieser Studie besteht darin, herauszuarbeiten, wie kolonisatorisches Selbstverständnis durch sprachliche Praktiken der Benennung des öffentlichen Raums im Deutschen Reich vom Beginn der kaiserzeitlichen Kolonialherrschaft an bis 1945 hervorgebracht wurde. Die Arbeit schließt damit an aktuell aufgeworfene linguistische Fragestellungen nach der „Bedeutung von Toponymen für die Erforschung des vielschichtigen Zusammenspiels von Sprache und Kolonialismus" (Stolz und Warnke 2018b: 4), denn „koloniale Toponyme [sind] gewissermaßen als wichtige[r] Teil eines kolonial geprägten Wortschatzes dar und damit als Paradebeispiel für koloniale Sprache [zu] verstehen" (Stolz und Warnke 2018b: 6). Dazu werden Kolonialtoponyme für die kolonisierten Räume im systematisch-empirischen Zugriff erhoben und unter system- und diskurslinguistischen Betrachtungsweisen untersucht. Die vorliegende Arbeit erweitert den bisherigen kolonialtoponymischen Skopus insofern in doppelter Weise grundlegend, als dass der analytische Blick erstmalig auf sprachlich-diskursive Prozesse kolonialer Raumaneignung bzw. -besetzung in der deutschen Metropole und dabei systematisch auf die Ebene der Mikrotoponyme, spezieller der Straßennamen, gerichtet wird: Koloniale Straßennamen stellen – unmittelbarer als zeitgenössische Schlüsseltexte, Institutionentexte, wissensvermittelnde Texte u. dgl., die die kolonisatorische Kommunikation des Kaiserreichs abbilden (vgl. Schulz 2016) – einen direkten Bestandteil der sprachlichen Konstruktion von Räumen dar. Damit eröffnen sie bisher unerforschte sprachwissenschaftliche Perspektiven in Bezug auf die Alltagskommunikation des Deutschen Reichs, in „denen Kontextualisierungszusammenhänge [...] des Kolonialismus am deutlichsten markiert" (Warnke 2009: 37) sind. Zeitgenössische Akten zeigen, dass mit derartigen Straßennamenvergaben ein „Ehren" in unmittelbarem Bezug auf das „deutsche[n] Kolonialwesen[s]" intendiert war:

> Zu Ehren des Begründers des deutschen Kolonialwesens wünscht die Bürgerschaft die zwischen Seestraße und der Straße 20a gelegene, bereits gepflasterte Strasse 27a Abtheilung X1 Lüderitzstraße zu benennen. In der Nähe befinden sich einige Kolonialstraßen z. B. die Togo- und Kamerunerstraße. (GStA PK, I HA Rep. 77, Tit. 1319, Nr. 2, Bd. 17)

Aus dem im historischen Dokument dargelegten Wunsch der Berliner Bürgerschaft resultierte 1902 der administrative Beschluss einer Verfügung des Straßennamens *Lüderitzstraße* in den öffentlichen Raum im Berliner Wedding (vgl. Honold 2003: 315). Die zeitgenössische Akte legt nicht nur die eindeutig koloniale Motivik des historischen Benennungsakts („Zu Ehren des Begründers des deutschen Kolonialwesens") dar, sondern verweist zugleich auf bereits erfolgte Beschlüsse zur Benennung anderer Straßen, die sich (in ihren strukturellen) Erstgliedern auf die Toponyme *Togo* und *Kamerun* beziehen, also auf die durch das Kaiserreich kolonisierte Gebiete. Diese Straßen werden im Zitat als „Kolonialstraßen" bezeichnet. Derartige Straßennamen fanden nicht ausschließlich in der Reichshauptstadt Berlin Verwendung, die im Zuge des kolonialen Erwerbs als „Zentrale des deutschen Kolonialismus" fungierte (vgl. Heyden und Zeller 2005: 8). Für eine Vielzahl weiterer Orte des deutschsprachigen Raums sind Straßenbenennungen bis in die erste Hälfte des 20. Jahrhunderts festzustellen, deren Erstglieder auf das „Schutzgebiet T. [d. i. Togo] [...] an der Westküste Afrikas" (Schnee 1920 III: 497) bzw. auf die „Kolonie K. [d. i. Kamerun] [...] im innersten Winkel der Bucht von Guinea" (Schnee 1920 II: 169) verweisen, bspw. für Forst (Lausitz), Heilbronn, Köln, Magdeburg, Oranienburg, Stettin [Szczecin] und Stuttgart. Sie sind in sog. Straßenverzeichnissen zeitgenössischer Einwohner- bzw. Adressbücher und in historischen Stadtplänen verzeichnet. Zeitgenössische Fotografien zeigen die genannten Straßennamen erwartungsgemäß auf Straßenschildern im öffentlichen Raum (vgl. Schulz und Ebert 2017: 176), in Einzelfällen sogar künstlerisch verziert (Abb. 29, Kap. 8.2.2.3). Ebenso sind Straßenbenennungen, die auf den „Kolonialpionier Lüderitz" (Braunschweigisches Adreßbuch 1940 III: 211) und „Gründer der ersten deutschen Kolonie in Südwestafrika" (Leipziger Adreßbuch 1938 II: 296) referieren sollten, bis 1945 nicht nur für Berlin, Braunschweig und Leipzig nachzuweisen. Die bezeichnungsmotivisch auf die den Namen tragende Person Adolf Lüderitz verweisenden Namenmuster sind bspw. auch für Mittelstädte wie Bautzen, Cuxhaven, Eilenburg, Heilbronn, Merseburg und Ravensburg festzustellen. In den Einträgen der Straßenverzeichnisse aus zeitgenössischen Adressbüchern wird festgehalten, dass der Person Adolf Lüderitz ein unmittelbarer Anteil an der kolonialen Inbesitznahme des Deutschen Kaiserreichs (*Lüderitzstraße*) zugesprochen wird. Dass derartige Namenverfügungen auf eine offenbar breite Resonanz bei Kolonialbefürwortern gestoßen sind, wird durch folgendes Zitat aus der Deutschen Kolonialzeitung ersichtlich:

> Wie uns aus Dresden mitgeteilt wird, hat der dortige Stadtrat kürzlich beschlossen, zwei im neu aufzuschließenden Südviertel der sächsischen Hauptstadt „Lüderitz-Straße" und „Wissmann-Straße" zu benennen. Vivant sequentes! (DKZ 22.03.1913: 201)

Die Kommentierung der Vergabepraxis der Straßennamen für neu erbaute Straßenzüge („Vivant sequentes!") zeigt, dass die Deutsche Kolonialgesellschaft (DKG) über ihr offizielles Organ mit den administrativen Namenverfügungen eine über den Tod hinausgehende, in die Zukunft gerichtete Würdigung verband (vgl. Schulz 2019: 283).

Diese vorerst nur exemplarische Zusammenstellung einzelner Nameninventare in verschiedenen Groß- und Mittelstädten des Deutschen Reichs verdeutlicht, dass es sich bei derartigen kolonial motivierten Straßenbenennungen um ortsübergreifende sprachliche Praktiken handelt, hinter denen offenbar auch nationale sprachliche Interessen rekonstruiert werden können. Festgehalten werden kann schon jetzt, dass kolonial motivierte Straßennamen
- durch Beschlüsse administrativer Stellen bzw. Gremien rechtlich festgesetzt und damit verfügt wurden,

- durch entsprechende Veröffentlichung in Amtsblättern sicht- und lesbar gemacht wurden,
- in Straßen(namen)verzeichnissen von Einwohnerbüchern und/oder Adressbüchern sowie auf Stadtplänen sicht- und lesbar gemacht wurden,
- durch die Beschilderung, also durch das Anbringen der sprachlichen Zeichen auf Schilder, als ortsgebundene Schriftlichkeit (vgl. Auer 2010, Hennig 2010) in den öffentlichen Raum eingeschrieben bzw. fixiert und damit in der unmittelbaren Raumdeskription sicht- und lesbar gemacht wurden.

Zusätzlich zu den genannten Faktoren spielen Straßennamen auch eine unmittelbare Rolle im Postverkehr, bei Behördengängen und natürlich auch bei anderen Prozessen des Auffindens einer Adresse in einer Stadt. Dabei dienen kolonial motivierte Straßennamen natürlich wie andere Straßennamentypen auch funktional primär der Orientierung im Raum. Über diese primäre Orientierungsfunktion hinaus sind zum Zeitpunkt ihrer historischen Namenvergabe aber weitere sprachlich forcierte Interessen und Intentionen von Seiten der administrativen Namengeber festzustellen, die „die Sicht des Zeichenproduzenten und damit die Formen von Agentivität und Macht, die mit der Gewalt über die Zeichenverwendung im öffentlichen Raum einher gehen" (Auer 2010: 295), offenlegen. Der Prozess ihrer **Verfügung** sowie **Sicht- und Lesbarmachung** in der unmittelbaren Raumdeskription ist insofern als diskursives Phänomen zu betrachten, das in dieser Arbeit im Anschluss an sprachstrukturelle Analysen auch „auf sprachlich reproduzierte Gewissheiten und Wissensbestände" (Warnke und Schmidt-Brücken 2011: 45) untersucht und damit um die Kategorie der „*epistemischen Lesart* [kursiv im Original]" (Warnke und Schmidt-Brücken 2011: 37) erweitert werden soll „im Sinne einer wissensstrukturierenden, historischen Konstellation" (Warnke und Schmidt-Brücken 2011: 37, Fn. 1). Die verfügten Nameninventare bringen als textuell-räumliche Werkzeuge kolonisatorisches Selbstverständnis der administrativen Namengeber in Bezug auf zeitgenössische asymmetrische Machtverhältnisse und der Herrschaft im ‚fremden' Raum in Übersee hervor, das in dieser Arbeit erstmals im ortsübergreifenden Zugriff als eine mögliche Praxis sprachlich vermittelter kolonisatorischer Gewissheiten untersucht wird.

Die Kenntnis des Gegenstands historischer kolonialer Straßennamen ist bislang weitgehend durch kleinere Beiträge nicht-sprachwissenschaftlicher Fächer geprägt. Diese Studien tragen vorrangig einzelortsbezogen Benennungen zusammen und können damit nur ein völlig ausschnitthaftes Bild der historischen Vergabepraktiken kolonial motivierter Straßennamen vermitteln. Darüber hinaus ist ein „kulturwissenschaftliche[s] und historische[s] Interesse an den derzeit noch bestehenden Einschreibungen und vor allem an den aktuellen Umbenennungsdebatten" (Schulz 2019: 82) festzustellen. Solche Beiträge unterscheiden sich dezidiert von genuin **linguistischen** Fragestellungen. Die von Seiten der modernen Toponomastik eingeforderten Analysen zu Prozessen historischer Straßennamenvergaben und -tilgungen in vergleichender und damit ortsübergreifender Perspektive (vgl. Nübling et al. 2015: 250) werden von diesen Studien nicht vorgenommen.

Diese Arbeit geht vor dem Hintergrund des sprachwissenschaftlichen Forschungsdesiderats der Frage nach, wie koloniale Herrschaft in Übersee in der deutschen Metropole selbst durch sich unmittelbar auf Kolonialismus und koloniale Themen beziehende Straßennamen sprachlich vermittelt wurde. Die Prämisse, die sich aus der Kontextualisierung kolonial motivierter Straßenbenennungen als historische Sprachgebrauchsdaten, die bis 1945 Wissensbestände über faktische und frühere Kolonialherrschaft und koloniale Themen evozieren sollten, ergibt, hat weitere Konsequenzen für die auszuwählende Methodik: Die Beantwortung der Untersuchungsfragen erfordert einen sprachhistorischen Zugriff mittels deskriptiv-analytischer Vorgehensweisen, denn „koloniale Profile [sind] quellenbezogen zu erschließen" (Warnke und Stolz 2013: 491). Ein systematisch-empirischer Zugriff ist hier zwingend erforderlich, damit kolonial motivierte Namenvergabepraktiken nicht nur einzelortsbezogen, sondern flächendeckend erhoben werden: Nur die systematische Zusammenstellung eines ortspunkteübergreifenden Nameninventars ermöglicht auf dieser Basis inventarbezogene Untersuchungen, die einen Erkenntnisgewinn für deren Analyse als Sprachgebrauchsmuster in Kontexten kolonialer Raumaneignung „als verräumlichte Wissensordnung, als epistemische Strukturierung von Raum" (Stolz und Warnke 2018b: 48), bis in die erste Hälfte des 20. Jahrhunderts verspricht. Dabei wird zu zeigen sein, dass es sich bei kolonialen Straßennamenvergaben um ortsübergreifend-nationale sprachliche Prozesse handelt, die über die administrativen und/oder handelsspezifischen Kolonialmetropolen eine ganze Reihe weiterer Groß- und Mittelstädte miteinschließt, die keinen unmittelbaren politischen und/oder ökonomischen Einfluss innerhalb der Kolonialepoche des Deutschen Kaiserreichs aufweisen.

Kolonial motivierte Straßennamen sollen in dieser Arbeit in ihrer sprachstrukturellen Musterhaftigkeit beschrieben werden. Solche Namenmuster sind als usuelle Phänomene beschreibbar, die sodann als serielle Prozesse konstitutiver Sprachgebrauchsmuster vor dem Hintergrund kolonisatorischer Gewissheiten untersucht werden können: Die Analysen betreffen bisher unbeantwortbare Fragestellungen zu Strukturtypen und den damit verbundenen Diskursfunktionen. Durch Einbezug der sich dabei ergebenden Muster kolonialer Raumreferenzierung und -belegung können spezifischere Aussagen hinsichtlich ihrer zeitgenössischen Kontextualisierung als textuell-räumliche Werkzeuge und der damit von administrativer Namengeberseite versprachlichten kolonisatorischen Gewissheiten getroffen werden. Die vorliegende Arbeit kann zeigen, dass koloniale Benennungspraktiken nicht nur einen konstitutiven Bestandteil der faktischen Kolonialzeit darstellten, sondern dass deren administrative Verfügung bis in die Zeit des Nationalsozialismus andauerte. Derartige Namenvergabepraktiken in den 1920er und 1930er Jahren sind sodann unter den historischen Bedingungen der Beendigung der de facto-Kolonialherrschaft als versprachlichte Wissensbestände des sich daran anschließenden kolonialrevisionistischen Diskurses zu untersuchen. Die Studie will damit im deskriptiv-empirischen Zugriff Versprachlichungsprozesse kolonisatorischer Selbstzuschreibungskonzepte des Deutschen Reichs aufdecken und analysieren, mit denen über faktische Herrschaftsverhältnisse hinaus auch die „diskursive[n], ideologische[n] und phantasierte[n] Identität als Kolonialmacht" (Warnke 2009: 7) im öffentlichen Raum bis 1945 fixiert wurde. Dabei werden über inventarbezogene Analysen hinaus auch die mit derartigen jüngeren Namenvergabepraktiken einhergehenden Argumentationen berücksichtigt und vor Fragestellungen sprachlich konstruierter kolonisatorischer Selbstzuschreibung diskutiert.

Damit sind wesentliche konstitutive und methodische Aspekte angesprochen, die in der vorliegenden Studie bearbeitet werden. Die im Kontext kolonialer Raumaneignung bzw. -besetzung zu untersuchenden Benennungspraktiken sind folgenden kategorisierten Untersuchungsbereichen und Leitfragenkomplexen zuzuordnen:

(1) In welchen Orten und Ortstypen des Deutschen Reichs sind kolonial motivierte Straßenbenennungen, die zwischen 1884 und 1945 von den städtischen Administrationen verfügt wurden, zu verzeichnen?
(2) In welchen gesellschaftspolitischen Zeiträumen (Kaiserreich, Weimarer Republik, Nationalsozialismus) sind kolonial motivierte Straßenbenennungen maßgeblich zu verzeichnen?
(3) Welche musterhaften sprachstrukturellen und diskursfunktionalen Eigenschaften weisen die Konstruktionen im inventarbezogenen Zugriff auf?
   a. Welche prototypischen strukturellen Konstruktionen liegen vor?
   b. Welche diskursfunktionalen Aspekte kommen derartigen Konstruktionsmustern zu?
(4) Welche musterhaften Formen kolonialer Raumreferenzierung und -belegung sind im inventarbezogenen Zugriff zu verzeichnen?
   a. Welche prototypischen strukturellen Konstruktionen liegen bei Einzel- bzw. Clusterbenennungen vor?
   b. Welche diskursfunktionalen Aspekte kommen derartigen Konstruktionsmustern als Einzel- bzw. Clusterbenennungen zu?

(5) Welche zeitgenössische Relevanz ist kolonial motivierten Straßenbenennungen im inventarbezogenen Zugriff hinsichtlich ihres Benennungsstatus als Neu- oder Umbenennungen zuzuschreiben?
(6) Welche Argumentationsstrukturen manifestieren sich in expliziten Aussagenzusammenhängen, die kolonial motivierte Straßenbenennungen propositional einbetten und begründen?

Sie umfassen zunächst (1+2) **raumzeitliche** Aspekte und damit grundlegende Fragen, die sich auf die Quellenlage und die Inventarbildung selbst beziehen (Orte und Zeiträume). Sodann fragt die vorliegende Untersuchung nach (3) musterhaften Namen-Strukturtypen, indem sie **strukturbezogen-onomastische** Analysen durchführt; diese sind Voraussetzung für die Beantwortung der mit den Benennungsprozessen etablierten **Diskursfunktionen**. Die sich aus sprachstrukturellen und diskursfunktionalen Untersuchungen ergebenden Muster werden durch (4) **raumlinguistische** Analysen erweitert, mit denen nähere Erkenntnisse über kolonisatorische Zuschreibungen gewonnen werden. Durch (5) **onomastisch-benennungskategoriale** Untersuchungen sollen Einsichten in Bezug auf die historisch-synchrone Relevanz der sprachlichen Fixierungspraktiken kolonialer Kommemorationen aufgezeigt werden. Die (6) **diskursbezogene Argumentationsanalyse** widmet sich transtextuellen Dimensionen, die mit kolonialen Benennungsprozessen in der deutschen Metropole von Seiten der administrativen Namengeberseite einhergehen.

Die vorliegende Studie gliedert sich wie folgt: Zunächst wird ein Forschungsüberblick über die bisherige Erforschung sekundärer Straßennamen und die sich daraus ergebenden Forschungsdesiderata dargelegt (Kap. 2). Die Beantwortung aller zuvor beschriebenen Leitfragenkomplexe erfordert die systematisch-empirische Erhebung eines ortsübergreifenden Inventars solcher historischer Sprachdaten, auf Grundlage dessen inventarbezogene Untersuchungen vorgenommen werden können. Die Arbeitsschritte der Erhebung eines solchen ortsübergreifenden Nameninventars kolonial motivierter Straßenbenennungen, die bis 1945 in nachweislich kolonialer Motivik von Seiten der städtischen Administrationen verfügt wurden, erfolgt ausführlich in Kap. 3. Das erstellte Inventar an über 520 Straßennamen wird in Kap. 4 beschrieben und anschließend hinsichtlich der Annotationskategorien, die sich aufgrund der zuvor dargelegten übergeordneten Leitfragen ergeben, dargelegt (Kap. 5). In den Kap. 6, 7, 8 und 9 werden die formulierten Fragenkomplexe untersucht. Die dabei gewonnenen Erkenntnisse werden abschließend in Kap. 10 zusammengefasst.

2 Theoretische Grundlagen und Forschungsstand: Straßennamen und ihre Erforschung

Zusammenfassung: Im Kapitel wird ein Forschungsüberblick über die bisherige Erforschung sekundärer Straßennamen dargelegt. Dabei zeigt sich, dass die große Anzahl an Studien aus den Geschichts- und (weiteren) Kulturwissenschaften stammt. Diese Studien verfolgen spezifische Zielsetzungen, die sich allerdings von methodischen Zugriffen und Fragestellungen der Sprachwissenschaft erheblich unterscheiden. In der germanistischen Linguistik werden sekundäre Straßennamen – ein genuin onomastischer Gegenstand – hingegen bislang nur am Rande wahrgenommen. Der von Projekten der 1990er Jahre erhoffte Innovationsschub für dieses Gebiet ist weitgehend ausgeblieben. Erst seit einigen Jahren öffnet sich die Onomastik erneut stärker auch über etymologische und lautgeschichtliche Fragen hinaus. Der Untersuchungsgegenstand dieser Arbeit kann in dem sich in jüngster Zeit etablierenden Forschungsparadigma der vergleichenden Kolonialtoponomastik verortet werden. Sie setzt sich zum Ziel, das hier zu skizzierende kolonialtoponomastische Forschungsprogramm hinsichtlich eines bislang unberücksichtigten Untersuchungsgegenstands und neuer räumlich-zeitlicher Dimensionen zu erweitern. Über das koloniallinguistische Forschungsfeld hinaus will sie auch übergreifende Anstöße für die onomastische Erforschung kommemorativer Straßennamen geben.

Eine Freitextrecherche zu ‚Straßennamen' für die in Deutschland verfügbaren Bibliothekskataloge, bibliotheksübergreifenden Datenbanken und Suchmaschinen im Karlsruher Virtuellen Katalog (KVK)[1] führt zu einer nahezu unüberschaubaren Fülle an Publikationstiteln: Die Suche ergibt eine fünfstellige Anzahl an Beiträgen (Monographien, Aufsätze, Sammelbände u. dgl.), die sich unmittelbar und mittelbar mit dem Untersuchungsgegenstand der Straßennamen auseinandersetzen. Allein für die ersten Monate des Jahres 2018 sind über 60 Veröffentlichungen zu konstatieren. Diese ganze Bandbreite an Schriften scheint völlig widersprüchlich zu dem in Kap. 1 beschriebenen Forschungsdesiderat zu sein; in jedem Fall ist der Befund hochgradig erklärungsbedürftig. Sichtet man die Beiträge der jeweiligen Verbundkataloge hinsichtlich der Autorinnen- und Autorenschaft genauer, ist allerdings schnell zu erkennen, dass es sich bei einem Großteil der Publikationen nicht um sprachwissenschaftliche Arbeiten handelt. Auffällig ist besonders die Dichte an Publikationen mit nicht

---

[1] https://kvk.bibliothek.kit.edu/. Abruf am 28/06/19.

genuin wissenschaftlichen Interessen: „Wie keine andere Wortklasse sind Namen Gegenstand einer [...] **Populärliteratur** [Fettdruck im Original]. Keine andere Wortklasse erfährt eine solche Popularisierung und bunte Ausdeutung" (Nübling et al. 2015: 11). Dazu gehören bspw. die umfangreichen Veröffentlichungen von Siebenherz, die bis heute über 20 Monographien unter dem Untertitel „Wie hieß die Straße früher?" für einzelne Städte, mehrere Städte eines Bundeslandes oder für ganze Bundesländer verfasst hat.[2] Aber selbst bei der Ausklammerung solcher einem „vorwiegend anekdotische[m] oder archivarische[m] Interesse" (Werner 2008: 314) entsprungenen Arbeiten sind die jüngsten Publikationen in ihrer Mehrzahl anderen Fächern zuzuschreiben, vorrangig den Geschichtswissenschaften[3], aber bspw. auch der Regionalgeographie.[4] Sichtet man die jüngst erschienenen 50 Treffer des SWB vollständig, stößt man auf keinen einzigen sprachwissenschaftlichen Beitrag.

Dieser Befund kann aus sprachwissenschaftlicher Perspektive überraschen. Schließlich stellen Eigennamen sprachliche Einheiten dar. Bei Straßennamen (als Teil der Eigennamen) handelt es sich insofern um ein genuin sprachwissenschaftliches Thema, das innerhalb der linguistischen Teildisziplin der Onomastik, der „Wissenschaft von den Namen" (Nübling et al. 2015: 17), erforscht werden könnte, gerade auch in interdisziplinärer Perspektive. In Beiträgen der germanistischen Sprachwissenschaft wurde das längst thematisiert: So widmet sich bspw. Sonderegger (2004b) dem interdisziplinären Bezug der Namenge-

---

[2] In den jeweiligen Einführungskapiteln dieser Schriften weist Siebenherz darauf hin, dass es sich bei den für die jeweiligen Orte aufgelisteten Straßennamen um unvollständige Namenlisten des jeweilig gegenwärtigen Namenbestandes handelt, die aus Kostengründen auch ohne Kontakt zu den jeweiligen Archiven erstellt wurden. So wird bspw. für das im rezenten Straßennamenbestand vorliegende SN-Token *Hererostraße* in München-Trudering nur dessen Verfügung auf das Jahr 2006 datiert (vgl. Siebenherz 2016). Dass es sich dabei um ein Umbenennungsprodukt des ehemaligen SN-Tokens *Von-Trotha-Straße* handelt, das in nationalsozialistischer Zeit (mit weiteren Benennungen, die sich auf ehemalige Kolonialakteure, Kolonialgebiete u. dgl. beziehen sollten) verfügt wurde, bleibt außen vor. Jene Informationen sind nicht nur über das Stadtarchiv verfügbar, sondern auch über eine Onlinerecherche leicht abrufbar. Umso merkwürdiger erscheint zuweilen ihre Begründung für derartige nichtwissenschaftliche Publikationen: „Normale Menschen interessieren sich für alte Straßennamen nicht und die unnormalen bekommen keinen Zugang zu unserem Archiv (gemeint sind die Stadtarchive) und wenn doch, dann müssen Sie richtig löhnen. Auf Grund solcher Erfahrungen haben wir den Entschluss zu diesem Projekt gefasst, ohne vorher zu ahnen, wie schwierig sich dieses Vorhaben tatsächlich gestalten wird" (Siebenherz 2016: 5).
[3] Man vgl. dazu bspw. gleich vier Beiträge (vgl. Handro, 2018, Kenkmann 2018, Wenniger 2018, von Reeken 2018), die sich mit der „Revision von Straßennamen" (Frese und Weidner 2018: 6) beschäftigen.
[4] Man vgl. dazu bspw. den Beitrag von Eck (2017) zu den Tübinger Straßennamen.

schichte. Er zeigt auf, dass es sich bei dem Untersuchungsgegenstand der Eigennamen um sprachliche Einheiten handelt, die primär im Fokus des linguistischen Forschungsinteresses stehen und hinsichtlich der jeweiligen Fragestellungen von Seiten der sprachwissenschaftlichen Teildisziplinen untersucht werden. Neben dieser linguistisch ausgerichteten Namenerforschung ist aber auch „der über die Sprachwissenschaft oder Sprachgeschichte hinausgehende historisch-geisteswissenschaftliche Bezug [...] [sowie] der geographisch-naturkundliche Bezug [...] in historischer Ausrichtung" (Sonderegger 2004b: 3447) hervorzuheben. Das Interesse dieser und weiterer interdisziplinärer Teildisziplinen an Namen bzw. Namengebung liegt auf der Hand und ist zweifelsohne auch für die Klasse der Straßennamen gegeben:

> [...] Gesetz der Motivation (bestimmte, interdisziplinär aufzugliedernde Benennungsmotive), Gesetz der Identifikation (referentieller Charakter der Namen auf Topographisches [...] oder Anthropologisches [...] bzw. im weiteren Sinn Gesellschaftliches hin), Gesetz der Namenbedeutsamkeit (weit gefächerter Assoziationsbereich des Volkslebens), Gesetz der relativen Kontinuität (lange zeitliche Geltung der meisten Namen über Jahrhunderte bis Jahrtausende und oft durch verschiedene Sprachen), Gesetz der rechtlichen Gebundenheit (rechtlich-amtlicher wie rechtsgeschichtlicher Bezug der Namen) und Gesetz der wechselweisen Bildungsmöglichkeit von Namen aus Namen (potenzierter namenkundlich-interdisziplinärer Bereich nach allen Seiten hin). (Sonderegger 2004b: 3447)

Bei kolonial motivierten Straßennamen, die seit Beginn der deutschen Kolonialzeit bis zur ersten Hälfte des 20. Jahrhunderts für den städtischen deutschsprachigen Raum erhoben werden können, handelt es sich um administrativ verfügte Namenvergabepraktiken der Neuzeit. Die onomastische Forschung unterscheidet primäre von sekundären Straßennamen (vgl. Weinacht 2000: 292, Werner 2008: 314, Heuser 2008: 14–15, Nübling et al. 2015: 24). Als primäre Straßennamen ist die „ältere, zw. MA und früher Neuzeit vorherrschende Namenschicht zu bezeichnen, die sich hauptsächlich durch ihre Orientierungsfunktion, ihre konkret bezeichnende Form und dem Erwachsen aus der alltäglichen Kommunikationssituation auszeichnet" (Heuser 2008: 14). Der seit dem 18. Jahrhundert verfügte Bestand sogenannter sekundärer Straßennamen wurde

> [...] in zunehmendem Maße von der Verwaltung vergeben. [...] Bei der Entstehung von Ballungsräumen in Folge der industriellen Revolution wuchsen die Siedlungen stark an und viele neue Namen mussten vergeben werden. Expansive städtebauliche Maßnahmen und vermehrte Eingriffe in die Gestaltung des Straßenbildes wirkten sich aus. Neue Siedlungen entstanden auf planiertem Gelände, es gab keine Geländeeigenschaft oder sonstigen Merkmale mehr, auf die im Namen verwiesen werden musste. Die Namenwahl konnte unabhängig vom lokalen Bezug getroffen werden. (Heuser 2008: 598)

Die Abgrenzung des Inventars sekundärer Straßennamen von primären Straßennamen basiert demzufolge auf dem intentionalen Verfügungsakt der Namenvergabe, der seit der Neuzeit von Seiten der amtlichen zeitgenössischen Administration bestimmt wird. Sie erfolgt nicht mehr durch die vorangegangene mittelalterliche Namenmotivation, bei der sich die Bevölkerung hinsichtlich der Benennung vornehmlich an der näheren Umgebung der Straße oder des Straßenabschnittes orientierte. Solche im mündlichen Gebrauch entstandenen Straßennamenvergaben, die hinsichtlich ihrer räumlichen Referenz u. a. nach Hauseigentümern (z. B. *Betzelsstraße*), prägenden Gebäuden (z. B. *Schulstraße*) oder Beschaffenheit (z. B. *Steinweg*) benannt und ab dem 14. Jh. schriftlich fixiert werden (vgl. Nübling et al. 2015: 244–245), werden ab Mitte des 18. Jh. eine staatliche Angelegenheit:

> Den Beginn dürfte eine preußische Allerhöchste Ordre von 1813 bilden, wonach es für die Städte Berlin, Potsdam und Charlottenburg der Zustimmung des Königs bei der Benennung von Straßen, Brücken und Plätzen bedurfte. [...] Alle übrigen Regelungen bis heute schneiden im wesentlichen [sic!] nur das Thema der Zuständigkeit an und weisen die Benennung entweder dem Kreis der gemeindlichen oder der polizeilichen Aufgaben zu. (Winkelmann 1984: 26)

In dem in der Nachkriegszeit entstandenen Standardwerk zur deutschsprachigen Namenkunde (vgl. Bach 1954) wird der seit der Neuzeit verfügte sekundäre Namenbestand hinsichtlich vorherrschender Benennungsmotiviken dargelegt:

> Seit der frz. Revolution von 1789 hat sich auch in Deutschland der Brauch durchgesetzt, die Straßennamen der Städte jeweils nach den Namen der die herrschende Regierungsform tragenden Männer umzuformen, auch nach erfochtenen Siegen, oder nach Friedensschlüssen usw. Revolutionen und politische Veränderungen pflegen heute in allen Ländern eine teilweise Umgestaltung der städtischen Straßennamen mit sich zu bringen. Dabei sind nach frz. Vorbild bei uns auch abstrakte Wörter politischen Inhalts verwandt worden, was vorher unerhört war (*Friedensplatz, Freiheitsstraße* [kursiv im Original] u. ä.) (Bach 1954: 262)

Die administrative Verfügungsbefugnis hat dabei insofern weitreichende Auswirkungen auf das Nameninventar, als dass die Benennungen von Straßenzügen hinsichtlich der jeweiligen Motiviken dem wechselnden Einfluss politischer und ideologischer Systeme unterliegen. Dies hat wesentliche Auswirkungen auf die mit solchen Straßennamenprozessen intendierten Funktionen: „[...] Orientierungs-, Erinnerungsfunktion und Arbitrarität treten als Eigenschaften in den Vordergrund" (Heuser 2008: 15). Im Gegensatz zu den primären Straßennamen bezeichnen sekundäre Straßennamen nicht nur Verkehrswege hinsichtlich ihrer räumlichen Referenz, sondern „sie besitzen neben dieser [...] Primärfunktion [...]

noch eine andere. Sie transportieren auch immer [...] Botschaften ihrer Namengeber und -benutzer. Dieser Sachverhalt spiegelt ihre Sekundärfunktion [...]" (Fuchshuber-Weiß 1996: 1468–1469). Diese erweiterte Funktion der Erinnerung bzw. Kommemoration, die mit solchen staatlichen Namenverfügungen intendiert wird, richtet sich hinsichtlich der jeweiligen Motiviken zum Benennungszeitpunkt nicht selten nach zeitgenössischen politisch-gesellschaftlichen Umbrüchen und Veränderungen, die von Seiten der jeweils dafür zuständigen neuzeitlichen Administration aufgegriffen wird und in Neu- oder Umbenennungen von erst erbauten bzw. bereits bestehenden Straßenzügen sichtbar wird: "Street names reflect and manifest a certain political identity – they are indicators of political identity while at the same time being part of it" (Azaryahu 1986: 581).

Diese „politische Bewußtseinsbildung durch Toponymie" (Korff 1992: 325), die sich spätestens seit dem 19. Jh. auch in den jeweiligen Benennungsmotiviken sekundärer Straßennamen abhängig von den politischen und ideologischen Systemen der Neuzeit im deutschsprachigen Raum niederschlägt, erklärt sodann auch das breite und deutlich über die Fragestellungen der traditionellen Namenforschung und weiterer sprachwissenschaftlicher Teildisziplinen hinausreichende Forschungsinteresse. Das führt letztlich auch dazu, dass Beiträge zu Straßennamen von vornherein „sowohl in ihrem Selbstverständnis und auch in der öffentlichen Wahrnehmung [...] häufig im Kontext eines Paradigmas der Kulturwissenschaften und der kulturwissenschaftlichen Fächer verortet [...]" (Schulz 2019: 65) werden. Das ist der Gegenstand der nun folgenden Erörterungen, in denen wesentliche Beiträge dargelegt werden sollen (Kap. 2.1). Ein besonderes Augenmerk gilt den in solchen Studien interessierenden Fragestellungen und Methoden, die sich von linguistischen Zugriffsweisen deutlich unterscheiden können (Kap. 2.2), denn vor diesem Hintergrund ergibt sich auch für sprachwissenschaftliche Studien selbst ein Profilierungsbedarf, den

> [...] die Bearbeitung identischer Themen [...] [und die] gleichzeitige Disziplinierung der fachbezogenen methodischen und erkenntnismäßigen Ausformung [erfordert]. Indem sich kulturwissenschaftliche Linguistik in der Nachbarschaft zu anderen kulturwissenschaftlichen Disziplinen befindet, muss sie sich, als eigenständige Disziplin, methodisch profilieren – erst recht in der Übergangszeit, in der legitimierende Argumente bereit zu halten sind. (Kämper 2007: 424)

2.1 Historische und (weitere) kulturwissenschaftliche Ansätze

Wenn im Folgenden zunächst historische und kulturwissenschaftliche Ansätze gesichtet und differenziert werden, dann liegt das nicht nur an der Dichte von Texten aus diesen Bereichen, sondern auch daran, dass auch die Sprachwissenschaft derzeit nicht selten als Teil der Kulturwissenschaften verortet wird. Schulz (2019: 65) hat diese Tendenz eines Fremd- und auch Eigen-‚Labelings' unter den Termini ‚Kulturwissenschaft' und ‚Kulturwissenschaften' für dieses und weitere Einzelfächer aufgezeigt. Das liegt mitunter auch an übereinstimmenden Forschungsgegenständen:

> [...] dass sich kulturwissenschaftliche Disziplinen in identischen Gegenständen, Fragestellungen und Erkenntnisinteressen treffen. So sind etwa auch Historiker im Zuge des 'linguistic turn' z. B. an Phänomenen interessiert, die genuin sprachwissenschaftliche sind. (Kämper 2007: 423)

Daraus ergibt sich die Notwendigkeit von „**disziplinäre[n] Abgrenzungen** [Fettdruck im Original]" (Kämper 2007: 423) für die sprachwissenschaftliche Straßennamenforschung, die vor dem Hintergrund der geschichts- und kulturwissenschaftlichen Studien vorgenommen werden soll.

2.1.1 Kulturgeschichtliche Konzepte

Eine breite kulturgeschichtliche Kontextualisierung von sekundären Straßennamen zeigt bereits Ferguson (1988: 386) am Beispiel von Pariser Straßennamenverfügungen und deren Kategorisierung in Motivgruppen nach politisch angelegten Zeitschnitten auf: "For beyond the instrumental function of identifying location, street names socialize space and celebrate cultural identity; they perpetuate tradition even as they register change." Seit dem Zusammenbruch der DDR und der deutschen Wiedervereinigung ist ein reges Interesse an sekundären Straßennamen im deutschsprachigen Raum zu konstatieren. Von Seiten der Geschichts- und (weiteren) Kulturwissenschaften wird den Namen sowie deren Benennungen und Umbenennungen ein wachsendes Interesse zuteil. Der politisch-gesellschaftliche Umbruch in Deutschland brachte in Bezug auf die Veränderung von alltäglich umgebender Schriftlichkeit eine ganze Umbenennungswelle der DDR-offiziellen Straßenbenennungen mit sich:

> Die Änderungen der Straßennamen, die Umbenennung von Orten, Häusern, Straßen und Plätzen nehmen sich zwar weniger dramatisch aus als Zerstörung und der Abbau von sozialistischen Denkmälern [...] dennoch aber handelt es sich auch bei ihnen um eine [...] entschiedene Widerrede zu einem politisch etablierten Symbolschema, welches über Jahrzehnte hinweg daran beteiligt war, die ideologischen Leitwerte eines politischen Systems in das Bewußtsein der Bevölkerung zu implantieren und dieses im Sinne autoritärer Ordnungsvorstellungen zu formieren. (Korff 1992: 322)

Zu den einschlägigen Publikationen, die sich mit Straßennamenwechseln im Zuge von Gründung und/oder Niedergang der DDR auseinandersetzen, gehören neben den volkskundlichen Beiträgen von Korff (1992, 1997) insbesondere die Schriftenlandschaft des israelischen Historikers Azaryahu, der sekundäre Straßennamen (neben Flaggen, Hymnen, Briefmarken u. dgl.) als eine von vielen Formen der „im öffentlichen Leben auftretenden politischen Symbole" (Azaryahu 1991: 25) charakterisiert. Dabei widmet er sich den vom SED-Verwaltungsregime beschlossenen Straßennamenänderungen in Ost-Berlin und Leipzig. In weiteren Beiträgen (vgl. Azaryahu 1986, 1992, 1997) untersucht er die seit 1990 erfolgten Umbenennungen im Zuge des Zusammenbruchs der DDR.

Der Untersuchungsgegenstand der Umbenennungen rückte sodann auch für weitere politische Umbrüche des 20. Jahrhunderts in den Vordergrund eines kulturgeschichtlichen Interesses:

> Straßen*um*benennungen [kursiv im Original] greifen [...] in die Erinnerungskultur ein, verbannen oder entnehmen einzelne Personen (oder Orte, Ereignisse usw.) dem offiziellen Gedächtnis einer Stadt. [...] Straßenumbenennungen sind in Deutschland zumeist Folgen und Zeichen politischer Zäsuren, so während des 20. Jahrhunderts die Umbrüche 1918/19, 1933, 1945 und 1989/90. (Frese 2012: 11)

Bis auf wenige Einzelbeiträge beziehen sich diese Untersuchungen fast ausschließlich auf politisch bezogene Straßennamenverfügungen des Nationalsozialismus sowie deren Tilgungen und Umbenennungen nach 1945 (vgl. Weidner für Lippe-Westfalen[5], Poguntke 2011 für Stuttgart). Studien, die sich mit frühen historischen Neu- und Umbenennungen in weiteren politik- und gesellschaftsgeschichtlichen Umbruch-Phasen der Neuzeit beschäftigen, bspw. im Zuge der Reichsgründung oder der Gründung der Weimarer Republik, liegen hingegen nur vereinzelt vor (vgl. Azaryahu 1988). Bake (2015 I: 104) rückt erstmals die Gender-Perspektive in den Vordergrund und geht für die Straßennamen in Hamburg der Frage nach, „in welchen Jahrhunderten/Jahrzehnten [...] nach welchen Berufs- und anderen Motivgruppen Straßen nach Frauen und Männern benannt [...]" wurden. Dabei legt sie breite, kulturgeschichtlich angelegte Zeitschnitte an.[6] Das Kompendium über die Besetzung des öffentlichen Raumes

---

5 „Ziel des NS-Straßennamenprojekts war es, erinnerungskulturell relevante Straßenumbenennungen während des Nationalsozialismus und den Umgang mit diesen Benennungen in der Nachkriegszeit für das heutige Gebiet Westfalen-Lippe zu untersuchen, in einer Datenbank zu dokumentieren und online darzustellen" (Weidner unter https://www.strassennamen-in-westfalen-lippe.lwl.org, Abruf am 28/06/2019).
6 Vom 13. bis Ende des 18. Jh., Straßenbenennungen im 19. Jh., von 1900 bis 1933, Straßenbenennungen aus der Zeit von 1933 bis 1945, Ende des Zweiten Weltkriegs 1945 bis Ende 1973, 1974 bis Dezember 2014.

(vgl. Jaworski und Stachel 2007) berücksichtigt, wenngleich sie neben Denkmälern eine sekundäre Rolle spielen, erstmalig politische Straßen- und Platznamen im europäischen Vergleich.

2.1.2 Gedächtnistheoretische Konzepte

Seit den 1990er Jahren werden innerhalb der interdisziplinären deutschsprachigen Straßennamenforschung verstärkt gedächtnistheoretische Konzepte mit einbezogen, die auf Überlegungen des „mémoire collective" des Soziologen Halbwachs (1950) und auf den von J. bzw. A. Assmann spezifizierten Ansatz vom kulturellen Gedächtnis (vgl. J. Assmann 1992, A. Assmann 2006) zurückzuführen sind. J. Assmann (1988: 9) beschreibt das kulturelle Gedächtnis als „Sammelbegriff für alles Wissen, das im spezifischen Interaktionsrahmen einer Gesellschaft Handeln und Erleben steuert und von Generation zu Generation zur wiederholten Einübung und Einweisung ansteht". Bis heute ist für die Geschichts- und (weiteren) Kulturwissenschaften eine breite Forschungslandschaft zu verzeichnen, die Straßenbenennungen und -umbenennungen als Teil jener kollektiven Erinnerungs- und Gedächtnisgeschichte untersuchen (vgl. Pöppinghege 2007, Frese 2012, Riederer 2014, Frese und Weidner 2018). Auch die Studie von Sänger (2006), die unter anderem Benennungen und Umbenennungen im öffentlichen Raum (Ost-)Berlins und Jenas in diachroner Perspektive vom Beginn der Nachkriegszeit bis zur Wiedervereinigung untersucht, werden Straßennamen „über ihre Bedeutung als politische Symbole" hinaus als „Gedächtnismedien und somit kulturelle Symbole" (Sänger 2006: 44) eingeordnet. Henschel (2013) vergleicht mittels dreier ausgewählter sekundärer Straßennamen die Auseinandersetzungen um Umbenennungen im Ostteil Berlins nach dem Fall der Mauer. Er beurteilt kommemorative Straßenbezeichnungen hinsichtlich ihres „Sinngehalt[s]" als „ein Ausdruck der Koordination von Gemeinsamkeit [...]. Im Hinblick auf die Benennung von Straßen [...] sei angemerkt, dass diese [...] in übergeordnetem Maße das einer ganzen Nation repräsentieren" (Henschel 2013: 19). Die auf gedächtnistheoretischen Konzepten angelegten Studien zielen primär darauf ab, mit der Erforschung des genuin linguistischen Gegenstandes „einen Beitrag zur Mentalitätsgeschichte" (Sonderegger 2004b: 3450) zu leisten.[7]

---

[7] Man vgl. dazu Trebeß (2006: 259): „**Mentalität** [Fettdruck im Original]/ Mentalitätsgeschichte (lat. *mens* [kursiv im Original]: Geist, Denkart, Sinnesart, Gemütsart). Heterogenes Ensemble kollektiver kognitiver, ethischer und affektiver Dispositionen von relativ langer Dauer, die zum

2.1.3 Critical Toponymies

Sekundäre Straßennamen werden in jüngeren Beitragen zudem innerhalb der sich im angelsächsischen Raum entwickelnden Forschungsrichtung der Critical Toponymies (vgl. Berg und Vualteenaho 2009) untersucht: Wenngleich Ortsnamen in der Historischen Geographie seit jeher eine Rolle gespielt haben (vgl. Sonderegger 2004b: 3447), verfolgen die bisher publizierten Schriften dieser interdisziplinär arbeitenden Forschungsrichtung folgendes gemeinsames Ziel: "[...] differ from the mainstream of toponymic research in terms of their explicit interest in the entanglements of place names with power relations and social antagonism" (Vualteenaho und Berg 2009: 12). Das Zitat stammt von den Herausgebern des ersten und bisher einzigen Kompendiums, das aus Studien der Critical Toponymies hervorgegangen ist. Vorrangig vor dem Hintergrund der Namengebungsprozesse selbst und deren politischen Dimensionen werden einzelne Toponyme und, noch stärker, deren Motive, die zur Benennung bzw. Umbenennung geführt haben, untersucht.

> This newer critical work on place naming draws on recent social and cultural theories that help to understand the always-ready power laden character of naming places (Kearns and Berg, this volume) [...] this volume is the first interdisciplinary collection published in English that tackles explicitly place naming as 'a political practice par excellence of power over space'. (Vualteenaho und Berg 2009: 1)

Vor dem Hintergrund der theoretischen Setzungen der kritischen Theorie werden die zu untersuchenden Einzelnamen als „Zeugnisse bestimmter sozialer, politischer und wirtschaftlicher Konstellationen" (Dix 2015: 26) verhandelt. Das gilt auch für diejenigen Beiträge, die sich einzelnen Straßennamen, insbesondere den jeweiligen administrativen Namengebungs- und Umbenennungsprozessen, widmen, indem sie die von Seiten der Historischen Geographie sowie der Geschichts- und (weiteren) Kulturwissenschaften erarbeiteten theoretischen Konzepte mit jenem kritischen Ansatz verbinden (vgl. Azaryahu 2009, Yeoh 2009, Alderman 2009).[8] Kritische Stimmen wurden bereits von Seiten der histo-

---

Teil unbewusst soziale Handlungsmuster, kulturelle Ausdrucksformen und -inhalte gesellschaftlicher Akteure prägen."

8 "That commemorative street names belong to the symbolic foundations of the ruling sociopolitical order makes them, together with other symbolic expressions of power, vulnerable to changes in the course of a revolutionary phase of national history" (Azaryahu 2009: 59). "The mapping of nationalist ideologies onto Singapore's street-names was an uneven process, reflecting the contradictions and swings in the policies of nation-building and at the same time incorporating to some extent the reactions and resistances of its citizens" (Yeoh 2009: 81).

rischen Geographie deutlich, die die Beiträge der Critical Toponymies „[...] als ein erfolgreiches ‚Branding' werten [...], sind doch nicht alle Perspektiven nun wirklich neu. [...] An Material fehlt es nicht mehr, allerdings an einer systematischeren und vergleichenden Aufarbeitung" (Dix 2015: 26, 29).

2.1.4 Straßennamen (und weitere Ortsnamen) des Kolonialismus in historischen und (weiteren) kulturwissenschaftlichen Studien

Insbesondere seit 2004 rückt die deutsche Kolonialgeschichte zunehmend in den Fokus der geschichts- und (weiteren) kulturwissenschaftlichen Forschung im deutschsprachigen Raum: „Zum einen [...] geht es um eine materielle Entschädigung für den Tod Zehntausender Herero, die sich im Jahr 1904 gegen die Kolonialherrschaft erhoben haben. Zum anderen jähren sich 2004/05 die [...] Kolonialkriege – zum hundertsten Mal" (Speitkamp 2005a: 8). Dabei ist ein maßgebliches Interesse an der Erforschung von „Kolonialismus hierzulande" (Heyden und Zeller 2007) zu verzeichnen, also Untersuchungen, die die Rückwirkungen der Kolonialepoche auf die deutsche kolonisatorische Identität in den Mittelpunkt stellen. Diese „sperren sich in gewisser Weise für traditionelle Fragestellungen, eigen sich aber umso mehr für eine Wissenschaft, die sich mit Diskurs, Ideologie und Phantasie beschäftigt" (Berman 2003: 22). Jeweilige Studien nehmen damit weniger wirtschafts- und außenpolitische Kontexte innerhalb der faktischen Kolonialepoche in den Blick, sondern die durch die koloniale Herrschaft geprägten „Wahrnehmungs- und Deutungsstrukturen, Orientierungs- und Wertmuster, Gesellschafts- und Weltbilder" (Kundrus 2003: 8). Sie untersuchen „die Bedeutung von Phantasien als wichtiges und lange Zeit unterschätztes Antriebsmoment in der kolonialen Bemächtigungsgeschichte" (Kundrus 2003: 8), die bereits für das vorkoloniale Deutschland (vgl. Zantop 1999), vor allem aber nach 1919 bis in die Zeit des Nationalsozialismus nachgewiesen werden können (vgl. Rogowski 2003, Laak 2003). Der Anschub zur Erforschung derartiger Rückwirkungsmechanismen kolonialer Herrschaft in Übersee auf das Deutsche Reich ist insbesondere den Postcolonial Studies zuzusprechen, die im Sinne einer Vernetzungs- bzw. Verflechtungsgeschichte nicht

---

"Street naming thus can become a contest about who has the power to determine how the landscape is represented and whose history will be told on and through the landscape" (Alderman 2009: 181). Die Beiträge von Yeoh (2009) bzw. Myers (2009) lenken den Blick (unter kritischen Zugriffen) auf Toponyme in kolonialen und postkolonialen Kontexten in Singapur bzw. Sansibar.

nur die Auswirkungen der Kolonialherrschaft in den kolonisierten Räumen, sondern auch in den europäischen Metropolen aufzeigen.[9]

Im Kontext der Aufarbeitung dieser kolonialen Verflechtungsgeschichte sind auch die Beiträge zu kolonial motivierten Straßennamen in Deutschland zu verorten, die mit kulturhistorischen Zugriffen die jeweiligen zeitgenössischen Benennungsumstände und -motiviken für singuläre Städte oder einzelne Stadtviertel aufarbeiten, bspw. Honold (2003) für Berlin-Wedding, Leutner (2005) für Berlin-Dahlem, Lindner (2008) für München-Neuhausen-Nymphenburg und -Trudering, Schürmann (2006) für Hannover-Badenstedt, Kreykenbohm und Tjarks (2007) und Steinhäuser (2010) für Hamburg, Schürmann (2012) für Frankfurt-Praunheim und Bechhaus-Gerst (2013) für Köln-Ehrenfeld sowie -Nippes. Solchen Beiträgen liegt die Überzeugung zugrunde, dass der „[...] historisierende[r] Blick auf die Straßennamenforschung [...] für den Zusammenhang zwischen Forschungskonjunkturen und gesellschaftlichen Prozessen der Transformation von Straßennamenlandschaften [sensibilisiert]" (Handro 2018: 257). Es entsteht der Eindruck, dass kolonial motivierte Straßenbenennungen ein weitgehend singuläres Phänomen in administrativen und/oder wirtschaftlichen Zentren der Kaiserzeit darstellten[10] oder dass sie auf lokalbezogene kolonialrevisionistische Einzelintentionen in der Zeit des Nationalsozialismus zurückzuführen sind. Das Forschungsdefizit an ortsübergreifenden Analysen stellt Schürmann (2012: 66) heraus: „Eine die lokalen Fallbetrachtungen übergreifende Analyse von Straßennamen als Medien deutscher Kolonialerinnerung [...]

---

9 In Ebert (2018: 96, Fn. 4) werden programmatische Studien der Postcolonial Studies für die interdisziplinäre Kolonialismusforschung des deutschsprachigen Raums dargelegt (bspw. Friedrichsmeyer et al. 1998, Conrad und Randeria 2002, Lindner 2011).
10 Man vgl. dazu die Kompendien von Heyden und Zeller (2002, 2005), die sich ausschließlich auf Berlin konzentrieren, damit „in Erinnerung gerufen [wird], dass in Berlin als ehemaligen Reichs(kolonial)hauptstadt alle Institutionen der Kolonialverwaltung und die wichtigsten Kolonialverbände ihren Sitz hatten. [...] Außerdem haben in Berlin wichtige Ereignisse der deutschen – und darüber hinaus der europäischen – Kolonialgeschichte stattgefunden [...]" (Heyden und Zeller 2002: 12). Für Hamburg ist auf den Beschreibungstext der Forschungsstelle *Hamburgs (post-)koloniales Erbe/Hamburg und die frühe Globalisierung*: „Hamburg ist eine Stadt mit lebhafter kolonialer Vergangenheit und ist mit Recht als die ‚Kolonialmetropole des Kaiserreiches' neben Berlin bezeichnet worden. Während in Berlin die politischen Entscheidungsträger zwischen 1884 und 1918 ansässig waren, stand die Hansestadt für einen weit davor beginnenden und weit darüber hinausreichenden Austausch und Kontakt. [...] Im Kaiserreich (1871–1918/19) verband Hamburg die koloniale Peripherie mit der imperialen Metropole und wurde zur transnationalen Drehscheibe kolonialer Waren und menschlicher Mobilität. Und auch nach dem Ersten Weltkrieg blieb Hamburg Deutschlands Tor zur kolonialen Welt" (https://www.geschichte.uni-hamburg.de/arbeitsbereiche/globalgeschichte/forschung/forschungsstelle-hamburgs-postkoloniales-erbe.html, Abruf am 28/06/2019).

steht noch aus". Nicht selten meldet sich die Autorinnen- und Autorenschaft solcher Beiträge „als kritische Reflexionsinstanz, die Straßenbenennungen und ihre gesellschaftliche Funktion historisiert" (Handro 2018: 257). Dass man sich innerhalb solcher nicht-linguistischer Schriften einzelnen kolonialen Straßennamen nicht nur historisch, sondern auch aus einer gegenwartssprachlichen Perspektive mit aufklärerischem und positionsbedingtem Charakter widmet, wird bspw. bei Bechhaus-Gerst (2013)[11], Lemme (2014)[12], und Steinhäuser (2010)[13] deutlich. In den wenigen die Prozesse von Straßenbenennungen und -umbenennungen in nationalsozialistischer Zeit untersuchenden Studien werden kolonial motivierte Straßennamen, wenn überhaupt, **mit**berücksichtigt: Poguntke (2011) untersucht die in Stuttgart seit 1933 erfolgten Straßenbenennungen. Dabei wird der Versuch genommen, erste vergleichende Analysen der in weiteren Städten (Köln, München) verfügten Straßennamen vorzunehmen. Auf seine Behauptung einer ortsübergreifend festzustellenden Praxis kolonial motivierter Straßennamenverfügungen in der NS-Zeit geht er nicht näher ein.[14] In diesem Zusammenhang ist darauf hinzuweisen, dass auch die im kolonisierten Raum des deutschen Kaiserreichs verfügten deutschsprachigen Ortsnamen in den Geschichts- und (weiteren) Kulturwissenschaften wenig (Mühlhäusler 2001: 256–258, Mückler 2012: 277–279) bis gar nicht berücksichtigt wurden:

---

11 Die Autorin rät innerhalb ihres Beitrags zu folgender Handhabung: „Beim Umgang mit kolonialen Straßennamen und bei Umbenennungen sollte es nicht darum gehen, diese Epoche deutscher Geschichte zu verdrängen oder zu vergessen. Vielmehr sollten Gedächtnisräume geschaffen werden, in denen Opfern und Akteuren des Widerstands gegen koloniale Gewalt gedacht und einer kritischen Auseinandersetzung mit diesem Kapitel deutscher Geschichte Raum gegeben wird" (Bechhaus-Gerst 2013: 241).
12 Er kritisiert, dass mit der inhaltsseitigen Umbenennung (Umwidmung) des SN-Tokens *Karl-Peters-Straße* in Bielefeld-Stieghorst „die Sichtbarmachung und kritische Thematisierung der kolonialen Geschichte [...] verwischt und letztlich unmöglich gemacht [wurde]. Jeglicher kolonialer Bezug ist somit ausgelöscht und verschwindet schlicht von der erinnerungspolitischen Stadtkarte" (Lemme 2014: 119).
13 Steinhäuser (2010: 142) widmet sich aus geschichtsdidaktischer Perspektive dem rezenten Straßennamenbestand Hamburgs anhand ausgewählter Straßennamen mit Kolonialbezug und resümiert: „Gerade wenn wir als Hamburgerinnen und Hamburger unsere behauptete Weltoffenheit einlösen wollen, ist es dringend nötig, das koloniale Erbe der Stadt [...] intensiv zu erforschen und öffentlich zu diskutieren".
14 Vor dem Hintergrund der für Stuttgart festzustellenden Kolonialismen stellt er die Hypothese auf, dass „genauso wie in Stuttgart und München oder anderen Städten [...] in Köln zum Beispiel dem von der kaiserlichen Regierung entlassenen und von den Nationalsozialisten rehabilitierten Kolonialdespoten Carl Peters und Adolf Lüderitz, Begründer der deutschen Kolonie Togo, eigene Straßen zuerkannt [wurden] [...] ein Vorgang, der wiederum einem allgemeinen Trend entsprach" (Poguntke 2011: 54).

Lange Zeit wurden die zeitlichen Dimensionen sozialer Phänomene anstatt der räumlichen betont, obschon Letztere für die Etablierung und Stabilisierung des Kolonialismus konstitutiv waren. Bedeuteten koloniale Machtformationen doch nicht nur die Ausdehnung europäischer Herrschaft, Ideen, Institutionen, Güter und Normen, sondern auch die Etablierung geographischer Praxen, die für das Verhältnis zwischen Metropole und Kolonie bestimmend waren und die sozialen Strukturen und Beziehungen nachhaltig prägten. (Günzel 2010: 177)

2.1.5 Zwischenfazit

Allen bisher geschilderten nicht-linguistischen Forschungsansätzen – unabhängig davon, ob sie administrative Namengebungsprozesse als "a political practice par excellence of power over space" (Vualteenaho und Berg 2009: 1), als „politische und ideologische Botschaften vom politischen Zentrum an die Bevölkerung" (Azaryahu 1991: 27) ansehen oder Straßennamen „als Medien eines kollektiven Gedächtnisses" (Sänger 2006: 43) untersuchen, die „auch für eine Geisteshaltung [stehen]" (Pöppinghege 2007: 15), – ist gemeinsam, dass sie den Untersuchungsgegenstand im Rahmen von Fragestellungen bearbeiten, die sich vom Spektrum genuin **sprachwissenschaftlicher** Forschungen ausdrücklich unterscheiden: Im Mittelpunkt solcher nicht-linguistischer Studien steht der multidisziplinäre Bezug der Namengeschichte, also der „über die Sprachwissenschaft oder Sprachgeschichte hinausgehende Bezug zu verschiedenen Nachbardisziplinen des geschichtlichen Denkens" (Sonderegger 2004b: 3447). Nicht das sprachliche Material zur historisch-gesellschaftlichen Konstruktion von Vergangenheit und/oder Gegenwart rückt damit in den Mittelpunkt solcher Untersuchungen, sondern vielmehr die gesellschaftspolitischen Zeitpunkte und Umstände von Benennungen und Umbenennungen, in denen Straßennamen (neben weiteren Namen) seitens der jeweiligen politischen Administration verfügt bzw. getilgt wurden.

2.1.6 Sprachwissenschaftliche Perspektiven auf geschichts- und (weitere) kulturwissenschaftliche Ansätze

Die in geschichts- und (weiteren) kulturwissenschaftlichen Studien festzustellende „Marginalisierung des Sprachlichen" (Warnke 2009: 32) wird in aktuellen linguistischen Beiträgen zunehmend herausgestellt (vgl. Warnke et al. 2016: 10–14, Schulz 2019: 81–84). Von Seiten der sprachwissenschaftlichen Teildisziplin der Onomastik muss konstatiert werden, dass Namen nicht nur „[...] hilfswissenschaftlich von anderen Fachdisziplinen genutzt [...]" (Debus 2012: 3) werden, sondern dass der genuin linguistische Untersuchungsgegenstand teilweise völlig übergangen wird, was von Seiten der Sprachwissenschaft als unzulänglich anzusehen ist. Studien der Geschichts- und (weiteren) Kulturwissenschaften sowie der Critical Toponymies beschränken sich auf singuläre Namen (und nicht auf Namentypen) und untersuchen dabei vorrangig gesellschaftshistorische Umstände von Benennung und Umbenennung vor dem Hintergrund kollektiver Identitäten und Mentalitäten (vgl. Hahn 1999). Das Untersuchungsmaterial wird aus singulären Ortspunkten gewonnen; ortübergreifende Untersuchungen, die sich strukturell auf sprachliche Einheiten beziehen, stehen nicht im Vordergrund: „Die Forschungsliteratur zur Geschichtspolitik mit Straßennamen konzentriert sich sehr auf die Entwicklungen in einzelnen Städten. [...] Dagegen liegen nur wenige vergleichende, regional oder länderübergreifend angelegte historische Studien vor" (Frese 2012: 9–10, Fn. 3). Hier ist – aus sprachwissenschaftlicher Sicht – ein konzeptionell-methodisches Desiderat erkennbar, das in älteren kulturwissenschaftlich ausgerichteten Studien angedeutet (vgl. Korff 1992)[15] und vom Historiker Pöppinghege (2007: 14) explizit aufgezeigt wird:

> Wenn Straßennamen bisher für die historische Erinnerungskultur als wenig relevant erschienen sind, dann lag das zu großen Teilen auch am methodischen Instrumentarium, mit dem den Straßennamen zu Leibe gerückt wurde. Vielfach haben wir es mit bloßen Auflistungen zu tun, die alphabetisch sortiert das Straßennetz repräsentieren, im günstigsten Fall noch mit Erläuterungen zum Namensgeber versehen. Was fehlt ist in den meisten Fällen ein methodischer Zugriff [...].

Die Linguistik ist hier aufgefordert, den Gegenstand sekundärer Straßennamen mit den ihr eigenen empirischen Methoden und strukturellen Zugriffen zu bearbeiten. Damit kann keinesfalls eine Entwertung der wichtigen historischen und kulturwissenschaftlichen Forschungen intendiert werden; es gilt vielmehr, durch explizit linguistische Zugriffe weitere Aspekte des wissenschaftlichen Gegenstands zu beleuchten und damit zu einem Gesamtbild beizutragen, denn „die Sprachwissenschaft hat mit ihren spezifischen Fragestellungen und ihrem fachbezogenen etablierten Untersuchungsinstrumentarium den (anderen) kulturwissenschaftlich arbeitenden Fächern in diesem Bereich etwas zu sagen und zu geben" (Schulz 2019: 86).

---

15 „Eine Namenkunde, die dem symbolischen Gehalt der kommunikativen Funktion und dem sozialen Erinnerungswert des Benennungssystems hier und heute nachspürt, wäre vielleicht in der Lage, Gruppen- und ‚Volksgeistigkeiten', oder in neuerer Begrifflichkeit: sozial- und temporal geltende Mentalitätsmuster, die sich im Zeichen sowohl der *longue durée* [kursiv im Original] als auch aktueller, politisch motivierter Herausforderungen herausgebildet haben, modo analytico zu beschreiben und zu bestimmen" (Korff 1992: 335).

2.2 Sprachwissenschaftliche Ansätze

Die mit der vorliegenden Arbeit zu beantwortenden sprachwissenschaftlichen Fragestellungen, die sich aus dem Untersuchungsgegenstand kolonial motivierter Straßenbenennungen in der deutschen Metropole ergeben, werden in jüngster Zeit dem Forschungsprogramm der vergleichenden Kolonialtoponomastik (vgl. Stolz und Warnke 2018a) zugeschrieben. Das Arbeitsprogramm scheint das Potential zu haben, auch über seinen Gegenstand hinaus neue Perspektiven für die Erforschung sekundärer Straßennamen im deutschsprachigen Raum beitragen zu können (vgl. Ebert angenommen). Die Kolonialtoponomastik hat onomastische bzw. toponomastische und koloniallinguistische Anteile. Daher soll in den folgenden Unterkapiteln ein Forschungsüberblick über die bisherige sprachwissenschaftliche Erforschung von Straßennamen innerhalb der zu verortenden linguistischen Teildisziplinen der Onomastik bzw. Toponomastik erfolgen.

2.2.1 Onomastik

Die Emanzipierung der deutschsprachigen Onomastik als linguistische Teildisziplin, in der Namen zuallererst als sprachliche Universalien gesehen werden und die es in erster Linie unter eben diesem Hauptaspekt zu untersuchen gilt, ist unmittelbar mit den Forschungen von A. Bach in der deutschen Nachkriegszeit verwoben.[16]

> Namen sind Sprachgebilde und interessieren den Philologen zunächst und in erster Linie als solche, als 'Wörter' also, wenn er auch die 'Sachen' zur Deutung der Welt der Namen zur Hilfe heranzieht, wie umgekehrt dem 'Sach'forscher, dem auf nicht-sprachliche Zusammenhänge eingestellten Gelehrten, also etwa dem Historiker, die Namenkunde als Hilfswissenschaft zu dienen hat. Da es sich um sprachliche Gebilde handelt, sind die Eigennamen in einer Namenkunde unter den herkömmlichen und bewährten sprachwissenschaftlichen Gesichtspunkten zu betrachten, wodurch gleichzeitig erst die Voraussetzung gewonnen wird für die sachliche Auswertung des Namengutes. (Bach 1957: 5)

Neben Bach hat vor allem R. Schützeichel durch seine Forschungen und Tätigkeiten als Begründer und Herausgeber der *Beiträge zur Namenforschung. Neue*

---

[16] Man vgl. dazu Eichler (1995: 7): „Bachs Werk hat dazu beigetragen, ebenso wie die reiche und vielseitige Aufarbeitung des deutschen Namenschatzes einzelner Länder, das Prestige der Namenforschung zu heben." Bach hat „durch seine ‚Deutsche Namenkunde' […] ein bislang unüberschaubar gewesenes Gebiet deutscher Sprachwissenschaft systematisiert" (Melchers 1965: 155).

Folge (BNF, 1966–2015) an der Etablierung der Namenkunde innerhalb der Germanistik mitgewirkt (vgl. Barth und Bergmann 2016: 265–267). Auf das explizit sprachwissenschaftliche Potenzial an Onymen und deren Erforschung wird ebenfalls in Beiträgen der DDR-Onomastik eindrücklich verwiesen:

> Namen sind nicht nur eine Fundgruppe für Historiker und Geographen, sind nicht nur sprachliche Petrefakten, die sprachgeschichtliche Zusammenhänge klären helfen, sie sind auch lebendiges Sprachmaterial, das wichtige Funktionen innerhalb jeder Sprache erfüllt. (Schultheis und Walther 1968: 7)

Der Gesamtbestand deutschsprachiger Onyme, insbesondere mit Schwerpunkt der Erforschung von Personen- und Ortsnamen, wird in Großprojekten der Wissenschaftsakademien[17] und in Fachgesellschaften[18] untersucht. Die internationale Forschung erhielt mit dem elften Band der Reihe *Handbücher zur Sprach- und Kommunikationswissenschaft* (HSK, Eichler et al. 1995/96), in dem über 250 Autorinnen und Autoren aus 42 Ländern wissenschaftliche Beiträge zu onomastischen Fragestellungen, Untersuchungsgegenständen u. dgl. aufzeigten, neue Geltung. Das Vorwort zeigt die interdisziplinäre Erforschung von Onymen auf und weist zugleich eine behauptete Randständigkeit der Namenforschung zurück: „Zu Unrecht wird sie [...] nur als akademische Randdisziplin angesehen" (Eichler et al. 1995: V).

Für die deutschsprachige Namenkunde, ihre Untersuchungsgegenstände und Fragestellungen ist auf die neuesten Auflagen der seit 1990 veröffentlichten Einführungswerke von Koß (2002), Debus (2012) und Nübling et al. (2015) zu verweisen, wobei letztere „als Kompendium der neueren Onomastik" (Stolz und Warnke 2015: 112) gilt. In allen drei Kompendien bilden die Namenklassen der Personennamen bzw. Anthroponyme[19] und Ortsnamen bzw. Toponyme[20] den

---

17 Man vgl. dazu das Großprojekt *Digitales Familienwörterbuch Deutschlands* (DFD) an der Mainzer Akademie der Wissenschaften und der Literatur (http://www.namenforschung.net/dfd/projektvorstellung/, Abruf am 28/06/2019).
18 In diesem Zusammenhang ist zu verweisen auf die *Deutsche Gesellschaft für Namenforschung* e.V. (GfN) in Leipzig als „eine gemeinnützige, wissenschaftliche Gesellschaft zur Förderung der Erforschung der Eigennamen. Von Germanisten, Slavisten und Historikern 1990 als Gesellschaft für Namenkunde e.V. gegründet, ist sie die größte wissenschaftliche Vereinigung ihrer Art im deutschsprachigen Raum" (http://www.gfn.name/, Abruf am 28/06/2019).
19 „Die **Personennamen** (**Anthroponyme** < griech. anthropos 'Mensch') [Fettdruck im Original] können (nach den OrtsN [d. s. Ortsnamen]) als die besterforschte Namenklasse gelten" (Nübling et al. 2015: 107).
20 „**OrtsN** oder **Toponyme** (< griech. topos 'Ort, Örtlichkeit') [Fettdruck im Original] stellen eine Klasse der EN [d. s. Eigennamen] dar, die sich auf Objekte der Erdoberfläche bzw. des Weltalls

Analyseschwerpunkt. Straßennamen stellen eine Unterklasse von Toponymen dar. Im Gegensatz zu Makrotoponymen (Namen von Ländern, Städten, Flüssen, Gebirgen u. dgl.) stellen sie Namengut unterhalb der Ortsebene dar und gehören damit (neben Namen von Denkmälern, Brücken, Gebäuden u. dgl.) zum mikrotoponymischen Bestand.[21] Die Ortsnamenforschung weist eine traditionsreiche Geschichte auf, es stehen jedoch bis dato insbesondere älteste Makro- und Mikrotoponyme im Vordergrund: „Einige Gruppen von Toponymen sind Jahrhunderte bzw. Jahrtausende alt (z.B. 5.000 Jahre alte FlussN, römerzeitliche oder frühmittelalterliche SiedlungsN und FlurN) [...]. Ihr Bestand ist weitgehend abgeschlossen, z.T. sogar rückläufig" (Nübling et al. 2015: 207). Im Gegensatz zur traditionellen Ortsnamenforschung, die sich historischen Toponymen im Paradigma einer historisch-philologischen Namenlexikographie widmete[22], ist für jüngere Makro- und Mikrotoponyme ein Forschungsdesiderat zu verzeichnen, das von Nübling et al. (2015: 207) am Beispiel des deutschsprachigen Bestands sekundärer Straßennamen dargelegt wird.[23] Die moderne Toponomastik fordert neue Perspektiven in Bezug auf neue Gegenstände, Fragestellungen, Methoden, aber auch Schnittstellen zu Nachbardisziplinen.[24] Schon im Vorwort des Lehrbuchs von Nübling et al. (2015: 9) wird auf die „enge[n], sich in viel etymologisch-philologischer Kleinarbeit ergehende[n] traditionelle[n] Onomastik" hingewiesen, die es zu überwinden gilt.

---

bezieht. [...] **Grundlegende allgemeine Merkmale** [Fettdruck im Original] von OrtsN sind ihre kartographische Fixierbarkeit und ortsfeste Gebundenheit [...]" (Nübling et al. 2015: 206).
21 Heuser (2008: 13) stellt die dafür verwendeten Termini in der onomastischen Fachliteratur zusammen: „Straßennamen gehören ebenfalls zur Kategorie der Örtlichkeitsnamen oder Mikrotoponyme. [...] StN stellen den größten Teil des städtischen Namengutes dar und werden auch als Hodonyme, städtische Toponyme, Urbanonyme, Plateonyme, Dromonyme [...] oder innerörtliche Orientierungsnamen [...] bezeichnet".
22 „1. mit der Laut- und Formenlehre, der Wortbildung und Wortfügung der Namen [...], ferner mit ihrer Bedeutung. Die sprachwissenschaftliche Fragestellung im engeren Sinne aber ist einzuordnen 2. in die historische Betrachtung des Namenguts [...] 3. den deutschen Namenschatz unter geographischen Gesichtspunkten zu betrachten, also seine Staffelung im Raume. [...] 4. das Namenmaterial auch mit soziologischer Fragestellung zu durchdringen versuchen" (Bach 1957: 5).
23 Obwohl das onomastische Einführungswerk von Debus (2012) neuere Aspekte der Namenpragmatik, -soziologie und -textologie aufgreift, stellt er Ortsnamen lediglich unter etymologischer Perspektive dar und lässt Straßennamen gänzlich unberücksichtigt.
24 Man vgl. dazu die von Kathrin Dräger, Rita Heuser und Michael Prinz organisierte Tagung *Toponyme – eine Standortbestimmung. Internationale Tagung zur Toponomastik vom 18. und 19. September 2017 in der Akademie der Wissenschaften und der Literatur Mainz* (http://www.namenforschung.net/tagungen/toponyme/, Abruf am 28/06/2019).

Die Sichtung der KVK-Treffer zu Beginn von Kap. 2 hat bereits das Forschungsdesiderat bisheriger sprachwissenschaftlicher Studien zu sekundären Straßennamen aufgezeigt. Wenngleich Straßennamen den größten Teil des städtischen Namenguts darstellen (vgl. Heuser 2008: 13), ist ihre genuin **sprachwissenschaftliche** Erforschung bis dato überschaubar: „Bislang hat die originär zuständige Teildisziplin der Germanistik, die historische Toponomastik, in Straßennamen wenig mehr als sprachgeschichtlich interessante ‚Kleinodien' der Regionalgeschichte gesehen" (Glasner 1999: 316). Auf jene kritische Einschätzung zum Ende des 20. Jahrhunderts soll nun näher eingegangen werden, indem gerade die jüngeren Studien seit der Wiedervereinigung diskutiert werden.[25] Dabei wird der Frage nachgegangen, inwieweit das von Glasner (1999: 316) konstatierte „eklatante[s] Missverhältnis" von Seiten der jüngeren sprachwissenschaftlichen Untersuchungen bis zum jetzigen Zeitpunkt kompensiert werden konnte.

2.2.2 Toponomastik

In der ersten Auflage seiner Onomastik-Einführung stellt Koß (1990: 93) fest, dass „für den Bereich der StraßenN – nach den PN [d. i. Personennamen] und ON [d. i. Ortsnamen] der „drittgrößte Komplex" in der Onomastik [...] – [...] immer noch keine systematische Bearbeitung [vorliegt]". Über ein Jahrzehnt später verweist er in der dritten Auflage auf das Kölner Forschungsprojekt *Die Kulturgeschichte der Straßennamen*:

> StraßenN sind das Gedächtnis einer Stadt. Unter dieser Prämisse haben der Kölner Germanist DIETZ BERING [Kapitälchen im Original] und sein Team in einem Projekt seit dem WS 90/91 begonnen, die Kölner StraßenN vom Mittelalter bis heute systematisch zu erforschen. (Koß 2002: 160)

Erst in Nübling et al. (2015: 245–251) wird die sprachwissenschaftliche Erforschung sekundärer Straßennamen erstmalig ausführlicher behandelt. Im Hin-

---

25 Für die Schriftenlandschaft vor 1990 sind für die BRD insbesondere die Einzelbeiträge von Fuchshuber (1983) und Fuchshuber-Weiß (1983, 1985) hervorzuheben, die sich zwar ortsbezogen sekundären Straßennamen widmen, dazu aber erste sprachwissenschaftliche Analysekriterien für zukünftige Untersuchungen kommemorativer Straßennamen herausgearbeitet haben. Die DDR-Onomastik hat bereits früh – freilich unter einer SED-konformen Zielsetzung – dargelegt, dass „in der DDR [...] die gesellschaftlich-politische Entwicklung auch ihren Niederschlag im Namenschatz gefunden [hat]. Man denke an die *Ernst-Thälmann-Straßen und -Plätze, die Karl-Marx-, Friedrich-Engels-, Clara-Zetkin-, Käthe-Kollwitz-, Karl-Liebknecht- und Rosa-Luxemburg-Straßen* [kursiv im Original], die es in fast jeder Stadt gibt" (Schultheis 1971: 35).

blick auf neuere Studien wird darin ebenfalls auf das Kölner Projekt verwiesen, das „die **StraßenN-Forschung** [Fettdruck im Original] auf einen neuen Weg gebracht" (Nübling et al. 2015: 250) habe. Die Zitate zeigen, dass das lokal ausgerichtete Projekt offenbar übergreifend als modellhafte Studie betrachtet wird. Das am Kölner Institut für Deutsche Sprache und Literatur unter der Leitung des „kulturhistorisch interessierten Sprachwissenschaftler[s]"[26] Bering durchgeführte Forschungsprojekt untersuchte seit 1990 die Kölner Straßennamen in einer beachtlichen Anzahl an Schriften (vgl. Großsteinbeck und Bering 1994, Bering et al. 1999, Bering 2001, Bering 2002, Bering und Großsteinbeck 2007, Bering 2011). Vor dem Hintergrund des bis dato zu konstatierenden Forschungsdesiderats stellte die Forschergruppe folgendes Ziel in den Mittelpunkt ihrer Untersuchung:

> Das Ziel war die endgültige Befreiung der StrNforschung aus ihrem Aschenputteldasein durch Anbindung an interdisziplinäre Forschungsstrategien der Stadttheorie sowie in erster Linie der modernen Kulturwissenschaft, vor allem der Mentalitätsforschung und der Durchleuchtung der kollektiven Gedächtnisformationen (kommunikatives und kulturelles Gedächtnis). (Bering et al. 1999: 144)

Mit der Erfassung der Stadt als Erinnerungsraum knüpfte das Kölner Forschungsprojekt an die bereits dargelegten gedächtnistheoretischen Konzepte (Kap. 2.1.2) an, die Straßennamen „nicht nur als Symbole von Herrschafts- und Machtverhältnissen [...], sondern darüber hinaus als Medien kultureller Erinnerung" (Glasner 1999: 320) untersuchen. Die beiden daraus hervorgegangenen projektbezogenen Dissertationsschriften von Glasner (2002) bzw. Werner (2008) knüpften an die interdisziplinären Gedächtnistheorien ihrer Zeit an und untersuchten vor diesem Hintergrund mittelalterliche bzw. administrativ verfügte Straßennamen der Neuzeit (vgl. Werner 2008) der Stadt Köln. Das systematische, auf Basis diverser Quellengattungen angelegte Namenkorpus aller bezeugten Kölner Straßennamen sollte inventarbezogene Untersuchungen in diachronen Zeitschnitten ermöglichen. Ein erstelltes Analyseraster „aus 26 linear hintereinandergeschalteten Kategorien" (Bering et al. 1999: 145)[27] mit mehr als 325 Unterkategorien diente

---

26 Man vgl. dazu seine eigene Homepage und die dort aufgelisteten Forschungsgebiete (http://idsl1.phil-fak.uni-koeln.de/16758.html, Abruf am 28/06/2019). Die Interessen Berings an onomastischen Untersuchungsgegenständen sind eng verknüpft mit seinen primär sprachhistorischen Fragestellungen zur „Tragweite sozialen Handelns durch Sprache" (Horch 1989: 328), die er unter anderem in seiner Habilschrift (vgl. Bering 1987) untersucht hat.
27 D. s.: „1. Straßenzahl – 2. Personennamen – 3. Politische Orientierung – Politische Funktion – 5. Kirchlicher Bezug – 6. Militärischer Bezug – 7. Ökonomischer Bezug – 8. Kunst/Kultur – 9. Naturwissenschaft – 10. Geisteswissenschaft – 11. Wirkungsbereich – 12. Historische Tiefe –

der Einordnung jedes einzelnen SN-Tokens für darauffolgende vergleichende Analysen. Für die vorliegende Arbeit ist die Studie von Werner (2008) zu einem Teilinventar der in Köln verfügten sekundären Straßennamen von Interesse, in der sie in politisch angelegten Zeitschnitten Benennungen und Umbenennungen seit 1933 bis in die Gegenwart untersucht. Dabei stellt sie Straßennamen-Cluster in den Vordergrund ihrer Analysen, „also mehrere, nebeneinanderliegende Straßen [...], in dem ein bestimmtes Namenthema bzw. -motiv herrscht" (Werner 2008: 68). Die administrative Verfügung solcher Namenfelder (vgl. Moser 1957: 60), hodonymischer Felder (vgl. Fuchshuber-Weiß 1985: 69) oder Namencluster (vgl. Heuser 2008: 601) gingen einher mit der städtebaulichen Expansion. So sind thematisch kohärente Benennungsprozesse von Straßenzügen neu geschaffener Siedlungen oder Vierteln in den städtischen Peripheriebereichen bis heute typisch.[28] Unter gedächtnistheoretischen Aspekten stellt Werner (2008: 69) fest, dass „die Implantation ins kulturelle Gedächtnis [...] bei ihnen als wünschenswert im erhöhten Grade" erscheint.

Mit dem Kölner Forschungsprojekt wurde die Relevanz von Straßennamen als „eines der spannendsten Untersuchungsfelder der Onomastik [...]" und die Studie Werners (2008) als „innovative[n] und inspirierende[n] Arbeit" (Kohlheim 2010: 227, 233) beschrieben. Trotzdem liegt keine nennenswerte Anzahl weiterer Publikationen vor, die sich in Anlehnung an das Kölner Projekt den administrativen Benennungs- und Umbenennungsprozessen in weiteren Ortspunkten widmeten. In Ebert (angenommen) werden mögliche Gründe erläutert, warum das Forschungsprojekt für etwaige daran anschließende Studien nicht modellbildend gewesen ist: Neben der Tatsache, dass das spezifisch auf das Kölner Namenkorpus angelegte Kategorienschema nicht auf weitere ortsbezogene oder ortsübergreifende Untersuchungen übertragbar ist, erscheint insbesondere die – freilich nach gedächtnistheoretischen Aspekten angelegte – übergeordnete Annotationsebene der Kategorisierung historischer Straßennamen nach „vielfältigen konnotativen Strahlungen/Assoziationen eines Straßennamens" (C) (Bering und Großsteinbeck 2007: 314) fraglich.[29] Damit werden Beibe-

---

13. Geschlecht – 14. Benennungsgrund – 15. Abstrakta – 16. Verortungen – 17. Ortsverweis hinführend – 18. Geographischer Verweis – 19. Flurnamen – 20. Naturnamen – 21. Gesellschaftliches Organ – 22. Konfession – 23. Siedlungscluster – 24. Benennungsjahr – 25. Grundwort – 26. Präposition".
28 Man vgl. dazu bspw. den „Leitfaden zur Straßenbenennung in Frankfurt am Main" vom Januar 2017 (https://www.frankfurt.de/sixcms/media.php/738/Leitfaden%202018%20Stra%C3%9Fenbenennung%20bf.pdf, Abruf am 28/06/2019).
29 A: Basisinformationen (nichtlinguistische Daten), B: Formanalyse (morphologisch-syntaktische Struktur), C: Bezugsanalyse (konnotatives Potential), D: Bedeutungsanalyse (denotative Aspekte) (vgl. Bering et al. 1999: 147).

haltungen älterer Benennungen unter rein onomastischen Zugriffen mit einem gegenwartssprachlichen Blick auf die Namennutzerseite kontextualisiert (vgl. Werner 2008: 332–333). Fortschreibungsprozesse älterer Straßennamen können dagegen nur dann – sprachwissenschaftlich seriös – untersucht werden, wenn entsprechende Beibehaltungen genuin **sprachlich** verhandelt werden, bspw. in Umbenennungsdebatten (vgl. Ebert angenommen).

Die Kritik am Kölner Projekt ist nicht neu: Die nicht unproblematische Subkategorisierung wird bereits für die Studie von Glasner (2002) von Hellfritzsch (2004: 229–230) und Hoffmann (2006: 437–438) bemängelt. Letzterer betrachtet die Projektkonzeption aufgrund des „methodische[n] Grundproblem[s]" und des „Manko[s] der nicht nachvollziehbaren Straßennamen-Grundlagen" als „eher geschichtswissenschaftliche Auswertung".[30] Auch Neuß (2008: 227) kritisiert den gedächtnistheoretischen Ansatz, der „vom Konzept der Motivation von Namengebung zu einer Kultur- und Mentalitätsgeschichte in einem umfassenderen Sinn vorstoßen will". Die in Werners Dissertation (2008) untersuchten administrativ verfügten Benennungs- und Umbenennungsprozesse der Neuzeit unter Einbezug diachroner und clusterbezogener Analysen erscheinen hier ergiebiger: Wenngleich „in anderen Zusammenhängen [...] wohl zu voreilig von ‚Mentalitätswandel' die Rede" (Kohlheim 2010: 232) ist, stellt die Studie die unter gedächtnistheoretischen Ansätzen angelegte Projektkonzeption nicht maßgeblich in den Mittelpunkt ihrer Untersuchung. Zusammenfassend lässt sich feststellen, dass es dem Kölner Forschungsprojekt durchaus gelungen ist, „die Namenkunde als umfassende Kulturwissenschaft zu etablieren" (Oebel 2005: 252). Das Potenzial der Onomastik als linguistische Teildisziplin aufzuzeigen, das genau darin liegt, Namen nicht vor dem Hintergrund zuvor konzipierter theoriebasierter Konzepte zu untersuchen, sondern anhand der Aufdeckung sprachlicher Strukturen die „Gesellschaftlichkeit von Sprache explizit in ihre Analyse [mit]ein[zubeziehen], als Konstituente des zu untersuchenden sprachlichen Ausdrucks" (Kämper 2007: 425), konnte das Forschungsprojekt jedoch nicht leisten.

Die Dissertationsschriften von Dörfler (2006) und Heuser (2008) sind im Rahmen einzelner Städteanalysen (Erlangen bzw. Mainz) angelegt. Der Fokus beider Monographien ist wieder an traditionellere Arbeiten angelehnt, indem der historische und/oder gegenwärtige Namenbestand einer einzelnen Stadt als Ortsnamenbuch[31] aufgearbeitet wird. Diese beiden jüngeren Namenbücher zeichnen

---

30 „Der reiche Kölner Bestand an mittelalterlichen Straßennamen resp. Örtlichkeitsnamen zerfließt unter dem ständigen Wechsel der kulturgeschichtlichen Aspekte und theoretisierenden Begrifflichkeiten [...] zu Versatzstücken in einer letztendlich wenig erhellenden kulturgeschichtlichen Fragestellung" (Hoffmann 2006: 439).
31 Die Erstellung von Ortsnamenbüchern hat eine lange Forschungstradition. Bereits Bach (1954) legt einen Gesamtüberblick sowie Etymologien zu Ortsnamen vor. Das in jüngerer Zeit

sich nicht nur durch „die akribisch zusammengetragene Materialfülle aus sowohl historischen und heute nicht mehr gebräuchlichen als auch aus noch existierenden Bezeichnungen" aus, was sowohl „die lokal ausgerichtete Onomastik, zum anderen aber auch [die] Schriftsorte ‚Namenlexikon'" (Glasner 2009: 259) erneuert, sondern sie berücksichtigen – im Gegensatz zu traditionellen Ortsnamenbüchern – in besonderem Maße die jüngeren neuzeitlichen Prozesse von Straßenbenennung und -umbenennung in gesellschaftspolitischen Zeiträumen (vgl. Behne 2013: 63). Heuser (2008: 610–615) analysiert bspw. „Neubenennungen im 19. Jahrhundert im Zuge der Stadterweiterungen" unter Berücksichtigung der dadurch entstehenden themenkohärenten Namencluster in den Peripheriebereichen. Die im Kölner Forschungsprojekt dargelegten gedächtnistheoretischen Ansätze und kulturgeschichtlichen Fragestellungen bleiben in Dörfler (2006) unberücksichtigt.[32] Für administrative Benennungsprozesse der Neuzeit legt Heuser (2008: 563) dar, dass „sekundäre StN [...] kultur- und mentalitätsgeschichtlich auszuwerten [sind]", was von Neuß (2009: 362) kritisiert wird:

> Wenn zum Anschluss dieser Besprechung etwas an dieser materialreichen und überaus gelungenen Arbeit zu kritisieren sein sollte, dann allenfalls, dass die Autorin in ihrer Gründlichkeit bei der weit ausholenden Sichtung und Auswertung vorangehender Literatur durchaus kritischer und urteilsfreudiger hätte verfahren sollen. P. Glasners Arbeit zu Köln ist keineswegs so ‚vorbildlich', wie Rita Heuser [...] formuliert.[33]

---

herausgegebene Deutsche Ortsnamenbuch (vgl. Niemeyer 2012) umfasst ca. 3.000 Siedlungsnamen aus dem heutigen und ehemaligen dt. Sprachgebiet (vgl. Nübling et al. 2015: 212). Die in solchen Namenbüchern zu beantwortenden Fragestellungen erläutert Sonderegger (2004a: 3414): „Für die Deutung der Namen sind dabei grundsätzlich vier Bereiche zu berücksichtigen, von denen drei primär historisch ausgerichtet sind [...]; die synchronische Verwirklichungsebene eines Namens, der namenhistorische Dokumentationsbereich, die sprachwissenschaftlich-sprachgeschichtliche Analyseebene und der interdisziplinäre (zumeist geschichtlich ausgerichtete) Auswertungsbereich."

32 Man vgl. dazu die Rezension von Kohlheim (2008: 341, 347): „Dörfler gibt eine theoretisch fundierte Begründung seines Vorgehens bei der Erstellung des eigentlichen Namenwörterbuchs, welches sich in mancher Hinsicht von der großen Anzahl vorliegender Straßennamenlexika unterscheidet", denn er „[...] hat mit seinem Werk einerseits ein akribisch gearbeitetes Lexikon der Erlanger Straßennamen vorgelegt und andererseits dem kulturanalytischen Konzept der Straßennamenforschung, wie es die Kölner Forschungsgruppe um P. Glasner vertritt, einen eigenen Forschungsansatz entgegengestellt."

33 Glasner (2009: 260) kritisiert dagegen die aus seiner Sicht nicht umfängliche Beachtung des kulturgeschichtlichen Ansatzes: „Die bestechende Materialfülle des Namenbuches und die lückenlos anmutende Forschungskenntnis hätten es ermöglicht, die Auswertung der Motivik methodisch wie instrumentell auszubauen. Kulturgeschichtliche Paradigmen wie aus der anzitierten Mentalitätsgeschichte werden nicht weiter theoretisch entfaltet, sodass unklar bleibt,

Die Autorin formuliert nicht nur neue sprachwissenschaftliche Analysekriterien zur Untersuchung von Straßennamenkorpora, sondern weist auch auf moderne Perspektiven einer vergleichenden Straßennamenforschung hin, bspw. auf Möglichkeiten des „diachrone[n] Vergleich[s] synchroner Korpora (bspw. vor 1933 und nach 1945). Auch ein kontrastiver Vergleich der Namengebung einzelner Stadtteile wäre wünschenswert" (Heuser 2008: 3).

Die Notwendigkeit ortübergreifender Untersuchungen wird neben wenigen kleineren Beiträgen[34] in der umfangreichen sprachwissenschaftlichen Studie von Behne (2013) aufgegriffen. Die Dissertationsschrift stellt das sich vom Mittelalter bis in die Gegenwart verändernde Straßennameninventar dreier Städte[35] zusammen; die theoriebezogenen kulturwissenschaftlichen Konzepte des Kölner Forschungsprojekts bleiben unberücksichtigt: „mit der Untersuchung [wird] keine umfassende Kulturgeschichte der einzelnen Städte angestrebt, sondern ein Beitrag zur vergleichenden Straßennamenforschung" (Behne 2013: 1–2). Wenngleich die erhobenen Namenkorpora anhand der additiven Sichtung diverser Quellengattungen in diachron angelegten Zeitschnitten für jeden Ort ausführlich dargelegt werden, zeigt die Arbeit nur in Ansätzen Perspektiven zu der von der Autorin postulierten „vergleichenden Straßennamenforschung" auf: In der fast 500 Seiten umfassenden Schrift werden die ortsübergreifend-inventarbezogenen Analysen zu administrativen Benennungen bzw. Umbenennungen äußerst knapp beschrieben (vgl. Behne 2013: 444–465, Kap. 3.4). Die Autorin legt dar, „dass sich im Repräsentationssystem der Straßennamen unter

---

welche Aussagemöglichkeiten über Namenbenutzer ins Namengut ‚eingeschrieben' sind. Die Motivationsanalyse hätte sich einen geeigneten Maßstab zunutze machen können, der [...] das individuelle Profil des Mainzer Namenschatzes messbar und damit in seiner Bedeutsamkeit erschließbar machte."

34 Man vgl. dazu Mauf und Sladeczek (2012/13), die unter sprach- und geschichtswissenschaftlichen Perspektiven „Namenbeispiele" städtischer Randbezirke in Erfurt mit anderen thüringischen und weiteren deutschen Städten aus der Zeit vom 12. bis zum 17. Jh. untersuchen: „Die umfassende historische Randgruppenforschung soll dabei nicht grundlegend diskutiert, sondern um die onomastische Perspektive erweitert werden" (Mauf und Sladeczek 2012/13: 333).

35 D. s.: Tangermünde, Stendal und Stadthagen. Die Begründung jener Ortsauswahl wird von der Autorin dargelegt: „Auf der Basis einer formal-linguistischen Auswertung sind schließlich die in den StrN fixierten sprachregionalen Eigenheiten des Niederdeutschen zu untersuchen. [...] Fragestellung, in welchem Maße sich gleiche politische Zugehörigkeiten, geschichtliche Zäsuren sowie gesellschaftliche Umbrüche auf die Straßenbenennungen verschiedener Städte ausgewirkt haben [...] die Wahl der schaumburg-lippischen Stadt Stadthagen als bewusste Kontrastsetzung, die in Anbetracht abweichender historischer Strukturen und Ereignisse das Erwartungsbild der Untersuchung bestimmt" (Behne 2013: 70–71).

anderem ein Eigenbewusstsein offenbart, das nicht mit anderweitig kommunizierten Selbstbildern übereinstimmt" (Behne 2013: Klappentext). Anhand der vergleichenden Untersuchung der Benennungspraktiken wird deutlich, dass Untersuchungen, die sich an primär von außen herangetragenen Konzepten, insbesondere politischer Zäsuren, orientieren, für eine umfassende Untersuchung und Deutung nicht eignen: „Vielmehr ist das Bemühen um ein dezidiertes Heimatbewusstsein [...] im Kontext regionaler Bestrebungen und Tendenzen zu lesen" (Behne 2013: 491–492), die lokalgeschichtliches Wissen erweitern sollen. Der Erkenntnisgewinn ihrer vergleichenden Analysen aus diachron angelegten Zeitschnitten, anhand derer der Namenbestand vom Mittelalter bis 2011 für die jeweiligen drei Einzelorte beschrieben wird, ist als problematisch zu beschreiben: Die Autorin stützt sich weitgehend auf sogenannte „Bezugsanalysen", die sie für das erhobene Nameninventar aus der sprachhistorischen Perspektive „ausgehend von ihrer Motiviertheit zum Zeitpunkt der Namengebung" (Behne 2013: 74) konzipiert hat.[36] Darin zeigt sich auch die inhaltliche Begrenzung der vergleichenden Untersuchungen, die anhand jenes Bezugsrasters erfolgen können. Weitere linguistische Kategorien, mit denen der Namenbestand in synchronen und diachronen Zeitschnitten hätte untersucht werden können, werden nur ausschnitthaft berücksichtigt. Sie verdeutlichen nichtsdestotrotz, „dass eine [...] präzise Untersuchung nicht nur von onomastischem Wert ist, sondern auch der Regional- und Lokalforschung wichtige Erkenntnisse bringen kann" (Casemir 2015: 134).

Festzuhalten bleibt: Bei dem Kölner Forschungsprojekt ‚Kulturgeschichte der Straßennamen' handelt es sich um eine zentrale Studie zu Straßennamen in jüngerer Zeit. Das damit verbundene Ziel, „die Namenkunde als umfassende Kulturwissenschaft zu etablieren" (Oebel 2005: 252), brachte allerdings nicht den gewünschten Anschub für eine umfassende Bearbeitung des Themas der Straßennamenonomastik. Mögliche Gründe dafür, warum das Kölner Forschungsprojekt offenbar zu etwaigen daran anschließenden Studien nicht modellbildend gewesen ist, werden in Ebert (angenommen) zusammengestellt:

> Anhand des einzelortsbezogenen Zugriffs [...] konnten keine über lokale Fragestellungen hinausgehenden übergeordneten Untersuchungsfragen berücksichtigt werden. Daneben sind aber insbesondere die gedächtnistheoretischen Zugriffsweisen und Analysekatego-

---

36 D. s.: Lage/Beschaffenheit; topografisch-landschaftliche Bezugspunkte; ökonomische Bezüge, soziale Formationen, signifikante Gebäude und Artefakte, funktionelle Aspekte, Verweis auf Stadtentstehung, Stätten des kirchlichen Lebens, Aspekte des städtischen Rechts/des Besitzes, Zielpunkte, lokale/heimatliche Bezugnahmen, politische Bezugnahmen, kulturelle Bezugnahmen, Naturbezug (vgl. Behne 2013: 74–75).

rien herauszustellen, mit denen das Projekt auch kommemorative Straßennamenverfügungen nicht primär hinsichtlich ihrer sprachhistorischen Verfügungsprozesse kontextualisierte und untersuchte.

Das für die germanistische Toponomastik aufgezeigte Desiderat deckt sich weitestgehend mit dem neueren Forschungsstand der internationalen Namenforschung: Wenngleich in den zwei HSK-Teilbänden (vgl. Eichler et al. 1995/96) erst- und einmalig onomastische Untersuchungsgegenstände zusammengestellt werden, finden sich nur drei kleinere Beiträge (vgl. Fuchshuber-Weiß 1996, Handke 1996, Tarpley 1996), die sich explizit Straßennamen, vorrangig unter terminologischen Fragestellungen ihrer toponomastischen Zuordnung bzw. Klassifizierung, widmen. Die sich ausschließlich mit namenkundlichen Untersuchungsgegenständen auseinandersetzende internationale Zeitschrift BNF stellt fachübergreifende Beiträge zusammen. Aus einer Sichtung der jüngeren Jahrgänge von 2012 bis 2015 gingen nur zwei ortsbezogene Beiträge zu Straßennamen von Seiten der slawistischen Onomastik für Prag hervor (vgl. Kaloušková 2012, 2014). Auch im Kompendium *The Oxford handbook of names and naming* (Hough 2016) ist nur ein Beitrag zu Straßennamen (vgl. Neethling 2016) vertreten, der vorrangig die bestehenden Untersuchungsansätze zusammenfasst. Eindrücklich auf das noch bestehende Forschungsdesiderat innerhalb der vergleichenden Straßennamenforschung weisen Nübling et al. (2015: 250) hin:

> Besonders an umfassenden kontrastiven Studien [...], die nicht nur das Namenkorpus einer einzelnen Stadt betrachten, sondern auch auf nationaler [...] bzw. internationaler [...] Ebene die Methoden und Prozesse von Namensuche sowie -vergabe einander gegenüberstellen, mangelt es noch.

2.2.3 Koloniallinguistik

Die Koloniallinguistik als ein sehr junges Fachgebiet, das weit von der Onomastik entfernt verortet werden könnte, kann zu einem jüngst stattfindenden Paradigmenwechsel beitragen. Das mag überraschen, scheint aber mit ihrem Arbeitsfeld der vergleichenden Kolonialtoponomastik der Fall zu sein. Das koloniallinguistische Forschungsprogramm widmet sich aller linguistischen Phänomene, die in einem unmittelbaren Zusammenhang mit Kolonialismus stehen (vgl. Dewein et al. 2012: 242); bis dato blieben sie in der germanistischen Sprach- und Diskursgeschichtsschreibung unberücksichtigt (vgl. Warnke und Schmidt-Brücken 2017: 941). Die wissenschaftliche Auseinandersetzung mit der deutschen Kolonialgeschichte wird in Warnke und Stolz (2013: 457) umfassend erläutert: „Kolonialismus kennzeichnet diverse Machtbezüge und strukturiert das geteilte Wissen von

Gesellschaften, sowohl in Phasen der Kolonialagitation als auch des Kolonialrevisionismus oder postkolonialer Gewissheiten." Es geht dabei um ein spezifisches **linguistisches** Interesse an Kolonialismus und postkolonialen Sprachsituationen. (vgl. Warnke 2017: 99). Studien der Koloniallinguistik bzw. der (Post-)Colonial Lingustics erfolgen demnach in der Grundannahme,

> dass der *Kolonialismus als historisches Apriori* wirksam ist und konstitutive Macht hat [...]. Mithin ist die *(Post-)Colonial Linguistics* [kursiv im Original] [...] als ein Projekt [zu verstehen], das von einem bis heute omnipräsenten, auch die eigene Fachgeschichte und -terminologie betreffenden Dispositiv ausgeht und in dessen Wirksamkeit linguistisch relevante Gegenstände in den Blick nimmt. Europäische Superiorität als Kennzeichen des kolonialen Habitus ist dann [...] mit all ihren Ausdrucksformen eine umfassende Kontextualisierung von Sprachen und Sprachwissenschaft überhaupt. (Warnke und Stolz 2013: 476–477)[37]

2.2.4 Kolonialtoponomastik

Weil „die sprachliche Kolonialisierung in praktisch allen Namenklassen nachweisbar ist" (Engelberg und Stolz 2016: 260), bringen jene neuen und bis dato unterforschten Fragestellungen bezüglich der Sprache und des Sprachgebrauchs in kolonialen Kontexten zugleich einen in jüngster Zeit erkennbaren Paradigmenwechsel für die Onomastik hervor: „Nicht zuletzt im Bereich der Namen, vor allem der Toponyme, wird [...] die ortsbildende Funktion von kolonialzeitlicher Sprache zu untersuchen sein" (Warnke und Stolz 2013: 491). Innerhalb koloniallinguistischer Fragestellungen rücken zunehmend Toponyme in den Mittelpunkt: Gleich vier weitere sprachwissenschaftliche Beiträge sind für das BNF-Sonderheft zu verzeichnen, die vor allem Toponyme in kolonialen und postkolonialen Zusammenhängen untersuchen (vgl. Engelberg 2016,

---

[37] Warnke und Stolz (2013: 475–476) greifen innerhalb ihres Beitrags für die Beschreibung des ‚Dispositivs' auf Foucault (1978: 119–120) zurück, der das Dispositiv als „ein entschieden heterogenes Ensemble, das Diskurse, Institutionen, architekturale Einrichtungen, reglementierende Entscheidungen, Gesetze, administrative Maßnahmen, wissenschaftliche Aussagen, philosophische, moralische oder philanthropische Lehrsätze, kurz: Gesagtes ebenso wohl wie Ungesagtes umfasst. Soweit die Elemente des Dispositivs. Das Dispositiv ist das Netz, das zwischen diesen Elementen geknüpft werden kann". Zudem verweisen sie auf Agamben (2008: 9), der das Konzept des Dispositivs folgendermaßen konkretisiert: „a. [...] heterogene Gesamtheit, die potentiell alles Erdenkliche, sei es sprachlich oder nicht-sprachlich, einschließt [...]. b. Das Dispositiv hat immer eine konkrete strategische Funktion und ist immer in ein Machtverhältnis eingeschrieben. c. Als solches geht es aus einer Verschränkung von Macht- und Wissensverhältnissen hervor."

Schmidt-Brücken 2016, Schulz und Ebert 2016, Stolz et al. 2016). Die mit Kolonisierungsprozessen verbundenen asymmetrischen Machtverhältnisse werden in verstärktem Ausmaß durch Benennungspraktiken (vgl. Dunker et al. 2017) konturiert und manifestiert, insbesondere in „toponymischen Praktiken kolonialer und postkolonialer Raumunterwerfung" (Busse und Warnke 2014: 2). Diese werden innerhalb des sich jüngst etalierenden Arbeitsfelds der vergleichenden Kolonialtoponomastik (vgl. Stolz und Warnke 2018a) untersucht, mit dem der bisherigen koloniallinguistische Themenkanon[38] erweitert wird. Vor dem Hintergrund der explizit **linguistischen** Forschungsdesiderata, die sich im Hinblick auf moderne toponomastische Untersuchungsgegenstände ergeben, erweist sich das Forschungsprogramm als aussichtsreiche Perspektive: Die vergleichende Kolonialtoponomastik ist „keine von der allgemeinen Toponomastik losgelöste Disziplin [...] [sondern der] Versuch, die Toponomastik für Zielstellungen der Koloniallinguistik fruchtbar zu machen" (Stolz und Warnke 2015: 112) und dabei „von eingefahrenen Wegen der traditionellen Namenforschung abzuweichen" (Stolz und Warnke 2018b: 63).

Die Schnittstelle von Namen und Raum ist bereits vor der Veröffentlichung des kolonialtoponomastischen Forschungsprogramms als relevant herausgestellt worden: Toponyme tragen zur Konstituierung sprachlicher Landschaften bzw. Linguistic Landscapes bei, die in einzelnen Beiträgen (vgl. Landry und Bourhis 1997, Ben-Rafael et al. 2006, Backhaus 2007) und ersten Kompendien (vgl. Shohamy und Gorter 2009) untersucht werden. Der Forschungszweig rückt mittlerweile auch innerhalb der germanistischen Linguistik ins Blickfeld (vgl. Auer 2010, Papen 2012, Warnke 2014), und zwar vor der Fragestellung, „wie öffentliche Zeichen Sprach-Räume konstituieren" (Auer 2010: 271). Damit werden bisherige Fragestellungen der Linguistic Landscape-Forschung in mehrsprachigen Gesellschaften um soziolinguistisch beschreibbare Dimensionen erweitert, unter anderem auch für toponymische Untersuchungsgegenstände. Auch sekundären Straßennamen kommt dabei ein Interesse zu, denn sie stellen mustergültige „top-down [...] Elemente[n] linguistischer Landschaften" (Warnke 2011: 358) dar. In Domke (2014: 90) werden sie unter Gesichtspunkten einer „Typologisierung der öffentlichen Textwelt" in ortsgebundenen Kontexten analysiert. Die Monographie von Ziegler et al. (2018) zur visuellen Mehrsprachigkeit im Ruhrgebiet stellt einen jüngst veröffentlichten Beitrag der Linguistic Landscapes-Forschungen dar, in denen kommemorative Straßennamen gegenüber den mikrotoponymischen Klassen an Geschäfts-, Gaststätten- und Restaurant-

---

38 D. s.: Sprachkontakt und Sprachwandel, Historiographie der Linguistik, Diskurslinguistik, Sprach- und Sprachenpolitik (vgl. Dewein et al. 2012).

namen jedoch eine untergeordnete Rolle spielen.[39] Wenngleich man sekundäre Straßennamen innerhalb all solcher Studien zwar **mit**berücksichtigt, werden sie nicht als eigenständige Namenklasse, sondern neben weiteren visuell wahrnehmbaren, schriftsprachlichen Zeichen im öffentlichen Raum aufgeführt. Die Untersuchungen verfolgen nicht das Ziel der Beantwortung weiterführender toponomastischer Fragestellungen und Vorgehensweisen.[40] Dies hat zur Folge, dass etwaige damit einhergehende Wechselwirkungen methodischer und/oder erkenntnistheoretischer Art bis dato unberücksichtigt geblieben sind. Die in solchen Beiträgen gestellten Untersuchungsfragen wirken bisher nicht auf die Toponomastik zurück.

Im Gegensatz dazu zielt das Forschungsprogramm der vergleichenden Kolonialtoponomastik darauf ab, mit Arbeitsweisen der empirischen Sprachwissenschaft systematische Inventare kolonialer Toponyme zusammenstellen. Die Inventarisierungsaufgabe solcher kolonialer Ortsbenennungen erfolgt auf der Grundlage zeitgenössischer Quellengenres.[41] Die jeweiligen erstellten Nameninventare werden in einem nächsten Arbeitsschritt inventarbezogen aus system- und diskurslinguistischer Perspektive untersucht, also nach musterhaften Namen-Strukturtypen und kolonialtoponomastischen Diskursfunktionen (vgl. Stolz und Warnke 2018b). Solche Analysen beinhalten die Untersuchung der Kolonialismen hinsichtlich etwaiger struktureller-morphologischer Prototypen sowie die Frage „[...], welche Diskursfunktionen durch welche musterhaften Vorkommen durch das TOP [d. i. (Kolonial-)Toponym, Kapitälchen im Original] etabliert werden" (Stolz und Warnke 2018b: 47). Die vergleichende Kolonialtoponomastik stellt folglich nicht nur bisher unerforschte linguistische Untersuchungsgegenstände in den Mittelpunkt ihrer Forschungsinteressen, sondern sie entwickelt auch innovative Erhebungs- und Analysemethoden, die von Seiten der modernen Toponomastik längst eingefordert werden. Damit verzahnt das Arbeitsprogramm Fragestellungen der Toponomastik und der Koloniallinguistik

---

39 „Da es in der Regel eines größeren zeitlichen Abstands bedarf, bevor eine Person ‚straßenwürdig' wird, wird es wohl noch lange dauern, bis die Migration der letzten Jahrzehnte einen sichtbaren Niederschlag in den Straßennamen findet" (Ziegler et al. 2018: 211).
40 Man vgl. dazu auch die kritische Rezension von Glasner (2016) zur Habil.schrift von Domke (2014), der „[...] das Nebeneinander von hochritualisierten sakralen wie profanen Kommunikationsformen einerseits und als Nomen Proprium schwerlich auslotbaren Erinnerungsfiguren kollektiven Erinnerns (Straßenname) und Stolpersteinen andererseits" als „ein Kernproblem der vorgelegten Studie" beschreibt.
41 Die bisherigen Beiträge, die sich vorrangig mit kolonialen Makrotoponymen beschäftigen, erstellen ihr Inventar insbesondere aus „kolonialzeitlichem Kartenmaterial [...], offiziellen und offiziösen Ortsnamenverzeichnissen [...]" (Stolz und Warnke 2018b: 3).

und kann zugleich beide sprachwissenschaftliche Disziplinen vorantreiben: Mit der systematischen Inventarisierung und sprachstrukturellen Analyse der Konstruktionen werden sowohl bisher unberücksichtigte toponomastische Untersuchungsfelder, Methoden und Analysemöglichkeiten erarbeitet als auch die bis dato noch unbeantworteten Fragestellungen der Koloniallinguistik.[42] Die Zusammenstellung toponymischer Benennungspraktiken in den jeweiligen kolonisierten Gebieten sind als versprachlichte eurozentrischen Grundhaltungen und Wissensbestände zu untersuchen, weil „nur die Kolonisatoren [...] dabei die Akteure [sind], den Kolonisierten selbst kommt im Diskurs keine Handlungsmacht zu, sie sind [...] still" (Warnke und Stolz 2013: 479).

Die bisherigen programmatischen kolonialtoponomastischen Schriften grenzen sich von Fragestellungen und Vorgehensweisen interdisziplinärer Ansätze ab.[43] So wird eine explizite Distanzierung von präskriptiven Forschungen der Critical Toponymies (Kap. 2.1.3) vorgenommen:

> However, we emphasize that there are also significant differences, most importantly, in contrast to the top-down approach of critical toponymies, we do not start from critical theory – and more specifically from postcolonial theory – but propose a bottom-up approach which is data-driven. (Stolz und Warnke 2016: 30, Fn. 1)

Kolonialtoponyme werden in vergleichender Perspektive, also in Bezug auf die kolonisierten Räume und/oder die jeweilige europäische Kolonialmacht[44] hinsichtlich sprachstruktureller Musterhaftigkeiten analysiert. Darüber hinaus werden die Kolonialtoponyme auch „in Bindung an Wissensordnungen [...] als

---

42 In diesem Zusammenhang sei auch auf den Klappentext des ersten Kompendiums verwiesen: „[...] die Vergleichende Kolonialtoponomastik [weist] einerseits vielfache Schnittstellen zur Namenkunde überhaupt auf und erweitert diese um einen zentralen Gegenstand der globalen Verflechtungsgeschichten, andererseits ist das Forschungsfeld als wichtiger Bezugspunkt koloniallinguistischer Interessen zu verstehen, weil die Benennung von Raum in Prozessen kolonialer Unterwerfung eine zentrale Herrschaftspraxis darstellt" (https://www.degruyter.com/view/product/505644, Abruf am 28/06/2019).
43 Es ist mithin auffällig, dass sich die neueren onomastischen Einführungs- und Lehrwerke (vgl. Koß 2002, Nübling et al. 2015) derartigen interdisziplinären Forschungen weder widmen noch Abgrenzungen gegenüber solchen kritischen Ansätzen vornehmen.
44 So stellen bspw. Stolz und Warnke (2018c: 97) durch die Zusammenstellung deutschkolonialer Exonyme in Deutsch-Südwestafrika fest, dass „das deutsch-südwestafrikanische Toponymikon [...] in mehrerlei Hinsicht anders geartet [ist] als das restliche deutsch-koloniale Toponymikon." In ihrer programmatischen kolonialtoponomastischen Schrift stellen die Autoren die „Variation zwischen den Kolonien ein und desselben Kolonisators" (Stolz und Warnke 2018b: 35) anhand des Vergleichs der erhobenen Daten für Spanisch-Sahara und Spanisch-Guinea heraus.

Teile von [...] kolonial situierten Diskursen" (Stolz und Warnke 2018b: 48) untersucht, denn „Eigennamen jeglicher Art werden in der Diskurslinguistik als vielfältiger Ausdruck transtextueller Aussagenkontexte verstanden" (Spitzmüller und Warnke 2011: 140). Kolonialtoponyme stellen

> Teil sozialer Stilisierung [dar], sie sind ein Werkzeug der sprachlichen Kolonialisierung, und Mittel kolonialer Sprachstile. Über ein solches Verhältnis wird die vergleichende Kolonialtoponomastik anschließbar an soziolinguistische Theorien der indexikalischen Ordnung [...]. (Stolz und Warnke 2018b: 50)[45]

Makrotoponymische Analysen können im Rahmen der vergleichenden Kolonialtoponomastik mittlerweile als gut begründet gelten.[46] In jüngeren Beiträgen (vgl. Aleff 2017, Schulz und Aleff 2018, Miccoli angenommen) wird zudem aufgezeigt, dass das koloniale Projekt nicht nur anhand von Makrotoponymen, sondern auch anhand von Benennungen unterhalb der Ortsebene vollzogen wurde: Mikrotoponymische Benennungspraktiken stellen gleichermaßen einen hochgradig relevanten Untersuchungsgegenstand der vergleichenden Kolonialtoponomastik dar. Es handelt sich dabei insbesondere um „Dromonyme [...] und Hodonyme [...] [sowie] weitere Namenklassen, etwa Denkmal-, Brücken- und Gebäudenamen (z. B. für Gasthäuser oder Hotels)" (Schulz und Aleff 2018: 126), die in einem unmittelbaren Kontext kolonialer Raumaneignung zu verorten sind. Der Arbeitsschritt der Inventarisierung eines solchen mikrotoponymischen Namenbestandes erfordert umfangreiche Recherchen aus ganz unterschiedlichen Quellenbeständen.[47] Erste Erhebungen von Kolonialtoponymen innerhalb von Städten der Kolonialgebiete des deutschen Kaiserreichs zeigen eine Vielzahl deutschsprachiger Benennungen auf, die in Prozessen symbolischer Inbesitznahme zu verorten sind (vgl. Schulz und Ebert 2016 für Tsingtau, China;

---

45 Man vgl. dazu Spitzmüller (2013: 265): *(Soziale [n]) Indexikalität*. Darunter versteht die Soziolinguistik [...] die Fähigkeit sprachlicher Zeichen, soziale Werte, Akteurstypen und Lebensformen zu evozieren bzw. zu kontextualisieren. Dem liegt die Annahme zugrunde, dass sprachliche Zeichen nicht nur auf bestimmte Sachverhalte referieren, sondern dass sie immer auch bestimmte Werte (bzw. Ideologien) *indizieren* [kursiv im Original] (Spitzmüller 2013: 265).
46 Man vgl. dazu Stolz und Warnke (2015, 2016, 2017, 2018b, 2018c, 2018d), Stolz et al. (2016) und Engelberg (2016). Auch die Beiträge des Kompendiums der vergleichenden Kolonialtoponomastik widmen sich zahlenmäßig vorrangig kolonialen Makrotoponymen (vgl. u. a. Levkovych 2018, Schuster 2018). Ein früher Beitrag zu Makrotoponymen in kolonialen und postkolonialen liegt von Leza (1996) zu Mesoamerika vor.
47 „Dazu ist die systematische Sichtung von Amtsblättern und Zeitungen, von zum Teil handgezeichneten und unikal überlieferten Karten sowie die Durchsicht von Fotoarchiven [...], historischen Postkartenbeständen, Reiseberichten und Memoiren in Archiven und Bibliotheken erforderlich" (Schulz und Aleff 2018: 127).

Schulz und Ebert 2017 für Daressalam, Deutsch-Ostafrika). Dabei ist festzustellen, dass koloniale Mikrotoponyme nicht nur als Produkte auf Stadtplänen der deutschen Kolonisatoren festgehalten wurden, sondern darüber hinaus auch in der unmittelbaren Raumdeskription der kolonisierten Orte sicht- und lesbar sein konnten (Schulz und Ebert 2017: 177). Schulz und Aleff (2018) legen für das koloniale Mikrotoponomastikon Deutsch-Neuguineas und Deutsch-Samoas dar, dass Benennungen unterhalb der Ortsebene prototypische Strukturmuster aufweisen. Ihre erstmalige Erweiterung von systemlinguistischen Analysen mit diskurslinguistischen Zugriffen zeigt, dass auch „mit Mikrotoponymen [...] koloniale Raumordnungen, koloniale Wissensordnungen und koloniale Gewissheiten versprachlicht" (Schulz und Aleff 2018: 125) wurden. Etwaige vergleichende Untersuchungen mikrotoponyomischer Benennungsprozesse, die die Typenbildung der zu untersuchenden historischen Kolonialismen der europäischen Kolonialmächte gegenüberstellen, stehen derzeit noch aus.[48] Unter den Fragestellungen der jungen Koloniallinguistik und -toponomastik sind auch erste Beiträge von Seiten der Geschichts- und (weiteren) Kulturwissenschaften über koloniale Makro- und Mikrotoponyme in den kolonisierten Räumen zu verzeichnen (vgl. Mückler 2015 für Ozeanien, Speitkamp angenommen für Afrika). Es überrascht nicht, dass die Fragestellungen, unter denen diese Beiträge solche Benennungen untersuchen, sich bei alledem von den genuin linguistischen Zugriffen unterscheiden.[49]

---

48 Im Beitrag von Miccoli (angenommen) wurde erstmalig ein Inventar kolonial motivierter Urbanonyme zusammengestellt, das nicht von Seiten des Deutschen Kaiserreichs, sondern von der italienischen Kolonialmacht in Tripolis verfügt wurde. Die Ergebnisse können mit den Strukturtypen der von Seiten des Deutschen Kaiserreichs verfügten Namen in Tsingtau (Schulz und Ebert 2016), Daressalam (Schulz und Ebert 2017), Deutsch-Südwestafrika (Aleff 2018) sowie Deutsch-Neuguineas und Deutsch-Samoas (Schulz und Aleff 2018) verglichen werden. Der Terminus ‚Urbanonyme' entstammt dem Würzburger Forschungsprojekt „kolonialzeitliche und kolonialzeitbezogenen Urbanonyme (http://www.mikrotoponyme.germanistik.uni-wuerzburg.de/, Abruf am 28/06/2019) und umfasst alle Namen, die „Teile und Objekte im Ballungsraum der Stadt bezeichnen und unterscheiden" (Heuser 2008: 13). Neben der großen Klasse der Straßennamen schließen Urbanonyme auch „Namen von Punkten (...), z. B. Brücken, Bauwerke, Häuser, (...), als auch Namen öffentlich genutzter Objekte, z. B. Gasthäuser, Hotels" (Handke 1996: 1477) ein. Man vgl. dazu Schulz und Ebert (2016: 370–373).
49 Der Historiker Speitkamp (angenommen) untersucht bspw. anhand einzelner Benennungen „Funktionen und Transformationen". Unter Einbezug der afrikanischen Akteure vor Ort beschreibt er solche Namenvergaben in kritischer Intention, indem er herausstellt, dass „die Belegung durch Namen und Denkmäler [...] dabei nicht primär der Herrschaftssicherung [diente]. Vielmehr ging es darum, Zusammenhalt und Identität der Deutschen in der Kolonie zu festigen und die Leistungen gegenüber dem Reich zu demonstrieren."

Koloniale Mikrotoponyme sind nicht nur für den kolonisierten Raum des Kaiserreichs, sondern auch für die deutsche Metropole festzustellen: Straßen-, Schul-, Denkmalnamen u. dgl., die in nachweislich kolonialer Motivik unterhalb der Ortsebene verfügt wurden, stellen sprachliche „Phänomene der kolonialen Referenz" (Stolz und Warnke 2018b: 65) dar, die seit Ende des 19. Jahrhunderts in den öffentlichen Raum des Deutschen Reichs fixiert und sich zeitgenössisch in kommemorativer Intention auf Akteure, Orte, Ereignisse u. dgl. der deutschen Kolonialzeit beziehen sollten. Noch vor der Begründung des koloniallinguistischen Forschungsprogramms weist Warnke (2009: 49) auf eben solche mikrotoponymischen Benennungspraktiken im deutschsprachigen Raum hin, die „Korrelationen von textuellen und räumlichen Positionen des Kolonialismus" darstellen. Bis dato wurden sie nur innerhalb von kleineren Schriften mit weiteren Schwerpunktsetzungen dargelegt: In den Beiträgen von Schulz und Ebert (2016, 2017) werden kolonial motivierte Mikrotoponyme in den Kolonien und der Metropole unter ersten strukturbezogenen Fragestellungen miteinander verglichen. Auch Miccoli (angenommen) stellt die Kolonialismen unterhalb der Ortsebene der italienischen Kolonialmacht in Tripolis und im sogenannten Quartiere Africano (Afrikanisches Viertel) in Rom gegenüber. In Ebert (2018) werden erstmalig system- und diskurslinguistische Zugriffsweisen für kolonial motivierte Straßennamenverfügungen in der deutschen Metropole anhand eines historischen (Teil-) inventars ausgewählter Städte vorgenommen. Dabei kann gezeigt werden, dass die Benennungspraktiken **kolonial geprägte Sprachräume im deutschsprachigen Raum selbst hervorrufen.**

Der Einbezug mikrotoponymischer Kolonialismen in der Metropole erweitert zugleich den bisherigen Beobachtungszeitraum der vergleichenden Kolonialtoponomastik: Während koloniale Benennungspraktiken in den kolonisierten Gebieten mit der faktischen Abtretung jeglicher überseeischer Besitzungen 1919 ein Ende fanden[50], sind kolonial motivierte Namenverfügungen im Deutschen Reich auch für die Zeit nach der Beendigung der de facto-Herrschaft bis in die erste Hälfte des 20. Jahrhunderts festzustellen. Diese zeit-räumliche Erweiterung verspricht zugleich neue erkenntnistheoretische Aspekte: Längst wurde aufgezeigt, dass „Kolonialreiche [...] nicht nur Wirtschaftsräume, sondern immer auch moralische, imaginierte Räume darstellten" (Gerstenberger 2010: 134).

---

50 „Mit dem Friedensvertrag von Versailles vom 28. Juni 1919 ist die vertragliche Grundlage für die Beendigung deutscher Kolonialherrschaft gegeben. Im amtlichen Abdruck des Reichsgesetzblattes Nr. 140 [...] heißt es im IV Teil, Abschnitt 1 (Artikel 119): „Deutschland verzichtet zugunsten der alliierten und assoziierten Hauptmächte auf alle seine Rechte und Ansprüche bezüglich seiner überseeischen Besitzungen" (Warnke und Stolz 2013: 489).

Die dezidiert **linguistische** Aufarbeitung des deutschen, auch nach 1919 fortwährenden imaginativen Kolonialdiskurses in einer zeitlich übergreifenden Perspektive bis in die nationalsozialistische Zeit steht noch aus. Indem die vorliegende Arbeit erstmals „nicht den faktischen Raum kolonialer Expansion, sondern die onymische Durchdringung mit Kolonialität in der so genannten Metropole" (Stolz und Warnke 2018b: 65) untersucht, ergänzt sie das innovative Arbeitsprogramm der vergleichenden Kolonialtoponomastik um neue Gegenstandsbereiche und raumzeitliche Dimensionen, die bis in die Zeit des Nationalsozialismus anzusetzen sind. „Das Kolonialdispositiv ist wirksam, auch nachdem die deutsche de facto-Herrschaft in Übersee beendet ist" (Warnke und Stolz 2013: 487). Damit werden die globalen Verflechtungsgeschichten erstmalig anhand der Benennung des öffentlichen Raumes in der deutschen Metropole umfassend erfasst und erläutert. Die Studie beschränkt sich ausschließlich auf die mikrotoponomastische Kategorie der Straßennamen, die in nachweislich kolonialer Motivik zwischen 1884 bis 1945 in den städtischen (Alltags-)Raum des Deutschen Reichs verfügt wurden. Folgende Abbildung[51] soll diesen neuen Gegenstandsbereich kolonialtoponomastischer Forschung (fett markiert) in Bezug auf innovative raumzeitliche Dimensionen und Fragestellungen nochmals verdeutlichen:

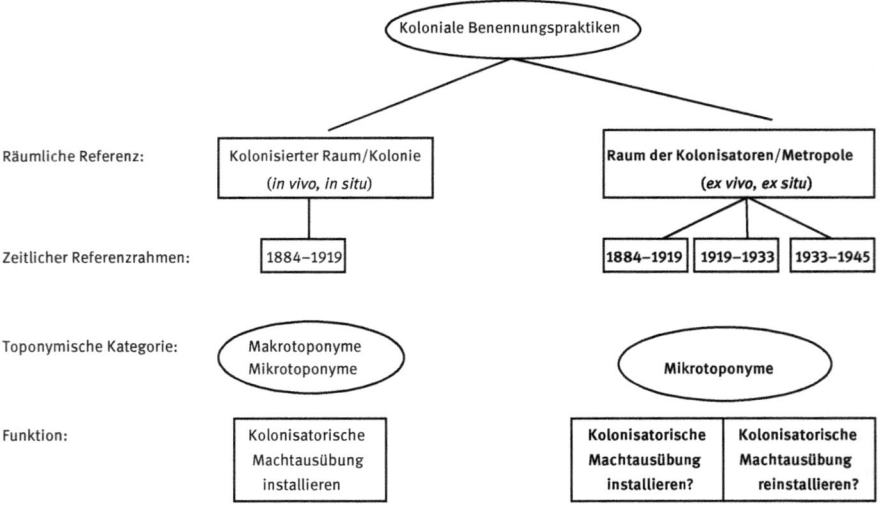

Abb. 1: Bisherige und neue (fett markiert) Untersuchungsgegenstände der vergleichenden Kolonialtoponomastik.

---

51 Ich danke S. Staffeldt für Diskussionen.

2.3 Ergebnisse, Forschungsdesiderate

Seit der deutschen Wiedervereinigung und den damit einhergehenden Umbenennungsdiskussionen und -prozessen im öffentlichen Raum finden sekundäre Straßennamen zunehmend innerhalb geschichtswissenschaftlicher und (weiterer) kulturwissenschaftlicher Forschung Beachtung. Dass das Interesse nicht-sprachwissenschaftlicher Fächer an dem Untersuchungsgegenstand anhält, zeigt nicht zuletzt die beachtliche Anzahl an jüngeren und jüngsten Schriften zu diesem Thema. Der genuin **linguistische** Blick auf sekundäre Straßennamen, der die sprachlich-diskursiven Praktiken der Benennung und Umbenennung von Raum erfasst, ist bis dato weitestgehend ausgeblieben. Jene für den dafür zuständigen Teilbereich der Onomastik bzw. Toponomastik zu verzeichnende Forschungslücke wurde nicht durch andere jüngere linguistische Disziplinen wie bspw. der Linguistic Landscape-Forschung kompensiert. Bis heute sind sekundäre Straßennamen zu den „Stiefkinder[n] der Onomastik" (Heuser und Schmuck 2018)[52] zu zählen. Die onomastischen Einführungswerke verweisen noch immer auf das Kölner Forschungsprojekt *Kulturgeschichte der Straßennamen*, obwohl erhoffte Folgestudien – aus bereits erläuterten Gründen – ausgeblieben sind. Die transparente Setzung fachspezifischer Abgrenzungskriterien zwischen kulturhistorischen und linguistischen Studien zu sekundären Straßennamen steht für die gegenwärtigen onomastischen Einführungswerke noch aus.[53] Vor diesem Hintergrund sollte hier aufgezeigt werden, dass linguistische Studien zwar im Rahmen von Themenfeldern arbeiten, die auch von Seiten der Geschichts- und (weitere) Kulturwissenschaften untersucht werden, jedoch mit einem eigenständigen Profil der Fragestellungen und Vorgehensweisen:

> Generalisierungen sind über sprachliche Daten zu motivieren, und jede Modellierung über Sprache muss empirisch überprüfbar sein. Sprachlichen Daten und der Frage danach, wie diese zu analysieren sind, kommt dabei eine essentielle Bedeutung zu. Sprachbeschreibung auf der Folie von Sprachdaten ist folglich ein Fundament der Linguistik, und eine deskriptive Linguistik ist als jene Wissenschaft zu begreifen und zu konzipieren, die die-

---

[52] „In der Fachliteratur nur am Rande behandelt [...], harren die Stiefkinder der Onomastik oft noch ihrer linguistischen Analyse. Der nun vorliegende Band rückt solche meist jungen, von der lange rein etymologisch interessierten Forschung übersehenen Namenarten erstmals in den Fokus" (Heuser und Schmuck 2018: v).
[53] So nimmt bspw. auch das Lehrbuch von Nübling et al. (2015: 244–251) zu den (primären und) sekundären Straßennamen eine Zusammenstellung der jüngeren Forschungslandschaft seit 1990 vor. Die spezifischen onomastischen Fragestellungen und Methoden, die sich deutlich von Studien der Geschichts- und (weiteren) Kulturwissenschaften unterscheiden, werden dabei jedoch nur in Ansätzen herausgearbeitet.

ses Fundament als einen Ausgangspunkt sprachwissenschaftlichen Argumentierens ernst nimmt. (Dürr und Schlobinski 2006: 278)

„Kolonialnamen" werden zu den „zu wenig erforschten Bereichen" (Heuser und Schmuck 2018: v) in der Onomastik gezählt. Diesen Kolonialismen nimmt sich die vergleichende Kolonialtoponomastik an, die sich als ein spezifisches Arbeitsprogramm der Koloniallinguistik entwickelt hat; an der Schnittstelle toponomastischer und sich jüngst etablierender koloniallinguistischer Untersuchungsfelder inventarisiert sie Makro- und Mikrotoponyme in Prozessen kolonialer Raumaneignung. Dabei werden klare Abgrenzungen gegenüber nicht-sprachwissenschaftlichen Ansätzen wie bspw. den kritisch-theoretischen Setzungen der Critical Toponymies vorgenommen:

> The ongoing discussion in this relatively new paradigm is closely related to critical discourse analysis and thus displays a strong ideology-oriented component that mostly aims at deconstructing the (often only covert) ubiquitousness and persistence of the colonial heritage or legacy even under the conditions of decolonization and postcolonialism. [...] What is still lacking, however, is a properly comparative-linguistic account of the empirical facts focusing on the toponymic manifestations of colonialism. (Stolz und Warnke 2018d: 46)

Aus linguistischer Perspektive sind derartige präskriptive Ansätze entschieden abzulehnen, die Toponymen noch vor deren systematischer Inventarisierung und den sich daran anschließenden, nach sprachwissenschaftlichen Kriterien geleiteten Analysen übergeordnete kollektive Vorstellungen zusprechen. Nicht die theoretischen Konzepte, sondern der methodische Zugriff, in dem systematisch und kriteriengeleitet Nameninventare gebildet werden, steht im Fokus des linguistischen Interesses. Nur auf einer solchen Basis sind weitreichendere Analysen und letztendlich übergreifende Aussagen möglich: "Accordingly, we first have to collect and systemize the empirical facts before a full-blown theory can be put forward" (Stolz und Warnke 2016: 30–31). Damit arbeitet die vergleichende Kolonialtoponomastik im Rahmen von interdisziplinären Themenfeldern, „allerdings mit eigenen fachspezifischen methodischen Ansätzen und einem eigenständigen Profil der Fragestellungen" (Schulz 2019: 86).

Die explizit **linguistische** Untersuchung der „Phantasie- und Projektionsgeschichte" (Laak 2003: 71) des deutschen Kolonialprojekts, die nicht mit der faktischen Abtretung der Kolonien und Schutzgebiete im Zuge der Bestimmungen des Versailler Vertrags endete, steht noch aus. In dieser Arbeit wird erstmalig im deskriptiv-empirischen Zugriff ein sprachhistorisches Inventar kolonial motivierter Straßenbenennungen für die deutsche Metropole zwischen 1884 und 1945 erhoben, das anschließend linguistische Analysen zur sprachlichen Typenbildung ermöglicht. Auf dieser Grundlage können unbeantwortete Fragestellungen zu übergeordnetem Sprachgebrauch hinsichtlich der dabei versprachlichten kolonisatorischen Gewissheiten untersucht werden:

> Es geht [...] darum, den gestaltenden [...] Charakter von Sprache und Sprachgebrauch als Ausgangspunkt dafür zu nehmen, in der Analyse sprachlicher Bedeutung, sprachlicher Formen und kommunikativer Muster einen möglichen, vielleicht den zentralen Weg zum Selbstverständnis der Selbstdeutung und Weltdeutung einer Gesellschaft – und dies notwendigerweise im Kontext einer Kommunikationsgemeinschaft – zu sehen. (Linke 2003)

Administrativ verfügte koloniale Straßenbenennungen sind als sprachlich-diskursive Praktiken beschreibbar, mit denen bestimmte Wissenskategorien über koloniales Handeln im öffentlichen Raum der deutschsprachigen Metropole evoziert werden sollten, denn „aus einer diskursanalytischen Perspektive [ist] davon auszugehen [...], dass Gewissheiten in demselben Maße, wie sie in kommunikativer Zeichenverwendungen reproduziert werden, auch im Sprachgebrauch konstituiert werden" (Schmidt-Brücken 2018: 543). Anhand möglichst umfassender, historischer Zugriffsweisen sind sie anschließbar an junge sozioonomastische Forschungsperspektiven (vgl. Löffler 2016: 165) sowie an Fragestellungen kontextorientierter Diskurslinguistik.

Die Arbeit beschränkt sich bei der Zusammenstellung eines sprachhistorischen Inventars kolonialer Benennungsprozesse in der deutschen Metropole auf die mikrotoponymische Klasse der Straßennamen und fasst sie im engeren Sinn als Benennungen für innerörtliche Verkehrswege, also Straßen, Wege, Gassen, Plätze u. dgl. (vgl. Löffler 1999: 21, Nübling et al. 2015: 244). Für den Untersuchungszeitraum können neben Straßennamen weitere koloniale Namentypen unterhalb der Ortsebene gesichtet werden; so ist bspw. für Bremen neben der Benennung *Lettow-Vorbeck-Straße* auch der Schulname *Lettow-Vorbeck-Schule* und der Denkmalname *Reichs-Kolonial-Ehrenmal* festzustellen (vgl. Schulz und Ebert 2016: 370). Nichtsdestotrotz bleiben Namen von Gebäuden, Denkmälern u. dgl. innerhalb der vorliegenden Studie unberücksichtigt. Das ist damit zu begründen, dass sich jene mikrotoponymischen Bereiche bis 1945 als singuläre lokalbezogene Phänomene erweisen, die offenbar das Ergebnis intentionalen Handels von Einzelpersonen oder -gruppen darstellen. Die Benennungen von Gebäuden und vor allem Denkmälern erfolgten in der Regel nicht von administrativer Seite, sondern vorrangig durch Privatpersonen.[54] Für die Untersuchung

---

54 So wurde bspw. das seit der Mitte der 1920er Jahre für Bremen geplante Kolonialdenkmal durch lokale Kolonialvereine und private Einzelspenden finanziert und am Ende der Weimarer Zeit eingeweiht (vgl. Zeller 2000: 151–158). Darüber hinaus sollte Bremen in nationalsozialistischer Zeit als „Stadt der Kolonien" betrachtet werden. Es ist zu fragen, inwiefern die Benen-

ortsübergreifend-nationaler Versprachlichungspraktiken kolonisatorischer Identität im (Alltags-)Raum des Deutschen Reichs eignen sie sich nur bedingt. Obwohl bis 1939 länderspezifische Besonderheiten nachweisbar sind, obliegt die Zuständigkeit von Straßennamenvergaben innerhalb des Untersuchungszeitraums der gemeindlichen oder polizeilichen Administration, also dem zeitgenössischen öffentlichen Recht (vgl. Winkelmann 1984: 26, Seutter 1996: 153). Zudem verfolgt die Arbeit „das sprachwissenschaftliche Interesse am Kolonialismus […] auf Sprache mit Alltagsbezug, auf sogenannte pragmatische Schriftlichkeit" (Warnke 2009: 37). Dabei müssen auch die jeweiligen historischen Zeichenträger (Straßenzüge, Gebäude, Denkmäler u. dgl.) hinsichtlich der sich voneinander unterscheidenden Funktionen berücksichtigt werden. Wenn in den nun folgenden Kapiteln das koloniale Namenprojekt in der Metropole beschrieben wird, beschränkt sich dieses auf den Untersuchungsgegenstand der zwischen 1884 und 1945 verfügten kolonial motivierten Straßennamen.

In Bezug auf das von Gardt (2003: 271) hervorgebrachte „Plädoyer für eine kulturwissenschaftlich orientierte Sprachwissenschaft", das er damit begründet, dass „die Formen der sprachlichen Wirklichkeitsgestaltung nachzuvollziehen […] ohnehin die Aufgabe jeder kulturbezogen arbeitenden Sprachwissenschaft" (Gardt 2003: 288) darstellt, sind nichtsdestotrotz klare Abgrenzungen nötig: Die vorliegende Studie arbeitet mit einem eigenen sprachwissenschaftlichen Profil, das sich hinsichtlich der Fragestellungen und der Methoden von kulturwissenschaftlichen Studien und deren Zugriffe auf sekundäre Straßennamen klar unterscheidet. Kämper (2007: 425) hat diese Grundausrichtung der Sprachwissenschaft in Bezug auf die interdisziplinäre Beschäftigung mit sprachlichen Verwendungsweisen einleuchtend zusammengefasst:

> […] die kulturwissenschaftlich orientierte Linguistik [hat] ein umgekehrtes Erkenntnisinteresse […]. Sprachwissenschaft ist nicht dem sprachlich vermittelten historischen Gegenstand zugewandt, sondern der diesen Gegenstand erfassenden Sprache. Ihr Interesse gilt der Untersuchung von Sprache, dem Verstehen von Sprachgebrauch und seiner Erklärung unter den jeweils spezifischen gesellschaftlichen und politischen Bedingungen.

Die spezifischen sprachwissenschaftlichen Fragestellungen, unter denen in dieser Arbeit Benennungspraktiken in Kontexten kolonialer Raumaneignung in

---

nungen einer Schule und eines Denkmals vor dem Hintergrund der besonderen Rolle, die man in den 1920er und insbesondere zu Beginn der 1930er Jahre für die Hansestadt vorgesehen hatte, bestimmend waren (vgl. Gatter 2007: 26). Man vgl. dazu auch http://www.kulturhaus-walle.de/blog/bremen-und-der-kolonialismus-vortrag-von-heinz-gerd-hofschen, Abruf am 28/06/2019.

der deutschen Metropole hinsichtlich musterhafter Sprachstrukturen und Diskursfunktionen, prototypischer Muster kolonialer Raumreferenzierung und -belegung u. dgl. Schritt für Schritt untersucht werden, wurden in Kap. 1 dargelegt. Um solche historischen Benennungen vor dem Hintergrund der damit versprachlichten kolonisatorischen Gewissheiten zu untersuchen, „bedarf es [...] einer verlässlichen und möglichst umfassenden empirischen Grundlage, die Vergleiche und damit letztendlich Generalisierungen erlaubt" (Stolz und Warnke 2015: 111). Im ersten Schritt ist ein solches Inventar der von 1884 bis 1945 verfügten kolonial motivierten Straßenbenennungen in ortsübergreifender Perspektive zusammenzustellen. Die methodischen Arbeitsschritte, die für die Zusammenstellung eines solchen Inventars erforderlich sind, werden in dem nun folgenden Methodikkapitel dargelegt.

3 Methodisches Vorgehen

Zusammenfassung: Im Kapitel werden die methodischen Prämissen, die sich für die Identifizierung eines sprachhistorischen Inventars kolonial motivierter Straßenbenennungen zwischen 1884 und 1945 ergeben, dargelegt. Zur systematischen, ortsübergreifenden Erhebung der bislang unerforschten kolonialen Straßennamenvergabepraktiken ist eine empirisch verankerte, streng korpusbezogen nach etablierten sprachwissenschaftlichen Methoden analysierende Methodik notwendig. Das umfangreiche, materialbasierte Identifizierungsverfahren der additiven Informationsgewinnung aus unterschiedlichen Quellen und Quellengattungen wird exemplarisch anhand von zwei Städtebeispielen des erstellten Ortskorpus erläutert. Daran können auch die unterschiedlichen Blickrichtungen (*ex ante* vs. *ex post*) auf den thematischen Zusammenhang von Kolonialismus und Straßennamen erneut herausgestellt werden: Sie sind die Ursache dafür, dass sich das in dieser Studie analysierte sprachhistorische Nameninventar zum Teil von den rezent in Umbenennungsdiskussionen diskutierten und als ‚kolonial' bezeichneten Straßennamen unterscheidet.

3.1 Grundprinzipien

Die Untersuchung konstitutiver Sprachgebrauchsmuster kolonialer Raumaneignung bzw. -besetzung in der deutschen Metropole resultiert aus einem sprachhistorischen Interesse, also aus einer Perspektive *ex ante* (vgl. Warnke et al. 2019: 1). Die Arbeit setzt sich zum Ziel, im empirisch-systematischen Zugriff ein ortsübergreifendes Namenkorpus kolonial motivierter Straßennamen zusammenzustellen, die bis 1945 in den (Alltags-)Raum des Deutschen Reichs verfügt wurden. Die Erstellung des Nameninventars erfolgt damit in einem historischen und zugleich ortsübergreifenden Zugriff mittels deskriptiv-analytischer Vorgehensweisen. Jene drei formulierten Grundprinzipien werden in Kap. 3.1 näher erläutert. In Kap. 3.2 wird das erstellte Ortskorpus beschrieben, welches hinsichtlich etwaiger kolonial motivierter Straßenbenennungen untersucht wurde. In Kap. 3.3 werden die hierfür notwendigen Quellengattungen vorgestellt und diskutiert. Anhand von zwei ausgewählten Ortspunkten werden die Arbeitsschritte jener Inventarisierungsaufgabe in Kap. 3.4 aufgezeigt. Dabei wird deutlich, dass sich die vorliegende Studie sowohl von Arbeiten in den Postcolonial Language Studies mit einer vorab gesetzten kritischen Theoriebildung als auch von gegenwärtigen Ansätzen gesellschaftspolitischer Akteure (sog. ‚postkolonial.de'-Gruppen) unterscheidet, die rezente Straßennamen in kritischer Intention zur Diskussion stellen.

3.1.1 Sprachhistorischer Zugriff

Bei der Untersuchung von Kolonialtoponymen sind „Kontextgebundenheit und historische Faktizität von kolonialzeitlichen Daten [...] unhintergehbar" (Stolz und Warnke 2018b: 51). Die Beantwortung der in dieser Arbeit zentralen Leitfrage, welche kolonisatorischen Wissensbestände zwischen 1884 und 1945 mittels kolonial motivierter Straßenvergabepraktiken in den (Alltags-)Raum des Deutschen Reichs versprachlicht wurden, setzt voraus, dass die zwischen 1884 und 1945 erfolgten Benennungen quellenbezogen, also aus einer sprachgebrauchsgeschichtlichen Perspektive *ex ante* identifiziert und sodann inventarisiert werden. Nur auf einer solchen Datengrundlage können linguistische Kommentierungen und daran anschließende Analysen „nach historischen Selbstverständlichkeiten, nach historisch geteiltem Wissen, nach dem, was einer Gesellschaft bzw. Teilgruppe als common sense galt" (Warnke et al. 2016: 20), erfolgen. Ein Straßenname ist folglich nur dann als ‚kolonial motiviert' zu beurteilen und in das zu erstellende Namenkorpus aufzunehmen, wenn der jeweilige Name zum Zeitpunkt seiner historischen Verfügung bis 1945 in einem unmittelbaren Zusammenhang mit der deutschen Kolonialgeschichte verortet werden kann. Die Erhebung eines solchen Nameninventars kann nicht durch primär strukturelle Kriterien im Sinne eines festgelegten Sets von Zeichenfolgen geleistet werden, denen kolonial motivierte Benennungen folgen. Vielmehr handelt es sich um eine inhaltsseitige Zuschreibung des Namens zum historischen Vergabezeitpunkt in Bezug auf Kolonien und koloniale Themen, die bei der Katalogisierung jedes einzelnen SN-Tokens als einzelne sprachliche Äußerung überprüft werden muss. Damit ist ein methodisches Vorgehen nötig, mit dem im systematisch-empirischem Zugriff SN-Token zusammengestellt werden können, die zum Zeitpunkt ihrer historischen Verfügung zwischen 1884 und 1945 von den städtischen Administrationen tatsächlich im unmittelbaren kolonialen Kontext sprachlich verortet wurden.

3.1.2 Ortsübergreifender Zugriff

Die bisherigen singulären Studien aus den Geschichts- und Kulturwissenschaften setzten sich einzelortsbezogen unter anders gelagerten Fragestellungen mit kolonialen Straßennamen auseinander. Sie liefern nur erste Anhaltspunkte dafür, dass die Etablierung kolonialen Ehrens im öffentlichen (Alltags-)Raum durch entsprechende Straßennamenverfügungen für die faktische Kolonialepoche in der Zeit des Kaiserreichs, darüber hinaus aber für einzelne Städte auch in den 1920er und 1930er Jahren festzustellen ist. Bis dato ergibt sich ein völlig ausschnitthaftes Bild, mit denen die Frage nach den mit derartigen Benennungspraktiken versprachlichten ortsübergreifend-nationalen Gewissheiten nicht beantwortet werden kann. Diese setzt eine nach historischen Kriterien geleitete systematische Erhebung eines ortsübergreifenden Nameninventars voraus. Erst dann sind Analysen hinsichtlich etwaiger nationaler sprachlicher Interessen möglich. Der zugleich in onomastischen als auch in geschichts- und (weiteren) kulturwissenschaftlichen Studien eingeforderte ortsübergreifend-vergleichende Zugriff wird in der vorliegenden Studie erstmalig umgesetzt. Um ein kolonial motiviertes Inventar auf einer vergleichsweise hohen Stichprobe zusammentragen zu können, ist die systematische Erstellung eines Ortskorpus notwendig, das kriterienbasiert aus der Perspektive *ex ante* zu erfolgen hat und eine möglichst große Zahl an Städten umfasst, die zwischen 1884 bis 1945 zum Deutschen Reich gehörten.[55]

3.1.3 Deskriptiver Zugriff

Den zuvor beschriebenen sprachhistorischen und ortsübergreifenden Zugriffen ist ein maßgebliches drittes Grundprinzip hinzuzufügen: Der innerhalb der modernen Sprachwissenschaft präferierte deskriptive Anspruch (vgl. Klein 2004: 376–377) wurde von Warnke et al. (2016: 10–14) für die Postcolonial Language Studies erläutert: Koloniallinguistische Studien arbeiten zeitgleich zu aktuellen kritisch-politischen Diskursen, sind aber nicht in solche aktiv eingebunden. Sie werden bewusst nicht durch eine vorab gesetzte kritische und/oder postkoloniale Theoriebildung gelenkt. Jene Distanzierung gegenüber präskriptiven Ansätzen ist in besonderem Maße hervorzuheben, weil das längst etablierte und interdisziplinär ausgerichtete Forschungsfeld der Postcolonial Studies die Kolonialgeschichte und deren Auswirkungen in den europäischen Metropolen in der Regel vor dem Hintergrund einer theoretischen Setzung im Sinne des Aufzeigens einer postkolonial-kritischen Theorie verfolgen. Die deutliche Akzentuierung des in der Linguistik seit Langem etablierten und favorisierten deskriptiven Ansatzes für koloniallinguistische Arbeiten liegt mitunter also auch daran, dass man sich vom „kritische[n] Revisionismus der politischen Spielarten" (Warnke et al. 2016: 10) der Postcolonial Studies dezidiert abgrenzen möchte. Jene eindringliche Betonung dezidiert deskriptiver Zugriffsweisen erfolgt nicht zuletzt

---

55 „Offizielle Bez. des deutschen Staates zwischen 1871 und 1945, also für das Kaiserreich, die Weimarer Republik und für den Staat in der Zeit der Diktatur des Nationalsozialismus, der häufig als Drittes Reich bez. wird" (Holtmann 2000: 126).

auch aufgrund jüngster Forschungen der Critical Toponymies, deren Interesse sich offenbar auch auf kolonial und postkolonial geprägte Landschaften auszuweiten scheint.[56] Gerade die etwaige Übernahme eines „Blickwinkel[s] einer postkolonial informierten kritischen Distanz, die aber immer in Gefahr steht, aktuelle Überzeugungen zum Maßstab analytischer Interessen zu machen" (Warnke et al. 2016: 18), wäre für den deskriptiv-wissenschaftlichen Charakter der vorliegenden Untersuchung nicht nur problematisch, sondern könnte die übergeordnete Leitfrage weder bearbeiten noch beantworten. Stattdessen müssen etablierte Vorgehensweisen der deskriptiv und empirisch arbeitenden Linguistik für die vorliegende Studie zur Anwendung kommen. Alle Arbeitsschritte erfolgen deskriptiv, kriterienbasiert und datenbasiert: In einem ersten Schritt wird der sprachhistorische Untersuchungsgegenstand im systematisch-ortsübergreifenden Zugriff erhoben. Das zusammengestellte Inventar ist sodann strukturiert mit Annotationen zu versehen, um es in einem weiteren Schritt für daran anschließende Schlussfolgerungen im Sinne etwaiger (sprachhistorischer) Generalisierungen auszuwerten.

3.1.4 Abgrenzungen

Die vorliegende kolonialtoponomastische Arbeit, die im sprachhistorischen, ortsübergreifenden und deskriptiven Zugriff erstmalig das koloniale Namenprojekt im Raum der Kolonisatoren identifiziert, inventarisiert und analysiert, unterscheidet sich nicht nur von Studien der Postcolonial Studies und den Critical Toponymies. Hinsichtlich der zu beantwortenden Fragen und des methodischen Untersuchungsinstrumentariums weicht sie auch deutlich von aktuellen Ansätzen gesellschaftspolitischer Akteurinnen und Akteure in Deutschland ab. Diese widmen sich auf Grundlage der von ihnen eingeforderten postkolonialen Erinnerungskulturen unter anderem „Spuren der Kolonialvergangenheit"[57]. Solche

---

56 Vom 18.–20. September 2017 fand ein internationales Symposion in Windhoek, Namibia, unter dem Titel *Critical Toponymy: Place names in political, historical and commercial landscapes* statt (http://www.igu-icatoponymy.org/2017-international-symposium-on-place-names-windhoek-namibia-18-20-september-2017/, Abruf am 28/06/2019). Mehrere Tagungsvorträge thematisierten Toponyme, die in unmittelbaren und/oder mittelbaren kolonialen und postkolonialen Kontexten verortet werden können. Man vgl. dazu bspw. die Beiträge von Kahari ("A critical study of Zimbabwe's toponymy of place names in historical, political and commercial landscapes") und Mangena ("From Rhodes Memorial Preparatory School to Matopos Primary School: memory, history and symbolic resistance in Zimbabwe").
57 http://freedom-roads.de/frrd/willkom.htm, Abruf am 28/06/2019.

postkolonial.de-Gruppierungen widmen sich einzelortsbezogen[58] oder in Ansätzen ortsübergreifend auch Straßennamen, verfolgen mit einem überwiegend eklektizistischen, lokal und appellativ intendierten Ansatz aber ganz andere Ziele. So fordern sie die

> Umbenennung der Straßen [...], die Kolonialverbrecher würdigen. Straßennamen, die das ehemalige deutsche Kolonialreich vergegenwärtigen oder an Kolonialwaren oder koloniale Infrastrukturen erinnern, sollen mit einem Zusatzschild unter dem Straßennamen historisch kontextualisiert werden.[59]

Dabei liegt ihr Fokus auf rezenten Straßennamen, indem sie diese, verbunden mit Umbenennungsforderungen oder deren Kontextualisierung in der unmittelbaren Raumdeskription, aus gegenwartssprachlicher Perspektive und in kritischer Intention zur Diskussion stellen. Dabei ist ein breites Spektrum möglicher Abgrenzungen und Zuordnungen zu erkennen, die in einem früheren Beitrag (vgl. Schulz und Ebert 2017: 167–169) beschrieben wurden.

Sowohl die methodischen Vorgehensweisen als auch die Inventare der postkolonial.de-Gruppierungen unterscheiden sich von dem zusammengestellten sprachhistorischen Nameninventar der vorliegenden Studie. Gesellschaftspolitische Akteurinnen und Akteure gehen nicht *ex ante* vor, die Aufdeckung der historischen Benennungsmotivik einzelner Namen im Zuge der Einschreibung spielt eine höchstens untergeordnete Rolle. Sie zielen auch nicht auf die systematische Zusammenstellung eines Inventars auf Basis eines groß angelegten Ortskorpus ab, um dieses anschließend vor dem Hintergrund der vorliegenden sprachlichen Strukturen linguistisch zu kommentieren. Die von derartigen Akteuren eingenommene aktuelle Sicht auf Namen ist eindeutig als *ex post* zu beschreiben. Dabei werden maßgeblich gegenwartssprachliche semantische Bezüge hergestellt, die einen argumentativen Ausgangspunkt gesellschaftspolitisch nötiger Veränderungen wie etwa Straßenumbenennungen zum Ziel haben. Diese sollen weder evaluierend kritisiert oder bestätigt werden. Nichtsdestotrotz bleibt festzuhalten, dass sie ganz andere Absichten verfolgen, die sich von der empirischen Sprachwissenschaft und ihrer datenbasierten Vorgehensweisen unterscheiden.

---

58 Bspw. für Dortmund (http://www.dortmund-postkolonial.de/?p=1819, Abruf am 28/06/2019), Freiburg (http://www.freiburg-postkolonial.de/, Abruf am 28/06/2019), Hamburg (http://www.afrika-hamburg.de/, Abruf am 28/06/2019), Köln (http://www.kopfwelten.org/kp/, Abruf am 28/06/2019) und München (http://muc.postkolonial.net/, Abruf am 28/06/2019).
59 http://www.freedom-roads.de/frrd/staedte.htm, Abruf am 28/06/2019.

3.2 Ortskorpus

Die systematische Auswahl und Zusammenstellung des kriterienbasierten historisch angelegten Ortskorpus richtete sich nach historischen Bevölkerungszahlen und umfasst Groß- und Mittelstädte: „Noch heute gültig ist die Definition des Statistiker-Kongresses von 1887, nach der [...] Mittelstädte [...] 20.000 – 100.000 Einwohner aufweisen" (Flacke 2004: 27). Großstädte sind demnach alle Orte mit über 100.000 Einwohnerinnen und Einwohnern. Die Zusammentragung aller Groß- und Mittelstädte erfolgte mithilfe der von 1881 bis 1943 jährlich vom Statistischen Reichsamt herausgegebenen Zeitschrift *Statistische Jahrbücher für das Deutsche Reich*.[60] Für die Zusammenstellung möglichst aller innerhalb dieses Zeitraums relevanten Groß- und Mittelstädte wurde ein diachroner Zugang gewählt, indem in vier Zeitschnitten (1880, 1900, 1925, 1940) alle Ortspunkte mit mehr als 20.000 Einwohnerinnen und Einwohnern aus den jeweiligen veröffentlichten Zeitschriftenbänden zusammengetragen wurden.[61] Die Erhebung von Groß- und Mittelstädten im historischen Längsschnitt ermöglichte, dass auch solche Ortpunkte mit ins Korpus aufgenommen wurden, die nach dem Ersten oder auch nach dem Zweiten Weltkrieg nicht mehr dazugehörten. Schon nach dem Ersten Weltkrieg gilt das bspw. für die durch die Bestimmungen des Versailler Vertrags an Frankreich[62], Polen[63] und der neu gegründeten Tschechoslowakei[64] abgetretenen Orte. Das gilt auch für alle Groß- und Mittelstädte innerhalb derjenigen Gebiete, die 1945 im Zuge des Potsdamer Abkommens und der dort erfolgten geographischen Neuordnung Deutschlands abgetreten wurden. In dem erstellten Ortskorpus sind bspw. über 100 Groß- und Mittelstädte vertreten, die bis 1945 zu den preußischen Provinzen gehörten.[65] Die Zusammenstellung dieses in ausgewählten Zeitschnitten angelegten Ortskorpus ermöglichte darüber hinaus, dass auch Städte der 1938 bzw. 1939 vom Nationalsozialistischen Deutschen Reich als Reichsgaue besetzten Gebiete in die Untersuchung mit einbezogen werden konnten. Die betreffenden Städte

---

60 Alle Bände liegen in digitalisierter Form vor und sind online über das von der Deutschen Forschungsgemeinschaft (DFG) geförderte deutsche digitale Zeitschriftenarchiv zugänglich (https://www.digizeitschriften.de/startseite/, Abruf am 28/06/2019).
61 Volkszählung 1880: 115 Groß- und Mittelstädte. 1900: 206 Groß- und Mittelstädte. 1925: 243 Groß- und Mittelstädte. 1940: 375 Groß- und Mittelstädte.
62 Bspw. Kolmar [Colmar], Mühlhausen [Mulhouse] und Straßburg [Strasbourg].
63 Bspw. Dirschau [Tczew] und Königshütte [Chorzów].
64 Bspw. Eger [Cheb].
65 Bspw. Allenstein [Olsztyn], Breslau [Wrocław], Königsberg i. Pr. bzw. Königsberg (Pr.) [Kaliningrad], Marienburg [Malbork], Stettin [Szczecin].

werden unter „Gebietseinteilung und Bevölkerung" (Statistisches Jahrbuch 1940: 7–41) unter Angabe der jeweiligen Reichsgaue tabellarisch aufgelistet. Um herauszufinden, inwieweit koloniale Benennungspraktiken auch in den jeweiligen Reichsgauen Verwendung fanden, wurden die relevanten Groß- und Mittelstädte ins Ortskorpus aufgenommen.

Nach der Tilgung von Dubletten, die in zwei und mehreren Volkszählungen als Groß- bzw. Mittelstädte aufgelistet sind, konnte ein umfangreiches nach historischen Kriterien angelegtes Ortskorpus zusammengestellt werden, das 430 Groß- und Mittelstädte des Deutschen Reichs umfasst. Darunter finden sich teilweise auch Zuschnitte der heutigen Städte mehrfach: Für Wuppertal sind das bspw. Barmen, Elberfeld und Vohwinkel, die in den Volkszählungen von 1880, 1900 und/oder 1925 als eigene Groß- bzw. Mittelstädte auftauchen, aber noch innerhalb des Untersuchungszeitraums eingemeindet wurden.[66] Im Appendix 2 wird das erstellte Ortskorpus daher ohne die bis 1945 erfolgten Eingemeindungen dargelegt. Es umfasst über 370 Groß- und Mittelstädte. Der gewählte diachrone Zugang der ortsübergreifenden Zusammenstellung eines kolonial motivierten Inventars ermöglicht nicht nur linguistische Analysen des ortsübergreifenden Gesamtinventars, sondern schafft zugleich die Voraussetzungen, strukturelle und diskursfunktionale Vergleiche von Teilinventaren innerhalb der drei unterschiedlichen gesellschaftspolitischen Benennungszeiträume (Deutsches Kaiserreich, Weimarer Republik, NS-Zeit) vorzunehmen.

3.3 Quellen

Der deskriptive Zugriff aus der sprachgebrauchsgeschichtlichen Perspektive *ex ante* erforderte eine erstmalige Identifizierung etwaiger kolonial motivierter Straßennamenvergabepraktiken im Beobachtungszeitraum von 1884 bis 1945 auf Basis des erstellen Ortskorpus, das sowohl in zeitlicher als auch in räumlicher Perspektive den Raum des Deutschen Reichs systematisch erfasst. In der Praxis wurden alle über 400 Groß- und Mittelstädte hinsichtlich etwaiger kolonial motivierter Straßenbenennungen untersucht. Jenes zeitintensive Unterfangen orientierte sich an der unmittelbaren inhaltlichen Zuschreibung einer historischen Benennung zum zeitgenössischen Kolonialdiskurs, d.h. es wurden nur diejenigen sekundären Straßennamen inventarisiert, die sich nachweislich zum

---

66 Wuppertal taucht bspw. erst im weiteren Schnitt von 1940 auf, weil sie als kreisfreie Stadt erst 1929 durch Vereinigung, u. a. durch die zuvor genannten Städte, gegründet wurde (http://www.archive.nrw.de/kommunalarchive/kommunalarchive_u-z/w/Wuppertal/wir_ueber_uns/index.php, Abruf am 28/06/2019).

historischen Zeitpunkt ihrer administrativen Verfügung auch unmittelbar auf Kolonialismus und koloniale Themen beziehen sollten. Die Überprüfung der Erstglieder von Straßennamen auf etwaige Artikel in den noch zur faktischen Kolonialzeit verfassten Koloniallexika (vgl. Kausch 1903, Schnee 1920) gibt erste Hinweise darauf, ob die sprachlichen Einheiten innerhalb des historischen Kolonialdiskurses zu verorten sein könnten. Der Nachweis einer unmittelbaren kolonialen Benennungsmotivik kann aber nur im tokenbezogenen Zugriff durch weitere quellenbezogene Verfahren realisiert werden.

3.3.1 Koloniallexika

Die zwei enzyklopädisch aufgebauten umfangreichen Koloniallexika von Kausch (1903) und Schnee (1920) sind noch während der faktischen Kolonialepoche in der Zeit des Kaiserreichs verfasst worden.[67] Für diese Arbeit sind die historischen Wörterbuchartikel relevant, die in den jeweiligen Lexika zusammengetragen wurden und mit denen zügig nachgeprüft werden kann, inwieweit die linksköpfigen Erstglieder der zweigliedrigen Konstruktionen sekundärer Straßennamen auch durch entsprechende Einträge in den jeweiligen Publikationen vertreten sind. Zur Person Carl Peters, die in zeitgenössischen Quellen als „bedeutendste[r] Kolonialpolitiker Deutschlands" (Schorn 1920: 101) gefeiert wurde, findet sich zur Biographie und zu seinem kolonialpolitischen Wirken bspw. folgender Eintrag in Schnee (1920 III: 40):

> **Peters**, Carl, Reichskommissar a. D., Dr. phil. [...] 1881/83 hielt er sich in London auf, kehrte dann nach Berlin zurück und begann sich bald ganz der praktischen Kolonialpolitik zuzuwenden. Er gründete hierzu 1884 die "Gesellschaft für deutsche Kolonisation" [...] Es gelang hier durch mehrere Verträge die Landschaften Usagara, Nguru, Useguha und Ukami für die Kolonisationsgesellschaft zu erwerben und hierfür einen Kaiserlichen Schutzbrief zu erhalten (27. Febr. 1885). P. ist somit als der Begründer des heutigen Ostafrika anzusehen [...].

Durch die Recherche in den historischen Koloniallexika kann schnell festgestellt werden, ob die relevanten linksköpfigen Erstglieder im zeitgenössischen kolonialen Diskurs tatsächlich als relevant und unmittelbar auf die Kolonien

---

67 Das von H. Schnee herausgegebene Koloniallexikon wurde erst 1920 publiziert, wurde aber bereits 1914 und damit noch in der Zeit der de facto-Kolonialzeit fertiggestellt. Es liegt in digitaler Form vor. Man vgl. dazu das Forschungsprojekt *Der Bildbestand der Deutschen Kolonialgesellschaft*, Universitätsbibliothek Frankfurt am Main (http://www.ub.bildarchiv-dkg.uni-frankfurt.de/, Abruf am 28/06/2019).

und Schutzgebiete bezogen verstanden wurden. Außerdem wurde die Digitale Sammlung Deutscher Kolonialismus (DSDK)[68] genutzt, die „historische, zeitgebundene Sammlungspraktiken selbst zu rekonstruieren und damit ein Archiv *ex ante* [kursiv im Original] abzubilden" (Warnke und Schmidt-Brücken 2017: 947) versucht. Sowohl die Koloniallexika als auch die DSDK stellen jedoch – insbesondere bei Familiennamen von Personen – kein ausreichendes Kriterium für die Inventarisierung eines SN-Tokens zum kolonial motivierten Gesamtkorpus dar: Die Identifizierungsaufgabe ist nur dann erfolgreich, wenn nachgewiesen werden kann, dass sich das SN-Token nicht nur ausdrucksseitig, sondern auch inhaltsseitig auf Kolonialakteure beziehen sollte. Die Überprüfung des unmittelbaren kolonialen Gehalts einer historischen Benennung bezüglich der intendierten Motivik kann nur durch weitere quellenbezogene Verfahren realisiert werden. Dies gilt insbesondere dann, wenn Straßennamen mit ausdrucksseitig identischen Erstgliedern vorliegen, die sodann auf eine eindeutige Aussage in Bezug auf das Inventar kolonial motivierter Namen zu überprüfen sind.[69] Die fundierte Zuschreibung eines SN-Tokens zum kolonial motivierten Namenkorpus basiert sodann auf inhaltsseitigen, historisch nachweisbaren Kriterien. Sie ist nur auf Basis diverser Quellen und Quellengattungen möglich, die sicherstellen, dass die jeweiligen sprachlichen Einheiten zum Benennungszeitpunkt von der jeweiligen städtischen Administration tatsächlich im unmittelbaren Kontext des Kolonialismus verortet wurden. Das ist bspw. der Fall, wenn ein städtisches Gremium beschließt, dass ein Straßenzug, der „parallel mit der Halleschen Chaussee geht [...] den Namen Petersstraße (nach dem Kolonialpionier Dr. Carl Peters) [erhält]" (Mitteilung des Polizeipräsidenten von Merseburg 15.07.1937).

Als zielführend erweist sich ein Inventarisierungsverfahren additiver Informationsgewinnung zur systematischen Sichtung aller möglichen und verfügbaren Quellen. Für die konsistente Ermittlung kommen vor allem historische Quellengattungen in Frage. Daneben werden aktuelle (Informations- und Forschungs-)Publikationen, insbesondere Straßennamenlexika, genutzt. Die Sich-

---

68 http://brema.suub.uni-bremen.de/dsdk, Abruf am 28/06/2019.
69 Schulz und Ebert (2017: 167) zeigen die dafür erforderlichen Abgrenzungsschritte anhand des SN-Tokens *Petersstraße* für den Ortspunkt Leipzig auf. „Die Überprüfung historischer Adressbücher macht deutlich, dass der Straßenname [...] benennungsmotivisch [...] auf einen Heiligennamen [verweist]". Bei der Abgrenzung der in Leipzig verfügten *Petersstraße* handelt es sich um einen einzelortsbezogenen Befund auf der Token-Ebene: „Für die Aufdeckung der Situation in anderen Städten sind weitere Einzelanalysen erforderlich, an deren Ende der Befund bezüglich *Petersstraße* natürlich ganz anders ausfallen kann. So ist dieser Straßenname etwa für den Ortspunkt Düsseldorf klar als kolonial intendierter Straßenname identifizierbar" (Schulz und Ebert 2017: 167, Fn. 14).

tung der historischen Quellengattungen umfasst neben administrativen (Verfügungsakten) und nicht-administrativen (z. B. Zeitungsartikel) Texten insbesondere zeitgenössische Einwohner- bzw. Adressbücher sowie Stadtpläne, die sich als besonders hilfreich erweisen. Zur Schließung von Lücken wurde zudem der Kontakt zu lokalen Archiven hergestellt, um relevante historische Straßenbenennungsakten zu erfragen. Die für den konsistenten Ermittlungsschritt maßgeblichen Quellengattungen werden in den nun folgenden Unterkapiteln vorgestellt.

3.3.2 Straßennamenlexika

Bei Straßennamenlexika handelt es sich um einzelortsbezogene Nachschlagewerke, die nicht sprachwissenschaftlich ausgerichtet sind. Vielmehr handelt es sich um Publikationen, die vorrangig in archivarischen, administrativen, historischen oder informierenden Kontexten stehen und sich Straßennamen (und ihrer historischen Erklärung) einzelortsbezogen als Teil der Lokalgeschichte widmen; in der Regel führen sie den zum Zeitpunkt der jeweiligen Veröffentlichung rezent vorliegenden Straßennamenbestand für einen bestimmten Ort auf. Die in derartigen Schriften alphabetisch angelegten Straßennamenartikel werden häufig mit weiteren Informationen versehen, bspw. mit der Lage des jeweiligen Straßenzugs, dem Benennungsjahr der Namenverfügung u. dgl., die maßgeblich auf Quellenbestände ortsansässiger Stadtarchive, Bestände von Landesbibliotheken oder auf Informationen stadtgeschichtlicher Projekte beruhen, die für derartige Straßennamenlexika entsprechend zusammengetragen und ausgewertet werden. Straßennamen mit kommemorativer Funktion werden in solchen Nachschlagewerken häufig administrativen Benennungsmotiviken angeführt.[70] Neben der Darlegung des rezenten Namenmaterials widmen sich einige Straßennamenlexika auch diachron vergleichenden Darstellungen, mit dem Ergebnis, dass auch bereits getilgte und umbenannte historische Straßennamen erläutert werden.[71]

---

70 Bspw. wird im Straßennamenlexikon der bayerischen Hauptstadt München angegeben, dass die Benennung *Danziger Straße* 1923 verfügt wurde und auf „Danzig, der Stadt an der Ostsee, frühere deutsche Hansestadt, heute poln. Gdansk [...]" referiert. Die 1932 verfügte Benennung *Damaschkestraße* bezieht sich auf „Adolf Damaschke (1865–1935), Sozialpolitiker und Nationalökonom; Vorsitzender des ‚Bundes deutscher Bodenreformer' " (Dollinger 2007: 59).
71 Bspw. findet sich im Straßennamenlexikon von Kiel ein eigener Eintrag zum 1947 getilgten und umbenannten SN-Token *Scheerstraße* (in *Mecklenburger Straße*), das in den 1930er Jahren nach „Reinhard Scheer (20.9.1863–26.11.1928), Admiral, 1916–18 Chef der Hochseeflotte" (Hilscher 2015: 163) verfügt wurde.

Der Nutzen dieser Straßennamenlexika zur Informationsgewinnung für die vorliegende Arbeit hängt nicht nur von der individuell erarbeiteten Informationstiefe der einzelnen Werke ab. Auch strukturell sind einer historisch-onomastischen Informationsgewinnung Grenzen gesetzt. Sänger (2006: 48) hat bereits in einem anderen Kontext darauf hingewiesen, dass die in solchen Publikationen erarbeiteten Datensätze, die dafür gewählte Methodik und mitunter die wissenschaftliche Qualität der jeweiligen Einträge stark von der Autorinnen- und Autorenschaft abhängig sind. Dass sich solche Namenbücher zur Beantwortung onomastischer Fragestellungen nur in bedingtem Ausmaß eignen, wurde auch von Seiten der Forschungsstelle zu den Kölner Straßennamen herausgestellt:

> Die [...] Straßennamenlexika genügen zumeist nicht einmal enzyklopädischen Anforderungen [...]: Häufig finden sich allein Erläuterungen zur Bedeutung des Namens, nicht aber das Benennungsjahr und die früheren Bezeichnungen der Straße, welche Angaben doch erst den Symptomwert der Bedeutung valide machen. (Bering et al. 1999: 140, Fn. 29)

Für das in dieser Arbeit erstellte Ortskorpus liegen nur für weniger als 40 Groß- und Mittelstädte derartige Namenlexika vor. Die wissenschaftliche Qualität der in den entsprechenden Publikationen erarbeiteten Datensätze zeigt für die Fragestellung der vorliegenden Studie eine ganz unterschiedliche Erschließungstiefe. Dörfler (2006: 45) weist bereits darauf hin, dass jene lokalspezifischen Publikationen aufgrund der „etymologischen Methode, der fehlenden intersubjektiven Überprüfbarkeit ihrer Ergebnisse und ihrer nicht immer haltbaren Schlüsse tatsächlich nur auf der anekdotisch-heimatkundlichen und nicht auf der wissenschaftlichen Ebene anzusiedeln [sind]". Zweckmäßig waren vor allem diejenigen Lexika, die den lokalen Straßennamenbestand in diachronen Zuschnitten darlegen, historische Benennungen für den Untersuchungszeitraum dieser Arbeit mit entsprechenden Namenartikeln berücksichtigen und damit die Kategorie der inhaltlichen Zuschreibung zu etwaigen kolonialen Themen – unter Angabe des hierfür verwendeten Quellenmaterials – belegen. Dazu gehört bspw. das Kieler Straßenlexikon: Für die 1939 durch den örtlichen Polizeipräsidenten verfügten SN-Token *Carl-Peters-Straße, Lettow-Vorbeck-Straße, Lüderitzstraße, Nachtigalstraße, Wissmannstraße* und *Woermannstraße* für aneinander liegende Straßenzüge in Neumühlendorf-Dietrichsdorf sind jeweils eigene Namenartikel aufgeführt, die mit folgenden Metadaten versehen sind:

```
* Carl-Peters-Straße (Neumühlen-Dietrichsdorf)     * Lettow-Vorbeck-Straße (Neumühlen-D'dorf)
1939 Name durch Pol. Präsident genehmigt             Ang. als Bernhardstraße
  PPK.06.04.1939 (Sba. VIII/11)                    1904 erstmals aufgeführt im Adb. Kiel 1904  /S.568
Verlauf :-                                         1939 Umben. in "Lettow-Vorbeck-Straße"
1939 von der Lettow-Vorbeck-Straße an                PPK.06.04.1939 (Sba. VIII/11)
1947 Hertzstraße - Heikendorfer Weg                1947 Umbenennung in "Hertzstraße"
2007 Umbenennung in „Albert-Schweitzer-Weg"          StV.17.12.1947 (Sba. IX/2)
  RaV.26.04.2007 (Sba. XXX)                        Verlauf :-
Carl Peters (27.9.1856 - 10.9.1918), Kolonialpolitiker,  1904 von der Hermannstraße an
gründete 1884/1885 die Kolonie Deutsch-Ostafrika   1911 Helenenstraße - Hermannstraße
                                                   1938 Helenenstraße - Dietrichsdorfer Höhe

                                                   Paul v. Lettow-Vorbeck (1870 - 1964), General, Komman-
                                                   deur der Schutztruppe in Deutsch-Ostafrika im ersten
                                                   Weltkrieg
```

Abb. 2: Einträge *Carl-Peters-Straße* und *Lettow-Vorbeck-Straße* in Hilscher (2015: 37, 120).

Alle Straßenbenennungen referieren zum Zeitpunkt ihrer Namenvergabe am Ende der 1930er Jahre in kommemorativer Intention auf Kolonialakteure aus der Kaiserzeit.[72] Solche in diachron-vergleichender Perspektive erarbeiteten Namenlexika, die auch bereits umbenannte kolonial motivierte Namen mit entsprechenden Informationen zu den historischen Benennungsumständen und den dafür genutzten Quellen nachweisen, können für die umfangreiche Inventarisierungsaufgabe hinzugezogen werden. Neben der Sichtung derartiger aktueller Informations- und Forschungsliteratur war aber insbesondere die Auswertung historischer Quellen und Quellengattungen erforderlich, die nun dargelegt werden.

3.3.3 Straßenbenennungsakten

Administrative Akten zu historischen Straßenbenennungen geben detailgenaue Auskünfte über Benennungsjahr, -motiviken und -umstände und sind in ortsansässigen Stadtarchiven einsehbar. Allerdings ist die Aktenüberlieferung für eine Vielzahl an Groß- und Mittelstädten des Ortskorpus bis in die erste Hälfte des 20. Jahrhunderts kriegsbedingt als rudimentär zu beschreiben.[73] Für einen Groß-

---

72 Die Benennungsmotiviken am Ende der jeweiligen Einträge stammen aus historischen Adressbüchern (vgl. Hilscher 2015: 6). Man vgl. dazu bspw. den Eintrag zur *Lettow-Vorbeck-Straße* im Kieler Adressbuch (1940 II: 160): „Paul von Lettow-Vorbeck, Generalmajor, erfolgreicher Verteidiger der deutschen Kolonien in Afrika im Weltkrieg".
73 In diesem Zusammenhang sollen nur einige Auszüge von Mailkorrespondenzen dargelegt werden, die ich auf Nachfrage von Seiten der Mitarbeiterinnen und Mitarbeiter der ortsansässigen Stadtarchive erhalten habe: **Darmstadt:** „Durch die fast vollständige Aktenvernichtung im September 1944 haben sich überhaupt keine Vorkriegsakten zum Thema Straßenbenennung erhalten"; **Dessau-Roßlau:** „Akten hierzu sind leider nicht erhalten geblieben"; **Eilenburg:** „die Quellenlage für die relevanten Zeiträume zur Eilenburger Ortsgeschichte [ist] sehr

teil der Städte liegen amtliche Straßenverzeichnisse für den die vorliegende Arbeit betreffenden Untersuchungszeitraum, oftmals aufgrund vollständiger Aktenvernichtung gegen Ende des Zweiten Weltkrieges, nicht vor. Im Rahmen des Forschungsvorhabens war es nur möglich, telefonisch oder per Brief- bzw. Mailverkehr mit den lokalen Archiven zu kommunizieren. Eine flächendeckende persönlich vorzunehmende Autopsie in den Archiven der über 400 Ortspunkte ist völlig unrealistisch. Selbst die nicht ausschließbare Chance, bei umfangreichen eigenen Archivstudien punktuell auf weitere relevante Benennungsakten zu stoßen, kann ein solches Vorhaben nicht rechtfertigen. Auffällig ist, dass vor dem Hintergrund des derzeitigen öffentlichen Interesses an Umbenennung vereinzelter rezenter Straßennamen, deren historische Benennungen auf koloniale Themen zurückzuführen sind, die historischen Benennungsumstände wieder verstärkt thematisiert und durch Archive aufgearbeitet bzw. online bereitgestellt werden. Dies erfolgt derzeit aber nur einzelortsbezogen, so bspw. für Kaiserslautern.[74]

3.3.4 Adressbücher

Historische Adress- bzw. Einwohnerbücher listen (neben alphabetischen Einwohner- und Firmenverzeichnissen sowie Werbeanzeigen) auch Straßenverzeichnisse auf, in denen der jeweilige Namenbestand vom Anfang des angegebenen Jahres wiedergegeben wurde. Eine quellenkritische Einschätzung der Bremer Adressbücher, die sich auf die zwischen 1794 und 1985 erstellten Einwohnerbücher bezieht, liegt von Adolfmeister (1989: 9–10) vor:

---

kompliziert. Neben komplett fehlenden örtlichen Akten, Meldeunterlagen, Personenstandsakten haben sich nicht einmal die Tageszeitungen dieser Zeit überliefert"; **Forst:** „Zeitgenössische Akten zum Thema oder ortsgeschichtliche Arbeiten dazu konnte ich in unseren Beständen nicht ermitteln"; **Gotha:** „Die Akten zu Straßen(um)benennungen sind leider im relevanten Zeitraum nicht mehr überliefert"; **Kleve:** „Die Aktenüberlieferung der Stadt Kleve für den für Sie interessanten Zeitraum ist – kriegsbedingt – sehr schlecht. Amtliche Straßenverzeichnisse fehlen"; **Minden:** „Und die einschlägigen Akten des Vermessungsamtes, aus denen vielleicht Näheres ersichtlich wäre, sind nicht überliefert"; **Nordhausen:** „Leider sind durch kriegsbedingte Zerstörung 1945 umfangreiche Aktenbestände der Stadtverwaltung aus preußischdeutscher bzw. NS-Zeit verlorengegangen, so dass der evtl. Hintergrund und Beschlüsse zu Straßenbenennungen vor 1945 [...] schlecht zu erforschen sind".
74 Man vgl. dazu die Bürgerinformation vom 08.01.2015 der Stadt Kaiserslautern, die die historische Straßenbenennung *Karl-Peters-Straße*, allerdings vor dem Hintergrund der Umbenennung, erläutert (https://ris.kaiserslautern.de/buergerinfo/vo0050.php?__kvonr=3159, Abruf am 28/06/2019).

Es ist schwierig festzustellen, wie die Adreßbuchverlage sich in älterer Zeit die nötigen Informationen beschafften. Zum großen Teil waren sie wohl auf eigene Erhebungen angewiesen, dazu traten Auskünfte der Behörden. [...] Da sich die Adreßbücher im täglichen Gebrauch zu bewähren hatten und offenbar nach den ersten drei Jahrzehnten auch bewährt haben, kann ihre Zuverlässigkeit im Allgemeinen hoch eingeschätzt werden. Andererseits ist mit Irrtümern, Druckfehlern, Unvollständigkeit im Einzelnen sowie mit Verzögerungen bei der Aufnahme, Änderung und Löschung der Daten stets zu rechnen.

Für die sprachwissenschaftlichen Fragestellungen der vorliegenden Studie und der systematischen Zusammenstellung eines Inventars kolonialer Straßenbenennungen bis 1945 erwiesen sich die in den historischen Adressbüchern aufgeführten Straßenverzeichnisse als besonders hilfreich: Neben der systematischen Überprüfung der Namenbestände in diachronen Zeitschnitten stellen sie häufig weitere Informationen zur Lage sowie Nachweise zu Benennungsmotiviken sekundärer Straßennamen bereit.[75] Die Motiviken zeigen damit die für die Zuordnung historischer Benennungen zu dem in dieser Arbeit zu untersuchenden kolonialen Straßennamen notwendigen inhaltsseitigen Kriterien auf, die durch die administrative Aktenüberlieferung allenfalls punktuell abgedeckt wird. Am Beispiel des SN-Tokens *Lettow-Vorbeck-Straße*, das in nationalsozialistischer Zeit mit weiteren kolonial motivierten Benennungen als Kolonialcluster in das neu aufzuschließende Viertel Braunschweig-Querum verfügt wurde, soll dargelegt werden, welche Informationen aus den Einträgen in Straßenverzeichnissen gewonnen werden können (Abb. 3):

[SN-Token]: **Lettow-Vorbeck-Straße**
[Verortung]: Braunschweig-Querum;
Verbindungs-Straße zwischen Carl-Peters-Straße und Lüderitzstraße.
[Motivik]: Benannt nach dem Verteidiger Deutsch-Ost-Afrikas im Weltkriege.
[Einwohner]: Unbewohnt.

Abb. 3: Adressbuch Braunschweig (1940 IV: 207).

---

75 Bspw. findet sich im Straßenverzeichnis für München (Adressbuch 1923 II: 368) für den *Kaiser Ludwigsplatz* folgende Bezeichnungsmotivik: „Kaiser Ludwig der Bayer, geb. 1. April 1282, gestorben [...] 1347."; im Straßenverzeichnis des Adresbuches der Stadt Kiel (1940 II: 86) wird bspw. für den sekundären Straßennamen *Hardenbergstraße* angegeben, dass sich dieser auf den „Fürst Karl August v. Hardenberg, ehem. Preußischer Minister [...]" bezieht.

Neben der Verortung und dem impliziten Hinweis, dass es sich um eine Erstbenennung eines neu angelegten Straßenzugs handelt, ist die Benennungsmotivik hervorzuheben: Sie zeigt auf, dass die Namenverfügung *Lettow-Vorbeck-Straße* auf „den Verteidiger Deutsch-Ost-Afrikas im Weltkriege" referiert. In dem für die städtische Öffentlichkeit zugänglichen Text werden damit historische Zuschreibungen vorgenommen, die die genuin **koloniale** Intention des verfügten SN-Tokens darlegen. Der Vergleich mit den in administrativen Verordnungen dargelegten Motiviken zeigt, dass es sich bei den in Adressbüchern vorgenommenen Zuschreibungen oftmals um Extrakte administrativer, nicht für die Öffentlichkeit zugänglicher umfangreicherer Texte handelt:

> Lettow-Vorbeck-Straße (geb. 20.03.1870). 1913 Kommandeur der Schutztruppe in Deutsch-Ost-Afrika. Gegen eine Übermacht von Feinden verteidigte Lettow-Vorbeck die deutsche Kolonie in Ostafrika und war am Friedensschluß noch nicht besiegt. (Zusammenfassung der Beigeordnetensitzung vom 17.11.1939 zur Straßennamensgebung in Braunschweig)

Daneben finden sich auch explizitere Verweise als in den administrativen Verordnungen, was am Beispiel der Namenverfügung *Carl-Peters-Straße* in Braunschweig-Querum gezeigt werden kann:

> Carl-Peters-Straße: Der Afrikaforscher Dr. Carl Peters lebte in den Jahren von 1856 bis 1918. Er gründete in den 80er Jahren die Deutsch-Ostafrikanische Gesellschaft. (Zusammenfassung der Beigeordnetensitzung vom 17.11.1939 zur Straßennamensgebung in Braunschweig)
>
> Carl-Peters-Straße [...] ben. [d. i. benannt] nach dem Kolonialpionier Dr. Carl Peters. (Adressbuch Braunschweig 1940 III: 76)

Die im historischen Adressbuch angegebene Motivik zeigt, dass eine ausdrückliche Zuschreibung der Person Carl Peters als **Kolonialpionier** erfolgte, auf den die Namenverfügung referieren sollte. Neben Extrakten und expliziteren Verweisen für Personennamen sind auch Abschriebe aus administrativen Verordnungen festzustellen, die weitestgehend den administrativen Benennungsmotiviken entsprechen:

> Windhuker Straße. Hauptstadt unserer Kolonie Deutsch-Südwestafrika. (Zusammenfassung der Beigeordnetensitzung vom 17.11.1939 zur Straßennamensgebung in Braunschweig)
>
> Windhuker Straße [...] ben. nach der Hauptstadt der deutschen Kolonie Deutsch-Südwest-Afrika. (Adressbuch Braunschweig 1940 III: 319)

Zeitgenössisch ist von einer vielfältigen Rezeption jener Quellengattung auszugehen, in denen nicht nur der Straßennamenbestand, sondern auch historische Zuschreibungen der jeweiligen Benennungen für die städtische Öffentlichkeit dargelegt wurden.

Die in Straßenverzeichnissen der Adressbücher dargelegten Motiviken sind insbesondere bei ausdrucksseitig übereinstimmenden Erstgliedern hinzuzuziehen, bei denen im Einzelfall zu überprüfen ist, ob die historische Verfügung seitens der Administration intentional auf Kolonialismus und koloniale Themen verweisen sollte. Dies soll an einem weiteren Beispiel, das keine Familiennamen von Personen betrifft (Kap. 3.3.1), gezeigt werden: Die Straßenübersichtsverzeichnisse für Heilbronn (vgl. Adressbuch 1936 III) bzw. Bochum (vgl. Adressbuch 1924/1925 IV) listen jeweils die Straßenbenennungen *Karolinenweg* bzw. *Karolinenstraße* mit dem ausdrucksseitig identischen Erstglied *Karolinen* auf. Das Koloniallexikon führt zu *Karolinen* einen eigenen Eintrag auf:

> Karolinen [...]. Nachdem der Vertrag vom 30. Juni 1899 die Zustimmung der gesetzgebenden Körperschaften gefunden hatte, wurde der gesamte Archipel durch Allerhöchste Order [...] für das Deutsche Reich in Besitz genommen und durch Allerhöchste Order vom gleichen Tage [...] als ein Bestandteil des Schutzgebiets Deutsch-Neuguinea erklärt. (Schnee 1920 II: 239)

Inwiefern die in Heilbronn und Bochum verfügten sprachlichen Einheiten sich auch auf das kolonisierte Inselgebiet im Pazifischen Ozean beziehen und damit innerhalb des zeitgenössischen Kolonialdiskurses zu verorten ist, ermöglicht die Überprüfung der sich voneinander unterscheidenden Motiviken:

> Karolinenweg 1936 nach den Karolineninseln in der Südsee, die bis 1919 deutsches Schutzgebiet waren. (Adressbuch Heilbronn 1936 III: 78)

> Karolinenstraße (zwischen Overdyker und Heidestraße.) (Nach der Zeche Karolinenglück.) (Adressbuch Bochum 1924/25 IV: 102)

Das SN-Token *Karolinenweg* in Heilbronn referiert eindeutig auf das kolonisierte Inselgebiet in Deutsch-Neuguinea im Pazifischen Ozean, das in der Zeit des Kaiserreichs als Kolonie erworben wurde, und gehört zweifellos zu dem in vorliegender Arbeit erstellten Namenkorpus. Mit dem in Bochum eingeschriebenen SN-Token verhält es sich trotz des ausdrucksseitig identischen Erstglieds völlig anders: Der im Bochumer Stadtteil Hamme errichtete Straßenzug führt zum Steinkohlen-Bergwerk *Zeche Karolinenglück* bzw. „Zeche Ver. [d. i. Vereinigte] Carolinenglück. Diese Schachtanlage war in den 1840er angelegt worden" (Hermann und Hermann 2003: 144). Das SN-Token *Glückaufstraße* umgibt die bergbauliche Betriebsstätte ebenfalls (vgl. Stadtplan Bochum 1924/25). Sie referiert auf den älteren, 1870 getilgten Zechennamen *Glückauf*: „Nach der Lage in der Nähe von bergbaulichen Betriebsstätten" (Adressbuch Bochum 1924/25 IV: 26). Der Benennung der *Karolinenstraße* in Bochum kann damit keine damit intendierte koloniale Kommemoration nachgewiesen werden. Das SN-Token wurde nicht zum Namenbestand der vorliegenden Untersuchung aufgenommen. Die Beispiele zeigen nochmals deutlich auf, dass der ortsübergreifende Identifizierungsschritt kolonial motivierter Straßenbenennungen nicht ausschließlich auf Grundlage der Erhebung strukturell festgelegter Muster der jeweiligen Erstglieder erfolgen kann. Die Aufdeckung ausdrucksseitiger Strukturen kommemorativer Benennungen in Bezug auf die Erstglieder der zweigliedrigen Konstruktionen ist für den ersten Zugriff durchaus hilfreich; die jeweiligen SN-Token sind sodann zwingend hinsichtlich ihrer mit der Verfügung intendierten Motivik, also vor dem Hintergrund der inhaltsseitigen Zuschreibung zu Kolonialismus und koloniale Themen, quellenbasiert zu überprüfen.

Adressbücher stellen eine leicht zugängliche historische Quellengattung heraus: Sie sind für den historischen Zeitraum (1884–1945) für eine beträchtliche Anzahl an Groß- und Mittelstädten des erstellten Ortskorpus erhalten geblieben. Darüber hinaus sind sie nicht nur in den jeweiligen hiesigen Stadtarchiven einsehbar; eine beachtliche Anzahl der Einwohnerbücher wird durch regionale[76] und überregionale[77] Digitalisierungs- und Erschließungsprojekte online zur Verfügung gestellt. Sie sind zugleich methodisches Werkzeug, mit dem sichergestellt werden kann, dass sich die sprachlichen Einheiten zum historischen Benennungszeitpunkt auch auf spezifisch koloniale Kontexte bezogen haben. Für den gewählten Untersuchungszeitraum sind Einwohnerbücher fast ausnahmslos für alle Städte verfügbar, die ununterbrochen bis 1945 zum Deutschen Reich gehörten. Weitaus problematischer stellt sich die Verfügbarkeit für solche Orte dar, die Ende der 1930er Jahre im Zuge des Münchener Abkommens und des Polenfeldzugs erstmalig annektiert wurden und innerhalb des zu untersuchenden Ortskorpus vertreten sind (Kap. 4).

---

[76] Das Projekt der Sächsischen Landesbibliothek – Staats- und Universitätsbibliothek Dresden (SLUB) und des Dresdner Stadtarchivs digitalisiert historische Adressbücher von Städten in Sachsen. Sächsische Landesbibliothek – Staats- und Universitätsbibliothek Dresden (SLUB), Dresdner Stadtarchiv: Projekt zur Digitalisierung und Erschließung sächsischer Adressbücher (https://adressbuecher.sachsendigital.de/startseite/, Abruf am 28/06/2019).

[77] Digitalisierte historische Adressbücher werden für eine Vielzahl an Orten kostenfrei über das Portal DigiBib, der Digitalen Bibliothek im GenWiki, zur Verfügung gestellt: „Die Digitale Bibliothek (kurz: DigiBib) im GenWiki sammelt in erster Linie genealogisch und ortsgeschichtlich relevante Literatur, deren Urheberrechte abgelaufen sind" (http://wiki-de.genealogy.net/Kategorie:Adressbuch_in_der_DigiBib, Abruf am 28/06/2019).

3.3.5 Stadtpläne

Die Vorteile von historischen Einwohnerbüchern (Bezeichnungsmotiviken, leichte Zugänglichkeit, digitale Verfügbarkeit) für die konsistente ortsübergreifend-nationale Erstellung eines Inventars kolonialer Straßenbenennungen wurden bereits dargelegt. Daneben stellen Stadtpläne eine weitere wichtige Quellengattung dar: Sie legen usuelle raumsemantische Aspekte offen, die sich für die systematische Erstellung eines Gesamtinventars kolonial motivierter Straßennamen als durchaus gewinnbringend erweisen (vgl. Schulz 2018). Dass Benennungspraktiken von sekundären Straßennamen in thematischer Kohärenz als Cluster von Seiten der Administration befürwortet wurden und werden, wurde bereits in Kap. 2.2.2 dargelegt. Für die Identifizierung kolonial motivierter Namen erweisen sich Clusterbenennungen als durchaus nützlich, die in entsprechenden Stadtplänen offengelegt werden – insbesondere in solchen Fällen, in denen Benennungsmotiviken in historischen Einwohnerbüchern nicht oder nur teilweise aufgeführt sind.

Ein ortsbezogenes Beispiel soll dies verdeutlichen: Für die Bremer Vorstadt sind erstmalig 1919 die drei SN-Token *Wissmannstraße, Gerhard-Rohlfs-Straße* und *Nachtigalstraße* festzustellen, deren Benennungsmotiviken unmittelbar auf Kolonialakteure des Kaiserreichs referieren (vgl. Adressbuch Bremen 1919 II: 107, 800, 935). Neben diesen drei SN-Token werden im Straßenverzeichnis des gleichen Jahres auch die SN-Token *Leutweinstraße* und *Leutweinplatz* für die Bremer Vorstadt aufgeführt (vgl. Adressbuch Bremen 1919 II: 901), allerdings ohne Angabe von Benennungsmotiviken. Dass es sich bei den beiden SN-Token um Benennungen handelt, die auf den gleichnamigen Gouverneur von Deutsch-Südwestafrika[78] referieren sollten, wird durch die Sichtung entsprechender Stadtpläne (vgl. Stadtplan Bremen 1927, 1938) deutlich. Die angelegten Straßen bzw. Plätze liegen in unmittelbarer Nähe und grenzen an den Straßenzug der *Wissmannstraße* (siehe Abb. 4).

Die Benennung *Kolumbus[straße]*, deren Straßenzug durch das zeitgleich angelegte thematische Viertel führt, wird bereits im Bremer Adressbuch von 1900 (II: 470) aufgelistet. Eine etwaige koloniale Motivik kann für das SN-Token nicht nachgewiesen werden.[79] Der Miteinbezug der in Stadtplänen zum Aus-

---

[78] Man vergleiche dazu den entsprechenden Eintrag in Schnee (1920 II: 452): „**Leutwein** [Fettdruck im Original], Theodor Gotthilf, Ksl. Generalmajor z.D. und früher Gouverneur von Deutsch-Südwestafrika. [...] 1894 Feldzug gegen Hendrik Witboi [...], 1896 gegen Hereros [...] und Kauashottentotten [...], 1904 gegen Hereros (s. Hereroaufstand)."
[79] „Columbusstraße [...] Columbus, der Entdecker Amerikas, ein Genuese, geboren 1446, gestorben 1506" (Adressbuch Bremen 1919 III: 88).

druck kommenden Raumsemantik lässt zweifelsohne darauf schließen, dass es sich bei *Leutweinstraße* und *Leutweinplatz* um kolonial motivierte Benennungen handelt, die mitsamt weiterer zeitgleich erfolgten Benennungen als Kolonialcluster in Walle verfügt wurden.

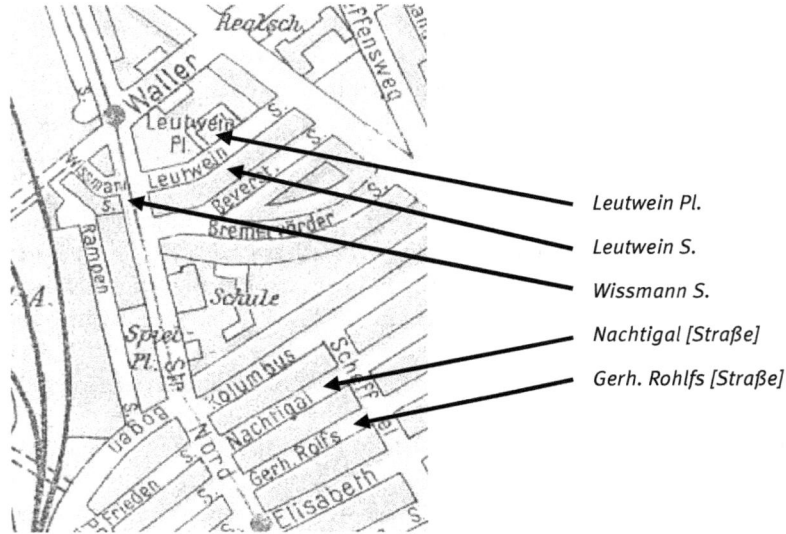

Leutwein Pl.
Leutwein S.
Wissmann S.
Nachtigal [Straße]
Gerh. Rohlfs [Straße]

Abb. 4: Stadtplan Bremen (1927), Ausschnitt Waller Vorstadt.

Zeitgenössische Stadtpläne sind, wenngleich in einer geringeren Zahl als Adressbücher, in digitalisierter Form online verfügbar: Neben Digitalisierungsprojekten lokaler Einrichtungen[80] ist insbesondere das vom privaten Landkartensammler M. Ritz erstellte Landkartenarchiv mit mehr als 13.000 online zur Verfügung stehenden Karten hervorzuheben.[81] Für den Untersuchungszeitraum der vorliegenden Studie weist das Landkartenarchiv bspw. nahezu 400 historische Stadtpläne für diverse Städte des Deutschen Reichs bis 1945 auf. Zusätzlich wurde die umfangreiche Stadtplansammlung der Staatsbibliothek zu Berlin Preußischer Kulturbesitz (SBBPK) genutzt, die in der dafür zuständigen Kartenabteilung für einen Großteil des Ortskorpus zeitgenössische Pläne in zeitlichen Staffelungen von 1884 bis 1945 aufweist.[82]

---

80 Man vgl. dazu bspw. das Historische Portal Essen (https://historischesportal.essen.de/startseite_7/historisches_portal_startseite.de.jsp, Abruf am 28/06/2019).
81 http://www.landkartenarchiv.de/, Abruf am 28/06/2019.
82 https://staatsbibliothek-berlin.de/die-staatsbibliothek/abteilungen/karten/, Abruf am 28/06/2019.

3.4 Identifizierungs- und Inventarisierungsaufgabe anhand ausgewählter Städte des Ortskorpus

Der Arbeitsschritt erforderte die systematische Überprüfung aller Groß- und Mittelstädte des hierfür angelegten Ortskorpus auf etwaige kolonial motivierte Straßennamenverfügungen zwischen 1884 und 1945, das nur durch Hinzuziehung der zuvor beschriebenen unterschiedlichen Quellengattungen erfolgreich bewältigt werden kann. Jene Identifizierungs- und Inventarisierungsarbeiten sollen für die zwei im erstellten Ortskorpus vertretenen Großstädte Dresden und Breslau [Wrocław] exemplarisch aufgezeigt werden.

3.4.1 Kolonial motivierte Straßenbenennungen in Dresden

Die Vergabepraxis von *Lüderitzstraße* und *Wissmannstraße* für zwei zur Kolonialzeit neu erschlossene Straßenzüge in Dresden wurden erfreut von der DKG kommentiert (vgl. DKZ 22.3.1913: 201, Kap. 1). Beide SN-Token beziehen sich auf Kolonialakteure des Deutschen Kaiserreichs. Ein Straßennamenlexikon liegt für Dresden nicht vor. Die Sichtung eines Dresdner Einwohnerbuchs aus nationalsozialistischer Zeit (vgl. Adressbuch Dresden 1940 V) ergibt, dass neben den beiden Benennungen fünf weitere Straßennamen bis 1945 verfügt wurden, deren Erstglieder auf Akteure der deutschen Kolonialepoche (*Karl-Peters Straße, Leutweinstraße, Rohlfsstraße*) und auf errichtete Verwaltungszentren in den kolonisierten Räumen (*Swakopmunder Straße, Windhuker Straße*) referieren. Alle Personen- und Ortsnamen sind in den Koloniallexika (vgl. Kausch 1903, Schnee 1920) mit eigenen Einträgen aufgelistet. Aus dem Straßenverzeichnis geht hervor, dass sieben SN-Token im Stadtteil Räcknitz-Zschertnitz zu verorten sind. Anhand eines am Ende der 1930er Jahre erstellten Stadtplans ergibt sich die zeitgenössische Verfügung der Namen in den öffentlichen Raum als Kolonialcluster (siehe Abb. 5).

Es handelt sich um eine thematisch kohärente Benennungspraxis von neu erschlossenen Straßen, die parallel zueinander angelegt wurden oder sich unmittelbar kreuzen. Die vergleichende Sichtung älterer Stadtpläne ergibt, dass es sich bei den kolonial motivierten Namen nicht um einen einmaligen Benennungsakt handelt, sondern dass das Kolonialcluster hinsichtlich der jeweiligen Namenverfügungen einer zeitlichen Schichtung unterliegt; im Stadtplan von 1923 sind nur die unmittelbar südlich an den Park angrenzenden Benennungen aufgeführt (siehe Abb. 6).

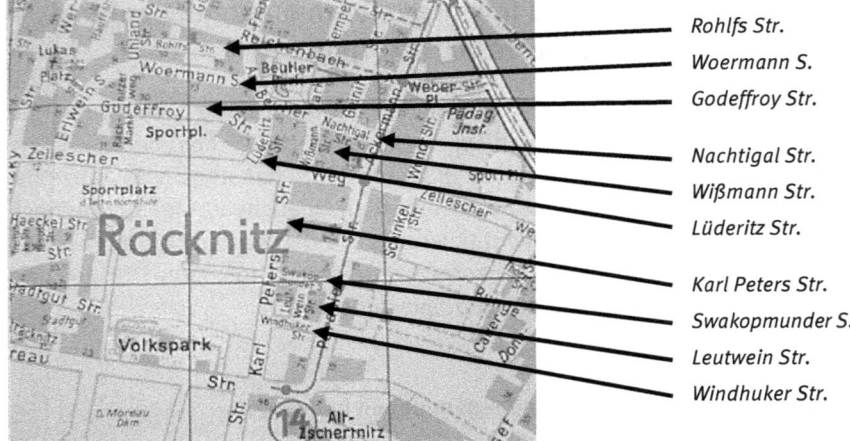

Abb. 5: Stadtplan Dresden (1939), Ausschnitt Räcknitz/Zschertnitz.

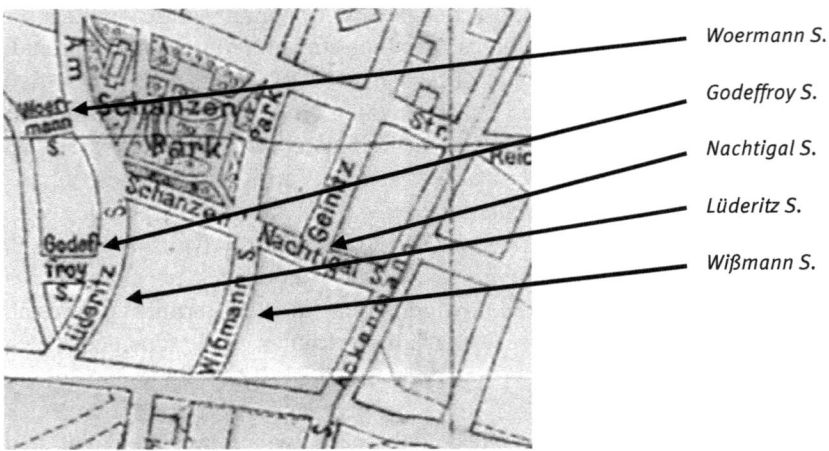

Abb. 6: Stadtplan Dresden (1923), Ausschnitt Räcknitz/Zschertnitz.

Neben den bereits 1913 erfolgten Benennungen *Lüderitzstraße* und *Wissmannstraße* sind drei weitere SN-Token verzeichnet, die ebenfalls auf Akteure der deutschen Kolonialepoche referieren (*Woermannstraße*, *Godeffroystraße* und *Nachtigalstraße*). Sie wurden gegen Ende der faktischen Kolonialzeit oder kurz danach administrativ verfügt.[83] Für den Untersuchungszeitraum liegen Ortsgesetzblätter, also rechtsgültige Satzungen und ordnungsbehördliche Verordnungen[84] vor, in denen unter anderem Bekanntmachungen der königlichen Polizeidirektion desselbigen Jahres versammelt sind. Aus dem Dresdner Ortsgesetzblatt von 1913 geht hervor, dass neben den SN-Token *Lüderitzstraße* und *Wißmannstraße* auch die Benennungen *Woermannstraße*, *Godeffroystraße* und *Nachtigalstraße* für unmittelbar angrenzende, neu angelegte Straßenzüge erfolgten.

> **70. Bekanntmachung über Straßenbenennungen.** [Fettdruck im Original] [...] Mit Allerhöchster Genehmigung haben wir die Benennung weiterer Straßen [...] beschlossen.
> I. die Straße 1 zwischen Uhlandstraße und Schanzenpark Woermannstraße, zum Andenken an den Hamburger Großkaufmann und Reeder Adolf Woermann, Besitzer von Faktoreien und Plantagen in Kamerun, Mitbegründer der Woermann-Dampferlinie nach Westafrika;
> II. die Straße 2 zwischen dem Lukasplatz und der Lüderitzstraße Godeffroystraße, zum Andenken an den Hamburger Großkaufmann Jh. Cesar Godeffroy, Begründer von Handelsstationen und Plantagen in der Südsee;
> III. die Straße 3 zwischen der Wißmann- und Ackermannstraße Nachtigalstraße, zum Andenken an den Afrikaforscher Gustav Nachtigal, der als Generalkonsul Togo, Kamerun und Lüderitzland unter deutschen Schutz stellte. (Dresdner Ortsgesetzblatt 1913: 50–51)

Bis 1913 ist die Verfügung eines Kolonialclusters festzustellen, mit dem das „unvergessene[s] Heldentum" (Deutscher Kolonialkrieger-Bund 1924) im Raum der deutschen Metropole geehrt und/oder gewürdigt werden sollte. Alle fünf Benennungen erfolgten bereits in der de facto-Kolonialzeit (vgl. Parzellierungsplan vom Gelände der Terraingesellschaft Dresden-Süd: ca. 1914). Die Straßenzüge der in jüngerer Zeit erfolgten kolonialzeitbezogenen Benennungen südlich des *Zelleschen Weges* sind auf dem Bebauungsplan noch nicht angelegt: Bei *Karl-Peters Straße, Leutweinstraße, Rohlfsstraße, Swakopmunder Straße* und *Windhuker Straße* handelt es sich um thematisch kohärente Benennungen, die in die Zeit des Nationalsozialismus fallen.[85] Die administrativen Verfügungen des Dresdner Rats sind datiert auf das Jahr 1934 (vgl. Dresdner Ortsgesetzblatt 1934: 14), die *Rohlfsstraße* wird vier Jahre später durch den Oberbürgermeister verfügt (vgl. Dresdner Ortsgesetzblatt 1938: 7). Das bis 1945 verfügte Kolonialcluster unterliegt also hinsichtlich seiner Benennungen einer zeitlichen Schichtung: Benennungen in der Kolonial-

---

83 Die entsprechenden kolonialen SN-Token sind bis 1911 weder in Straßennameverzeichnissen der Adressbücher (Adressbuch Dresden 1910 III) noch in Stadtplänen (Dresdner Stadtplan 1911) verzeichnet.
84 Man vgl. dazu https://www.guetersloh.de/de/rathaus/veroeffentlichungen/gesammeltes-ortsrecht.php#anchor_7eb0f698_Accordion-Bauwesen, Abruf am 28/06/2019.
85 Die entsprechenden SN-Token sind noch nicht im Straßenverzeichnis des Dresdner Adressbuchs von 1932 (III) aufgeführt.

zeit wurden durch die jüngere Vergabe einer ganzen Reihe weiterer Namen im Zuge der fortschreitenden infrastrukturellen Erschließung themenkohärent fortgeführt. Bis 1945 ist ein Großcluster mit zehn nachweislich in kolonialer Motivik verfügten Straßennamen festzustellen, die auf Kolonialakteure des Kaiserreichs und Orte in den kolonisierten Räumen referieren.

3.4.2 Koloniale motivierte Straßenbenennungen in Breslau [Wrocław]

Auch für die Hauptstadt der Provinz Schlesien können bis 1945 kolonial motivierte Straßennamenverfügungen erhoben werden. Im Straßenverzeichnis des zu Beginn der 1940er Jahre herausgegebenen Einwohnerbuchs sind drei SN-Token für den Stadtteil Mochbern aufgelistet, die in einem unmittelbaren Bezug zur deutschen Kolonialgeschichte stehen:

> Heinrich-Schnee-Straße (Mochbern): [...] Heinrich Schnee, ehem. Gouverneur von Deutsch-Ost-Afrika. [...] Die hier liegenden Grundstücke gehören zur Apiastr., Dualastr., Samoastr. und Tangastr. [...]. (Adressbuch Breslau 1943 II: 136)
>
> Lettow-Vorbeck-Straße (Mochbern) [...] Paul v. Lettow-Vorbeck. Kommandeur der Schutztruppe in Deutsch-Ostafrika 1914–1918. (Adressbuch Breslau 1943 II: 207)
>
> Wissmannstraße (Mochbern) [...] Herm. v. Wißmann, Afrikareisender, erwarb Deutsch-Ostafrika für Deutschland. (Adressbuch Breslau 1943 II: 397)

Der Eintrag für das SN-Token *Heinrich-Schnee-Straße* informiert über die Benennungen der unmittelbar angrenzenden Straßenzüge (*Apia-, Duala-, Samoa-* und *Tangastraße*), die sich auf Orte in den Kolonialgebieten beziehen. Für die jeweiligen SN-Token sind im Straßenverzeichnis entsprechende Einträge für Mochbern verzeichnet, allerdings ohne Angabe von Benennungsmotiviken. Zudem können für diesen Stadtteil weitere Namenartikel identifiziert werden, deren Erstglieder sich in kommemorativer Intention auf Personen (*Karl-Peters-Straße, Lüderitzstraße*) und Orte (*Togostraße, Windhukstraße*) der deutschen Kolonialepoche beziehen. Für alle Erstglieder der betreffenden Konstruktionen sind Einträge in den Koloniallexika (vgl. Kausch 1903, Schnee 1920) vorhanden. Die Annahme eines in den öffentlichen städtischen Raum verfügten Kolonialclusters mit elf kolonial motivierten SN-Token wird durch die Konsultation zeitgenössischer Stadtpläne eindeutig bestätigt (Abb. 7).

Bei den kolonialen Straßennamen handelt es sich um administrative Verfügungen der 1930er Jahre. Sie tauchen in älteren Stadtplänen (vgl. Stadtplan 1906, 1911, ca. 1930) noch nicht auf. Das in Breslau [Wrocław] verfügte Kolonialcluster unterliegt also hinsichtlich der Verfügungszeiträume der jeweiligen SN-

Token – im Gegensatz zu dem Dresdener Kolonialviertel – keiner zeitlichen Schichtung. Alle Namen wurden über ein Jahrzehnt nach der de facto-Kolonialzeit des Kaiserreichs verfügt.

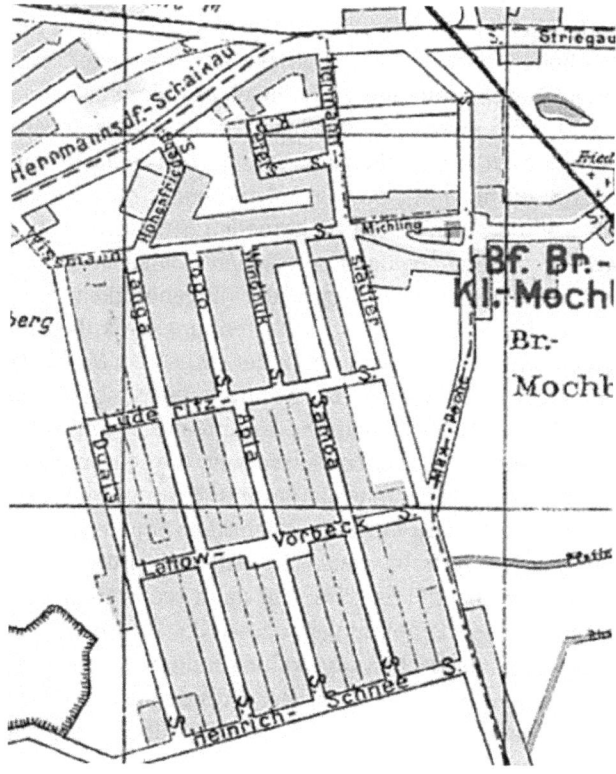

Abb. 7: Stadtplan Breslau (etwa 1941), Ausschnitt Mochbern.

3.5 Ergebnisse

Die Zusammenstellung kolonial motivierter Straßennamen für zwei Großstädte des Ortskorpus ergibt 21 SN-Token, die anhand der Sichtung von administrativen Akten, Adressbüchern und Stadtplänen in historischen Zeitschnitten für den Untersuchungszeitraum erhoben werden konnten. Die Inventarisierungsaufgabe zeigt bereits anhand der zwei Einzelorte, dass die methodische Vorgehensweise der additiven Informationsgewinnung aus den jeweils verfügbaren historischen Quellen und Quellengattungen ein wesentliches und zugleich erfolgreiches Verfahren für die Identifizierung kolonialer Namen darstellt. Gleichzeitig wird deutlich, dass die Aufarbeitung kolonialer Benennungspraktiken zur Untersuchung der damit versprachlichten kolonisatorischen Selbstzuschreibungskonzepte im öffentlichen Raum der deutschen Metropole durch die Perspektive *ex ante* aufgearbeitet werden muss: Das aktuelle Dresdener Straßenverzeichnis gibt keinerlei Hinweise auf die Verfügung eines Kolonialclusters in der ersten Hälfte des 20. Jahrhunderts; von der historischen Clusterbenennung mit über zehn Kolonialismen für Straßenzüge in nächster Nähe ist im rezenten Namenbestand der Stadt nur noch das SN-Token *Rohlfsstraße* als gegenwärtiges Beibehaltungsprodukt verzeichnet. Im aktuellen Straßenverzeichnis der Großstadt Wrocław[86] sind keine etwaigen polnischen Übersetzungsprodukte der historischen Kolonialismen aus Zeiten der Zugehörigkeit zum Deutschen Reich festzustellen. Die Aufarbeitung von Benennungspraktiken im Kontext kolonialer Raumaneignung bzw. -besetzung in der deutschen Metropole selbst kann durch Inventarisierungsarbeiten rezenter Straßennamenbestände nicht geleistet werden. Sie erfordert die systematische Zusammenstellung kolonialer Straßennamen auf Basis ihrer historischen Benennung, die sodann nach Strukturmustern und Diskursfunktionen zu analysieren sind. Kontrastive Studien, die sodann Umbenennungspraktiken von kolonialen Mikrotoponymen in der zweiten Hälfte des 20. Jahrhunderts bis heute systematisch aufarbeiten, können erst in einem zweiten Schritt erfolgen: Sie sind dann realisierbar und aussagekräftig, wenn die historischen Benennungsprozesse bis 1945 ortsübergreifend erhoben und nach toponomastischen und koloniallinguistischen Fragestellungen ausgewertet wurden, „denn nur auf der Grundlage eines vergleichbar ermittelten Datensets lassen sich unseres Erachtens ja überhaupt erst Weiterungen der Namengeschichte angemessen verfolgen und einordnen" (Stolz und Warnke 2017: 211).

Auf eine etwaige gegenwartssprachliche Perspektive, wie sie derzeit zu Umbenennungsforderungen und -aktivitäten in einzelnen deutschen Städten geführt werden, wird in dieser Studie bewusst verzichtet. Dass sich das in der vorliegenden Arbeit zusammengestellte Inventar aufgrund der unterschiedlichen Fragestellungen und Vorgehensweisen deutlich von den appellativ angestrebten Ansätzen gesellschaftspolitischer Akteursgruppen unterscheidet, die sich vor dem Hintergrund ihres Interesses an postkolonialer Erinnerungskultur mit rezenten Straßennamen beschäftigen, soll an einem Beispiel gezeigt werden: Der Verein Berlin Postkolonial e. V. stellt eine „Übersicht der bundesdeutschen Städte und Ort-

---

86 http://geoportal.wroclaw.pl/www/en/index.shtml, Abruf am 28/06/2019.

schaften, in denen koloniale Straßennamen zu finden sind", zur Verfügung. Die Behandlung aktueller Straßennamen erfolgt mit aufklärerischem und positionsbeziehendem Charakter.[87] Postkolonial.de-Gruppierungen stellen in der Regel semantische gegenwartssprachliche Bezüge zu rezenten Straßennamen her; eine strenge Definition, welche Kriterien für die Zuschreibung eines Straßennamens zum ‚kolonialen' oder ‚postkolonialen' Namen erfüllt sein müssen, hängt dabei nicht primär von der Motivik der historischen Namenverfügung seitens der zeitgenössischen Administration ab. Schulz und Ebert (2017: 168–169) zeigen am Beispiel der Benennung *Konrad-Adenauer-Platz* in Freiburg i. B. auf, dass der rezente Straßenname innerhalb des postkolonialen Aktivismus als „koloniale[r] Straßenname[n] in und um Freiburg"[88] aufgeführt wird. Für das zu erstellende sprachhistorische Inventar der vorliegenden Studie spielt das SN-Token keine Rolle: Adenauer war gegen Ende der Weimarer Republik stellvertretender Präsident der DKG. Die administrative Benennung erfolgte posthum gegen Ende der 1960er Jahre, und zwar zu Ehren seines Bundeskanzleramtes in der BRD. Neben der Tatsache, dass die Namenverfügung nicht in den Untersuchungszeitraum dieser Arbeit fällt, ist darüber hinaus auch keine etwaige koloniale Benennungsmotivik gegeben, die sich auf sein kolonialrevisionistisches Bestreben zu Beginn der 1930er Jahre richtet.

Ein weiteres Beispiel soll diese abgrenzende Kategorisierung vertiefen: Historische Straßennamenverfügungen, die Joachim Nettelbeck ehren und/oder würdigen sollten, sind noch im rezenten Bestand deutscher Städte vorzufinden; postkoloniale Gruppierungen listen für 21 bundesdeutsche Städte Konstruktionen mit dem anthroponymischen Erstglied *Nettelbeck* auf, die damit noch heute den „Kolonialverbrecher würdigen".[89] Der pommersche Seemann Joachim Nettelbeck verstarb bereits im Jahr 1824 (vgl. Vogt 1999: 83–84). Nichtsdestotrotz wird er in einem Artikel der DKG über sechzig Jahre nach seinem Tod als Vorkämpfer für eine Deutsche Kolonialpolitik inszeniert (vgl. Katterfeld 1886: 170–174). Zur Person ist aber kein Eintrag in den einschlägigen Kolonialexika (vgl. Kausch 1903, Schnee 1920) verzeichnet. Die Überprüfung der 21 Token hinsichtlich etwaiger kolonialer Benennungsmotiviken zum historischen Verfügungszeitpunkt ergibt, dass nur ein singuläres SN-Token zum Inventar der vorliegenden Arbeit aufzunehmen ist; nur die in München verfügte Benennung sollte unmittelbar auf sein zeitlebens koloniales Engagement (fett markiert) referieren:

---

87 „Zu einem grundlegenden Wandel im Umgang mit Deutschlands kolonialem Erbe, zur Umbenennung von Straßen, die koloniale Akteure ehren sowie zur Förderung postkolonialer Erinnerungskulturen" (http://freedom-roads.de/frrd/willkom.htm, Abruf am 28/06/2019).
88 http://www.freiburg-postkolonial.de/Seiten/strassen.htm, Abruf am 28/06/2019.
89 http://www.freedom-roads.de/frrd/staedte.htm, Abruf am 28/06/2019.

> Nettelbeckstraße: Joachim Nettelbeck, Seefahrer, organisierte mit Schill und Gneisenau erfolgreich die Verteidigung der von den Franzosen 1806 belagerten Festung Kolberg; **er weist als einer der ersten auf die Notwendigkeit hin, Kolonien zur Stützung der Landmacht zu erwerben.** (Adressbuch München 1940 IV: 454)

Die Namenvergabe erfolgte in nationalsozialistischer Zeit in München-Bogenhausen, und zwar zeitgleich mit weiteren SN-Token, die in kommemorativer Intention auf Kolonialakteure aus der Zeit des Kaiserreichs referieren sollten. Auch das SN-Token *Nettelbeckstraße* ist aufgrund seines Verfügungszeitpunktes, der Verortung des Straßenzugs innerhalb des Kolonialclusters und der im Einwohnerbuch angegebenen Benennungsmotivik als zeitgenössisch kolonialer Straßenname zu bewerten. In allen anderen 20 Fällen sind keine Anhaltspunkte für eine etwaige koloniale Motivik im Zuge der Verfügung ermittelbar: Sowohl die historische Benennungsakten als auch die Einwohnerbücher legen ausschließlich Motiviken dar, die sich auf Nettelbecks entscheidenden Anteil an der Verteidigung seiner preußischen Heimatstadt Kolberg gegen französische Truppen beziehen.[90] Und auch keines der 20 SN-Token ist innerhalb klein oder groß angelegter Kolonialcluster ermittelbar. Nur das SN-Token *Nettelbeckstraße* in München-Bogenhausen ist ins Namenkorpus der vorliegenden Arbeit aufzunehmen: Für diesen einzelortsbezogenen Fall liegt eine unübliche Instrumentalisierung der Person vor, was durch die historische Benennungsmotivik des historischen Adressbucheintrags und der Analyse raumsemantischer Muster, die durch das Cluster entstehen, nachgewiesen werden konnte.

Es lassen sich weitere Beispiele anfügen, die den unterschiedlichen sprachhistorischen Inventarbestand der vorliegenden Untersuchung im Vergleich zu den von gesellschaftspolitischen Gruppierungen fokussierten Straßennamen untermauern. So wurden Straßenbenennungen, die in kommemorativer Intention auf den Grafen von Waldersee referieren sollten und noch im rezenten Bestand deutscher Städte vorzufinden sind, nicht ins kolonial motivierte Nameninventar der vorliegenden Arbeit aufgenommen.[91] Zeitgenössische Benennungsmotiviken solcher posthum erfolgten Namenverfügungen nehmen folgende Zuschreibungen vor:

---

90 Bspw. Dortmund: „Nettelbeckstraße [...] bekannt durch seine heldenmütige Verteidigung Kolbergs gegen die Franzosen im Jahre 1807." (Adressbuch Dortmund 1938 III: 204). Erfurt: „Nettelbeckufer [...] Verteidiger von Kolberg 1806/1807" (Adressbuch Erfurt 1924 IV: 135). Wuppertal: „Nettelbeckweg [...] nach dem Verteidiger der Feste Kolberg benannt" (Adressbuch Wuppertal 1938 III: 289).
91 Der Verein Berlin Postkolonial e. V. listet dagegen sechs Straßennamen mit dem Erstglied *Waldersee* auf (http://www.freedom-roads.de/frrd/staedte.htm, Abruf am 28/06/2019).

Walderseestraße: Preußischer General. (Adressbuch Bremen 1919 III: 746)

Walderseestraße: Alfred von Waldersee, preußischer Generalfeldmarschall, geb. 8.4.1832, gest. 5.3.1904; Oberbefehlshaber in China während der chinesischen Wirren. (Adressbuch Dortmund 1938 III: 294)

Walderseestraße: Benannt zu Ehren des Grafen von Waldersee, dessen Korps-Kommando die Lübecker Garnison 1891 bis 1898 unterstandt [sic!] – Moltkeplatz. (Adressbuch Lübeck 1939 III: 639)

Wenngleich der preußische General bei der Niederschlagung der in zeitgenössischen Quellen als „Boxeraufstand" (Schnee 1920 I: 236) bezeichneten Strafexpeditionen beteiligt war, ist keine spezifisch **koloniale** Benennungsmotivik für die ortsübergreifenden Verfügungen derartiger SN-Token zu konstatieren. Für den Graf von Waldersee sind in beiden Kolonialiexika (vgl. Kausch 1903, Schnee 1920) keine separaten Einträge vorhanden. Aus der Überprüfung historischer Stadtpläne kann darüber hinaus festgestellt werden, dass die relevanten Konstruktionen weder innerhalb noch in nächster Nähe von Kolonialclustern zu verorten sind. Stattdessen wurden derartige Namenmuster nicht selten zusammen mit SN-Token verfügt, die sich auf weitere preußische Generäle bezogen.

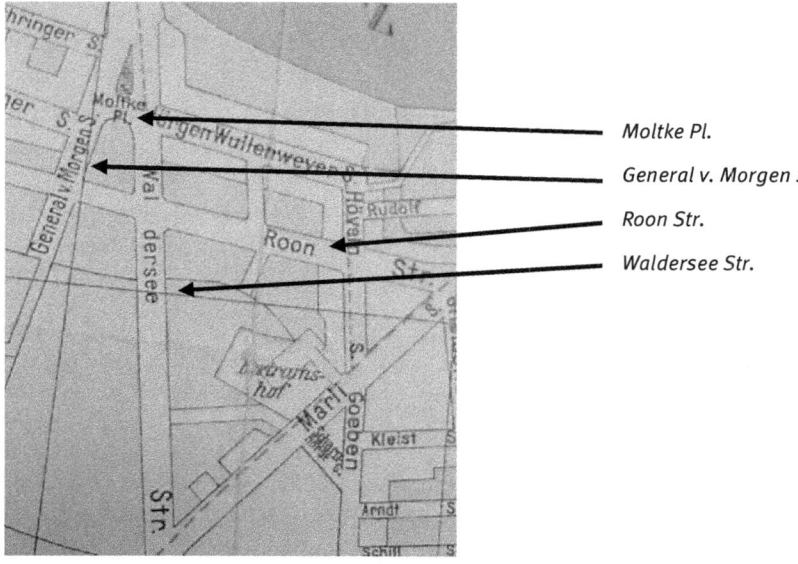

Abb. 8: Stadtplan Lübeck (1938).

Bei dem noch im rezenten Bestand vorliegenden SN-Token *Karolinenstraße* in Neustadt an der Haardt bzw. Weinstraße, das der Verein Berlin Postkolonial e. V. zu „Straßennamen nach kolonialen Erinnerungsorten"[92] aufgrund des toponymischen Kerns *Karolinen* mit Bezug auf das Inselgebiet Deutsch-Neuguineas zählt, handelt es sich allerdings um ein Missverständnis, das durch quellengestützte philologische Analyse leicht aufzuklären ist: Die Mittelstadt gehört zum erstellten Ortskorpus und wurde daher auf etwaige kolonial motivierte Benennungen untersucht. Im rezenten Namenbestand sind die Straßennamen *Gustav-Nachtigal-Straße*, *Karl-Peters-Straße*, *Lüderitzstraße* und *Von-Wissmann-Straße* für unmittelbar angrenzende Straßenzüge ermittelbar, deren Erstglieder sich allesamt auf Kolonialakteure in der Zeit des Kaiserreichs beziehen. Die Konstruktionen wurden 1938 als Kolonialcluster verfügt; sie sind ebenfalls bei Berlin Postkolonial e. V. aufgelistet. Da das verfügbare Straßenverzeichnis von 1938 alle Benennungen des vergangenen Jahres auflistet, sind die vier Kolonialismen noch nicht vorzufinden. Die *Karolinenstraße* dagegen schon (vgl. Adressbuch Neustadt an der Weinstraße 1938 III: 61). Eine Konsultation älterer Stadtpläne zeigt, dass die Benennung *Karolinenstraße* sogar Jahre zuvor administrativ verfügt wurde: Im Plan von 1912 ist das Gebiet des heutigen Kolonialviertels noch unbebaut, während die SN-Token *Karolinenstraße* und *Amalienstraße* für den östlich dazu angrenzenden Straßenzug bereits verzeichnet sind. Bis zu Beginn der 1930er Jahre bleibt diese Raumsituation unverändert (vgl. Stadtplan Neustadt an der Haardt 1931/32). Der Verdacht, dass die an das spätere Kolonialcluster anschließende *Karolinenstraße* in keinem kolonialen Zusammenhang verfügt wurde, hat sich bestätigt: Eine Recherche im Kontakt mit dem Stadtarchiv ergab, dass die zeitgleichen Benennungen *Karolinenstraße* und *Amalienstraße* nach zwei weiblichen Familienangehörigen berühmter Neustadter Persönlichkeiten aus dem 19. Jahrhundert erfolgte:

> Ehrenbürger Hauber legte in den 1880er Jahren den Karolinenhain an [...]. Auf einem [...] unbehauenen Sandstein steht „Karolinenruhe" in Erinnerung an seine Frau Karoline Hauber. Nach ihr heißt auch die Karolinenstraße, die 1884 gebaut wurde. (Die Rheinzeitung 2001 Nr. 63, 14.03.2001)

Der Benennung *Karolinenstraße* kann (genauso wie der der *Amalienstraße*) eine eindeutige lokalhistorische Motivik zugeschrieben werden. Sie ist für das in dieser Arbeit zusammengestellte Nameninventar eindeutig auszuschließen. Das Beispiel zeigt, dass Berlin Postkolonial e. V. nicht nur eine vorrangig gegenwartssprachliche Bewertung des rezenten Namenbestandes vornimmt und zu

---

92 http://www.freedom-roads.de/frrd/staedte.htm, Abruf am 28/06/2019.

einer unterschiedlichen Zuordnung und Bewertung von sekundären Namen kommt, sondern dass dabei auch Fehlschlüsse konstatiert werden können. Im Hinblick auf Namenmustern bei entsprechend gleichen ausdrucksseitigen Erstgliedern vergegenwärtigt es auch, wie behutsam bei der sprachhistorischen Identifizierung kolonial motivierter Straßennamen innerhalb themenkohärenter Cluster als Endprodukte einer prozessualen, sich im Laufe von Jahren oder sogar Jahrzehnten weiterentwickelnden Linguistic Landscape vorgegangen werden muss: Für das erstellte Ortskorpus konnte die Konstruktion mit dem Erstglied *Karolinen*, die sich zum historischen Benennungszeitpunkt nachweislich in kolonialer Intention auf das kolonisierte Inselgebiet bezieht, nur ein einziges Mal für die Stadt Heilbronn (*Karolinenweg*) erhoben werden (Kap. 3.3.4, Abb. 27). Es handelt sich um ein singuläres Phänomen und keinesfalls um eine prototypische Konstruktion kolonial motivierter Namenvergabeprozesse bis 1945. Hier zeigt sich aber zugleich deutlich, dass die intensive sprachhistorische Analyse der Benennungen der Forderung nach Umbenennungen unbedingt vorausgehen muss, will man Unsicherheiten wie diese vermeiden.

Die vorigen Beispiele demonstrieren für die Erstellung des sprachhistorischen Inventars kolonialer Mikrotoponyme folgende methodische Anforderungen: Die Frage, ob ein zwischen 1884–1945 verfügter kommemorativer Straßenname ‚kolonial' ist, kann nur mithilfe der Aufdeckung inhaltsseitiger Kriterien beantwortet werden und erfordert die durch empirisch-philologisch abgesicherte Analysen herauszufindende Motivik der Namen zum Verfügungszeitpunkt. Hierfür müssen verschiedene historische Quellen und Quellengattungen (Kap. 3.3) zur additiven Informationsgewinnung genutzt werden. Die Aufdeckung raumsemantischer Muster (Kolonialcluster) durch die Hinzuziehung von Stadtplänen in diachronen Staffelungen stellt ein Hilfsmittel für die Inventarisierungs- aber auch die nötigen Abgrenzungsarbeiten für das zu erstellende koloniale Nameninventar dar. Die fundierte koloniale Zuschreibung muss für jedes einzelne SN-Token geprüft werden: Konstruktionen mit ausdrucksgleichen Erstgliedern müssen, selbst wenn letztere in den zeitgenössischen Koloniallexika aufgeführt sind, immer tokenbezogen hinsichtlich ihrer zeitgenössischen Benennungsmotivik nachvollzogen werden (vgl. *Petersstraße* in Leipzig, *Karolinenstraße* in Neustadt a. d. Haardt bzw. Weinstraße). Die vorliegende Arbeit begibt sich – im Gegensatz zu den gesellschaftspolitisch forcierten postkolonial.de-Gruppen – auf keine aus gegenwartssprachlicher Perspektive angelegte *Spurensuche* des deutschen Kolonialismus (vgl. Schulz 2019). Derartige Gruppierungen sprechen dem rezent vorliegenden Straßennamenbestand mit einem appellativ intendierten Ansatz koloniale Semantiken auf der Inhaltsseite zu, um zu Umbenennung und Diskussion diverser Namen aufzurufen. Aus der Perspektive der postkolonial.de-Gruppierungen und den damit verbundenen gesellschaftspolitischen Intentionen mag der präskriptive, gegenwartssprachliche Ansatz angebracht sein. Für die vorliegende sprachwissenschaftliche Untersuchung, die Kolonialismen für einen historischen Beobachtungszeitraum erhebt und in Bezug auf Namenstrukturen sowie diskursive Funktionen analysiert, ist ein solcher präskriptiv vorgehender Ansatz nicht zulässig: „Es ist [...] der Effekt einer dominanten Spielart der Linguistik, die sich durchaus wohl damit fühlt, nicht in interventionalistische, politische Diskurse eingebunden zu sein" (Warnke et al. 2016: 13).

4 Nameninventar

Zusammenfassung: Im Kapitel wird das erstellte Inventar mit über 520 SN-Token, die zwischen 1884 bis 1945 in nachweislich kolonialer Motivik in den städtischen Raum von Groß- und Mittelstädten der deutschen Metropole verfügt wurden, beschrieben. Koloniale Namenvergabepraktiken können als ortsübergreifend-nationale Prozesse beschrieben werden, die sich in nahezu 100 Groß- und Mittelstädten sowie einzelnen Ortpunkten der am Ende der 1930er Jahre annektierten Gebiete nachweisen lassen. Dabei kann gezeigt werden, dass der maßgebliche Anteil der linksköpfigen Erstglieder als relevant und unmittelbar auf die Kolonien bezogen verstanden wurde.

Die notwendigen Arbeitsschritte, wie kolonial motivierte Straßenbenennungen von 1884 bis 1945 identifiziert werden können, wurden exemplarisch anhand zweier Städte des zusammengestellten Ortskorpus gezeigt. Sie verdeutlichen, dass die Identifizierungsaufgabe der Kolonialismen bis 1945 ein zeitintensives Unterfangen darstellt, das nur durch die additive Informationsgewinnung aus unterschiedlichsten historischen Quellen und Quellengattungen erfolgreich durchgeführt werden kann. Das erstellte Ortskorpus an über 400 bzw. 370 (unter Berücksichtigung der Eingemeindungen) Groß- und Mittelstädten inklusive der am Ende der 1930er Jahre annektierten Städte mit über 20.000 Bewohnerinnen und Bewohnern wurden bis 1945 hinsichtlich etwaiger kolonialer Benennungen in Straßennamenlexika, historischen Adressbüchern sowie Stadtplänen u. dgl. überprüft. Dabei konnte ein Inventar mit einem beachtlichen Umfang an über 520 (527) SN-Token zusammengestellt werden: Trotz der nur drei Jahrzehnte andauernden faktischen Kolonialepoche in der Zeit des Kaiserreichs handelt es sich bei kolonialen Namenvergabepraktiken um usuelle sprachhistorische Phänomene, die ortsübergreifend im (Alltags-)Raum des Deutschen Reichs Verwendung fanden. Das erhobene Inventar wird im Appendix 1 tabellarisch unter Angabe der Zuweisung der jeweiligen tokenbezogenen Sprachdaten zu einem (städtischen) Raum dargelegt.

Die linksköpfigen Erstglieder der erhobenen Konstruktionen waren dabei ausschlaggebend für die Identifizierung kolonial motivierter SN-Token aus der Perspektive *ex ante*, die nicht nur ausdrucksseitig, sondern auch hinsichtlich der inhaltsseitigen Zuschreibung zu Kolonialismus und kolonialen Themen quellenbasiert untersucht wurden. Die Koloniallexika (vgl. Kausch 1903, Schnee 1920) konnten als erstes (von notwendigen weiteren quellenbezogenen) Prüfverfahren genutzt werden, um herauszufinden, inwieweit etwaige sekundäre Namen bzw. deren Erstglieder relevant und unmittelbar auf die Kolonialzeit bezogen verstanden wurden. Umgekehrt bleibt für das erstellte Inventar der über 520 SN-Token festzuhalten, dass nahezu alle Erstglieder entweder als eigene Lemmata in den Koloniallexika vorzufinden sind oder im Beschreibungsteil anderer Lemmata erwähnt werden. Eine Ausnahme stellen alle diejenigen 30 Konstruktionsmuster dar, die auf Paul von Lettow-Vorbeck referieren. Das kolonialpolitische Wirken Lettow-Vorbecks fällt maßgeblich in die Endzeit der de facto-Kolonialzeit: „Im Okt. 1913 erfolgte seine Ernennung (als Oberstleutnant) zum Kommandeur der Schutztruppe in Kamerun, im April 1914 zum Kommandeur der Schutztruppe in Deutsch-Ostafrika" (Gründer 1985: 358–359). Dass zur Person Paul von Lettow-Vorbeck weder eigene Lemmata noch Informationen innerhalb von Beschreibungsteilen anderer Einträge vorliegen, ist damit zu begründen, dass die Koloniallexika bereits vor Kriegsbeginn abgeschlossen wurden. Auch bei den unter zehn verbleibenden singulären Konstruktionen, deren Erstglieder nicht als eigene Lemmata oder in Beschreibungsteilen anderer Lemmata auftauchen, konnte die inhaltliche Zuschreibung zu Kolonialismus und kolonialen Themen quellenbasiert nachgewiesen werden: Das gilt auf der Token-Ebene bspw. für die Benennung *Nettelbeckstraße* in München-Trudering, die sich in dem einzelortsbezogenen Fall auf sein koloniales Engagement beziehen sollte (Kap. 3.5). Auch die Erstglieder der in Braunschweig verfügten singulären Konstruktionen *Albert-Voigts-Weg*, *Hermann-Blumenau-Straße* und *Otto-Finsch-Straße* finden keine Erwähnung in den Koloniallexika. Nichtsdestotrotz wird den jeweiligen Personen zeitgenössisch eine lokalpatriotische Relevanz in Bezug auf Kolonialismus zugeschrieben; so findet sich im zeitgenössischen Adressbuch der Hinweis, dass sich die drei SN-Token in kommemorativer Intention auf „Braunschweiger [...] Kolonialpionier[e]" (Adressbuch Braunschweig 1940 III: 39, 148, 239) beziehen sollten. Nicht zuletzt – das wurde bereits in Kap. 3.3.5 beschrieben – legen Stadtpläne themenkohärente Clusterbenennungen offen, sodass auch solche Verfügungen ins Namenkorpus aufgenommen werden konnten, deren Erstglieder nicht in den Koloniallexika auftauchen, sich aber dennoch nachweislich auf unmittelbare kolonialzeitbezogene Wissensordnungen beziehen. Das betrifft bspw. das SN-Token *Transvaalstraße* in Oranienburg, das zeitgleich zusammen mit weiteren gebündelten Namenmuster, für die eindeutige koloniale Kommemorationen festzustellen sind, für neu angelegte Straßenzüge verfügt wurde (Abb. 9).

Der Stadtplan veranschaulicht das in unmittelbarer Umgebung des städtischen Krankenhauses verfügte Kolonialcluster: Bis auf das SN-Token *Transvaalstraße* sind die Erstglieder aller weiteren Benennungen (*Dualastraße*, *Kamerunstraße*, *Lüderitzstraße*, *Otavistraße*, *Swakopmunder Straße*, *Taborastraße*, *Togostraße*, *Windhukstraße*) als eigene Lemmata in den Koloniallexika vertreten; die Namen referieren auf einen Kolonialakteur und auf Orte der kolonisierten Räume in Afrika.

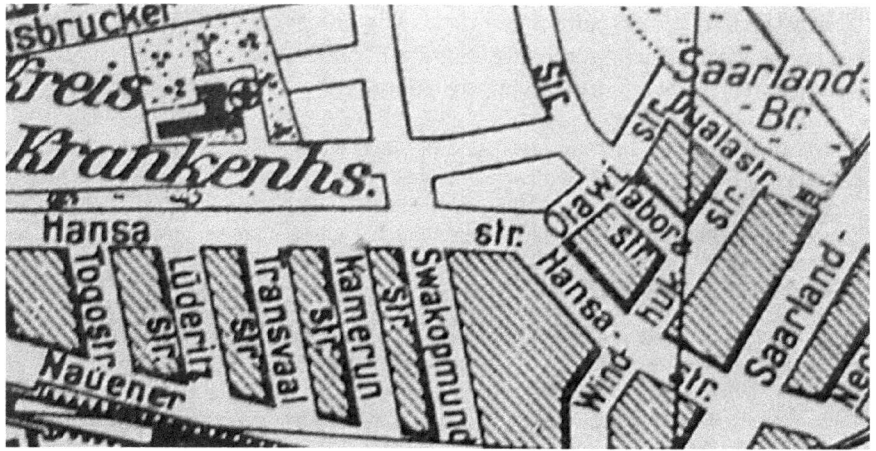

Abb. 9: Stadtplan Oranienburg (1940), Ausschnitt (heutiges) Ärzteviertel.

Alle neun Benennungen sind erstmalig am Ende der 1930er im Straßenverzeichnis (vgl. Adressbuch Oranienburg 1937/38: 117–191) aufgeführt, allerdings ohne Benennungsmotiviken. Auch die Namenverfügung *Transvaalstraße* ist ins Nameninventar dieser Arbeit aufzunehmen: Bei den Straßenzügen der SN-Token *Lüderitzstraße, Kamerunstraße, Swakopmunder Straße, Togostraße, Transvaalstraße* und *Windhukstraße* handelt es sich um Parallelstraßen, die alle von Süden auf den Straßenzug des schon seit den 1920er Jahre belegten SN-Tokens *Hansastraße* (vorher: *Berliner Feld*) mündeten.[93] Die Straßen der Benennungen *Otavistraße, Taborastraße* und *Dualastraße* wurden in unmittelbarer Nähe nördlich davon angelegt. Bei allen SN-Token handelt es sich um zeitgleich erfolgte Verfügungen aus der Zeit des Nationalsozialismus, die 1936 für neu erschlossene Straßenzüge erfolgten. Wenngleich die Provinz Transvaal nie in deutschem Kolonialbesitz war, kam es zwischen 1895 und 1897 zwischen der Kapkolonie unter britischer Herrschaft und der benachbarten Südafrikanischen Republik, auch Transvaal genannt, zu Auseinandersetzungen, bei denen auch das Deutsche Kaiserreich nicht unbeteiligt blieb (vgl. Clark 2009: 131–132). Dass *Transvaal*, unter anderem durch die hohe Zahl deutscher Siedler vor Ort, durchwegs ein Ort kolonialer Imaginationen des Deutschen Reichs gewesen ist und innerhalb des Kolonialdiskurses eine nicht unerhebliche Rolle gespielt hat, wird auch in zeitgenös-

---

[93] Heutiger Name: *Robert-Koch-Straße*. Herzlicher Dank geht an C. Becker vom Stadtarchiv Oranienburg.

sischen Quellen zum Ausdruck gebracht. Für *Transvaal* sind in der DSDK 174 Treffer zu verzeichnen. Auch die nationalliberale Zeitschrift *Die Grenzboten* setzt sich mehrmals mit der Provinz auseinander.

Die Lage der Dinge in Transvaal. [Fettdruck im Original] Die Wichtigkeit der Transvaal-Frage für Deutschland wird derjenige verstehen, der die Wichtigkeit überseeischer Kolonisation und insbesondere die Bedeutung von Südafrika für letztere versteht; [...] Überall wo wir noch in den letzten Jahrzehnten uns hätten niederlassen können, ist uns England zuvorgekommen und hat das von Anderen bisher verschmähte Küsten- oder Inselland besetzt, damit wir es nicht besetzen können; (Die Grenzboten 1880: 485)

Deutschlands Beziehungen zu Transvaal. [Fettdruck im Original] [...] Es hat sich also in Transvaal ein weites Gebiet für den deutschen Unternehmensgeist erschlossen. [...] Vor allen Dingen unterscheiden sich aber die Deutschen vorteilhaft dadurch von den englischen Zugvögeln, daß sie in überwiegender Zahl im Lande seßhaft geworden sind, sei es als Arbeiter, Handwerker, Ackerbauer oder Kaufleute. [...] Wie warm und anerkennend waren die Worte, die Präsident Krüger am 27. Januar 1895 in seinem Trinkspruch auf unsern Kaiser den Deutschen spendete! [...] ich hoffe, daß sich Transvaal immer fester an Deutschland anschließen wird. (Die Grenzboten 1896: 305, 308–309)

Ziel der vorliegenden Studie besteht gerade nicht darin, die Mikrotoponyme im Rahmen traditioneller Kolonialismusforschung hinsichtlich historischer Faktizität für die allgemeine Kolonialgeschichtsschreibung auszuwerten. Insofern sind derartige Einzelphänomene zur Ermittlung der sprachlich-diskursiven Konstruktion kolonisatorischer Selbstzuschreibungskonzepte von Relevanz und in die Analysen mit einzubeziehen.

Das erstellte Nameninventar an über 520 SN-Token weist einen bemerkenswerten Umfang auf, die sich wiederum auf eine beachtliche Zahl an Groß- und Mittelstädten des erstellten Ortskorpus verteilen. Bei der Vergabe kolonialer Straßennamen im Deutschen Reich handelt es sich um ortsübergreifend-nationale sprachliche Prozesse, die über die administrativen und/oder handelsspezifischen Kolonialmetropolen in der Zeit des Kaiserreichs wie Berlin und Hamburg (Fn. 10, Kap. 2.1.4) oder Bremen, die in nationalsozialistischer Zeit propagandistisch inszeniert wurde (Fn. 54, Kap. 2.3), eine ganze Reihe weiterer Städte miteinschließt.

Es ist darauf hinzuweisen, dass im Rahmen der Erstellung eines solchen, vorrangig auf historische Quellen und Quellengattungen angewiesenen Nameninventars zwangsläufig einzelne Wissenslücken bestehen bleiben: Für singuläre Städte des Ortskorpus gestaltete es sich innerhalb des betreffenden Zeitraumes als unmöglich, entsprechende zeitgenössische Benennungsakten, Adressbücher, Stadtpläne u. dgl. zu sichten. Diese Wissenslücken betreffen nicht alle Gebiete östlich der Oder-Neiße-Grenze, sondern vor allem diejenigen Städte, die innerhalb der am Ende der 1930er Jahre errichteten Reichsgaue zu verorten sind. Insbesondere für Städte der im Zuge des Polenfeldzugs besetzten Gebiete liegen nur für einen Bruchteil der Untersuchungsorte Adressbücher, Stadtpläne u. dgl. vor.[94] Für Städte, die 1938 bzw. 1939 durch die Besetzung des Sudetenlandes bzw. der Errichtung des Protektorats Böhmen und Mähren dem Deutschen Reich angegliedert wurden, gestaltete sich das Identifizierungsverfahren dagegen als weniger problematisch: So hat bspw. die Überprüfung eines von der „Kurverwaltung Karlsbad" herausgegebenen Stadtplans von 1940 ergeben, dass noch im gleichen Jahr der im Zuge des Münchner Abkommens besetzten Stadt (vgl. Kalousková angenommen) ein SN-Token verfügt wurde, das sich auf den Reichskommissar und Gouverneur von Deutsch-Ostafrika bezog (Abb. 10).

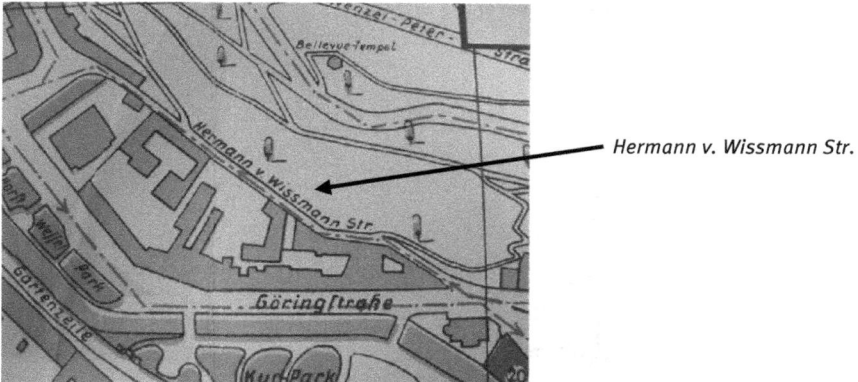

Abb. 10: Plan Karlsbad [Karlovy Vary] (1940).

Für Asch [Aš] ist zu Beginn der 1940er Jahre die Veröffentlichung eines Einwohnerbuchs zu verzeichnen, in dem das SN-Token *Lüderitzstraße* ohne Angabe einer Benennungsmotivik erstmalig aufgeführt wurde (vgl. Adressbuch Asch 1941: 80). Kalousková (angenommen) zeigt unter Einbezug weiterer zeitgenössischer Akten auf, dass es sich dabei um ein kolonialzeitbezogenes SN-Token handelt, das auf den Kolonialakteur Adolf Lüderitz referieren sollte. Sie wurde daher ins Inventar der vorliegenden Arbeit aufgenommen. Für eine ganze Reihe an Städten des als „Reichsprotektorat Böhmen und Mähren" besetzten Gebietes liegen historische

---

94 So sind bspw. keine historischen Adressbücher und/oder Stadtpläne für die Städte Bendzin [Będzin], Chrzanow bzw. Krenau [Chrzanów], Laurahütte [Siemianowice Śląskie], Jaworzno [Jaworzno], Teschen [Český Těšín], Zgierz bzw. Görnau [Zgierz], Zdunska Wola [Zduńska Wola] und Zawierce bzw. Warthenau [Zawiercie] innerhalb der relevanten Zeitspanne verfügbar.

Stadtpläne von Seiten des in Prag eingerichteten „Landesvermessungsamtes Böhmen und Mähren" vor.[95] Die Pläne zeigen nur für die jeweiligen Zentren der Altstadt geschwärzte deutschsprachige Straßennamen an. Man gewinnt den Eindruck, dass diese Überschreibungsprodukte zuvor getilgter tschechischsprachiger Straßennamen darstellen. Die Peripheriebereiche werden in den Karten ausgespart. Es ist davon auszugehen, dass die tschechischsprachigen Straßennamen außerhalb der altstädtischen Zentren nicht von derartigen Tilgungsmaßnahmen betroffen gewesen sind. Abbildung 11 zeigt einen Ausschnitt des Zentrums der Stadt Prerau [Přerov] am Anfang der 1940er Jahre:

Abb. 11: Plan Prerau [Přerov] (1943).

---

95 Man vgl. dazu die entsprechenden Stadtpläne für (Böhmisch-)Budweis (1943), Iglau (1943), Jungbunzlau (1943), Kladno (1943), Kolin (1943), Prerau (1943) und Proßnitz (1943), die in der Kartenabteilung der SBBPK systematisch hinsichtlich etwaiger kolonial motivierter SN-Token geprüft wurden.

Betrachtet man die geschwärzten deutschsprachigen Umbenennungsprodukte, dann sind orientierende Straßennamen zu verzeichnen, die als georeferierend beschrieben werden können (*Am Ufer, Breite-Strasse, Hauptstraße, Rasengasse* u. dgl.) oder sich auf Infrastruktureinrichtungen (*Bahnhofstraße, Rathausgasse, Zuckersfabriksgasse* u. dgl.) beziehen. Daneben ist auch eine ganze Reihe an Straßennamen mit offensichtlich kommemorativ intendierten Funktionen (etwa *Blüchergasse, Graf-Spee-Gasse, Hindenburgplatz, Horst Wessel Gasse, Schlieffengasse*) festzustellen, bei denen es sich offenbar nicht um reine Übersetzungen handelte: Sie beziehen sich vorrangig auf Personen, die innerhalb des preußischen Militarismus einzuordnen sind. Die Sichtung weiterer Stadtpläne von 1943 für die jeweiligen betreffenden Ortspunkte zeigen eine ganz ähnliche Verteilung deutschsprachiger Straßennamen mit Orientierungsfunktion und kommemorativ intendierten Funktionen auf.

In Bezug auf etwaige kolonial motivierte Straßennamenverfügungen für Städte des errichteten Protektorats konnte in den jeweiligen verfügbaren Stadtplänen unter anderem das SN-Token *Lüderitzgasse* für Iglau [Jihlava] ausfindig gemacht werden:

Abb. 12: Plan Iglau [Jihlava] (1943).

Kalousková (angenommen) konnte nachweisen, dass es sich bei dem SN-Token der zweitgrößten deutschsprachigen Enklave im Protektorat Böhmen und Mähren ebenfalls um eine kolonial motivierte Benennung handelt, die sich bezeichnungsmotivisch auf Adolf Lüderitz und dessen koloniale Inbesitznahme Südwestafrikas (vgl. Schnee 1920 II: 465) beziehen sollte. Auch im historischen Kern von Prag, das von nationalsozialistischer Seite zur Hauptstadt des Protektorats ausgerufen wurde, wurde die Verfügung des SN-Tokens *Lüderitzufer* geplant, letztendlich aber nicht umgesetzt (vgl. Kalousková 2014: 34). Aus diesem Grund wurde das SN-Token nicht ins Inventar der vorliegenden Studie aufgenommen.

Dass letztendlich nur für etwa 15 Städte des über 370 Groß- und Mittelstädte beinhaltenden Ortskorpus (unter Berücksichtigung der Eingemeindungen) keinerlei historische Quellengattungen gesichtet werden konnten, ist als ein Erfolg zu verzeichnen.[96] Diese große Abdeckung liegt mitunter auch an der großen Unterstützung der Inventarisierungsarbeiten durch die Mitarbeiterinnen und Mitarbeiter unzähliger ortsansässiger Stadtarchive. Sie unterstützten die Zusammenstellung des Nameninventars durch hilfreiche Auskünfte aus ihren jeweiligen Archivbeständen, indem sie für den Untersuchungszeitraum historische Benennungsakten, Adressbücher und Stadtpläne in Bezug auf etwaige koloniale Straßennamen sichteten und diese zum Teil sogar als Scan für die vorliegende Arbeit zur Verfügung stellten. Ihnen gilt ein besonderer Dank.

Obwohl Kleinstädte nicht ins zu untersuchende Ortskorpus mit aufgenommen wurden, ergaben stichpunktartige Recherchen, dass selbst in Orten unter 20.000 Einwohnern kolonial motivierte Straßenbenennungen bis 1945 zu konstatieren sind. So ist bspw. für die Kleinstadt Bad Oeynhausen am Ende der faktischen Kolonialzeit die Benennung *Lettow-Vorbeck-Straße* zu verzeichnen (vgl. Pöppinghege 2007: 52–53). Weidner zeigt für eine ganze Reihe an Kleinstädten in Westfalen und Lippe Benennungen in nationalsozialistischer Zeit auf, die sich ebenfalls in kommemorativer Intention auf Paul von Lettow-Vorbeck beziehen sollten.[97] Für die ebenso im heutigen Gebiet Westfalen-Lippe zu verortende Kleinstadt Plettenberg wurde Ende der 1930er Jahre ein Kolonialcluster mit einer Vielzahl kolonial motivierter SN-Token (*Askaristraße*, *Karl-Peters-Straße*, *Kamerunstraße*, *Ostafrikastraße* u. dgl.) für projektierte Straßen beschlossen, die allerdings nicht umgesetzt wurden.[98] Ortsübergreifende Aussagen über koloniale Namenvergabepraktiken in Kleinstädten können in der vorliegenden Arbeit nicht getroffen werden. Das gilt ebenso für die bis 1945 selbstständigen Gemeinden: So wurden bspw. die rezenten, in den 1930er Jahren nach kolonialzeitlichen Akteuren erfolgten Benennungen *Gustav-Nachtigal-Straße* und *Lettow-Vorbeck-Straße* in Erfenbach nicht ins Nameninventar aufgenommen, da die Eingemeindung Erfenbachs in die kreisfreie Stadt Kaiserslautern erst 1969 im Zuge der rheinland-pfälzischen Verwaltungsreform erfolgte.

---

96 Dazu zählen bspw. neben den bereits in Fn. 94 dargelegten Orte auch die Städte Herten und die Lutherstadt Eisleben: Für diese Ortspunkte stehen keine Straßennamenlexika, Adressbücher, Stadtpläne u. dgl. zur Verfügung. Auch die Versuche einer Kontaktaufnahme mit den jeweiligen Stadtarchiven blieben ohne Erfolg.
97 Bspw. für Bünde, Halle in Westfalen, Plettenberg und Rheine (https://www.lwl.org/westfaelische-geschichte/nstopo/strnam/Begriff_192.html, Abruf am 28/06/2019).
98 https://www.lwl.org/westfaelische-geschichte/nstopo/strnam/Kommune_172_Existierend.html, Abruf am 28/06/2019.

Auch die für Vororte festzustellenden Kolonialismen bleiben unberücksichtigt. Ein solches Beispiel stellen die bis 1905 in Karlshorst eingeschriebenen SN-Token *Bothaallee, Dewetallee, Ohm-Krüger-Straße, Warmbader Straße* und *Waterbergstraße* dar (vgl. Ahlfänger 2009: 4):

> Sämtliche Straßen im „Burenviertel" erinnerten an Orte, Gegenden und Personen, die mit dem kolonialen Südwesten Afrikas (Namibia und Südafrika) verbunden waren. Ausschlaggebend dafür war die Begeisterung für die Buren, die im Zweiten Burenkrieg (1899 bis 1902) nach äußerst grausamen Kämpfen den Briten unterlagen. (Ahlfänger 2010: 4)

Karlshorst wird seit seiner späten Gründung 1895 bis zur Ausgabe 1921 im Berliner Adressbuch als Vorort von Berlin und Bestandteil der Gemeinde Friedrichsfelde geführt. Im dazugehörigen Straßenverzeichnis (vgl. Adressbuch Berlin 1921 V) werden darüber hinaus die weiteren SN-Token *Aviser Str., Bloomfontainer Straße, Burenring, Kalaharistraße, Keetmanshooper Straße* u. dgl. für unbebaute Straßenzüge angegeben, „doch die Straßen wurden nicht bebaut oder gar nicht erst angelegt, so dass sie Mitte der 30er Jahre aus den Verzeichnissen verschwanden" (Ahlfänger 2010: 4). Jene Benennungen wurden nicht zentral von Berlin aus geplant. Stattdessen waren für die bis 1920 festzustellenden Straßenplanungen private Erschließungs- und Baugesellschaften verantwortlich.[99] Das gilt bspw. auch für die noch vor 1900 verfügte Benennung *Wissmannstraße* in Berlin-Rixdorf bzw. (seit 1912) Neukölln (vgl. Adressbuch Berlin 1910 III: 936). Die Kolonialismen in Berlin-Dahlem wurden dagegen berücksichtigt und ins Nameninventar aufgenommen: Wenngleich Dahlem ebenso bis 1920 ein Berliner Vorort darstellte (vgl. Adressbuch Berlin 1921 V) und erst dann nach Groß-Berlin eingemeindet wurde, stellte Dahlem seit Anfang des 20. Jahrhunderts eine „Kgl. [d. i. königliche] Domäne" (Adressbuch Berlin 1908 V: 164) dar. Seit 1901 wurde eine besondere Kommission mit Sitz in Berlin gebildet, die für den Vorort und dessen infrastruktureller Erschließung zuständig war. Seit Beginn des 20. Jahrhunderts erfolgte die Straßenbenennung demnach bereits von staatlicher Seite aus (vgl. Engel 1984: 29–31). Die in nachweislich kolonialer Motivik erhobenen SN-Token *Lansstraße, Iltisstraße* und *Takustraße* wurden noch in der faktischen Kolonialzeit von der „Kommission zur Aufteilung der Domäne Dahlem" verfügt.[100]

Das für nahezu 100 Groß- und Mittelstädte sowie einzelne Orte der am Ende der 1930er Jahre annektierten Gebiete erhobene Inventar ermöglicht nicht nur erstmalig ortsübergreifend-inventarbezogene Analysen, sondern schafft auch

---

[99] Herzlicher Dank geht an J. Ahlfänger für die umfangreichen Informationen.
[100] https://berlin.kauperts.de/Strassen/Iltisstrasse-14195-Berlin, Abruf am 28/06/2019.

die Voraussetzung für darauffolgende Generalisierungen über die Grenzen städtebezogener Teilinventare. Die Namen sind als serielle Prozesse im Hinblick auf inventarbezogene Musterhaftigkeiten zu untersuchen, denn „nur eine systematische Erfassung [...] des möglichst umfänglich erfassten kolonialen Toponomastikons kann die symbolische Kolonialterritorialisierung überhaupt erst aufzeigen und damit verständlich machen" (Stolz und Warnke 2018b: 55). Die Beantwortung der innerhalb bisheriger kolonialtoponomastischer Untersuchungen formulierten übergeordneten Frage nach „diskursive[n], das heißt über das Einzeltoponym hinausreichende[n] Wissensordnungen" (Stolz und Warnke 2018b: 47) wird im Folgenden für das koloniale Namenprojekt der Metropole ausgeweitet. Die Beantwortung der zu Beginn der Arbeit vorgelegten Fragestellungen erfordert eine inventarbezogene strukturierte Annotation nach sprachwissenschaftlichen Kriterien, um über die einzelnen Ortspunkte hinausgehende inventarbezogene Untersuchungen zu ermöglichen.

5 Verfahren der Datenauswertung: Kategorienraster

Zusammenfassung: Im Kapitel werden sämtliche Annotationskategorien für die über 520 SN-Token dargelegt. Sie bilden die Analysegrundlage für daran anschließende inventarbezogene Untersuchungen. Die Diskussion der anzuwendenden Kategorien zeigt, dass für die Analyse des kolonialen Namenprojekts in der Metropole einige der in der vergleichenden Kolonialtoponomastik entwickelten Annotationen übernommen werden können. Darüber hinaus macht die Analyse kolonialer Mikrotoponyme in der Metropole aber weitere und andere Annotationen erforderlich. Das entwickelte Kategorienraster wird beispielhaft anhand der Annotationen für Namen der Ortspunkte Dresden und Breslau [Wrocław] präsentiert. Dabei wird deutlich, dass verlässliche strukturelle und diskursfunktionale Befunde erst durch die Annotation und Untersuchung des erstellten Gesamtinventars möglich werden.

In der programmatischen Einleitung des ersten kolonialtoponomastischen Kompendiums werden die beiden ineinander verschränkten system- und diskurslinguistischen Analyseverfahren vorgestellt, die spezifisch für die inventarbezogene Analyse kolonialer Makrotoponyme in den kolonisierten Gebieten angelegt wurden:

> Einerseits leistet Diskurslinguistik eine funktionale Einordnung des einzelnen Kolonialtoponyms über das Konzept des Place-Making und die damit verbundenen Diskursfunktionen und andererseits eine Interpretation der musterhaften Vorkommen von Toponymen über die Erfassung von territorialen Strukturen. Die systemlinguistisch exakte Analyse ist dabei ebenso notwendige Voraussetzung wie die diskurslinguistische Analyse die Leistung der Linguistik zum Verständnis von Kolonialismus überhaupt erst erkennbar macht. (Stolz und Warnke 2018b: 55–56)

Auch koloniale Mikrotoponyme in den Kolonien des Kaiserreichs und im Raum der deutschen Metropole sind unter system- und diskurslinguistischen Perspektiven zu untersuchen. Die Annotationskategorien der vorliegenden Studie orientieren sich an den am Ende von Kap. 1 dargelegten zentralen Teilfragen, die toponomastische und koloniallinguistische Fragestellungen umfassen. Um „[...] den [...] Sprachgebrauch als Ausdruck kolonialer Selbstverständlichkeiten zu verstehen und damit eine Diskursanalyse des Kolonialismus als Archäologie von historischen Gewissheiten zu verstehen [...]" (Stolz und Warnke 2018b: 59), wurden alle Analysekategorien aus der Perspektive *ex ante* angelegt. Die über 520 SN-Token werden ausschließlich vor dem Hintergrund ihrer historischen Verfügungsprozesse kontextualisiert, um daran anschließend konstitutive

https://doi.org/10.1515/9783110718133-006

Sprachgebrauchsmuster kolonialer Raumaneignung bzw. -besetzung in der deutschen Metropole zu untersuchen. Alle Annotationskategorien sind inventarbezogen angelegt. In der Praxis wurde jedes einzelne der über 520 kolonial motivierten SN-Token nach diversen Kriterien annotiert, um in einem nächsten Schritt ortsübergreifende Analyseabfragen hinsichtlich der damit versprachlichten kolonisatorischen Gewissheiten zu ermöglichen. Der Kriterienkatalog zeigt die einzelnen Annotationen auf, die anschließend in Unterkapiteln näher kommentiert werden. Abschließend werden sie am Beispiel der für Dresden und Breslau [Wrocław] erhobenen 21 SN-Token (Kap. 3.4) exemplarisch dargelegt.

Raumzeitliche Annotationen:

Annotation jedes SN-Tokens bzgl. des Ortstyps (+ Angabe des Ortspunktes)		
+ Großstadt (G)	+ Mittelstadt (M)	+ annektierte Groß- und Mittelstädte

Annotation jedes SN-Tokens bzgl. des gesellschaftspolitischen Benennungszeitraums	
+ faktische Kolonialzeit (1884–1919) bis Versailler Vertrag	+ nach Versailler Vertrag + Weimarer Republik bzw. Zwischenkriegszeit (1919–1933) + NS-Zeit (1933–1945)

Konstruktionsbezogene Annotationen:

Annotation jedes SN-Tokens bzgl. des Klassifikators (KLASS)	
Annotation jedes SN-Tokens bzgl. des Modifikators (MOD) (+ Angabe MOD-Token, Angabe MOD-Type)	
Annotation jedes SN-Tokens bzgl. der Klassenzugehörigkeit der Modifikator-Konstruktionen	

+ Onym
   + Anthroponym (ANTH)
   + Toponym (TOP)
      + Choronym (CHOR)
      + Oikonym (OIK)
      + Oronym (OR)
      + Hydronym (HYDR)
   + Toponym mit praxonymischen Anteilen (TOP PRAX)
   + Schiffsname
   + weitere
	+ Appellativum (APP)

Annotation detoponymischer Konstruktionen bzgl. georeferenzierender Bezüge toponymischer Modifikator-Konstruktionen	

+ dt. Kolonialbesitz
   + Afrika
      + Deutsch-Südwestafrika
      + Kamerun
	+ Kolonialbesitz anderer europ. Kolonialmächte

+ Togo
+ Deutsch-Ostafrika
+ Kiautschou
+ Südseeschutzgebiete
   + Deutsch-Neuguinea
   + Samoa	

Raumlinguistische Annotationen:

Annotation jedes SN-Tokens bzgl. raumbezogener Formen kolonialer Raumreferenzierung und -belegung	

+ Cluster
   + Kleincluster (+ nähere Verortung)
   + Großcluster (+ nähere Verortung)
	+ Einzelbenennung

Onomastisch-benennungskategoriale Annotationen:

Annotation jedes SN-Tokens bzgl. Benennungsstatus	
+ Neubenennung (NEU)	+ Umbenennung (UMB)

Argumentatorisch-diskursbezogene Annotationen:

Annotation jedes SN-Tokens bzgl. expliziter Aussagenzusammenhänge

5.1 Raumzeitliche Annotationen

Die beiden ersten Annotationskategorien sind weitestgehend selbsterklärend. Dabei wird den erhobenen linguistischen Sprachdaten der Ort ihres Auftretens zugewiesen. Die räumliche Zuordnung bleibt nicht auf den jeweiligen Ort beschränkt, sondern umfasst (durch entsprechende Annotation) weitere ortstypenspezifische Informationen, die die betreffenden Städte nach ihrer historischen Größe innerhalb des Untersuchungszeitraums einteilen oder auf die erst Ende der 30er Jahre erfolgte Annexion ins nationalsozialistische Deutsche Reich hinweisen. Daneben werden den Namen Informationen hinsichtlich ihrer Verfügungszeiträume zugeordnet, also danach, ob sie noch während der de facto-Kolonialherrschaft oder erst nach Abschluss des Versailler Vertrags in den 1920er und 1930er Jahren verfügt wurden. Ist dies der Fall, werden weitere Annotationen hinsichtlich der gesellschaftspolitischen Zeiträume (Weimarer Republik bzw. Zwischenkriegszeit oder NS-Herrschaft), in die die jeweiligen Benennungen einzuordnen sind, vorgenommen.

5.2 Konstruktionsbezogene Annotationen

Die Konstruktionen des erstellten kolonialen Nameninventars zeichnen sich durch eine binäre rechtsköpfige Struktur aus und unterscheiden sich nicht von zeitgleich verfügten, nicht-kolonialen kommemorativen Straßennamen. Hinsichtlich strukturell-morphologischer Eigenschaften sind sie mit Mustern aus zeitgleich eingeschriebenen sekundären Straßennamen erklärbar (vgl. Ebert 2018: 104). Lediglich das etwas häufigere Auftreten von Konstruktionen mit anderssprachigen Erstgliedern ist in diesem Zusammenhang herauszustellen; dabei handelt es sich um Bildungen mit anderssprachigen toponymischen Erstgliedern, die, wenn auch in partieller graphematischer sowie phonetischer Integration[101], auf Orte in den Kolonien referieren. Winzer (1907/10: 2) berichtet in der *Zeitschrift des Allgemeinen Deutschen Sprachvereins* aufgrund der „Orthographie des maliziösen Wortes Guinea" über folgende Probleme beim Berliner Postamt:

> Die Guineastraße ist [...] zu einem wahren Fluch für eine Behörde, die Post, geworden. [...] Aus einer Sammlung von Postsendungen ist zu erleben, daß das Wort Guinea in bisher nicht weniger als – dreißig Variationen vorkommt. [...] Jedenfalls gibt es auf dem Postamt N 65 infolge dieser Variationen ab und zu kleine Kolonialskandale eigener Art.

Um Anschlussfähigkeit an die vergleichende Kolonialtoponomastik herzustellen, werden die zweigliedrigen Konstruktionen kolonialer Mikrotoponyme anhand der vorgelegten Terminologie von Stolz und Warnke (2018b: 22) abstrahiert dargestellt. Der strukturelle Prototyp lässt sich auf über 520 Kolonialismen ausweiten und wird am Beispiel der Benennung *Guineastraße* dargelegt:

Struktureller Prototyp:
[{*Guinea*}$_{MOD}$-{*straße*}$_{KLASS}$]$_{TOP}$

Die Rolle des Kopfes kommt dem rechtsstehenden Klassifikator (abgekürzt als $_{KLASS}$) zu, der das Geo-Objekt ontologisch zuordnet. Die zweite Leerstelle wird durch das linksstehende, nominale Erstglied des Modifikators (abgekürzt als $_{MOD}$) besetzt. Die Kolonialismen stellen

> Eigennamen hybriden Typus [dar], der appellative Strukturen mitführt. [...] Es handelt sich dabei [...] um charakterisierendes appellatives Material, das seine Semantik entfaltet, das heißt, das denotierte Objekt mitbezeichnet [...] Somit enthalten solche Komposita so-

---

[101] Man vgl. dazu Schnee (1920 III: 714): „**Windhoek** [Fettdruck im Original], der holländische Name des hottentottischen Eikhams. Das Wort bedeutet "Windecke". Seit der stärkeren Besiedlung des Landes hat man die holländische durch die der Aussprache entsprechende Schreibweise "Windhuk" [...] ersetzt".

wohl identifizierende (onymische) als auch charakterisierende (appellative) Bestandteile [...]. (Nübling 2018: 11)

Harweg (1983, 1997) definiert jene Konstruktionstypen als sogenannte „Gattungseigennamen": Aufgrund ihrer Monoreferenz stellen sie Eigennamen dar, während sich der appellativische Bestandteil dieses hybriden Typus „unbeschadet des Fortbestandes seiner Gattungsnamenfunktion, dem Gesamtausdruck, von dem er ein Teil ist, funktional unterordnet" (Harweg 1983: 160). Nübling (2018) zeigt Kriterien zur Abgrenzung appellativischer Komposita, Gattungseigennamen und reinen Namen auf. Insbesondere aufgrund ihres grammatischen Status sind die in dieser Arbeit zu untersuchenden Kolonialismen – wie fast alle deutschsprachigen sekundären Straßennamen[102] – eindeutig zum Typus der Gattungseigennamen zu zählen.

In der sich bisher vorrangig mit makrotoponymischen Benennungspraktiken in den kolonisierten Räumen beschäftigenden vergleichenden Kolonialtoponomastik findet dagegen eine kritische Rezeption des Konzepts der *Gattung* und der *Gattungseigennamen* statt, weil die Existenz außersprachlicher Gattungsreferenten von Ortsnamen angezweifelt wird (vgl. Döschner 2018). Dass Geoobjekte über keine objektive Gattung per se verfügen, zeigen Stolz et al. (2016: 290, Fn. 25) am Beispiel eines deutschsprachigen kolonialen Makrotoponyms auf: "*Johann-Albrechts-Höhe* in Kamerun is the name of a settlement or station although [...] *Höhe* [kursiv im Original] 'height(s)' is suggestive of an oronym (or name of mountain)". Die These des „charakterisierende[n] appellative[n] Material[s], das [...] das denotierte Objekt mitbezeichnet" (Nübling 2018: 11) wird damit in Frage gestellt; stattdessen „sind gerade die Gattungseigennamen dazu prädestiniert, Gewissheiten aus dem Kulturkreis der Benennenden zu transportieren" (Döschner 2018: 92). Die Kritik der vergleichenden Kolonialtoponomastik an Harwegs Gattungseigennamen-Konzept setzt an den bis dato kaum untersuchten KLASS an, die gleichermaßen „für eben diese onymische Kolonisierung von Raum genutzt werden" (Stolz und Warnke 2018b: 65). Für den Bestand kolonialer Makro- und Mikrotoponyme in den kolonisierten Gebieten erscheint diese Hypothese durch plausibel. Es ist zu fragen, inwieweit sich jene kritischen Überlegungen auf die Analyse des Bestandes der KLASS- und MOD-Konstruktionen des in vorliegender Arbeit erstellten Inventars kolonialer Mikrotoponyme in der deutschen Metropole auswirken muss, was zu diskutieren ist.

---

102 Davon ausgenommen sind Straßenbenennungen in der Zeit der DDR, deren Konstruktionen auch sich auch durch davon abweichende Bildungsweisen auszeichnen (vgl. Nübling et al. 2015: 249).

5.2.1 Klassifikatoren

Bis auf drei Ausnahmen[103] handelt es sich bei dem erhobenen Bestand kolonialer Straßennamen um zweigliedrige Konstruktionen mit rechtsköpfigen Klassifikatoren. Alle diejenigen Klassifikatoren, die ortsübergreifend für drei und mehr als drei Kolonialismen festzustellen sind, werden in der folgenden Tabelle mit den dazugehörigen absoluten tokenbezogenen Zahlenwerten dargelegt:

Tab. 1: Quantitäten an KLASS-Konstruktionen.

KLASS-Konstruktionen	-straße	-weg	-platz	-pfad	-allee	-kai
SN-Token	424	57	18	6	3	3

Daraus ergibt sich, dass über 80 % des erhobenen Bestands kolonialer Benennungspraktiken mithilfe des usuellen appellativischen Klassifikators -straße gebildet wurden. Alle weiteren zahlenmäßig eher randständigen Phänomene weichen ebenso nicht von prototypischen Klassifikatoren nicht-kolonialer Straßennamenverfügungen der Neuzeit ab. So wurden sie im „Runderlaß des Ministers des Innern" (17.06.1933) an alle Polizeibehörden übermittelt, die entsprechende Grundsätze für die Straßenbenennung verordneten:

> Aus den Straßennamen soll erkennbar sein, daß es sich um eine Wege- oder Platzbezeichnung handelt. Zur Abwechslung sollen neben dem allgemeinen Beiwort Straße möglichst auch die Bezeichnungen Damm, Allee, Weg, Gang, Ring, Pfad, Gasse, Aue, Bahn, Steig, Steg, Wall, Graben [...] verwendet werden.

In Bezug auf die rechtsköpfigen Klassifikatoren folgen auch die genuin kolonialen Benennungsprozesse entsprechenden administrativen Bestimmungen zu neuzeitlichen Straßennamenvergaben. Die aus struktureller Perspektive festzustellende Unscheinbarkeit solcher Klassifikatoren ist im Hinblick auf die Beantwortung etwaiger spezifischer, kolonisatorischer Selbstzuschreibungskonzepte im Raum des Deutschen Reichs zu verneinen. Stattdessen fügten sie sich in usuelle Muster ein und entsprechen damit denselben administrativen Festlegungen. Für die Analyse der mit kolonialen Benennungspraktiken sprachlich

---

[103] Bei den in Essen bzw. Hamburg und Magdeburg verfügten Benennungen *Tangabucht* (vgl. Stadtplan Essen 1942) bzw. *Waterberg* (vgl. Stadtplan im Adressbuch Hamburg 1940, Adressbuch Magdeburg 1940 II: 199) handelt es sich um Simplizia.

evozierten kolonisatorischen Wissenseinheiten in der Metropole sind die appellativischen rechtsköpfigen Elemente allein für sich ohne Erkenntniswert.

Wenn es überhaupt etwas spezifisch ‚Koloniales' geben sollte, dann wäre das nur in einer kombinierten, die Klassifikatoren und die Modifikatoren verbindenden Analyse erkennbar, in der bestimmte Klassifikatoren nur mit bestimmten Typen an Modifikatoren verbunden werden würden. Auch dies ist jedoch nicht der Fall: Die drei usuellen Klassifikatoren -straße, -weg und -platz werden mit einem Großteil aller MOD-Types kombiniert. Umgekehrt gilt das auch: So entspricht auch die Wahl der Klassifikatoren den inventarbezogenen aufgezeigten Quantitäten (Tab. 1), wie am Beispiel einzelner MOD-Konstruktionen gezeigt werden kann:

Tab. 2: Verteilung usueller KLASS-Konstruktionen auf ausgewählte MOD-Konstruktionen.

MOD-Konstruktionen	-straße	-weg	-platz
Peters	59	6	3
Samoa	9	2	1
Tsingtau	5	–	–

Selbst in Fällen, in denen Kolonialismen im Zuge von Tilgungsprozessen älterer Namen verfügt wurden und sich die jeweiligen Klassifikatoren der Umbenennungsprodukte von denen der älteren Namen unterscheiden, ist nicht automatisch „ein signifikantes Merkmal von kolonialer Ortsherstellung" (Döschner 2018: 92) festzustellen.[104] In Bezug auf die zu untersuchenden Praktiken kolonialer Raumaneignung bzw. -besetzung in der deutschen Metropole haben derar-

---

[104] Man vgl. dazu bspw. die 1939 in Berlin-Wedding erfolgte Umbenennung eines Teils der *Londener Straße* in *Petersallee*, die zeitgenössisch den Kolonialakteur Carl Peters ehren und/oder würdigen sollte: Selbst wenn der Klassifikator *-allee* eine Aufwertung des Straßenzugs darstellen könnte, wäre eine derartige Hypothese, dass dies in einem direkten Zusammenhang mit der kolonialen Motivik des Umbenennungsprodukts stehen muss, nicht haltbar; so sind Klassifikatoren, die teilweise im Zuge von Umbenennungsprozessen älterer Straßennamen *mit*verändert wurden, auch für eine ganze Reihe nicht-kolonial motivierter Straßennamen in ähnlicher Zeit zu konstatieren, bspw. die 1924 in Berlin-Zehlendorf erfolgte Umbenennung der *Heidestraße* in *Busseallee*. Die Modifizierung von Klassifikatoren in *-allee* ist dabei auch für Straßennamen festzustellen, deren MOD unverändert weiter bestehen blieben, bspw. das 1988 in Berlin-Wilmersdorf verfügte SN-Token *Kaiserallee* (seit 1950 *Bundesallee*). Die ursprüngliche, 1874 erfolgte Benennung war *Kaiserstraße*. Auch das 1872 verfügte SN-Token *Frankfurter Chaussee* wurde 1949 getilgt und durch *Frankfurter Allee* ersetzt (http://kirste.userpage.fu-berlin.de/diverse/doc/umbenennungen.html, Abruf am 28/06/2019).

tige veränderliche Klassifikatoren aber keine Aussagekraft. Für die Beantwortung der übergeordneten Fragestellung dieser Arbeit spielen sie eine nebensächliche Rolle, sodass sie zwar im Kategorienraster berücksichtigt wurden, aber keine weiteren Annotationskriterien aufweisen.

5.2.2 Modifikatoren: MOD-Token vs. MOD-Type

Die linksköpfigen Modifikatoren haben die entscheidende Funktion des kommemorativen Markers zur Beantwortung der mit kolonialen Straßennamen versprachlichten Gewissheiten in der Metropole: Ihre inventarbezogene Analyse lässt daher Befunde darüber zu, welche Wissensbestände über Kolonialismus und koloniale Themen mit derartigen Benennungsprozessen im öffentlichen Raum der deutschen Gesellschaft fixiert werden sollten. Das erhobene Inventar der über 520 MOD-Token wurde für jedes einzelne SN-Token zunächst quantitativ erfasst. Daran anschließend wurde die tokenbezogene Namenform jedes singulären SN-Tokens in abstrahierter Form als Type, also „als Klasse der diesen Äußerungen zugrunde liegenden abstrakten Einheiten [...]" (Bußmann 2008: 758), zusammengetragen. Durch den Abstraktionsprozess werden relevante übergreifende Auswertungen aus den variierenden sprachlichen Formen möglich: Die Typisierung der MOD-Token ermöglicht, dass der Bestand jener kommemorativen Marker in einem nächsten Schritt im Hinblick auf die damit versprachlichten kolonisatorischen Selbstzuschreibungskonzepte untersucht werden kann. Der Arbeitsschritt der Erstellung solcher modifikatorischer Types wird anhand von einigen Beispielen erläutert:

Tab. 3: Type-Token-Relation der Modifikatoren.

MOD-Token (Auswahl)	MOD-Type
Von-Wissmann, Hermann-von-Wissmann, Wißmann, Wissmann	*Wissmann*
Carl-Peters, Karl-Peters, Dr.-Karl-Peters, Peters	*Peters*
Otawi, Otavi	*Otavi*
Taku-Fort, Taku	*Taku(-Fort)*
Tsingtauer, Tsingtau	*Tsingtau*
Swakopmunder	*Swakopmund*

Bei den Personennamen erfolgte die Annotation der MOD-Types ohne Vornamen sowie ohne etwaige Titel und/oder Namenszusätze wie bspw. Adelsprädikate und akademische Grade (Bsp. 1–2). Jegliche Bindestrichschreibungen mehrgliedriger MOD-Token blieben damit automatisch unberücksichtigt. Auch etwaige graphematische Variationen wurden bei Nachnamen von Personennamen[105] sowie bei Ortsnamen (Bsp. 3) vereinheitlicht. Daneben konnten ausführlichere und verkürzte Modifikator-Konstruktionen durch entsprechende Klammern zusammengefasst werden (Bsp. 4). Die Typisierung betrifft zudem MOD-Token wie *Tsingtauer* und *Swakopmunder* (Bsp. 5–6), die Nübling et al. (2015: 89) hinsichtlich ihres grammatischen Status – in Anlehnung an Fuhrhop (2003) – als deonymische Adjektive bezeichnen. Fuhrhop (2007: 126) nennt „die von einem Orts- oder Ländernamen abgeleitete Form auf *-er*, die heute als attributives flexionsloses Adjektiv aufgefasst wird" (Duden 1998: 260), Stadtadjektive:

> Das Besondere an den sogenannten Stadtadjektiven ist, dass sie zwar vorangestelltes Attribut zu Substantiven sein können, aber nicht flektiert werden. […] Die Stadtadjektive sind […] als Gruppe unflektierbar, das zeichnet sie gerade aus. […] Reihenbildung für die Stadtadjektive geschieht wesentlich bei Straßennamen. (Fuhrhop 2007: 126–127)

Rein formal entsprechen die MOD-Token von Konstruktionen wie *Tsingtauer Straße* und *Swakopmunder Straße* den Adjektiven innerhalb primärer Straßennamen wie bspw. *Breite Straße*, *Lange Straße* oder *Kurze Straße*. Dass bei solchen kommemorativen SN-Token jedoch Reanalysen stattgefunden haben und die MOD-Token nicht mehr als Adjektive analysiert werden können, kann anhand historischer Benennungsmotiviken belegt werden:

> Tsingtauer Straße. Tsingtau, Hauptstadt des früheren deutschen Pachtgebietes Kiautschou, wuchs unter deutscher Verwaltung zu einer aufblühenden Handels- und Hafenstadt heran; am 7.11.1914 nach zweimonatiger Verteidigung durch die schwache Besatzung von den Japanern und Engländern erobert. (Adressbuch München 1941 IV: 648)
>
> Swakopmunder Straße. Stadt im ehemaligen Deutsch-Südwestafrika. (Adressbuch Leipzig 1938 II: 462)

So ist bspw. *Tsingtauer Straße* keine Straße, die nach Tsingtau führt oder in Tsingtau zu verorten ist. Gleiches gilt für *Swakopmunder Straße*. Der von Fuhrhop (2003) beschriebene Prozess der Verdunkelung hat nicht stattgefun-

---

[105] Die unterschiedlichen Verschriftungen <C> (Carl) und <K> (Karl) des Anlauts /k/ stellen ein diachrones Phänomen dar: Schnee (1920 III: 40) führt den Namen mit <C> auf. Das gilt auch für alle SN-Token, die zur faktischen Kolonialzeit und während der Weimarer Republik verfügt wurden. Die seit 1933 verfügten Benennungen werden größtenteils mit <K> verschriftet und sind damit offenbar auf nationalsozialistische Interessen zurückzuführen.

den.[106] Die Benennungen referieren zum Zeitpunkt ihrer historischen Namenvergabe einzig und allein auf das Substantiv, also hier auf den Ort *Tsingtau* bzw. *Swakopmund*, selbst wenn man den Modifikator aus rein formal-grammatischen Kriterien als sogenanntes „Stadtadjektiv" bezeichnen könnte; *-er* kann im Hinblick auf die damit intendierten Kommemorationen der administrativen Namengeber keine Erkenntnisse liefern und wurde daher bei der Zusammenstellung der jeweiligen MOD-Types getilgt.

Dass *-er* vielmehr mithilfe von silbenstrukturellen Aspekten und der prosodischen Struktur der vorliegenden Strukturmuster begründet werden kann, soll anhand eines Vergleichs von Konstruktionen mit Städtenamen als Erstglied erfolgen, die mit und ohne *-er* (Bsp. 1), nur mit *-er* (Bsp. 2) und ausschließlich ohne *-er* (Bsp. 3–5) gebildet wurden:

Tab. 4: Prosodische Strukturen.

ohne *-er*	Prosodische Struktur ohne *-er*	**mit *-er***	Prosodische Struktur mit *-er*
Tsingtaustraße	tsing.TAU.STRA.ße	*Tsingtauer Straße*	tsing.TAU.er.STRA.ße
–	–	*Swakopmunder Straße*	SWA.kop.MUN.der.STRA.ße
Togostraße	TO.go.STRA.ße	–	–
Togoweg	TO.go.WEG	–	–
Togoplatz	TO.go.PLATZ	–	–
Apiastraße	A.pia.STRA.ße	–	–
Lomeweg	LO.me.WEG	–	–

Bei Substantiven ist die Abfolge von betonter und unbetonter Silbe aufgrund phonologischer Bedingungen fixiert (vgl. Eisenberg 1991: 47), was anhand der Klassifikatoren problemlos aufgezeigt werden kann: Für die rechtsköpfigen Bestandteile ist festzustellen, dass einsilbige (*-weg*, *-platz*) und zweisilbige (*-straße*) Appellativa vorliegen. Die Einsilber werden betont, bei den zweisilbigen Klassifikatoren erfolgt eine Betonung der ersten Silbe, die Schwa-Silbe am Ende ist unbetont. Das bedeutet gleichzeitig, dass jedes MOD-Token bei usuellen Bildungen mit *-straße*, *-weg* und *-platz* auf eine betone Silbe stößt. Werden die Endsilben der MOD-Token betont, bietet sich offenbar *-er*, die als stammbildende

---

106 „Ursprünglich wurden viele Straßen nach der Richtung genannt, in die sie führen; eine Berliner Straße sollte also nach Berlin führen. Dieser Zusammenhang ist inzwischen allgemein verdunkelt, bei Neubenennungen nicht mehr intendiert" (Fuhrhop 2003: 101, Fn. 17).

Schwa-Endung beim Adjektiv (bspw. *heiter, munter*) gilt (vgl. Eisenberg 1991: 51), an, um die Namen in usuelle Akzentmuster des Deutschen einzureihen. Dies ist bspw. bei den Konstruktionen *Tsingtauer Straße* und *Swakopmunder Straße* der Fall: Die Städtenamen *Tsingtau* (tsing.TAU) und *Swakopmund* (SWA.kop.MUND) stellen Modifikatoren mit Betonung der jeweiligen Endsilben dar; durch den Einschub der nichtbetonbaren Schwa-Silbe trifft diese auf eine betonte Silbe des Modifikators: „Wieder finden wir das vertraute Muster aus betonter und unbetonter Silbe [am Ende eines flektierenden Wortes] vor" (Eisenberg 1991: 62). Dass die Konstruktionen vielmehr aus prosodischen Aspekten zu begründen sind, wird sodann anhand der MOD-Types *Togo*, *Apia* und *Lome*[107] (Bsp. 3–5) deutlich: Die Konstruktionen erfolgten für das Gesamtinventar ohne -er, weil die usuellen Akzentmuster bereits vorlagen; alle zweigliedrigen Modifikatoren stellen usuelle prosodische Muster aus betonter und unbetonter Silbe dar, worauf anschließend entweder einsilbige oder zweisilbige Klassifikatoren mit entsprechender Erstbetonung folgen.

5.2.3 Klassenzugehörigkeiten der Modifikator-Konstruktionen

Für die ortsübergreifende Untersuchung der intendierten kolonialdiskursiven Funktionen ist eine Kategorisierung der Modifikator-Konstruktionen nach Appellativa und Onymen erforderlich. In einer früheren Studie wurde bereits für ein (Teil-)inventar solcher Kolonialismen dargelegt, dass die jeweiligen linksstehenden Modifikatoren neben singulären Appellativa vorrangig Onyme darstellen und damit „eindeutig auf einen außersprachlichen **Gegenstand**, ein sog. **Denotat** oder **Referenzobjekt**" [Fettdruck im Original] (Nübling et al. 2015: 19) verweisen (vgl. Ebert 2018: 105–109). Deonymische Konstruktionen könnten hinsichtlich der relevanten Namenklassen, die in die jeweiligen Konstruktionen eingehen, weiter kategorisiert werden. Die Annotation der kommemorativen Marker stellt ein vorrangig, aber nicht ausschließlich systemlinguistisches Verfahren dar, mit dem die über 520 MOD-Token im Hinblick auf musterhafte Strukturen kategorisiert werden können: Dabei werden sowohl historische Benennungsmotiviken als auch zeitgenössische Einträge zu den jeweiligen MOD-Types der Koloniallexika berücksichtigt, mit denen entsprechende Eigennamenklassen im Zugriff *ex ante* abgeleitet

---

107 In deutschsprachigen Plänen und Karten aus der Zeit des Kaiserreichs wurde die Stadt *Lome* geschrieben (vgl. Hofmann 2013). Sie wird auch im entsprechenden Artikel im Koloniallexikon von Schnee (1920: 462–463) als *Lome* verschriftet. Es ist davon auszugehen, dass eine phonetische Integration des Toponyms stattgefunden haben muss.

werden können. Quantitativ dominant sind Personennamen bzw. Anthroponyme und Ortsnamen bzw. Toponyme. Toponyme wurde dabei hinsichtlich folgender relevanter Ortsnamen-Typen weiter annotiert:

> **RaumN** oder **Choronyme** [Fettdruck im Original] [...] sind EN für größere geographische Flächen, Gebiete oder Räume [...]. Sie umfassen Namen für naturräumliche Objekte (Erdteile, Landschaften, Regionen, Landstriche) und künstliche, politische oder administrative Einheiten (Staaten, Länder). (Nübling et al. 2015: 208)
>
> Unter **SiedlungsN** oder **Oikonymen** [Fettdruck im Original] [...] sind im weitesten Sinne alle Namen für Objekte zu verstehen, die von Menschen besiedelt sind und eine kleinere räumliche Ausdehnung [...] aufweisen. (Nübling et al. 2015: 212)
>
> Unter **GewässerN** oder **Hydronym** [Fettdruck im Original] (< griech. *hydor* 'Wasser') [kursiv im Original] versteht man den EN von einem Fluss, Bach, Kanal, See, Teich etc. (Nübling et al. 2015: 223)
>
> **BergN** bzw. **Oronyme[n]** [Fettdruck im Original] (< griech. *oros* 'Berg') [kursiv im Original]. (Nübling et al. 2015: 236)

Neben Anthroponymen und Toponymen (mit den jew. Unterklassen) treten für das Gesamtinventar zudem Modifikator-Konstruktionen auf, die auf bei Kolonialeinsätzen beteiligte Schiffe der Kaiserlichen Marine verweisen, und entsprechend annotiert wurden.

5.2.4 Georeferenzierende Bezüge toponymischer Modifikator-Konstruktionen

Die bisher erläuterten Annotationskriterien beziehen sich vorrangig auf Strukturbeschreibungen und damit auf formale Systematisierungen der kolonialen Mikrotoponyme, die Analysen hinsichtlich musterhafter Vorkommen der Gesamtkonstruktionen und der jeweiligen Konstituenten ermöglichen. Auf Grundlage solcher quantitativen Teilergebnisse wurde eine weitere Annotationskategorie für den Teilbestand aller detoponymischen Konstruktionen hinzugezogen, die die jeweiligen SN-Token hinsichtlich georeferenzierender Bezüge einordnet. Für alle anderen Modifikatortypen sind derartige Referenzierungen hingegen, wenn überhaupt, nur sekundär abgeleitet möglich, indem in einem einzel- bzw. tokenbezogenen Zugriff historische Benennungsmotiviken hinzugezogen werden.[108] Aus diesem Grund wurde daher auch nur der Bestand aller toponymi-

---

[108] Man vgl. dazu die unterschiedlichen Benennungsmotiviken deanthroponymischer Konstruktionen mit dem MOD-Type *Wissmann*: „Wissmannstraße: Nach dem Afrikaforscher Hermann von Wißmann" (Adressbuch Bochum 1924/25 IV: 184). „Wissmannstraße: Hermann von

schen Modifikator-Konstruktionen berücksichtigt. Die Annotation ist im sprachhistorischen Zugriff *ex ante* angelegt und richtet sich nach der zeitgenössisch etablierten Einteilung der deutschen Kolonialgebiete bei Schnee (1920 I: 578): Neben den Kolonien in Afrika (Deutsch-Südwestafrika, Kamerun, Togo, Deutsch-Ostafrika) und dem Gebiet an der chinesischen Ostküste (Kiautschou) fasst er den „in der Südsee gelegenen Teil des deutschen Kolonialbesitzes, bestehend aus Deutsch-Neuguinea [...] mit Einschluß des Inselgebietes der Karolinen, Marianen, Palau- und Marshallinseln und aus Samoa" als „Südseeschutzgebiete" zusammen. Detoponymische Konstruktionen, die – wie die in Oranienburg verfügte Benennung *Transvaalstraße* (Kap. 4) – auf kolonisierte Räume anderer europäischer Kolonialmächte referieren, wurden entsprechend annotiert. Mit der Annotationskategorie werden die bisherigen weitgehend systemlinguistischen Annotationen erweitert. Sie verspricht einen Erkenntnisgewinn zur Beantwortung der Frage, inwieweit die historischen Kolonialismen hinsichtlich räumlicher Bezugnahmen auf die Kolonialgebiete mit Präferenzregeln zu beschreiben sind, also welche kolonisierten Räume besonders häufig gewürdigt werden sollten und welche dagegen offenbar nur eine marginale Rolle im Selbstverständnis der deutschen Kolonisatoren spielten.

5.3 Raumlinguistische Annotationen

Die Analyse kolonialer Straßenbenennungsprozesse erfordert den Miteinbezug ihrer Raumreferenzierung und -belegung und betrifft Annotationen, die eine Positionierung der historischen Kolonialismen in der unmittelbaren Raumdeskription der jeweiligen Städte vornehmen: Schon an mehreren Stellen dieser Arbeit wurde dargelegt, dass neuzeitliche Straßenbenennungen überwiegend als themenkohärente Clusterbenennungen für in direkter räumlicher Nähe zueinander liegende Straßenzüge erfolgten. Jedes einzelne koloniale SN-Token wurde dahingehend untersucht und annotiert, ob damit eine koloniale Einzelbenennung im städtischen Raum des jeweiligen Ortes vorgenommen wurde oder ob dieses stattdessen mit mindestens einer weiteren themenkohärenten kolonialen Benennung für Parallelstraßen und/oder sich kreuzende Straßenzü-

---

Wißmann, Afrikaforscher, 1889 Reichskommissar, 1895 Gouverneur von Deutsch-Ostafrika" (Adressbuch Düsseldorf 1934 III: 461). „Wissmannstraße: Hermann von Wißmann, Afrikaforscher, durchquert 1880 im Dienste der deutsch-afrikanischen Ges. [d. i. Gesellschaft] Afrika, wird 1888 zum Reichskommissar für Deutsch-Ostafrika ernannt und nimmt durch Hissen der deutschen Flagge am 1.1.1891 den von Sultan von Sansibar abgetretenen Außenstrich in Besitz; 1895/96 Gouverneur von Deutsch-Ostafrika" (Adressbuch München 1940 IV: 705).

ge als Kolonialcluster verfügt wurde. Die bis 1945 innerhalb von klein bis groß angelegten Kolonialcluster zu verortenden Straßennamen wurden sogleich räumlich verortet. Damit werden erstmalig ortsübergreifende Zugriffe auf Cluster ermöglicht, mit denen u.a. die innerhalb von Kolonialclustern verfügten SN-Token in vergleichender Perspektive hinsichtlich struktureller Prototypen untersucht werden können.

5.4 Onomastisch-benennungskategoriale Annotationen

Überhaupt muss die Frage nach der historisch-synchronen Relevanz derartiger Benennungspraktiken im Kontext kolonialer Raumaneignung bzw. -besetzung in der deutschen Metropole beantwortet werden. Hierfür wird jedes SN-Token hinsichtlich seines Benennungsstatus annotiert, also danach, ob Neu- oder Umbenennungen vorliegen. So sind bspw. ortsübergreifend die Prozesse von Tilgung und Überschreibung älterer Straßennamen im Stadtkern für Benennungen von Straßenzügen nach Adolf Hitler in nationalsozialistischer Zeit zu konstatieren (vgl. Nübling et al. 2015: 247). Für den Gesamtbestand kolonial motivierter Benennungen ist demnach zu untersuchen, welche tokenbezogene Verteilungen festzustellen sind und in welche historischen Kontexte die jeweiligen Teilinventare an Erst- bzw. Umbenennungen einzuordnen sind.

5.5 Argumentatorisch-diskursbezogene Annotationen

Neben raum-zeitlichen, konstruktionsbezogenen, raumlinguistischen und onomastisch-benennungskategorialen Annotationen der Namen selbst soll auch das Auftreten der historischen Kolonialismen in expliziten Aussagezusammenhängen erfasst werden, denn „Toponyme [...] sind Teil von Sprachgebrauchsdaten im Kontext [...] die immer auch eine konnotative Semantik besitzen" (Stolz und Warnke 2018b: 56). In der bisherigen toponomastischen Forschung blieb eine derartige diskurslinguistische Perspektivierung auf Ortsnamen überraschenderweise gänzlich unberücksichtigt. Propositionale Einbettungen kolonialer Makrotoponyme bzw. Teilstrukturen solcher wurden in Stolz und Warnke (2018b: 58–60) anhand des Toponyms *Zanzibar/Sansibar* aufgezeigt, das anhand des historischen Referenzkorpus DSDK kontextualisiert wurde. In dieser Arbeit werden transtextuelle Aussagenzusammenhänge erstmalig für das koloniale Namenprojekt in der deutschen Metropole aus der Perspektive *ex ante* analysiert; bereits in Kap. 4 wurde dargelegt, dass für den toponymischen Modifikator der in Berlin-Wedding und Oranienburg verfügten *Transvaalstraße* durchaus propositionale Einbettungen innerhalb kolonialzeitlicher Quellen festgestellt werden können. Ähnlich wie *Zanzibar/Sansibar* kann *Transvaal* innerhalb solcher transtextuellen Aussagen als „ein Emblem für koloniale Imaginationen" (Stolz und Warnke 2018b: 60) und damit als relevanter onymischer Bestandteil kolonialdiskursiver Wissenskonzepte herausgestellt werden. Solche transtextuellen Aussagen können bspw. dahingehend analysiert werden, inwiefern sich quantitativ dominante Modifikatoren der zusammengestellten Kolonialismen auch innerhalb solcher übertextueller Wissenseinheiten als relevant erweisen. Für die vorliegende Studie sind insbesondere die Lemmata in den Koloniallexika (vgl. Kausch 1903, Schnee 1920) zu berücksichtigen, die für fast alle MOD-Types der erhobenen Konstruktionen festzustellen sind (Kap. 4) und innerhalb derer zeitgenössische Zuschreibungen vorgenommen werden.

Von besonderem Interesse sind Propositionen, die sich nicht nur auf die MOD-Types beziehen, sondern die explizit auf das kommunikative Handeln entsprechender kolonialer Benennungsprozesse durch metasprachliche Äußerungen verweisen:

> Die Metapragmatik fokussiert [...] sprachliche Handlungen, die auf sprachliche Handlungen verweisen und fragt danach, wie die Kommunikationsakteure selbst kommunikatives Handeln [...] bzw. die Umstände kommunikativen Handelns reflektieren und konzeptualisieren. (Spitzmüller 2013: 264)

Oder:

> Kommunikative Handlungen, deren Objekt selbst wieder kommunikative Handlungen sind [...]. (Spitzmüller 2012: 15)

Für die deskriptiv-empirische Zusammenstellung des sprachhistorischen Inventars haben sich Benennungsmotiviken als besonders hilfreich erwiesen. Die Motiviken sind nicht nur methodisches Werkzeug, mit dem der unmittelbare Bezug kommemorativer Straßennamenverfügungen auf Kolonialismus geprüft werden konnte, sondern sie stellen zugleich metasprachliche Handlungen der zeitgenössischen administrativen Namengeberseite dar, die die jeweiligen Namenverfügungen sprachlich-diskursiv begründen. Derartige transtextuelle Einbettungen konnten für einzelne Städte in Straßenbenennungsakten, in ortsübergreifender Perspektive aber insbesondere durch die Sichtung zeitgenössischer Straßenverzeichnisse in Adress- bzw. Einwohnerbüchern (Kap. 3.3.4) erhoben werden, in denen Abschriften, teilweise auch als Extrakte oder als explizitere Verweise, administrativer Benennungsmotiviken erfolgten. Für die Beantwortung der Frage, „wie man soziale Positionierung durch Sprache als diskursives Phänomen begreifen [...] [kann]" (Spitzmüller 2013: 284), erfolgte eine Annotation derjenigen SN-Token, für die solche metasprachlichen Texte vorliegen.

5.6 Annotationskriterien am Beispiel der für Dresden und Breslau [Wrocław] erhobenen SN-Token: Zwischenergebnisse

Das zu Beginn des Kapitels dargelegte Kategorienraster mit den in den jeweiligen Unterkapiteln erläuterten Annotationskriterien werden abschließend am Beispiel der in Dresden und Breslau [Wrocław] verfügten kolonial motivierten SN-Token erklärt, für die bereits in Kap. 3.4 Identifizierungs- und Inventarisierungsarbeiten erläutert wurden. Für die beiden Ortspunkte wurden 21 kolonial motivierten SN-Token erhoben:

> Dresden: *Godeffroystraße, Karl-Peters-Straße, Leutweinstraße, Lüderitzstraße, Nachtigalstraße, Rohlfsstraße, Swakopmunder Straße, Windhuker Straße, Wissmannstraße, Woermannstraße.*
>
> Breslau [Wrocław]: *Apiastraße. Dualastraße, Heinrich-Schnee-Straße, Karl-Peters-Straße, Lettow-Vorbeck-Straße, Lüderitzstraße, Samoastraße, Tangastraße, Togostraße, Windhukstraße, Wissmannstraße.*

Für jedes einzelne SN-Token wurden die dem Kategorienraster entsprechenden Annotationen vorgenommen. Ein entsprechender Auszug aus dem Annotationsraster findet sich in Appendix 3.

Im Folgenden werden Zwischenergebnisse der vorgenommenen Annotationen am Beispiel der 21 Kolonialismen erklärt. Gleichzeitig wird aufgezeigt, welche bisher ungeklärten ortsübergreifenden Fragen durch das Annotationsraster beantwortet werden können.

Die für die zwei Großstädte erhobenen 21 Kolonialismen sind in die de facto-Kolonialzeit (Dresden) und in die Zeit des Nationalsozialismus zu verorten (Dresden, Breslau [Wrocław]). Eine erste Auswertung der konstruktionsbezogenen Annotationen zeigt, dass die in beiden Städten verfügten Namen prototypische Strukturen aufweisen; die zweigliedrigen Konstruktionen werden allesamt mithilfe des usuellen rechtsköpfigen Klassifikators -*straße* gebildet. Aber auch im Hinblick auf die MOD-Types zeigen die Kolonialtoponyme bereits vier Dubletten auf:

> Dubletten der in Dresden und Breslau [Wrocław] verfügten Kolonialismen
> [{***Peters***$_{ANTH}$}$_{MOD}$-{*straße*$_{APP}$}$_{KLASS}$]$_{TOP}$
> [{***Lüderitz***$_{ANTH}$}$_{MOD}$-{*straße*$_{APP}$}$_{KLASS}$]$_{TOP}$
> [{***Windhuk***$_{TOP, OIK}$}$_{MOD}$-{*straße*$_{APP}$}$_{KLASS}$]$_{TOP}$
> [{***Wissmann***$_{ANTH}$}$_{MOD}$-{*straße*$_{APP}$}$_{KLASS}$]$_{TOP}$

Bei den Dubletten handelt es sich um drei deanthroponymische Konstruktionen und eine deoikonymische Konstruktion. Die Annotation sämtlicher 21 SN-Token ergibt, dass es sich auch bei den weiteren Modifikator-Konstruktionen um Anthroponyme und Toponyme (mit teilweise praxonymischen Anteilen) handelt. In vergleichender Perspektive ist zu konstatieren, dass die Anzahl an toponymischen Modifikatoren der für Breslau [Wrocław] erhobenen SN-Token (6) größer ausfällt als die für Dresden (2). Jene acht toponymischen MOD-Types wurden gleichzeitig hinsichtlich ihrer jeweiligen Unterklassen annotiert: Neben singulären Choronymen (*Togo, Samoa*) handelt es sich bei dem Großteil der in die zwei Großstädte verfügten Kolonialismen um Oikonyme (*Windhuk, Apia, Swakopmund, Duala*). Ausgehend von solchen toponomastischen Formen und ihrer quantitativen Erfassung sind die mit derartigen Kolonialtoponymen einhergehenden Diskursfunktionen zu untersuchen: Die für Dresden und Breslau [Wrocław] aufgezeigten strukturellen Dubletten verweisen auf deutsche Kolonialakteure (Carl Peters, Adolf Lüderitz und Herrmann von Wissmann) sowie auf eine Stadt in den kolonisierten Gebieten (Windhuk). Und auch alle weiteren für die beiden Orte erhobenen Kolonialismen stellen deanthroponymische, dechoronymische und deoikonymische Konstruktionsmuster dar, die sich auf weitere Kolonialakteure und -orte im kolonisierten Raum beziehen. Anhand konstruktionsbezogener Annotationen des erhobenen (Gesamt-)bestands der über 520 MOD-Konstruktionen kann geklärt werden, ob die für nur zwei Ortspunkte aufgezeigten prototypischen Strukturmuster den ortsübergreifenden kolonialen Benennungsprozessen in der deutschen Metropole entsprechen oder davon abweichen.

Die Annotation der Konstruktionen mit toponymischen Modifikatoren hinsichtlich georeferenzierender Bezüge zeigt im Ortsvergleich Unterschiede auf: Die zwei mit oikonymischen Modifikatoren verfügten Benennungen (*Swakopmunder Straße, Windhuker Straße*) in Dresden referieren auf die Kolonie Deutsch-Südwestafrika. Für die sechs in Breslau [Wrocław] verfügten SN-Token mit toponymischen Modifikatoren sind dagegen unterschiedliche räumliche Bezüge festzustellen; georeferierende Bezüge auf die Kolonie Samoa erfolgt durch zwei SN-Token mit entsprechendem choronymischen (*Samoastraße*) bzw. oikonymischen (*Apiastraße*) Modifikator. Die Kolonie Togo in Afrika ist durch das SN-Token mit gleichnamigem choronymischen Modifikator (*Togostraße*) vertreten. Eine räumliche Bezugnahme auf die Handelskolonie an der Südostküste der chinesischen Provinz findet nicht statt. Daneben referieren zwei weitere Kolonialismen auf Orte in Deutsch-Südwestafrika (*Windhukstraße*) und Kamerun (*Dualastraße*). Etwaige georeferenzierende Präferenzen kolonialer Benennungspraktiken können durch die Annotation des ortsübergreifend erhobenen Teilbestandes aller detoponymischen Konstruktionen herausgestellt werden.

Die Produkte der in den öffentlichen Raum der beiden Städte verfügten Kolonialismen erfolgten in Form von themenkohärenten Clustern, die in die städtischen Peripheriebereiche zu verorten sind: Räcknitz/Zschertnitz grenzt an die Dresdner Südvorstadt an; die betreffenden Straßenzüge in Breslau [Wrocław] liegen am „Stadtrand [...] Mochbern" (Thum 2003: 360). Der für Dresden erhobene Clustertyp unterliegt einer zeitlichen Schichtung: Koloniale Straßenbenennungen aus der de facto-Kolonialzeit werden in nationalsozialistischer Zeit mit weiteren themenkohärenten Straßennamenverfügungen erweitert – nicht zuletzt offenbar auch deshalb, weil in unmittelbarer Nähe neue Straßenzüge errichtet wurden (Kap. 3.4.1). Trotz partiell gleicher und ähnlicher Strukturtypen liegt für Breslau [Wrocław] ein davon abweichender Clustertyp vor: Alle elf Kolonialtoponyme wurden erst nach 1933 verfügt, ein Interesse an kolonialen Benennungsprozessen ist damit erstmalig für die nationalsozialsozialistische Zeit festzustellen (Kap. 3.4.2). Durch die Annotation des (Gesamt-)inventars – unter Berücksichtigung etwaiger raumlinguistischer Muster und ihrer zeitlichen Benennungsumstände – kann nachvollzogen werden, für welche(n) der drei Untersuchungszeiträume (de facto-Kolonialzeit, Weimarer Republik, NS-Zeit) ein ortsübergreifend-nationales Interesse an kolonialen Straßennamen festzustellen ist.

Bei allen elf SN-Token handelt es sich um Neu- bzw. Erstbenennungen in den städtischen Peripheriebereichen. Durch die benennungskategoriale Annotation aller über 520 SN-Token kann herausgefunden werden, welche Verteilungen sich hinsichtlich Neu- bzw. Erst- und Umbenennungen ergeben. Auf Grundlage solcher Annotationen kann die Frage nach der historisch-synchronen Relevanz kolonialer Fixierungspraktiken in der deutschen Metropole durch entsprechende Straßenvergabeprozesse beantwortet werden.

Metasprachliche Äußerungen, die die jeweiligen historischen Verfügungsprozesse von administrativer Namengeberseite explizit kommentieren, liegen für fünf der in Dresden noch in der faktischen Kolonialzeit verfügten kolonialen Straßennamen anhand von Ortsgesetzblättern vor, in denen die Namenverfügungen mit der jeweiligen Benennungsmotivik vom Rat zu Dresden mit „allerhöchster Genehmigung" (OGB 1913: 39) aufgelistet wurden. Die Texte stellen die deanthroponymischen Benennungen über ihre koloniale Motivik hinaus in den Fokus weiterer Interessen: So wird bspw. auch auf das wirtschaftliche Engagement der jeweiligen Personen (*Großkaufmann*, *Reeder*) hingewiesen. Die jüngeren Namenverfügungen wurden ebenfalls in entsprechenden Ortsgesetzblättern (vgl. OGB 1934, OGB 1938[109]) bekannt gegeben, allerdings ohne Angabe von Benennungsmotiviken; auch wurden keine Erläuterungen zur Fortführung themenkohärenter Straßennamen in nächster Nähe zu den älteren Kolonialismen vorgenommen. Für die allesamt in nationalsozialistischer Zeit in Breslau [Wrocław] als Cluster verfügten Kolonialismen konnten nur für drei deanthroponymische Benennungen zeitgenössische Motiviken erhoben werden; sie stam-

---

[109] Der Beschluss im OGB von 1938 findet nicht mehr durch den Rat zu Dresden, sondern durch den „Oberbürgermeister der Landeshauptstadt Dresden" statt.

men aus dem Einwohnerbuch von 1943, das „unter Benutzung amtlicher Quellen" (Adressbuch Breslau 1943: Untertitel) vom Verlag August Scherl Nachfolger erstellt wurde.[110] Es ist davon auszugehen, dass es sich dabei um Abschriften der in den jeweiligen administrativen Verordnungen aufgeführten Benennungsmotiviken handelt, die allenfalls verdichtet wurden oder explizitere Verweise anführen (Kap. 3.3.4). Sie verorten die Personen Schnee, Lettow-Vorbeck und Wissmann innerhalb ihrer kolonialen Aktivitäten in der Kaiserzeit. Die Motivik des verfügten SN-Tokens *Heinrich-Schnee-Straße* bezieht sich zudem explizit auf vergangene kolonisatorische Machtkonstellationen (*ehemalig[er]*). Wenngleich derartige metasprachlichen Texte nur für einen Teil der historischen Kolonialismen erhoben werden konnten, ist zu fragen, inwieweit damit ebenfalls kolonisatorische Gewissheiten versprachlicht werden sollten. Gerade für die nach 1919 verfügten kolonialen Straßennamen ist zu untersuchen, inwieweit auch innerhalb von solchen Benennungsmotiviken gängige kolonialrevisionistische Argumentationsmuster (vgl. Kämper 2016) vorzufinden sind.

Bei den zuvor erläuterten Aspekten handelt es sich nur um tendenzielle Zwischenbefunde, mit denen erste Eindrücke im Hinblick auf das koloniale Namenprojekt in der deutschen Metropole gewonnen werden können. Dass die Leitfragenkomplexe dieser Arbeit ortsübergreifend und damit inventarbezogen zu analysieren sind, wurde mehrfach dargelegt. Die nun folgenden Großkapitel legen die Ergebnisse vor, die aus der Datenannotation der über 520 kolonial motivierten SN-Token gewonnen werden konnten: Die Datenauswertung umfasst zuallererst quantitative Befunde zu zeiträumlichen und konstruktionsbezogenen Distributionen (Kap. 6). Anschließend wird der Gesamtbestand der MOD-Token hinsichtlich musterhafter sprachstruktureller und sich daraus ergebenden diskursfunktionalen Eigenschaften dargelegt (Kap. 7). Dies erfolgt unter Berücksichtigung propositionaler Einbettungen der Modifikatoren und entsprechender Namenverfügungen, aus denen sich weitere Hinweise auf kolonisatorische Zuschreibungen ableiten lassen. Daraufhin werden raumlinguistische Prototypen kolonialer Referenzierung und -belegung erläutert (Kap. 8). Zuletzt wird der Frage nachgegangen, welche inventarbezogenen Distributionen sich hinsichtlich des Benennungsstatus ergeben und in welche historischen Kontexte die Prozesse kolonialer Erst- bzw. Umbenennung eingeordnet werden können (Kap. 9).

---

[110] Der Verlag hat in nationalsozialistischer Zeit eine ganze Reihe weiterer Adressbücher herausgegeben, die zur Erhebung kolonialer Namenvergaben in weiteren Städten des Ortskorpus genutzt wurden (vgl. Adressbuch Frankfurt am Main 1931, Adressbuch Frankfurt am Main 1941, Adressbuch Halle a. d. Saale 1943, Adressbuch Hannover 1940, Adressbuch Kiel 1940, Adressbuch Leipzig 1938, Adressbuch Magdeburg 1940, Adressbuch Stettin 1941).

6 Analyse: Quantitäten

Zusammenfassung: Im Kapitel werden quantitative Befunde dargelegt, die sich auf der Grundlage der erfolgten Annotationen der über 520 SN-Token ergeben. Das erhobene Inventar wird zunächst auf die Inventarbildung selbst, also hinsichtlich dessen Verteilung auf die jeweiligen Orte bzw. Ortstypen und auf die jeweiligen Benennungszeiträume, dargelegt. Die Konstruktionen zeichnen durch ein außerordentlich hohes Maß an Systematizität aus: Über 440 SN-Token können 27 MOD-Types zugeschrieben werden, die im kolonialen Namenprojekt der deutschen Metropole ortsübergreifende Verwendung fanden. In diachroner Perspektive lassen sich Korrelationen zwischen Namenmustern und gesellschaftspolitischen Benennungsphasen feststellen. Davon können nicht-usuelle einzelortsbezogene Phänomene, die sich zahlenmäßig auf die annektierte Stadt Lodz bzw. Litzmannstadt [Łódź] verdichten, abgegrenzt werden.

6.1 Ortstypen

In Kap. 4 wurde bereits dargelegt, dass sich kolonial motivierte Straßenvergabepraktiken nicht nur auf die administrativen und wirtschaftlichen Kolonialmetropolen beschränkten: Das erhobene Gesamtinventar an über 520 (527) SN-Token wurde nachweislich in den öffentlichen Raum von nahezu 100 (99) Städten des nach historischen Einwohnerzahlen angelegten Ortskorpus des Deutschen Reichs verfügt. In folgender Liste werden die für den Untersuchungszeitraum relevanten historischen Städte angegeben. Alle Groß- und Mittelstädte der nach 1945 abgetrennten Gebiete wurden mit den heutigen nicht-deutschsprachigen Ortsbezeichnungen in eckigen Klammern versehen:

> Altena, Altenburg, Amberg, Asch [Aš], Bad Godesberg, Bautzen, Berlin, Bochum, Bottrop, Brandenburg an der Havel, Braunschweig, Bremen, Breslau [Wrocław], Chemnitz, Cuxhaven, Danzig [Gdańsk], Delmenhorst, Dessau, Dresden, Duisburg, Düsseldorf, Eilenburg, Erfurt, Essen, Forst (Lausitz), Frankfurt am Main, Frankfurt (Oder), Gelsenkirchen, Glatz [Kłodzko], Gleiwitz [Gliwice], Gmünd bzw. Schwäbisch Gmünd, Gotha, Hagen, Hamburg, Hannover, Heilbronn, Herford, Hildesheim, Hindenburg O.S. [Zabrze], Iglau [Jihlava], Iserlohn, Kaiserslautern, Karlsbad [Karlovy Vary], Karlsruhe, Kassel, Kattowitz [Katowice], Kiel, Koblenz, Köln, Königsberg i. Pr. bzw. Königsberg (Pr.) [Kaliningrad], Königshütte [Chorzów], Landsberg an der Warthe [Gorzów Wielkopolski], Leipzig, Leslau [Włocławek], Lodz bzw. Litzmannstadt [Łódź], Lübeck, Ludwigsburg, Ludwigshafen am Rhein, Lüneburg, Lünen, Magdeburg, Mannheim, Merseburg, Mühlheim an der Ruhr, München, München Gladbach, Münster, Neustadt an der Haardt bzw. Weinstraße, Nürnberg, Oberhausen, Oldenburg, Oranienburg, Pabianitz [Pabianice], Pirmasens, Pirna, Posen [Poznań], Ravensburg, Recklinghausen, Riesa, Saalfeld, Saarbrücken, Saarlouis bzw. Saarlautern, Schweidnitz [Świdnica],

Schweinfurt, Siegburg, Solingen, Stettin [Szczecin], Stolberg (Rhld.), Stuttgart, Swinemünde [Świnoujście], Tübingen, Völklingen, Waldenburg [Wałbrzych], Weimar, Wiesbaden, Wolfenbüttel, Wuppertal, Zerbst/Anhalt, Zwickau.

Die vorgenommenen Annotationen jedes SN-Tokens umfassten dabei auch den jeweiligen Ortstyp: Die Städte wurden mit Informationen nach ihrer historischen Größe versehen oder es erfolgten Zuordnungen, die deren Eingliederung in nationalsozialistischer Zeit unmittelbar vor (Münchener Abkommen, Protektorat Böhmen und Mähren) bzw. mit (Polenfeldzug) Kriegsbeginn aufzeigen. Die Kategorisierung des Gesamtinventars kolonial motivierter Straßenbenennungen hinsichtlich der Ortstypen führte zu folgender Verteilung:

Tab. 5: Verteilung der SN-Token auf die jeweiligen Ortstypen.

	Großstädte	Mittelstädte	Städte der annektierten Gebiete
Anzahl an Orten	45	44	10
Anzahl an SN-Token	336	136	55
Prozentuale Aufteilung der SN-Token auf die jeweiligen Ortstypen	ca. 64 %	ca. 26 %	ca. 10 %

Die Anzahl der jeweiligen Einschreibungsorte an Groß- und Mittelstädten hält sich dabei relativ die Waage: Bei kolonialen Straßenbenennungen im öffentlichen Raum des Deutschen Reichs handelt es sich somit um ortsübergreifend-nationale Praktiken, die in Groß- wie Mittelstädten und darüber hinaus für singuläre Städte der in nationalsozialistischer Zeit annektierten Gebiete am Ende der 1930er Jahre erhoben werden konnten. Trotz der nahezu übereinstimmenden Anzahl von Groß- und Mittelstädten, für die koloniale Namenvergabepraktiken bis 1945 nachzuweisen sind, ist dennoch festzustellen, dass sich koloniale Namenvergabepraktiken in quantitativer Hinsicht vor allem auf die Großstädte konzentrierten. Das betrifft die hohe Verteilungsrate für Großstädte: Für über die Hälfte der 70 Großstädte, für die zwischen 1884 und 1945 über 100.000 Einwohner zu konstatieren sind, konnten nachweislich kolonial motivierte Namenvergabepraktiken erhoben werden.[111] Die Zahl an Mittelstädten, die hin-

---

[111] D. s.: Berlin, Bochum, Braunschweig, Bremen, Breslau [Wrocław], Chemnitz, Dessau, Dresden, Duisburg, Düsseldorf, Erfurt, Essen, Frankfurt am Main, Gelsenkirchen, Glatz [Kłodzko], Gleiwitz [Gliwice], Hagen, Hamburg, Hannover, Hindenburg O.S. [Zabrze], Kaiserslautern, Karlsruhe, Kassel, Kiel, Köln, Königsberg i. Pr. bzw. Königsberg (Pr.) [Kaliningrad], Leipzig, Lübeck, Ludwigshafen am Rhein, Magdeburg, Mannheim, Mühlheim an der Ruhr, München, Mün-

sichtlich etwaiger kolonial motivierter Benennungen untersucht wurden, fällt auch nach Abzug der mehrfachen Zuschnitte mit über 300 entsprechenden Orten viel größer aus. Nichtsdestotrotz konnten nur für 44 Mittelstädte koloniale Benennungen bis 1945 erhoben werden (etwa 16 %). Die vorherige Tabelle verdeutlicht darüber hinaus auch, dass die Anzahl an kolonial motivierten Straßennamenverfügungen in den Großstädten des Deutschen Reichs zahlenmäßig weitaus höher ausfällt: Im Durchschnitt wurden in den relevanten Großstädten etwa sieben kolonial motivierte SN-Token verfügt, während sich die Zahl in den Mittelstädten auf etwa drei SN-Token beläuft.

Über ein Zehntel des erstellten Inventars konnte für zehn Städte derjenigen Gebiete erhoben werden, die erst Ende der 1930er Jahre vom nationalsozialistischen Deutschen Reich im Zuge der Besetzung bzw. durch den direkten Angriff annektiert wurden.

> Asch [Aš], Danzig [Gdańsk], Iglau [Jihlava], Karlsbad [Karlovy Vary], Kattowitz [Katowice], Königshütte [Chorzów], Leslau [Włocławek], Lodz bzw. Litzmannstadt [Łódź], Pabianitz [Pabianice], Posen [Poznań].

Die Anzahl der erhobenen SN-Token fällt dabei sehr unterschiedlich aus: Für die Orte Asch [Aš], Iglau [Jihlava], Karlsbad [Karlovy Vary], Kattowitz [Katowice] und Leslau [Włocławek] konnten nur singuläre kolonial motivierte Namen erhoben werden. Für Danzig [Gdańsk], Königshütte [Chorzów], Pabianitz [Pabianice] und Posen [Poznań] wurden zwischen vier bis acht kolonial motivierte Benennungen identifiziert und inventarisiert. Die in Lodz bzw. Litzmannstadt [Łódź] erhobenen 29 SN-Token, die als Cluster in Stadtplänen und/oder Adressbüchern für den Beginn der 1940er Jahre erhoben werden konnten, stellen sowohl in quantitativer Hinsicht als auch in Bezug auf die Konstruktionen einen Sonderfall dar. Kein weiteres Kolonialcluster weist eine derart große Anzahl an SN-Token auf. Auf die Einmaligkeit deutschsprachiger Straßenbenennungen der im Zuge des Polenfeldzugs annektierten Stadt wird in Kap. 8.3 diskutiert.

6.2 Benennungszeiträume

Die in Dresden verfügten kolonial motivierten SN-Token fallen in die Zeit des faktischen Kolonialismus in der Kaiserzeit und in die Zeit des Nationalsozialismus, während die für Breslau [Wrocław] erhobenen kolonialen Straßenbenen-

---

chen Gladbach, Münster, Nürnberg, Oberhausen, Saarbrücken, Schweidnitz [Świdnica], Solingen, Stettin [Szczecin], Stuttgart, Waldenburg [Wałbrzych], Wiesbaden, Wuppertal.

nungen allesamt erst nach der nationalsozialistischen Machtübernahme erfolgten. Auch für das ortsübergreifend zusammengestellte Nameninventar überwiegen administrative Benennungen nach der faktischen Beendigung deutscher Kolonialherrschaft: Weniger als 50 (47) der über 520 SN-Token wurden nachweislich noch während der faktischen Kolonialherrschaft in Übersee verfügt, die sich auf eine überschaubare Anzahl an Großstädten beschränken: Bis auf singuläre Benennungen in den Mittelstädten Cuxhaven und Weimar konnten ein oder mehrere SN-Token nur für Berlin, Bremen, Chemnitz, Dresden, Düsseldorf, Erfurt, Hannover, Köln, Leipzig und Magdeburg mit jeweils über 100.000 Einwohnerinnen und Einwohnern sowie (Berlin-)Dahlem erhoben werden.

Koloniale Straßenbenennung nach der faktischen Abtretung des Kolonialbesitzes ist dagegen als eine usuelle Praxis zu beschreiben: Über 90 % des erstellten Inventars wurden nach 1919 durch die jeweiligen städtischen Administrationen in den öffentlichen Raum des Deutschen Reichs verfügt:

Tab. 6: Verfügungszeiträume des Gesamtinventars kolonial motivierter Straßennamen.

	Zeitraum der faktischen Kolonialherrschaft (1884–1919)	Zeitraum nach der faktischen Kolonialherrschaft (1919–1945)
Anzahl an SN-Token	47	480
Prozentuale Aufteilung	ca. 9 %	ca. 91 %

Die tokenbezogenen Annotationen der 480 nach 1919 verfügten Benennungen nach den jeweiligen gesellschaftspolitischen Einschreibezeiträumen ergibt, dass nur 41 SN-Token des nach 1919 bis 1945 verfügten nachkolonialen Namenbestands in die Zwischenkriegszeit fällt:

Tab. 7: Verfügungszeiträume kolonial motivierter Straßennamen nach der de facto-Herrschaft.

	Zwischenkriegszeit (1919–1933)	NS-Zeit (1933–1945)
Anzahl an SN-Token	41	439

Koloniale Straßenvergaben zwischen 1919 und 1933 bleiben bis auf Altenburg, Frankfurt/Oder und Pirna auf den großstädtischen Raum in Berlin, Bremen, Hannover und Leipzig beschränkt. Erstmalige Benennungspraktiken können darüber hinaus für die Großstädte Gleiwitz [Gliwice], Hamburg Königsberg i. Pr. bzw. Königsberg (Pr.) [Kaliningrad], München, Nürnberg und Saarbrücken nachgewiesen werden. Koloniale Straßenbenennungen in der Zwischenkriegszeit sind damit wie in der Kaiserzeit als vorrangig großstädtisches Phänomen zu beschreiben. Nahezu 440 (439) Benennungen des erstellten Inventars sind in die Zeit des Nationalsozialismus zu verorten: Im Hinblick auf die Verteilung des erhobenen Gesamtbestandes bezüglich der Einschreibezeiträume ist die Benennung von Straßen, die in nationalsozialistischer Zeit über ein Jahrzehnt nach dem Abtritt des Kolonialbesitzes Akteure, Orte, Ereignisse u. dgl. der deutschen Kolonialepoche würdigen und/oder ehren, als eine ortsübergreifende Praxis zu beschreiben, die für eine ganze Reihe an Groß- und Mittelstädten erhoben werden konnten: Die zwischen 1933 und 1945 über 430 kolonial motivierten Benennungen sind erstmalig für über 70 Groß- und Mittelstädte festzustellen. Die in nationalsozialistischer Zeit verfügten kolonialen Namenvergabepraktiken sind damit als ortsübergreifend-nationale Phänomene zu beschreiben, die neben weiteren Großstädten auch in einer ganzen Reihe an Mittelstädten Verwendung fanden. Dass der Teilbestand aller in die Mittelstädte verfügten SN-Token mit etwa drei Benennungen pro Stadt weitaus geringer ausfällt als in den Großstädten, wurde bereits in Kap. 6.1 dargelegt.

6.3 MOD-Types

6.3.1 Tokenbezogene Quantitäten

Die Annotation des Gesamtbestands der über 520 kolonial motivierten Benennungen erfolgte für jedes einzelne SN-Token hinsichtlich der abstrahierten Form als MOD-Type. Das in Kap. 5.2.2.1 erläuterte Verfahren umfasste die Typisierung der linksköpfigen Modifikatoren, damit die Bestandteile anschließend inventarbezogen nach den numerisch dominanten kommemorativen Markern untersucht werden konnten. Der Arbeitsschritt umfasste die Typisierung aller Personennamen durch die entsprechenden Nachnamen, die Vereinheitlichung graphematischer Variationen sowie die Tilgung der unbetonten Schwa-Endung -er bei Städtenamen, die mit silbenstrukturellen Aspekten und der prosodischen Struktur erklärt werden kann. Durch die Typisierungsprozesse konnten für über 520 MOD-Token 96 unterschiedliche ausdrucksseitige MOD-Types zusammengestellt werden, die in der nun folgenden Übersicht in alphabetischer Reihenfolge angeordnet wurden:

> *Afrikanisch, Anecho, Apia, Archipel, Askari, Bennigsen, Blumenau, Damara, Daressalam, Dattel, (Deutsch-)Ostafrika, (Deutsch-)Südwest(-Afrika), Dominik, Duala, Erckert, Estorff, Finsch, Godeffroy, Gravenreuth, Gröben, Großfriedrichsburg, Groß-Nabas, Haber, Hansemann, Herero, Heydebreck, Iltis, Kakao, Kalahari, Kamerun, Karolinen, Kiautschou, Kibo,*

Kilimandscharo, Kokos, Kolonial, Kolonie, Kongo, Koralle, Kribi, Lans, Lettow-Vorbeck, Leutwein, Liebert, Lome, Lüderitz, Lüderitzland, Maercker, Massai, Meyer-Waldeck, Mohasi, Nachtigal, Nettelbeck, (Neu-)Guinea, Niebuhr, Njassa, Otavi, Palme, Pascha, Peking, Peters, Perlmutter, Riff, Rohlfs, Sambesi, Samoa, Sansibar, Schnee, Senegal, Soden, Solf, Somali, Suaheli, Südost, Südsee, Swakopmund, Tabora, Taifun, Taku(-Fort), Tanga, Tangabucht, Tanganjika, Togo, Transvaal, Tropen, Trotha, Tsingtau, Uganda, Usambara, Vogelsang, Voigts, Waterberg, Weber, Windhuk, Wissmann, Woermann.

Die große Anzahl an MOD-Types lässt zunächst den Eindruck entstehen, dass sich die für kolonial motivierte Fixierungspraktiken verfügten Konstruktionen durch Vielseitigkeit der dabei zum Tragen kommenden kommemorativen Marker auszeichnen. Jenes offenbar hohe Ausmaß an Komplexität wird geschmälert, wenn die jeweiligen MOD-Types hinsichtlich der Anzahl ihrer ortsübergreifend-nationalen Häufigkeitsverteilung an verfügten MOD-Token dargelegt werden: So stellen allein 17 der über 90 MOD-Types (*Archipel, Dattel, Herero, Kakao, Kalahari, Kokos, Kolonie, Koralle, Njassa, Palme, Perlmutter, Riff, Suaheli, Südost, Taifun, Tanganjika, Tropen*) Konstruktionen dar, die in der Verbindung mit usuellen Klassifikatoren ausschließlich für Lodz bzw. Litzmannstadt [Łódź] festzustellen sind (Kap. 8.3). Daneben sind auf weitere 38 singuläre Phänomene hinzuweisen, die als zweigliedrige Konstruktionen mit den usuellen Klassifikatoren *-straße, -weg, -platz* u. dgl. nur für eine einzige Groß- bzw. Mittelstadt erhoben werden konnten (d. s.: *Afrikanisch, Anecho, Apia, Bennigsen, Blumenau, Damara, Estorff, Finsch, Godeffroy, Großfriedrichsburg, Groß-Nabas, Haber, Hansemann, Heydebreck, Karolinen, Kiautschou, Kibo, Kolonial, Kongo, Kribi, Liebert, Lüderitzland, Maercker, Massai, Mohasi, Nettelbeck, Niebuhr, Peking, Sambesi, Schnee, Senegal, Somali, Tabora, Tangabucht, Uganda, Vogelsang, Voigts, Weber*). Solche Namen-Einzelfälle spielen zur Beantwortung der mit kolonialen Benennungspraktiken intendierten ortsübergreifend-nationalen Wissenskonzepte eine untergeordnete Rolle. Nur 27 der über 90 MOD-Types sind dagegen drei und über drei Mal als kolonial motivierte Benennungen in der Verbindung usueller Klassifikatoren verfügt worden:

Askari, Daressalam, (Deutsch-)Ostafrika, (Deutsch-)Südwest(-Afrika), Duala, Erckert, Iltis, Kamerun, Lettow-Vorbeck, Leutwein, Lüderitz, Nachtigal, (Neu-)guinea, Otavi, Peters, Rohlfs, Samoa, Sansibar, Swakopmund, Taku(-Fort), Tanga, Togo, Tsingtau, Waterberg, Windhuk, Wissmann, Woermann.

Die tokenbezogene Anzahl des erstellten Gesamtinventars aller kolonial motivierten Namenvergabepraktiken, die jenen 27 MOD-Types zuzuschreiben sind, ist dabei frappierend eindeutig: 444 administrativ verfügte Straßenbenennungen und damit 84 % des erhobenen Inventars sind hinsichtlich der typisierten Modifikatoren auf jene limitierte Auswahl an MOD-Types zuzuschreiben. Durchschnittlich ist jeder dieser 27 MOD-Types nicht durch drei, sondern durch 16 SN-Token vertreten. Damit lässt sich ein erster Eindruck davon gewinnen, wie musterhaft sich derartige kolonial motivierte Fixierungspraktiken in den (Alltags-)Raum des Deutschen Reichs im Hinblick auf die bestehenden Konstruktionen gestalten. Auch die modifikatorischen Dubletten der in Dresden und Breslau [Wrocław] verfügten Namen *(Lüderitz, Peters, Windhuk, Wissmann)* sind innerhalb jener zusammengestellten Liste an 27 MOD-Types vertreten (Kap. 5.6). Die zuvor dargelegten groben prozentualen Angaben sollen das hohe Maß an Systematizität verdeutlichen, das den gewählten Modifikatoren zugesprochen werden muss. Nicht einmal ansatzweise legen derartige Verteilungswerte jedoch die tatsächlichen Distributionen der 444 MOD-Token auf die 27 MOD-Types dar. Das Diagramm zeigt jene tokenbezogenen Häufigkeitsverteilungen der 27 MOD-Types auf, die als zweigliedrige Konstruktionen drei oder mehr als drei Mal bis 1945 in Groß- und Mittelstädte verfügt wurden:

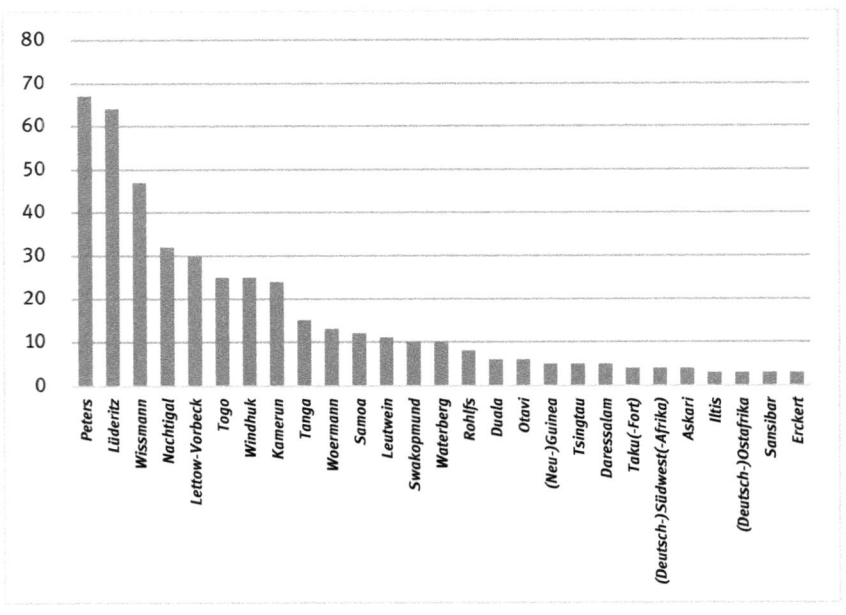

Diagramm 1: 27 ortsübergreifend verfügte MOD-Types (1984–1945) mit den jew. MOD-Token.

Die tokenbezogenen Zahlenwerte sind deshalb so aufschlussreich, weil sich die über 440 Namen hinsichtlich ihrer MOD-Types nicht gleichmäßig verteilen. Stattdessen sind innerhalb dieser 27 Konstruktionstypen wiederum hochfrequente MOD-Types auszumachen: Die acht häufigsten MOD-Types *Peters, Lüderitz, Wiss-*

mann, Nachtigal, Lettow-Vorbeck, Togo, Windhuk* und *Kamerun* wurden als zweigliedrige Konstruktionen mit gängigen Klassifikatoren wie *-straße, -weg, -platz* u. dgl. jeweils über 20 Mal in nachweislich kolonialer Motivik verfügt. Die Produkte kolonialer Namenverfügungspraktiken mit den MOD-Types *Peters* und *Lüderitz* sind sogar über 60 Mal festzustellen. Koloniale Straßenbenennungspraktiken im Raum der deutschen Metropole weisen damit hinsichtlich der dabei zum Tragen kommenden kommemorativen Marker einen hohen Grad an Schematismus auf.

6.3.2 Tokenbezogene Quantitäten in diachroner Perspektive

Für das erstellte Nameninventar sind in diachroner Perspektive, also in Bezug auf die drei gesellschaftspolitischen Benennungszeiträume, unterschiedliche Distributionen der ortsübergreifend verfügten MOD-Types festzustellen. Der noch während der faktischen Kolonialepoche verfügte Teilbestand von 47 kolonial motivierten SN-Token weist hinsichtlich der betreffenden MOD-Types Distributionen auf, die sich nur partiell mit denen des Gesamtinventars überschneiden: Über die Hälfte jener 47 SN-Token weisen Modifikatoren auf, die nur einzelortsbezogen oder für zwei Orte erhoben werden konnten. Nur fünf MOD-Types sind herauszustellen, die innerhalb der de facto-Kolonialherrschaft in der Zeit des Deutschen Kaiserreichs drei oder mehr als drei Mal als zweigliedrige Konstruktionen verfügt wurden:

Tab. 8: Fünf ortsübergreifend verfügte MOD-Types, faktische Kolonialzeit (1884–1919).

MOD-Types	Wissmann	Lüderitz	Nachtigal	Rohlfs	Taku(-Fort)
Anzahl an SN-Token	8	4	3	3	3

Quantitativ dominant ist der MOD-Type *Wissmann*, der mit entsprechenden usuellen Klassifikatoren ausschließlich in Großstädten verfügt wurde. Auch für das Gesamtinventar spielt der MOD-Type mit 47 MOD-Token eine übergeordnete Rolle.

Für das Teilinventar der in der Zwischenkriegszeit (1919–1933) verfügten 41 Benennungen konnten sieben MOD-Types erhoben werden, die als tokenbezogene Konstruktionsmuster drei oder mehr als drei Mal verfügt wurden:

Tab. 9: Sieben ortsübergreifend verfügte MOD-Types, Zwischenkriegszeit (1919–1933).

MOD-Types	Wissmann	Kamerun	Togo	Lüderitz	Nachtigal	Peters	Windhuk
Anzahl an SN-Token	7	4	4	3	3	3	3

Neben den MOD-Types *Wissmann*, *Lüderitz* und *Nachtigal* sind für den Zeitraum der Weimarer Republik die vier weiteren ortsübergreifend verfügten MOD-Types *Kamerun*, *Togo*, *Peters* und *Windhuk* herauszustellen, die in der Verbindung usueller Klassifikatoren verfügt wurden. Die jeweiligen Konstruktionen konnten vorrangig für Großstädte, daneben aber auch für einzelne Mittelstädte erhoben werden.

Für den Hauptbestand der 439 in nationalsozialistischer Zeit erfolgten Benennungen entsprechen die ortübergreifend verfügten MOD-Types weitestgehend den Verteilungen des Gesamtinventars.

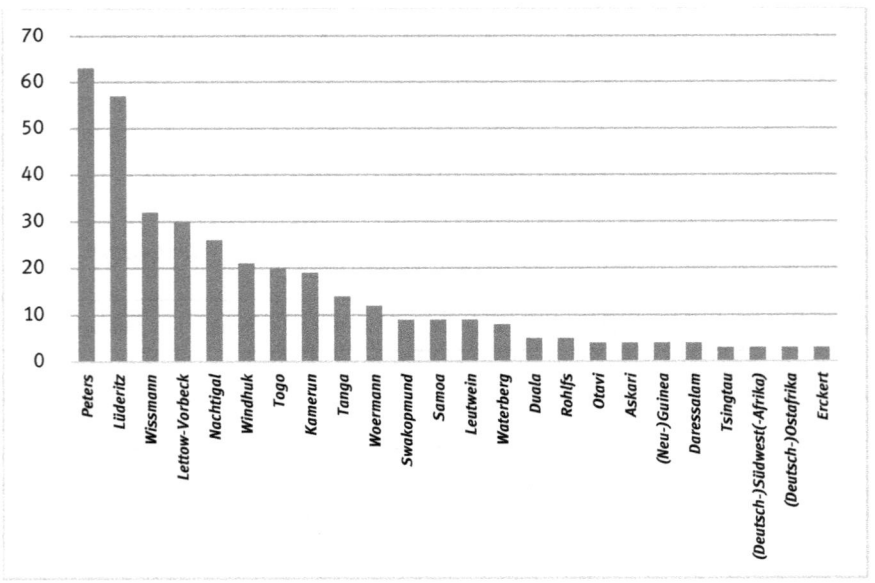

Diagramm 2: Ortsübergreifend verfügte MOD-Types in der NS-Zeit (1933–1945) mit den jew. MOD-Token.

Die beiden Konstruktionsmuster mit den MOD-Types *Peters* und *Lüderitz* sind für den jüngsten Benennungszeitraum ebenso als hochfrequent zu verzeichnen.

Herauszustellen sind die MOD-Types *Lettow-Vorbeck, Tanga, Woermann, Swakopmund, Samoa, Leutwein, Waterberg, Duala, Otavi, Askari, (Neu-)Guinea, Daressalam, Tsingtau, (Deutsch-)Südwest(-Afrika), (Deutsch-)Ostafrika* und *Erckert*, die als zweigliedrige Konstruktionen erstmalig innerhalb dieses jüngsten Benennungszeitraums drei und mehr als drei Mal verfügt wurden.

6.4 Ergebnisse

Die Annotation des in einem ortsübergreifend-nationalen Zugriff erstellten Inventars führt zu ersten quantitativen Befunden: Die administrative Vergabe kolonial motivierter Straßenbenennungen bis 1945 erweist sich dabei als eine ortsübergreifend-nationale Sprachpraxis im öffentlichen Raum der deutschen Metropole, die für 45 Groß- und 44 Mittelstädte festzustellen ist. Die Verteilung der erhobenen 527 SN-Token hinsichtlich ihrer jeweiligen gesellschaftspolitischen Benennungszeiträume fällt sehr unterschiedlich aus. Für die Zeit der de facto-Kolonialepoche in der Zeit des Deutschen Kaiserreichs und der Zwischenkriegszeit konnten unter 90 SN-Token erhoben werden, die in nachweislich kolonialer Motivik von den städtischen Administrationen verfügt wurden. Die dabei festzustellenden Verteilungen auf die jeweiligen Ortstypen zeigen, dass sich koloniale Namenvergabepraktiken neben wenigen Mittelstädten weitestgehend auf Großstädte verdichten. Im Hinblick auf die Anzahl der bis dato in den städtischen Raum verfügten Kolonialismen steht Berlin als administratives Zentrum der Kolonialbewegung (vgl. Heyden und Zeller 2002: 12) an der Spitze: Für den Zeitraum des faktischen Kolonialbesitzes sind bereits 19 in nachweislich kolonialer Motivik verfügte SN-Token für Berlin festzustellen, die sich bis 1933 auf insgesamt 28 SN-Token ausweiten. Der Vergleich der noch in der faktischen Kolonialzeit maßgeblich in Berlin-Wedding verfügten Konstruktionen mit den für die Zwischenkriegszeit erhobenen ortsübergreifenden Namenverfügungen in weiteren Großstädten und singulären Mittelstädten führt hinsichtlich der MOD-Types zu partiellen Übereinstimmungen. Es kann nur vermutet werden, dass die Konstruktionsmuster des jüngeren Benennungszeitraums zum Teil auf Nachahmung (vgl. Tarde 2009) der in der ehemaligen Kolonialreichshauptstadt Berlin verfügten älteren Kolonialismen beruhen. Über 430 SN-Token und damit etwa 83 % des erhobenen (Gesamt-)Inventars wurde dagegen erst nach 1933 in eine beträchtliche Anzahl an Groß- und Mittelstädten verfügt. Der Großteil jenes in nationalsozialistischer Zeit verfügten Namenbestandes referiert damit zum Benennungszeitpunkt auf vergangene koloniale Machtkonstellationen des Deutschen Kaiserreichs, die bereits durch die im Friedensvertrag von Versailles im Juni 1919 festgelegten Bestimmungen beendet wurden. Die für zehn Orte in den annektierten Gebieten erhobenen kolonialzeitbezogenen Namen fallen hinsichtlich ihrer Anzahl an Benennungen sehr unterschiedlich aus: Neben einzelnen Kolonialismen sind für einige Städte eine Vielzahl an kolonialzeitbezogenen SN-Token zu konstatieren. Das in Lodz bzw. Litzmannstadt [Łódź] erhobene Kolonialcluster mit nahezu 30 SN-Token ist nicht nur aufgrund der Höchstzahl an kolonialen Straßennamen markiert, sondern auch deshalb, weil eine ganze Reihe an Konstruktionen festzustellen ist, die aus gesamtinventarbezogener Perspektive einzig und allein für die nach dem Überfall auf Polen annektierte Stadt festzustellen sind.

Für das erstellte (Gesamt-)Inventar sind 27 MOD-Types herauszustellen, die über drei Mal in der Verbindung usueller Klassifikatoren verfügt und über 440 Konstruktionen zuzurechnen sind. Jenes hohe Maß an Systematizität ist für sich schon ein nennenswertes Ergebnis: Zur Beantwortung der übergeordneten Leitfrage wurde eine Datengrundlage geschaffen, die es erlaubt, jene vorerst quantitativen Betrachtungen mit weiteren Analysen hinsichtlich der damit versprachlichten kolonisatorischen Gewissheiten zu untersuchen. Im folgenden Kapitel wird dargelegt, welche lexikologisch-onymischen Klassen maßgeblich in die über 520 Modifikator-Konstruktionen eingehen, um sodann übergeordnete Aussagen über die damit etablierten kolonialtoponomastischen Diskursfunktionen treffen zu können.

7 Strukturmuster und Diskursfunktionen

Zusammenfassung: Im Kapitel wird der Frage nachgegangen, welche prototypischen sprachstrukturellen und diskursfunktionalen Eigenschaften dem erhobenen Inventar (über ihre Orientierungsfunktion hinaus) zuzusprechen sind. Hierfür werden die Konstruktionen des erhobenen Bestands an über 520 MOD-Token nach dominanten Klassenzugehörigkeiten klassifiziert. Den Strukturmustern lassen sich diskursfunktionale Bedingungen, Gegebenheiten sowie spezifische koloniale Akteursgruppen im Deutschen Reich zuordnen.

7.1 Klassenzugehörigkeiten der MOD-Token

Durch die Typisierung des Gesamtbestands aller MOD-Token konnten Distributionen im Hinblick auf quantitativ dominante kommemorative Marker aufgezeigt werden. Zur Beantwortung der Leitfrage der vorliegenden Arbeit sind jene Distributionen hinsichtlich ihrer diskursfunktionalen Dimensionen zu analysieren. Um herauszufinden, welche kolonisatorischen Wissenskonzepte mittels kolonial motivierter Straßenbenennungspraktiken im öffentlichen Raum der deutschen Metropole fixiert werden sollten, wurde ein Verfahren gewählt, das strukturelle Muster der über 520 MOD-Token aufzeigt, die in einem zweiten Schritt hinsichtlich ihrer Diskursfunktionen analysiert werden können. Dass mit der inventarbezogenen Kategorisierung der MOD-Konstruktionen nach den frequenten lexikologischen und insbesondere onymischen Klassen Funktionen von Kolonialtoponymen sichtbar gemacht werden können, zeigen Stolz und Warnke (2015: 143–148) in einem frühen Beitrag am Beispiel verschiedener Konstruktionsmuster deanthroponymischer Makrotoponyme in den deutschen Kolonien auf. Im Einleitungsbeitrag des ersten kolonialtoponomastischen Kompendiums zeigen die Herausgeber (Stolz und Warnke 2018b: 13) an der zur Zeit der französischen Kolonialherrschaft in Algerien erfolgten Benennung *Philippeville* die kommemorativ-funktionale Dimension des anthroponymischen Modifikators auf:

> Dieses Kolonialtoponym [...] gehört zur Klasse der Eponyme, weil für seine Bildung eine andere Namenklasse (hier: Anthroponyme) zurückgegriffen wird [...]. Allein dies verweist schon auf die diskurslinguistisch wichtige Beobachtung, dass im kolonialen Namenprojekt Personalität lokalisiert wird. Dieses Muster begegnet uns immer wieder.

Im kolonialen Namenprojekt des kolonisierten Raumes wird damit eine Struktur gewählt, die seit der Neuzeit bereits zur Benennung von Städten (bspw. *Ludwigshafen* 1843), Stadtteilen (bspw. *Julius-* und *Auguststadt* in Wolfenbüttel im 17. Jh.) und Straßen (bspw. *Gutenbergplatz* in Mainz 1804) und damit auch für die Makro- und Mikrotoponyme im deutschsprachigen Raum geläufig, aber offensichtlich nicht so frequent war wie etwa in den Kolonien. Auch für kolonial motivierte Benennungspraktiken in der deutschen Metropole führt das Kategorisierungsverfahren der MOD-Token nach den lexikologisch-onymischen Klassen zu Erkenntnissen der damit intendierten Funktionen (vgl. Ebert 2018: 104–109). Um herauszufinden, welche Modifikatoren dabei maßgeblich in die Konstruktionen eingehen, fand eine tokenbezogene Annotation der 525 MOD-Token nach Appellativa und Onymen mit den jeweiligen Unterklassen statt.[112] Die Klassifizierung nach den onymischen Klassenzugehörigkeiten erfolgte dabei auf Grundlage ihrer quellenspezifischen Einordnung innerhalb zeitgenössischer wissensvermittelnder Texte: Hierfür wurden neben den enzyklopädischen Werken (vgl. Kausch 1903, Schnee 1920) Benennungsmotiven in administrativen Texten und Adressbüchern sowie weitere historische Quellen berücksichtigt.

Die Häufigkeitsverteilung von appellativischen und onymischen Modifikatoren ist dabei absolut eindeutig: 503 MOD-Token des erstellten Inventars weisen Eigennamen auf, deren Bezug als monoreferentiell zu beschreiben ist (vgl. Nübling et al. 2015: 17–20). Dass deonymische Konstruktionsmuster den numerischen dominanten Fall darstellen, ist insofern wenig überraschend, als dass 26 der 27 ortsübergreifend verfügten MOD-Types Onyme (Ausnahme: *Askari*) darstellen, denen wiederum über 440 (441) deonymische Konstruktionen zuzuschreiben sind (Diagramm 1, Kap. 6.3.1).

7.1.1 Appellativa

Deappellativische Konstruktionen spielen für das erhobene Inventar eine geradezu marginale Rolle: Lediglich 20 SN-Token sind eindeutig den folgenden 17 appellativischen MOD-Types zuzuordnen: *Archipel, Askari, Damara, Dattel, Herero, Kakao, Kokos, Kolonie, Koralle, Massai, Palme, Perlmutter, Riff, Somali, Suaheli, Taifun, Tropen*.[113] Bis auf den MOD-Type *Askari* als „Bezeichnung der farbigen, [...] überwiegend aus Eingeborenen des Schutzgebiets bestehenden Soldaten der Schutztruppe [...] in Deutsch-Ostafrika" (Schnee 1920 I: 89), der mit usuellen Klassifikatoren für vier Städte des Ortskorpus[114] erhoben werden konn-

---

112 Die nur für singuläre Einzelorte erhobenen MOD-Types *Afrikanisch* und *Kolonial* stellen Adjektive dar; aus diesem Grund bleiben sie in den folgenden Ausführungen unberücksichtigt.
113 Die MOD-Types *Damara, Herero, Massai* und *Suaheli* stellen Bezeichnungen von kolonisierten Bevölkerungsgruppen und damit Appellativa dar (vgl. Nübling et al. 2015: 36).
114 D. s.: Essen (*Askaristraße*), Hamburg (*Askaristieg*), München (*Askaripfad*) und Lodz bzw. Litzmannstadt [Łódź] (*Askaristraße*).

te, stellen alle weiteren appellativischen MOD-Types singuläre Phänomene dar. Für den kleinen Bestand an deappellativischen Konstruktionen bleibt darüber hinaus festzuhalten, dass sich dieser zahlenmäßig auf eine Stadt des Ortskorpus konzentriert: Die MOD-Types *Archipel, Dattel, Herero, Kakao, Kokos, Kolonie, Koralle, Palme, Perlmutter, Riff, Suaheli* und *Tropen* sind als zweigliedrige Konstruktionen nur für den erst 1939 im Zuge des Polenfeldzugs annektierten Ort Lodz bzw. Litzmannstadt [Łódź] festzustellen. In Kap. 6.1 wurde bereits dargelegt, dass die für die Stadt erhobenen 29 Kolonialismen die durchschnittliche Anzahl an kolonialen Straßenbenennungen bis 1945 übertrifft. Dieser Sondertyp betrifft u. a. auch die mit Appellativa besetzten linken Leerstellen der Konstruktionen. Nähere Erläuterungen zu jener quantitativen Abweichung und den strukturell atypischen Sonderfällen erfolgt in Kap. 8.3.

7.1.2 Onyme

Der Hauptbestand deonymischer Konstruktionen wird in den jeweiligen Unterkapiteln hinsichtlich der quantitativ dominanten Namenklassen der linksköpfigen Modifikatoren dargelegt: Die Annotation der in Dresden und Breslau [Wrocław] verfügten 21 Benennungen führte zum Zwischenbefund, dass die Konstruktionsmuster in beiden Orten in kommemorativer Intention auf Personen und Orte referieren. In Ebert (2018: 107–108) wurde bereits anhand eines Teilbestandes kolonial motivierter Straßennamen dargelegt, dass

> mithilfe deanthroponymischer Bildungen [...] im kolonialen Namenprojekt Personalität lokalisiert [wird] [...]. In besonderer Weise spielt [...] zudem die Integration eben dieses kolonisierten Raumes in Übersee eine Rolle, indem Hodo- bzw. Dromonyme mit toponymischen Modifikatoren verfügt wurden.

Auch für den 503 onymische MOD-Token umfassenden Hauptbestand stellen deanthroponymische und detoponymische Konstruktionen mit PersonenN bzw. OrtsN einen geradezu exorbitanten Anteil dar. Von den 26 ortsübergreifend verfügten onymischen MOD-Types (Diagramm 1, Kap. 6.3.1) stellt nur der MOD-Type *Iltis* kein Anthroponym bzw. Toponym dar. Er ist der onymischen Klasse der SchiffsN zuzuordnen, spielt aber aufgrund der Verfügung entsprechender zweigliedriger Konstruktionen in nur drei Städten eine ebenfalls untergeordnete Rolle.[115] Die Benennungen verweisen bezeichnungsmotivisch auf das „deutsche Kanonenboot Iltis; es „[...] zeichnete sich aus in dem chinesischen Boxerauf-

---

[115] *Iltisstraße* in Berlin, Köln und München.

stand 1900 bei der Einnahme der Takuforts. Im Oktober 1914 wurde es vor dem Falle Tsingtaus versenkt" (Adressbuch Köln 1937 IV: 343). In den folgenden Ausführungen werden die Teilbestände deanthroponymischer und detoponymischer Konstruktionsmuster hinsichtlich der jeweiligen MOD-Types und deren tokenbezogenen Verteilungen aufgezeigt. Für das Teilinventar detoponymischer Konstruktionen werden darüber hinaus die jeweiligen toponymischen Unterklassen der MOD-Types erläutert. Die sich aus den musterhaften strukturbezogenen Distributionen ergebenden Diskursfunktionen werden anschließend hinsichtlich der dabei versprachlichten kolonialen Wissensordnungen erläutert.

7.1.2.1 Anthroponyme

Die durch Personennamen besetzten Modifikatoren stellen innerhalb des (Gesamt-)Inventars das numerisch dominante Strukturmuster dar: Bei nahezu 310 (309) SN-Token und damit über der Hälfte (etwa 59 %) aller identifizierten kolonialen SN-Token handelt es sich um deanthroponymische Konstruktionsmuster, die in kommemorativer Intention auf Personen referieren. Vergleicht man solche eindeutigen Distributionen im deutschsprachigen Raum mit den jeweiligen Strukturmustern im kolonialen Namenprojekt des kolonisierten Raumes, sind Unterschiede festzustellen: Wenngleich deanthroponymische Konstruktionen auch innerhalb der kolonialen Makro- und Mikrotoponymie vertreten sind, fanden deanthroponymische Konstruktionen in den Kolonien offenbar nicht so häufig Verwendung.[116] Innerhalb dieses Teilbestandes anthroponymischer MOD-Token, die als zweigliedrige Konstruktionen in den öffentlichen Raum der deutschen Metropole bis 1945 verfügt wurden, lässt sich ebenfalls in hohem Maße Musterhaftigkeit feststellen: Unter den drei und mehr als drei Mal verfügten MOD-Types (Diagramm 1, Kap. 6.3) sind folgende neun anthroponymische MOD-Types auszumachen: *Peters, Lüderitz, Wissmann, Nachtigal, Lettow-Vorbeck,*

---

116 Stolz und Warnke (2015: 147) geben für den erstellten kolonialtoponymischen Bestand in den deutschen Kolonien und Schutzgebieten an, dass es sich bei der kolonialen Makrotoponymie in 20 % aller Fälle um Konstruktionen mit Personennamen im Erstglied handelt. Ortspunkt- und raumübergreifende Analysen zur kolonialen Mikrotoponymie der deutschen Kolonialmacht stehen noch aus. Für die in kolonialzeitlichen Quellen erhobenen deutschsprachigen Straßennamen in Tsingtau (vgl. Schulz und Ebert 2016), Daressalam (vgl. Schulz und Ebert 2017) sowie in mehreren Orten in Deutsch-Südwestafrika (vgl. Aleff 2017), Deutsch-Samoa und Deutsch-Neuguinea (vgl. Schulz und Aleff 2018) ist festzustellen, dass sich die Häufigkeit der Einschreibung deanthroponymischer Mikrotoponyme recht verschiedenartig gestaltet; nach derzeitigem Forschungsstand ist davon auszugehen, dass es sich bei kommemorativen Ehrungen und/oder Würdigungen von Personen nicht um den numerisch überwiegenden Fall handelt.

Woermann, Leutwein, Rohlfs, Erckert. Wenngleich die Auswahl gering ausfällt, wurden sie in der Verbindung mit gängigen Klassifikatoren 275 Mal in Groß- und Mittelstädte verfügt. Dass deanthroponymische Konstruktionen für das Gesamtinventar überwiegen, liegt nicht zuletzt auch an der hochfrequenten Verfügung von Straßennamen, die zum Zeitpunkt der Vergabe Carl Peters und Adolf Lüderitz würdigen und/oder ehren sollten: 131 der deanthroponymischen Konstruktionen sind den entsprechenden MOD-Types *Peters* und *Lüderitz* zuzusprechen. Folgende Tabelle stellt alle neun ortsübergreifend verfügte MOD-Types in absteigender Reihenfolge mit Teilen der in den enzyklopädischen Kolonialwerken verfassten Einträge zusammen:

Tab. 10: Distributionen anthroponymischer MOD-Types (ortsübergreifend), Einträge in den Koloniallexika.

MOD-Type	MOD-Token	Lemma in Kausch (1903) und/oder Schnee (1920)
Peters	67	„Peters, Dr. C., deutscher Gelehrter, Forscher und Kolonialförderer […] 1891 deutscher Kommissar für DOA [d. i. Deutsch-Ostafrika]." (Kausch 1903: 131) „Peters, Carl, Reichskommissar a. D. [d. i. außer Dienst] […]. Er gründete […] 1884 die ‚Gesellschaft für deutsche Kolonisation' die ihn noch in demselben Jahre […] zu Landerwerbungen an die ostafrikanische Küste aussandte. P. [d. i. Peters] ist […] als der Begründer des heutigen Ostafrika anzusehen […]." (Schnee 1920 III: 40)
Lüderitz	64	„Lüderitz, Adolf, deutscher Kaufmann zu Bremen, der 1883 die Bucht von Angra Pequena samt der Umgebung […] kaufte. (Lüderitzland)." (Kausch 1903: 129) „1885 verkaufte L. [d. i. Lüderitz] seine Besitzungen in Südwestafrika […] an ein Konsortium, das sie später an die Deutsche Kolonialgesellschaft für Südwestafrika übertrug." (Schnee 1920 II: 465)
Wissmann	47	„Wissmann, H. von, deutscher Major und Forscher, […] Reichs-Kommissar für DOA [d. i. Deutsch-Ostafrika]." (Kausch 1903: 137) „Wissmann, Hermann v., […] Reichskommissar für Deutsch-Ostafrika […]. Auch als Gouverneur von Deutsch-Ostafrika (1895/96) hatte W. beachtenswerte Erfolge aufzuweisen […]." (Schnee 1920 II: 721)
Nachtigal	32	„Nachtigal, Dr. G. […] 1884 Togo, Kamerun, DSWA [d. i. Deutsch-Südwestafrika] Besitz ergreifend und deutsche Fahne hissend." (Kausch 1903: 131) „Nachtigal, Gustav, […] 1884 wurde er durch den Kreuzer ‚Möve' abgeholt, um die Besitzergreifung von Togo, Kamerun und Deutsch-Südwestafrika vorzunehmen, welcher Aufgabe er sich mit großer Gewissenhaftigkeit und Energie unterzog." (Schnee 1920 II: 612)

MOD-Type	MOD-Token	Lemma in Kausch (1903) und/oder Schnee (1920)
Lettow-Vorbeck	30	[kein Eintrag][117]
Woermann	13	„Woermann, Adolf, hervorragender Kaufmann, Reeder und Kolonialpolitiker [...]. 1874 trat W. [d. i. Woermann] als Teilhaber in die Firma Carl Woermann ein [...]. Unter seiner Leitung gelangte die Firma zu hoher Blüte; 1884 erfolgte die Abzweigung des Reedereigeschäftes [...] die heutige Woermann-Linie [...]. Die Erwerbung der Kolonie Kamerun durch das Deutsche Reich ist großenteils auf die Verdienste W.s zurückzuführen." (Schnee 1920 III: 724)
Leutwein	11	„Leutwein, deutscher Major, der bei Naukluft in DSWA [d. i. Deutsch-Südwestafrika] 1894 die aufständischen Hottentotten schlug." (Kausch 1903: 129) „Leutwein, Theodor Gotthilf, Ksl. Generalmajor z.D. und früher Gouverneur von Deutsch-Südwestafrika." (Schnee 1920 II: 452)
Rohlfs	8	„Rohlfs, Gerhardt, Gelehrter und Forscher, welcher [...] Reisen in Afrika ausgeführt hat." (Kausch 1903: 133) „Rohlfs, Gerhard, [...] 1880/81 war R. Gesandter in Abessinien und 1884/85 Generalkonsul in Sansibar. R. [d. i. Rohlfs] steht in der Reihe der bedeutendsten Afrikaforscher." (Schnee 1920 III: 181)
Erckert	3	„Erckert, Friedrich von, Hauptmann in der Ksl. [d. i. Kaiserlichen] Schutztruppe für Südwestafrika, gefallen am 16. März 1908 im Gefecht bei Seatsub gegen die Simon – Copper – Hottentotten. [...] als Abteilungsführer nahm er an den Kämpfen gegen die Hottentotten [...] hervorragenden Anteil." (Schnee 1920 I: 570–571)

Für einzelne Benennungen mit dem MOD-Type *Woermann* sind polyreferenzielle Intentionen zuzuordnen. Die aus den zeitgenössischen Benennungsmotiviken der Einwohnerbücher erhobenen Intentionen zeigen auf, welche Zuschreibungen für die städtische Öffentlichkeit vorgenommen wurden:

> Woermannstraße: Adolf Woermann, Großkaufmann und Kolonialpolitiker [...] Mitinhaber des Handelshauses Carl Woermann, gründete 1880 die Deutsch-Westafrikanische Dampferlinie, erwarb 1884 in Verbindung mit Janßen und Thormählen das Kamerungebiet, das seit 1920 Mandatsgebiet des Völkerbundes ist. (Adressbuch Düsseldorf 1940 III: 492)
>
> Woermannstraße: Zum Andenken an die Kolonial-Schiffs-Linie. (Adressbuch Kassel 1939 III: 296)

---

[117] Die Fertigstellung der Lexika erfolgte bereits 1903 bzw. 1914. Das kolonialpolitische Wirken Lettow-Vorbecks ist dagegen erst für die Endphase der de facto-Kolonialzeit einzuordnen (Kap 4).

> Woermannweg: Mitbegründer der Woermann-Linie, welche den deutschen Ostafrikadienst betreibt; erwarb 1884 das Mündungsgebiet des Kamerunflusses als deutschen Kolonialbesitz. (Adressbuch Münster 1941/42 II: 258)

Die Texte beziehen sich primär auf die Person A. Woermanns, zeigen darüber hinaus aber auch Polyreferenzen auf, die sich auf metonymische Übertragungen des Nachnamens für das Handelshaus und die Schiffslinie beziehen. Jene sind ebenfalls in der Enzyklopädie durch zwei weitere Lemmata aufgelistet:

> Woermann, C. Hamburg. Betreibt Handel jeder Art. Handelsniederlassungen in Kamerun (unter der Firma Woermann & Co.) [...]. (Schnee 1920: 724)
>
> Woermann-Linie A.-G., Hamburg, expediert [...] auf 13 verschiedenen Linien regelmäßig monatlich 14 Dampfer von Hamburg nach der Westküste Afrikas [...]. (Schnee 1920: 724)

Die jeweiligen singulären Benennungen wurden daher mit Hinweisen hinsichtlich jener Polyreferenzen, die sich tokenbezogen mit dem MOD-Type Woermann ergaben, vermerkt.

7.1.2.2 Toponyme

Zahlenmäßig an zweiter Stelle stehen detoponymische Konstruktionsmuster: Für über 190 (192) SN-Token und damit für mehr als ein Drittel (etwa 36 %) des erhobenen (Gesamt-)Inventars sind toponymische Modifikatoren festzustellen. Das koloniale Namenprojekt in der deutschen Metropole zeichnet sich damit auch maßgeblich durch die Lokalisation des kolonisierten Raumes in Übersee aus. Innerhalb des Teilbestandes jener toponymischen MOD-Token sind sechzehn MOD-Types herauszustellen, die ortsübergreifend erhoben werden konnten und in absteigender Reihenfolge aufgelistet werden: *Togo, Windhuk, Kamerun, Tanga, Samoa, Swakopmund, Waterberg, Duala, Otavi, (Neu-)guinea, Tsingtau, Daressalam, Taku(-Fort), (Deutsch-)Südwest(-Afrika), Sansibar, (Deutsch-)Ostafrika*. Die Auswahl an frequenten toponymischen Modifikator-Konstruktionen ist damit erheblich vielseitiger als die ortsübergreifend verfügten anthroponymischen MOD-Types. Innerhalb des Teilbestands an detoponymischen Konstruktionen sind die drei MOD-Types *Togo, Windhuk* und *Kamerun* mit jeweils über 20 SN-Token herauszustellen. Die für deanthroponymische Konstruktionen dargelegte zahlenmäßige Konzentration auf zwei MOD-Types (*Peters, Lüderitz*) kann für die toponymischen Modifikatoren nicht nachgewiesen werden. Für das auf kolonisierte Orte referierende Teilinventar an detoponymischen Konstruktionen erfolgte eine weitere Annotation der jeweiligen toponymischen Unterklassen der MOD-Token. Dabei ergeben sich folgende Distributionen:

Tab. 11: Distributionen der Unterklassen toponymischer MOD-Types.

Top. Klassen-zugehörigkeiten	Choronyme	Oikonyme	Praxonymische Anteile	Hydro- und Oronyme
Anzahl MOD-Token	89	63	30	10
Distributionen	ca. 46 %	ca. 33 %	ca. 16 %	ca. 5 %

Im Ergebnis sind die bereits für Dresden und Breslau [Wrocław] aufgezeigten makrotoponymischen Namenklassen (Kap. 5. 6) auch für das ortsübergreifende Teilinventar aller detoponymischen Konstruktionen dominant: Über 150 der toponymischen erstgliedrigen Modifikator-Konstruktionen stellen Choronyme und Oikonyme dar. Daneben sind 30 toponymische MOD-Token mit praxonymischen Anteilen festzustellen. Alle ortsübergreifend verfügten MOD-Types jener drei toponymischen Unterklassen, die drei und mehr als drei Mal als zweigliedrige Konstruktionen erhoben wurden, werden in Einzelkapiteln mit den jeweiligen tokenbezogenen Distributionen und mit Teilen der in den enzyklopädischen Werken (vgl. Schnee 1920 und/oder Kausch 1903) verfassten Einträge tabellarisch zusammengestellt. Dehydro- und oronymische Konstruktionen stellen singuläre Phänomene dar; aus diesem Grund tauchen sie auch nicht in Diagramm 1 (Kap. 6.3.1) auf. Jene nur für Einzelorte festzustellenden Modifikator-Konstruktionen werden anschließend dargelegt.

a. Choronyme

Dechoronymische Konstruktionen beziehen sich auf kolonisierte Gebiete in Übersee. Dabei sind sieben MOD-Types herauszustellen, die in der Verbindung usueller Klassifikatoren drei und mehr als drei Mal verfügt wurden. Sie werden in der Tabelle mit den jeweiligen tokenbezogenen Distributionen und mit Einträgen der Koloniallexika aufgeführt:

Tab. 12: Distributionen choronymischer MOD-Types (ortsübergreifend), Einträge in den Koloniallexika.

MOD-Type	MOD-Token	Lemma in Kausch (1903) und/oder Schnee (1920)
Togo	25	„Togoland (WA [d. i. Westafrika]), deutsche Kolonie, 1. Mai 1885." (Kausch 1903: 108) „Das Schutzgebiet T. [d. i. Togo] liegt an der Westküste Afrikas und zwar an dem "Sklavenküste" genannten Teil des Golfs von Guinea. Es ist nach der kleinen an der Südostecke des T.sees gelegenen Landschaft T. benannt, deren Häuptling der erste war, welcher mit dem deutschen Kommissar Dr. Nachtigal [...] einen Schutzvertrag abschloß." (Schnee 1920 III: 497)

MOD-Type	MOD-Token	Lemma in Kausch (1903) und/oder Schnee (1920)
Kamerun	24	„(deutsche Kolonie in WA [d. i. Westafrika]) [...] Regierungs- und Missionsstat., deutsche Telegraphenanstalt 21. Februar 1893, Kabel über Bonny seit diesem Tage mit Europa verbunden, deutsche Postanstalt, die allerdings jetzt (1902) nach Duala verlegt worden ist [...]." (Kausch 1903: 49) „Die Kolonie K. [d. i. Kamerun] liegt im innersten Winkel der Bucht von Guinea, bildet also einen Teil der Guineaküste und trennt das sog. Ober-Guinea von Nieder-Guinea." (Schnee 1920 II: 169)
Samoa	12	„Samoainseln = Schifferinseln, Navigatoren (DM [d. i. Deutsch-Mikronesien]) [...] Deutscher Besitz: Upolu, Sawaii." (Kausch 1903: 98) „S. [d. i. Samoa] liegt mitten im Pazifischen Ozean [...]. An der Spitze der gesamten Verwaltung steht ein vom Kaiser ernannter Gouverneur. Seit der Übernahme der deutschen Schutzherrschaft über die S.inseln, d. h. seit dem 1. März 1900, bekleidete dieses Amt der [...] jetzige Staatssekretär Dr. Solf. [...] Der Sitz des Gouverneurs ist Apia auf der Insel Upolu." (Schnee 1920 III: 214, 236)
(Neu-) Guinea	5	„Deutsch-Neu-Guinea (KWL [d. i. Kaiser Wilhelmsland]) und BA [d. i. Bismarck-Archipel] [...]." (Kausch 1903: 30) „Neuguinea, die größte Insel der Südsee [...]. Im Jahre 1828 nahmen die Niederländer den westlichen Teil der Insel [...] in Beschlag. Den Rest teilten sich die Engländer und Deutschen durch Vertrag vom 29. April 1886 [...]. Der deutsche Anteil, Kaiser-Wilhelmsland [...], nimmt den Nordosten der Insel ein." (Schnee 1920 II: 629)
(Deutsch-) Südwest (-Afrika)	4	„Deutsch-Südwestafrika [...] Ursprünglich wurde in den weitesten Kreisen der Name Angra Pequena für das ganze Schutzgebiet gebraucht. [...] Der Kürze halber wird in volkstümlicher Sprechweise neuerdings vielfach statt der amtlichen Bezeichnung Deutsch-Südwest oder einfach Südwest gebraucht [...]." (Schnee 1920 I: 410)
(Deutsch-) Ostafrika	3	„Deutsch-Ostafrika [...] liegt ganz innerhalb der natürlichen Grenzen des geographischen Begriffs Ostafrika [...] Der Araberaufstand hatte gezeigt, daß die Deutsch-Ostafrikanische Gesellschaft sich ohne Hilfe des Reichs auf die Dauer nicht würde behaupten können. Daher übernahm das Deutsche Reich am 1. Jan. 1991 die Verwaltung des Schutzgebiets [...] Sitz des Gouvernements wurde Daressalam. Sämtliche Hoheitsrechte der Deutsch- Ostafrikanischen Gesellschaft gingen allmählich auf das Reich über." (Schnee 1920 I: 357, 405)
Sansibar	3	„Sansibar [...], Insel DOA [d. i. Deutsch-Ostafrika] vorgelagert unter eigenem Sultan mit brit. Schutz." (Kausch 1903: 100) „Die Insel S. [d. i. Sansibar] ist die größte Insel des S.archipels [...]. Das heutige Sultanat S., das britische Zanzibar Protectorate, ist nur ein kleiner Teil des einstigen Machtbereichs." (Schnee 1920 III: 252–253)

Neben den hochfrequenten MOD-Types *Togo* und *Kamerun*, die auf die gleichnamigen Kolonien des Deutschen Kaiserreichs referieren, ist auch der MOD-Type *Samoa* herauszustellen, der durch zwölf zweigliedrige Konstruktionen im (Gesamt-)Inventar vertreten ist.

b. Oikonyme

Für den Bestand oikonymischer Modifikator-Konstruktionen sind MOD-Types auszumachen, die als zweigliedrige Konstruktionen ortsübergreifend Ortskorpus verfügt wurden.

Tab. 13: Distributionen oikonymischer MOD-Types (ortsübergreifend), Einträge in den Koloniallexika.

MOD-Type	MOD-Token	Lemma in Kausch (1903) und/oder Schnee (1920)
Windhuk	25	„[...] (DSWA [d. i. Deutsch-Süd-West-Afrika]), O. [d. i. Ort], Damaraland, deutsches Postamt, Militär- und Missionsstat., Reg.-Sitz, Bezirkshauptmannschaft [...]." (Kausch 1903: 118) „Hauptort des Schutzgebietes Deutsch-Südwestafrika, [...] Sitz der Regierung. W. [d. i. Windhuk] ist sowohl Sitz des Gouverneurs wie auch der Post- und Zollbehörde [...]. Es ist ferner der Sitz des Kommandos der Schutztruppe, gleichzeitig auch Garnison einer größeren Abteilung. Die Rheinische und die Katholische Mission besitzen Stationen in der Hauptstadt." (Schnee 1920 III: 714)
Swakopmund	10	„[...] (DSWA), O, Reg.-, Missions- und Militärstation, Bahnstation, deutsche Postanstalt 30. Mai 1895, Küste des Atl. Ocean, Eisenbahn im Bau Swakopmund-Windhoek (fertig 1902 bis Kapenoussen), Postlinie Swakopmund-Walfischbai." (Kausch 1903: 105) „Swakopmund [...], der wichtigste Küstenplatz von Deutsch-Südwestafrika [...] daß bereits 1901 in S. [d. i. Swakopmund] etwa die gleiche Zahl von Einzelfirmen tätig war wie in Windhuk selbst. Ist auch die Bedeutung von Lüderitzbucht seither ganz erheblich gestiegen, so hat S. gleichwohl alle Aussicht, dauernd den Rang des wichtigsten Tores für den Handel des Schutzgebiets zu behaupten." (Schnee 1920 III: 441)
Duala	6	„[1] „Duala, Dualla, Volk i. d. Kamerunorten. [2] Duala (K) (d. i. Kamerun), O, neuer Regierungssitz (früh. Kamerun), deutsches Postamt [...]." (Kausch 1903: 32) „1. Der Ort D. [d. i. Duala] ist der Hauptort der Kolonie Kamerun. [...] 2. Der Bezirk D. erstreckt sich zwischen den Flüssen Muno und Dibamba bis zur ersten Hochlandstufe [...]. 3. Die D. sind ein Bantustamm, der seine Wohnsitze am Kamerunästuar, zwischen den Flüssen Wuri und Dibamba hat." (Schnee 1920 I: 477–479)

MOD-Type	MOD-Token	Lemma in Kausch (1903) und/oder Schnee (1920)
Otavi	6	„(Otavi Minen) [DSWA], O., deutsche Post seit 18. Oktober 1899, Militärstation, Bergdamaraland, Postlinie: Okahandja-Otavi-Grootfontein." (Kausch 1903: 89) „Otavi, ein durch seine Kupfererzlager berühmter Platz im äußersten Norden des Hererolandes (Deutsch-Südwestafrika). Er liegt an der nach ihm benannten Eisenbahn, [...] um in nordöstlicher Richtung das Minengebiet zu erreichen. [...] Großen Umfang begann der bergmännische Betrieb [...] mit der 1906 erfolgten Fertigstellung der Bahn [...] im Folgejahre hob sich die Ausfuhr von Erzen zu bedeutender Höhe. Seitdem ist das O. gebiet eine der für die Entwicklung des Schutzgebiets wichtigsten Landschaften geworden." (Schnee 1920 II: 691–692)
Tsingtau	5	„Früher Tsingtaufort DCh [d. i. Deutsch-China], deutsche Post 26. Januar 1898, Fernsprecheinrichtung 1. Juni 1899. Bahnprojekte: Tsintau-Wëishiën-Tsinanfu, 350 km, Tsintau-Itschoufu, 190 km und Verbindung Tsinanfu-Itschoufu 400 km." (Kausch 1903: 109) „Tsingtau s. Kiautschou." (Schnee 1920 III: 555) „[...] war Tsingtau, die Hafenstadt des Schutzgebiets, von vornherein gedacht als ein Stapelplatz und Umschlaghafen für die seewärts eingehenden europäischen Waren zur Versorgung des ausgedehnten chinesischen Hinterlandes einerseits, sowie als Ausfuhr- und Verteilungshafen für die mannigfachen Erzeugnisse Schantungs und der anschließenden Provinzen andererseits. [...] Hauptstadt des Schutzgebiets [...]." (Schnee 1920 II: 261–262)
Daressalam	4	„(DOA [d. i. Deutsch-Ost-Afrika], O, 20 000 Bew., [...] Missionsstat., deutsches Postamt 4. Oktober 1890 [...] Postlinien: Dar-es-Salaam – Tabora – Muanza – Bukoba [...]." (Kausch 1903: 29) „Hauptstadt [...] von Deutsch-Ostafrika, ferner apostolisches Vikariat der katholischen Mission. [...] Die Stadt D. [d. i. Daressalam] ist unter allen guten Hafenorten der ostafrikanischen Küste derjenige, der Sansibar, dem ehemaligen Schlüssel des tropischen Ostafrika, am nächsten liegt." (Schnee 1920 I: 285)

Neben dem hochfrequenten MOD-Type *Windhuk* ist für den Bestand solcher deoikonymischer Konstruktionen der MOD-Type *Swakopmund* herauszustellen, der zehn Mal Verwendung fand.

Wenngleich in den zentralen enzyklopädischen Werken aus der faktischen Kolonialepoche polyreferenzielle Bezüge für *Duala* festzustellen sind, ist bei den ortsübergreifend verfügten Konstruktionen mit dem MOD-Type *Duala* davon auszugehen, dass sie sich vorrangig auf den Hauptort der deutschen Kolonie Kamerun beziehen sollten. Eine tokenbezogene Rekonstruktion zeitgenössischer Benennungsmotiviken aus historischen Straßenverzeichnissen kann nur für zwei der sechs SN-Token vorgenommen werden. Für die in nationalsozialistischer Zeit in Bremen und Magdeburg verfügten Konstruktionen sind dabei folgende sich voneinander unterscheidende Motiviken festzustellen:

> Dualaweg: Duala, ein Negerstamm in Kamerun. (Adressbuch Bremen 1939 III: 57)
>
> Dualastraße: Duala, Hauptstadt von Kamerun, zur Erinnerung an die verlorenen Kolonien. (Adressbuch München 1941 IV: 174)

Allerdings ist in zeitgenössischen Quellen von der „grossen Unzuverlässigkeit der Dualastämme" (Puttkamer 1912: 44[118]) die Rede. Es erscheint daher äußerst fraglich, inwieweit man im öffentlichen Raum der Stadt Bremen tatsächlich die Volksgruppe der Duala mit kolonial motivierten Straßenbenennungen ehren und/oder würdigen wollte. Gewisse Unsicherheiten können bei einer solchen sprachhistorischen Untersuchung nicht völlig lückenlos geklärt werden. Das Archivgut zur Benennung des SN-Tokens *Dualaweg* in Bremen konnte nicht ermittelt werden. Die im Bremer Straßenverzeichnis von 1939 aufgeführte Motivik ist daher kritisch zu hinterfragen, und zwar auch deshalb, weil alle weiteren innerhalb des Kolonialclusters in Bremen-Oslebshausen verfügten SN-Token auf Orte in den kolonisierten Gebieten referieren. Wahrscheinlicher ist, dass mit der Namenverfügung eine Ehrung und/oder Würdigung des Hauptortes der Kolonie Kamerun verfolgt wurde.

c. Toponymische MOD-Types mit praxonymischen Anteilen

Innerhalb des Teilbestandes detoponymischer Konstruktionen sind die fünf MOD-Types *Tanga*, *Waterberg*, *Taku(-Fort)*, *Groß-Nabas* und *Peking* zu verorten, die ausdrucksseitig auf Orte referieren. Gleichzeitig stellen die jeweiligen Modifikator-Konstruktionen „Eigennamen zur Bezeichnung historischer Ereignisse" (Spitzmüller und Warnke 2011: 141) dar, d. h. für die jeweiligen Konstruktionen sind praxonymische Verwendungsweisen festzustellen:

> Praxonyme (<griech. Praxis, 'Tat, Handlung'). Damit sind EN für Ereignisse gemeint [...] also z. B. **militärische, politische, wirtschaftliche, kulturelle, gesellschaftliche, sportliche Begebenheiten** [Fettdruck im Original] [...]. (Nübling et al. 2015: 317)

Solche praxonymischen Anteile können sowohl in Einträgen zeitgenössischer Koloniallexika der Modifikator-Konstruktionen als auch innerhalb von zeitgenössischen Benennungsmotiviken der SN-Token nachgewiesen werden:

---

[118] Teil der DSDK.

Groß-Nabas [Fettdruck im Original], Platz in Deutsch-Südwestafrika, an dem am 2. bis 4. Jan. 1905 ein verlustreiches Gefecht der deutschen Truppen gegen die Hottentotten stattfand (s. Hereroaufstand). (Schnee 1920 I: 760)

Groß-Nabas-Straße. Vom 2.-4.1.1905 fand bei Groß-Nabas in Deutsch-Südwestafrika ein Gefecht gegen den Großkapitän der Witboi-Hottentotten statt, an dem die Bayernkompanie hervorragend beteiligt war. (Adressbuch München 1941 IV: 313)

Pekingplatz. Zum Gedächtnis des chinesischen Feldzuges. (Adressbuch Berlin 1908 III: 615)

Bis auf die zwei einzelortsbezogenen Modifikatoren *Groß-Nabas* und *Peking* konnten für alle weiteren drei MOD-Types ortsübergreifend verfügte Konstruktionen erhoben werden. Sie werden in der Tabelle mit der jeweiligen Anzahl an entsprechenden SN-Token und den Einträgen in Schnee (1920) dargelegt.

Tab. 14: Distributionen toponymischer MOD-Types mit praxonymischen Anteilen (ortsübergreifend), Einträge in den Koloniallexika.

MOD-Type	MOD-Token	Lemma bzw. Auszüge aus Beschreibungsteilen anderer Lemmata in Schnee (1920)
Tanga	15	„Tanga [...], die nördlichste Hafenstadt von Deutsch-Ostafrika am Indischen Ozean und die zweitwichtigste des Schutzgebietes." (Schnee III: 454)
Waterberg	10	„In W. [d. i. Waterberg] befand sich der Sitz des Hererohäuptlings Kamasembi [...]. Nachdem Kamasembi 1903 gestorben war, erhoben sich [...] die am W. ansässigen Herero [...] im Januar 1904 gegen die Deutschen. Im August desselben Jahres fanden dann die entscheidenden Kämpfe statt, nachdem die Aufrührer auf dem W. von den deutschen Truppen eingeschlossen waren (s. Hereroaufstand)." (Schnee 1920 III: 691) „Hereroaufstand. Der Hereroaufstand war der schwerste Eingeborenenaufstand im Schutzgebiet Deutsch-Südwestafrika seit der Besitzergreifung [...]. Erst nach weiterer Verstärkung und Neugliederung der Schutztruppe unter dem Oberbefehl des Generalleutnants v. Trotha [...] wurde der zähe Widerstand der Hereros in dem Entscheidungskampf am Waterberg am 11. Aug. 1904 gebrochen. Ihre Flucht in das Sandfeld, wo sie dem Tode des Verdurstens preisgegeben waren, vollendete ihr Schicksal." (Schnee 1920 II: 59)
Taku(-Fort)	4	„Ostasiatische Expedition. Am 22. Juli 1900 wurde der deutsche Gesandte in Peking [...] ermordet. Als Antwort wurde von Deutschland ein Truppen aller Gattungen umfassendes Detachement [...] unter dem Namen ‚Ostasiatisches Expeditionskorps' [...] gebildet. [...] In den letzten Tagen des Juli verließ die Expedition [...] in verschiedenen Staffeln Bremerhaven und traf wohlbehalten Mitte September vor Taku ein. Ungefähr gleichzeitig kam dort der Graf Waldersee, der auf Anregung Rußlands mit dem Oberbefehl über die internationalen Truppen betraut war, an [...]." (Schnee 1920 II: 689)

Für zweigliedrige Konstruktionen mit dem MOD-Type *Tanga* ist neben der Ehrung und/oder Würdigung des Ortes die damit verbundene praxonymische Intention nicht festzustellen, weil das Koloniallexikon im Jahr der dort stattgefundenen Schlacht bereits fertiggestellt wurde (Kap. 4). Die toponymischen und/oder praxonymischen Anteile können allerdings in Benennungsmotiviken jüngerer Namenverfügungen in nationalsozialsozialistischer Zeit nachgewiesen werden. Sie wurden in den folgenden Auszügen fett markiert:

> Tangastraße: 1936 **nach dem Hafen** im ehemaligen Deutsch-Ostafrika. **In der Schlacht bei Tanga** am 4. November 1914 trug die Schutztruppe einen überwältigenden Sieg über einen weit überlegenen Gegner davon. (Adressbuch Heilbronn 1936 III: 159)

> Tangastraße: Tanga, **einer der wichtigsten Häfen** d. ehem. Deutschostafrikas. **Schlacht von Tanga** am 4.11.1914. Überwältigender Sieg der kleinen Schutztruppenformationen gegen eine vielfache feindliche Übermacht [...] An der Lüderitzstraße. (Adressbuch Köln 1939 IV: 731)

> Tangastraße: Tanga, die nördlichste **Hafenstadt** des ehemaligen deutschen Schutzgebiets Ostafrika. Hier fand im November 1914 der erste große **Kampf der ostafrikanischen Schutztruppe** unter Lettow-Vorbeck statt. (Adressbuch München 1941 IV: 621)

> Tangastraße: **Schlacht bei Tanga** 4. Nov. 1914. (Adressbuch Hamburg 1942 IV: 1186)

Die zehn SN-Token mit dem MOD-Type *Waterberg* beziehen sich auf die Gebirgslandschaft sowie auf den als Poststation ausgebauten und nach dem Gebirge benannten Ort (vgl. Schnee (1920 III: 691). Dass jene Konstruktionen ebenfalls primär praxonymische Bezüge aufweisen, wird neben einer ganzen Schriftenlandschaft[119] und dem entsprechenden Lemma im Koloniallexikon (Tab. 14) anhand der historischen Benennungsmotiviken entsprechender Namenverfügungen deutlich:

> Waterbergstraße: Kämpfe gegen die Herero in Deutsch-Südwestafrika 1904. (Adressbuch Leipzig 1938 II: 492)

Auch das Konstruktionsmuster mit dem MOD-Type *Taku(-Fort)* weist vorrangig praxonymische Anteile auf. Für den Modifikator liegt kein eigener Eintrag in Schnee (1920) vor, er ist aber im Beschreibungsteil unter dem Lemma *Boxeraufstand/Ostasiatische Expedition* aufgeführt. Entsprechende Namenverfügungen beziehen sich auf den aus deutscher Sicht erfolgreichen Kampf um die Befestigungsanlagen an der ostasiatischen Küste um die Jahrhundertwende:

---

[119] Man vgl. dazu die über 90 Treffer in der DSDK.

Takuplatz, Takustraße: Im chinesischen Boxeraufstand 1900 zeichnete die deutsche Marine sich beim Kampf um die Takuforts aus (Iltis- und Lansstraße weisen auch darauf hin). (Adressbuch Köln 1937 IV: 721)

Taku-Fort-Straße: Taku-Fort, bekannt im ostasiatischen Feldzug 1900/01, wurde nach tapferer Verteidigung von den europäischen Truppen erstürmt. (Adressbuch München 1941 IV: 620)

d. Hydro- und Oronyme

Detoponymische Konstruktionsmuster weisen nur einzelne Benennungen auf, die sich auf Gewässer und Berge in den kolonisierten Räumen beziehen. Für jene singulären Modifikator-Konstruktionen wurden folgende zeitgenössische Zuschreibungen zusammengetragen:

Tab. 15: Singuläre hydronymische und choronymische MOD-Types, Einträge in den Koloniallexika.

MOD-Type	Lemma in Kausch (1903) und/oder Schnee (1920)
Kilimandscharo	„Kilima-Ndjaro (Nscharo) DOA, der hohe Berg, eigentlich das ganze Gebirge von der Grösse des deutschen Harzes im Nordosten der Kolonie." (Kausch 1902: 54) „Der Vulkanberg K. in Deutsch-Ostafrika ist als höchster Berg Afrikas, ferner wegen seiner landschaftlichen Schönheiten, wegen seiner geographischen Eigenart eine der am meisten genannten Landschaften der Kolonie. […] Im Süden erreicht der Rand seine bedeutendste Höhe, die Kaiser-Wilhelmspitze, die erstmals 1899 von Hans Meyer (s.d.), dessen Name mit der Erforschung des K. [d. i. Kilimandscharos] untrennbar verknüpft ist, erstiegen wurde. Es ist die höchste Stelle Afrikas." (Schnee 1920 II: 294)
Usambara	„Usambara, Gebirgslandschaft in Deutsch-Ostafrika, der Küste am nächsten liegender Teil des Ostafrikanischen Randgebirges […]." (Schnee 1920 III: 589)
Kibo	„DOA, Höhenpunkt 5880 m im Kilimanjarogebirge […] jetzt Kaiser-Wilhelmspitze benannt." (Kausch 1903: 54) „Kibo, Kraterberg, s. Kilimandscharo." (Schnee 1920 II: 293)
Kongo	„(K. [d. i. Kongo]), Strom, dessen Wassergebiet in den Süden der Kolonie sich erstreckt […]." (Kausch 1903: 58) „An dem K. [d. i. Kongo], der nächst dem Nil der längste Strom Afrikas ist, hat Kameruns Südosten Anteil." (Schnee 1920 II: 352)
Mohasi	„Mohasi-See DOA, im Norden […]." (Kausch 1903: 75) „Mohasi, einer der Seen des n. Ruanda (Deutsch-Ostafrika), anscheinend ein Staubecken." (Schnee 1920 II: 586)
Njassa	„Njassa […], einer der großen Seen Ostafrikas, der auf der N- und O- Seite von deutschem, auf der W-, S- und O-Seite von britischem (Br.- Zentralafrika) und portugiesischem Gebiet (Prov. Mozambique) umgeben wird (s. Deutsch-Ostafrika)." (Schnee 1920 II: 654)

MOD-Type	Lemma in Kausch (1903) und/oder Schnee (1920)
Sambesi	„DSWA, Fluss im äussersten Nordosten grenzend [...]." (Kausch 1903: 98). „Der S., einer der größten Ströme des Weltteils Afrika [...]." (Schnee 1920 III: 209)
Tanganjika	„Tanganjika, der große See, der auf ungefähr 670 km [...] die Grenze zwischen Deutsch-Ostafrika und der Kongokolonie bildet." (Schnee 1920 III: 455)

Die MOD-Types *Kongo, Mohasi, Njassa, Sambesi* und *Tanganjika* referieren auf Gewässer (Flüsse oder Seen) in Afrika. Die drei MOD-Types *Kilimandscharo, Usambara* und *Kibo* beziehen sich auf Gebirge in den kolonisierten Gebieten. Nur die MOD-Types *Kilimandscharo* bzw. *Usambara* sind als koloniale Straßenbenennungen für jeweils zwei Städte[120] festzustellen. Alle weiteren dehydronymischen und deoronymischen Konstruktionen stellen nur für singuläre Orte[121] konstatierbare Phänomene dar.

7.2 Zwischenergebnisse

Mit der lexikologisch-onymischen Kategorisierung des erhobenen (Gesamt-)Bestands aller MOD-Token konnten die über 520 Kolonialismen hinsichtlich musterhafter Vorkommen kategorisiert werden. Dabei zeigt sich, dass alle ortsübergreifend verfügten MOD-Types (bis auf *Lettow-Vorbeck*) als eigene Einträge oder im Beschreibungsteil anderer Lemmata in den enzyklopädischen Werken (Kausch 1903, Schnee 1920) aufgeführt sind und somit in einem unmittelbaren zeitgenössischen Zusammenhang mit der deutschen Kolonialepoche verortet wurden. Anhand der quellenbezogenen Zuschreibungen konnten bspw. auch die mit praxonymischen Anteilen verfügten toponymischen MOD-Types im sprachhistorischen Zugriff aufgedeckt und entsprechend eingeordnet werden. Dabei ergaben sich eindeutige Distributionen, die aufzeigen, dass nicht nur die Kolonialtoponymie im kolonisierten Raum, sondern auch das koloniale Namenprojekt in der Metropole „von Systematizität geprägt ist, die es erlaubt, den Gegenstand mit Hilfe von Präferenzregeln adäquat zu beschreiben" (Stolz und Warnke 2018b: 46). Etwa 95% aller erhobenen Konstruktionen konnten anthroponymischen (59 %) oder toponymischen (36 %) MOD-Token zugeordnet

---

120 D. s.: Magdeburg (*Kilimandscharoweg*) und Lodz bzw. Litzmannstadt [Łódź] (*Kilimandscharostraße*) bzw. Berlin (*Usambarastraße*) und München (*Usambarastraße*).
121 D. s.: *Kongo-, Sambesi-* und *Mohasistraße* in Berlin, *Kibostraße* in München, *Tanganjika*- und *Njassastraße* in Lodz bzw. Litzmannstadt [Łódź].

werden. Systematizitäten konnten auch für die innerhalb der jeweiligen anthroponymischen und toponymischen Teilbestände der verfügten Modifikator-Konstruktionen herausgestellt werden. Auf Grundlage der dargelegten Strukturmuster wird im folgenden Abschnitt auf die diskursorientierte Einordnung der Kolonialismen eingegangen. Dabei soll die Frage beantwortet werden, welche diskursfunktionalen Dimensionen sich aus den jeweils quantitativ dominanten Strukturmustern im Hinblick auf die damit versprachlichten kolonisatorischen Gewissheiten ergeben.

7.3 Diskursfunktionen

Mit dem musterhaften Vorkommen an deanthroponymischen und detoponymischen Konstruktionen ist zuallererst festzuhalten, dass kolonial motivierte Namenvergabepraktiken auf eine Ehrung und/oder Würdigung von Personen und von Raum in Übersee abzielen sollten. Übergeordnet ist das Namenprojekt in der deutschen Metropole also damit zu beschreiben, dass eine Fixierung der Parameter Personalität und Lokalität im (Alltags-)Raum der deutschen Gesellschaft angestrebt wurde. Zur Beantwortung der damit versprachlichten genuin *kolonisatorischen* Gewissheiten sind beide Parameter näher zu untersuchen: Hierfür werden die jeweiligen Teilinventare der deanthroponymischen und detoponymischen Konstruktionsmuster bzw. ihre MOD-Types auf propositionale Einbettungen hinsichtlich ihrer „semantischen Repräsentationen im Rahmen kolonialer Wissensordnungen" (Stolz und Warnke 2018 b: 51) diskutiert. Dies erfolgt durch die Untersuchung der linksköpfigen Konstruktionsmuster im zeitgenössischen transtextuellen Aussagezusammenhang, vorrangig durch Auswertung zeitgenössischer Zuschreibungen aus Einträgen der Koloniallexika, und durch die Auswertung von Benennungsmotiviken aus den historischen Einwohner- bzw. Adressbüchern, die explizit auf die sprachlich-kommunikativen Praktiken der kolonialen Namenvergaben verweisen.

7.3.1 Personalität

Dass deanthroponymische Konstruktionen für das zusammengestellte Inventar kolonial motivierter Straßenbenennungen im Deutschen Reich eine quantitativ maßgebliche Rolle einnehmen, ist insofern nicht überraschend, als dass die Würdigung von Personen durch neuzeitliche Straßennamenverfügungen im Deutschen Reich eine usuelle Sprachpraxis darstellt; so können derartige Häufigkeiten administrativ verfügter deanthroponymischer Mikrotoponyme auch in einer synchronen Sichtung weiterer, nicht-kolonialer Namenverfügungen bestätigt werden. Schulz und Aleff (2018: 147) zeigen, dass jene Lokalisierung von Personalität für neuzeitliche Straßenbenennungspraktiken im deutschsprachigen Raum eine bedeutende Rolle einnimmt, „und zwar sogar grundsätzlich und damit erheblich über den Bereich der kolonialen Mikrotoponyme hinausgehend. Die Option einer kommemorativen Aufladung durch die Verwendung von Anthroponymen in der Konstruktion von Mikrotoponymen wird nämlich seit dem 19. Jahrhundert systematisch genutzt".[122] Aus den rein strukturellen Befunden können damit keine Spezifika ermittelt werden, die symptomatisch für das koloniale Namenprojekt in der Metropole und als typisch **koloniale** Praxis stehen. Die Beantwortung jener Fragen ist dann möglich, wenn jenes hohe Maß an struktureller Typizität hinsichtlich der damit intendierten Kommemoration der außersprachlichen Referenten untersucht wird. Um herauszufinden, wofür die jeweiligen Personen zum Zeitpunkt der Benennung geehrt und/oder gewürdigt werden sollten, müssen die MOD-Types der ortsübergreifend verfügten deanthroponymischen Konstruktionen sprachhistorisch kontextualisiert werden. Die Untersuchung der mit anthroponymischen MOD-Types versprachlichten kolonisatorischen Wissenskonzepte erfolgt durch die in den Einträgen der Koloniallexika (Tab. 10) vorgenommenen zeitgenössischen Zuschreibungen von Ämtern, Zuständigkeiten u. dgl., aber auch durch die dort getroffenen historischen Aussagen über Tätigkeitsfelder und ausgeübte Handlungen der Personen.

Tab. 16: Historische Zuschreibungen anthroponymischer MOD-Types (ortsübergreifend).

MOD-Type	Kausch (1903) und/oder Schnee (1920)
Peters	deutscher Kommissar, Kolonialförderer, Reichskommissar, Begründer des heutigen Ostafrika
Lüderitz	Bucht von Angra Pequena kaufen, Besitzungen in Südwestafrika
Wissmann	Reichs-Kommissar, Gouverneur
Nachtigal	Besitz ergreifen, deutsche Fahne hissen
Woermann	Kaufmann, Kolonialpolitiker, Reedereigeschäft, Erwerbung der Kolonie Kamerun
Leutwein	aufständische Hottentotten schlagen, Gouverneur
Rohlfs	Reisen in Afrika, Generalkonsul, bedeutendster Afrikaforscher
Erckert	Hauptmann der Kaiserlichen Schutztruppe, Kämpfe gegen die Hottentotten

---

122 Der Befund resultiert aus der Sichtung historischer (1903, 1943) und gegenwartssprachlicher (2017) Stadtpläne für Frankfurt am Main.

Sie zeigen, dass mit jenen deanthroponymischen Benennungen allesamt Kolonialakteure des Deutschen Kaiserreichs geehrt und/oder gewürdigt werden sollten, also Personen, die entweder einen entscheidenden Beitrag an der Erwerbung der Kolonien (Adolf Lüderitz, Gustav Nachtigal, Adolf Woermann, Gerhard Rohlfs) trugen, oder während der faktischen Kolonialzeit als Kommissare und/oder Gouverneure hohe administrative Ämter in den deutschen Kolonien[123] (Carl Peters, Hermann von Wissmann, Theodor Leutwein) inne hatten. Theodor Leutwein und Friedrich von Erckert hatten hohe militärische Ämter bei der Niederschlagung der Kolonialkriege inne, die das Deutsche Kaiserreich gegen die aufständischen Herero und Hottentotten in Deutsch-Südwestafrika führte (vgl. Schnee II: 452).

Ähnliche Zuschreibungen finden sich auch bei den in historischen Adressbüchern dargelegten Benennungsmotiviken für entsprechende Namenverfügungen. Gerade für die in nationalsozialistischer Zeit verfügten deanthroponymischen Namen ist die ortsübergreifende Zuschreibung *[Kolonial]pionier[e]* frequentiell dominant, die in den folgenden Einträgen fett markiert wurde:

Carl-Peters-Straße: Ben. nach dem **Kolonialpionier** Dr. Carl Peters. (Adressbuch Braunschweig 1940 III: 39)

Karl-Peters-Straße: Karl Peters [...] Der größte deutsche **Kolonialpionier** und Gründer der Kolonie Deutsch Ostafrika. (Adressbuch Köln 1937 IV: 578)

Lüderitzstraße: Ben. nach dem **Kolonialpionier** Lüderitz. (Adressbuch Braunschweig 1940 III: 211)

Lüderitzstraße: 1936 nach Franz Adolf Eduard Lüderitz [...], dem kaufmännischen **Pionier** des deutschen Kolonialbesitzes und Gründer der ehemaligen deutschen Kolonie Deutsch-Südwestafrika. (Adressbuch Heilbronn1936 III: 98)

Lüderitzstraße: Zu Ehren des großen deutschen **Kolonialpioniers** A. Lüderitz. (Adressbuch Weimar 1937 III: 46)

Nachtigalweg: Zur Erinnerung an den **Kolonialpionier** Gustav Nachtigal. (Adressbuch Merseburg 1940 II: 204)

---

[123] Man vgl. dazu die jeweiligen Einträge im Koloniallexikon: „**Kommissare** [Fettdruck im Original] hießen insbesondere diejenigen Beamten, welche vom Kaiser entsandt wurden, um die Verwaltung von Schutzgebieten oder Teilen von solchen zu übernehmen." (Schnee 1920 II: 349) „**Gouverneur** [Fettdruck im Original]. An der Spitze einer jeden deutschen Kolonie steht gegenwärtig ein G. [d. i. Gouverneur] nachdem die früher für Kolonien von geringerer Bedeutung eingeführten Titel eines Reichskommissars oder Landeshauptmanns fortgefallen sind." (Schnee 1920 I: 746)

> Petersstraße: Zur Erinnerung an den **Kolonialpionier** Carl Peters, Gründer der Kolonie Deutsch-Südwestafrika. (Adressbuch Merseburg 1940 II: 212)
>
> Wissmannstraße: Ben. nach dem **Kolonialpionier** von Wissmann. (Adressbuch Braunschweig 1940 III: 319)
>
> Wissmannweg: Zur Erinnerung an den **Kolonialpionier** Hermann Wissmann. (Adressbuch Merseburg 1940 II: 246)

Die nach der faktischen Kolonialzeit erfolgten Benennungen mit dem anthroponymischen MOD-Type *Lettow-Vorbeck* sollte auf die Person Paul von Lettow-Vorbeck als „Kolonialheld für Kaiser und Führer" (Schulte-Varendorff 2006) referieren. Dass Paul von Lettow-Vorbeck „schon zu Lebzeiten [...] als heroischer Verteidiger Deutsch-Ostafrikas im Weltkrieg" (Speitkamp 2004) geehrt und/oder gewürdigt wurde, wird auch durch die adjektivischen Zuschreibungen der Benennungsmotiviken deutlich:

> Lettow-Vorbeck-Straße: Paul von Lettow-Vorbeck [...] seit 1918 Kommandeur der Schutztruppe in Deutsch-Ostafrika, das er von 1914–1918 in **heldenhafter** Weise gegen eine riesige feindliche Übermacht verteidigte. (Adressbuch Köln 1939 IV: 432)
>
> Lettow-Vorbeck-Straße: 1937, benannt nach dem General Lettow-Vorbeck, dem **heldenmütigen** Verteidiger Deutsch-Ostafrikas im Weltkriege. (Adressbuch Lübeck 1939 III: 550)
>
> Lettow-Vorbeck-Straße: Benannt nach dem **heldenhaften** Verteidiger Deutsch-Ostafrikas, Generalmajor v. Lettow-Vorbeck. (Adressbuch Wuppertal 1938 III: 253)

Das zahlenmäßig dominante Inventar an ortsübergreifend verfügten deanthroponymischen Benennungen bezog sich in kommemorativer Intention auf Kolonialakteure des Deutschen Kaiserreichs, die aus historischer Sicht einen maßgeblichen Teil an der Aneignung, dem Ausbau und der (militärischen) Sicherung der Herrschaft in den kolonisierten Gebieten hatten und damit „auf einen vom Namengeber wertgeschätzten Repräsentanten der kolonisierenden Nation [...]" (Stolz und Warnke 2017: 209) verweisen. Dass die Kommemoration auf das Eigene bezogen ist, zeigen auch die in einzelnen metasprachlichen Texten dargelegten Possessivpronomen:

> Adolf-Lüderitz-Straße: Zu Ehren von Adolf Lüderitz, der den Ausgangspunkt **unserer** ehem. Kolonie Deutsch-Südwestafrika erwarb. (Adressbuch Gotha 1941/42 II: 264)
>
> Erckertstraße: Hervorragender Führer in **unseren** Kolonialkriegen, besonders in den Kämpfen um Südwest-Afrika (Herero-Aufstand 1904). (Adressbuch Hamburg 1940 IV: 354)
>
> Lansstraße: Kapitän Lans, 1900 Befehlshaber **unserer** Marine im Kampfe um die Takuforts. (Adressbuch Köln 1937 IV: 422)

Jene kolonisatorische Zentrierung auf das Eigene wird sodann auch durch persönliche Bezüge offensichtlich, die offenbar eine Verbindung rechtfertigen sollten. In diesem Zusammenhang sind gerade die (vorrangig) für Einzelorte erhobenen singulären deanthroponymischen Konstruktionen herauszustellen, die sich auf Kolonialakteure beziehen und gleichzeitig regionale und sogar lokale Bezüge zum Mutterland aufweisen. Auf die regional- bzw. lokalpatriotische Relevanz solcher ortsbezogenen Konstruktionen wird auch in historischen Straßenverzeichnissen eingegangen:

> Albert-Voigts-Weg: Ben. [d. i benannt] nach dem **Braunschweiger Kolonialpionier** in Deutsch-Südwest-Afrika. (Adressbuch Braunschweig 1940 III: 39)
>
> Eduard-Haber-Straße: [...] benannt zu Ehren des **Tübinger Professors und einstigen Gouverneurs** der Kolonie Deutsch-Neuguinea. (Adressbuch Tübingen 1942 III: 19)
>
> Hermann-Blumenau-Straße: Ben. nach dem **Braunschweiger Kolonialpionier** im Staate Sante Catherine von Brasilien. (Adressbuch Braunschweig 1940 III: 148)
>
> Otto-Finsch-Straße: Ben. nach dem **Braunschweiger Vogelforscher und Kolonalpionier** in Neu-Guinea. (Adressbuch Braunschweig 1940 III: 239)
>
> Von-Erkert-Platz/Von-Erkert-Straße: [...] Friedrich von Erkert, Hauptmann und erster Kamelreiterführer der Schutztruppe **der sog. Bayernkompanie** (1869–1908). (Adressbuch München 1941 IV: 668)

7.3.2 Lokalität

Zur Fixierung kolonisatorischer Gewissheiten in der Metropole steht der Parameter Lokalität durch entsprechende detoponymische Konstruktionsmuster an zweiter Stelle, spielt also neben Personalität die quantitativ zweitwichtigste Rolle. Mit toponymischen Modifikator-Konstruktionen wird eine Integration des kolonisierten Raumes im öffentlichen Raum des Deutschen Reichs vorgenommen. Raumkonzepte sind im gesamten neuzeitlichen Kolonialismus zentral. In diskursfunktionaler Perspektive soll ermittelt werden, inwieweit die aufgezeigten strukturbezogenen Distributionen im Namenprojekt der Metropole selbst Wissensordnungen über kolonisatorisch tradierte Raumkonzepte hervorbringen und welche transtextuellen Zuschreibungen dabei eine übergeordnete Rolle spielten.

7.3.2.1 Distributionen und zeitgenössische Zuschreibungen

Für den Teilbestand detoponymischer Konstruktionsmuster wird eine sprachhistorische Kontextualisierung der jeweiligen ortsübergreifenden choronymischen, oikonymischen und mit praxonymischen Anteilen festzustellenden toponymischen MOD-Types vorgenommen. Dabei konnten Choronyme und Oikonyme als quantitativ dominante Konstruktionsmuster herausgestellt werden. Die in den enzyklopädischen Werken angelegten Artikel (Tab. 12) zeigen für die Klasse der Choronyme auf, dass diese – mit Ausnahme des MOD-Types *Sansibar* – auf die Kolonialgebiete des Deutschen Kaiserreichs referieren:

Tab. 17: Historische Zuschreibung choronymischer MOD-Types (ortsübergreifend).

MOD-Type	Kausch (1903) und/oder Schnee (1920)
Togo	*deutsche Kolonie, Schutzgebiet, Schutzvertrag abschließen*
Kamerun	*deutsche Kolonie*
Samoa	*deutscher Besitz, Übernahme der deutschen Schutzherrschaft*
(Neu-)Guinea	*Deutsch-Neu-Guinea, größte Insel der Südsee, deutscher Anteil*
(Deutsch-)Südwest(-Afrika)	*deutsches Schutzgebiet*
(Deutsch-)Ostafrika	*Verwaltung des Schutzgebiets durch das Deutsche Reich*
Sansibar	*größte Insel des Sansibararchipels, heutiges Sultanat, britisch*

Die in den wissensvermittelnden Texten aus der faktischen Kolonialzeit erfolgten Zuschreibungen zeigen für die ortsübergreifend verfügten choronymischen Modifikator-Konstruktionen auf, dass die imperialistische Machtexpansion in Übersee durch den Abschluss von *Schutzverträgen* auch als *deutsche Schutzherrschaft* beschrieben wird: Jene Bezeichnung kolonialer Machtkonstellationen und die im Zuge dessen errichteten kolonisierten Räume als *Schutzgebiet*e wird von Warnke und Stolz (2013: 479–483) als Konzept der Reifizierung als entscheidendes Merkmal kolonialer Positionen beschrieben:

> Reifizierung im kolonialen Dispositiv meint einerseits die Verdinglichung des dimensionalen Kolonialraums selbst, der als unbelebtes und agensloses Ding erscheint, und es meint eine Verschiebung der Handlungsmacht allein auf die Seite der Kolonisierenden. Damit verbunden ist eine Repräsentation von verfügbaren Kolonialräumen als tatsächlich existierend. (Warnke und Stolz 2013: 480)

Dass geopolitische Machtexpansion und die Errichtung kolonisierter Räume als *Schutzgebiete* und *Schutzherrschaft* beschrieben wird, also zum *Schutz* jener selbst errichteten Länder in Übersee dienen sollten, kann mit den damit „verbundenen Rechtfertigungsabsichten zur kolonialen Unterwerfung" (Warnke und Stolz 2013: 480) erklärt werden, die mit derartigen Zuschreibungen versprachlicht wurden. Diese sind nicht nur in wissensvermittelnden Texten aus der faktischen Kolonialzeit, sondern auch in zeitgenössischen Adressbucheinträgen entsprechender dechoronymischer SN-Token festzustellen, die nach der de facto-Herrschaft in den 1920er und 1930er Jahre von den städtischen Administrationen verfügt wurden: „Togostraße: ehem. deutsches Schutzgebiet in Oberguinea an der Sklavenküste" (Adressbuch Bremen 1939 III: 283). Dieser Befund ist insofern als Fortsetzung kolonisatorischer Selbstwahrnehmung herauszustellen, als dass bereits Schnee (1920 III: 312) noch in der faktischen Kolonialzeit darauf hinweist, dass die Bezeichnung ein kontrafaktisches Verhältnis zwischen der Metropole und den Kolonien wiedergibt:

> **Schutzgebiete** [Fettdruck im Original] heißen die überseeischen Länder, die unter dem Schutze eines europäischen Staates stehen. [...] Die deutschen Schutzgebiete stehen zu dem Deutschen Reiche in staatsrechtlicher Abhängigkeit; sie sind zwar dem Reichsgebiet nicht einverleibt (Art. 1 Reichsverfassung), gehören aber staatsrechtlich und völkerrechtlich zu dem Reiche. Dieses hat die unbeschränkte Souveränität über sie. Anfangs hat das Reich in den erworbenen Gebieten die Staatsgewalt nicht in vollem Umfange ausgeübt, sondern seine nächste Aufgabe vornehmlich in dem Schutz gesehen. Darauf beruht die Bezeichnung der Erwerbungen als ‚Schutzgebiete' und der dem Reiche zustehenden Gewalt als ‚Schutzgewalt' [...]. Inzwischen hat das Reich auch die weiteren Aufgaben der Staatshoheit: Gesetzgebung, Rechtspflege, Verwaltung übernommen und seine Souveränität nach allen Seiten entfaltet.

Anhand der oikonymischen Modifikator-Konstruktionen ist eine geradezu musterhafte „Verschiebung der Handlungsmacht allein auf die Seite der Kolonisierenden" (Warnke und Stolz 2013: 480) festzustellen. Die inhaltlichen Zuschreibungen in den Koloniallexika (Tab. 13) vermitteln zu solchen Oikonymen kollektiv verfügbare Wissenskonzepte, die man den jeweiligen Orten in den Kolonialgebieten zugeschrieben hat:

Tab. 18: Historische Zuschreibungen oikonymischer MOD-Types (ortsübergreifend).

MOD-Type	Kausch (1903) und/oder Schnee (1920)
Windhuk	deutsches Postamt, Militär- und Missionsstation, Regierungssitz, Hauptort, Sitz der Regierung, des Gouverneurs, des Kommandos der Schutztruppe, Hauptstadt
Swakopmund	Regierungs-, Missions- und Militärstation, Bahnstation, deutsche Postanstalt, wichtigster Küstenplatz, Einzelfirmen, wichtigstes Tor für den Handel
Duala	neuer Regierungssitz, deutsches Postamt, Hauptort der Kolonie Kamerun
Otavi	Otavi Minen, deutsche Post, Militärstation, Kupfererzlager, Eisenbahn, bergmännischer Betrieb, Ausfuhr von Erzen, eine der wichtigsten Landschaften
Tsingtau	deutsche Post, Bahnprojekte, Hafenstadt, Stapelplatz, Umschlaghafen, Ausfuhr- und Verteilungshafen, mannigfache Erzeugnisse, Hauptstadt

MOD-Type	Kausch (1903) und/oder Schnee (1920)
Daressalam	*Missionsstation, deutsches Postamt, Hauptstadt, guter Hafenort, liegt Sansibar am nächsten*

Wertet man jene Zuschreibungen als (potenziell bekannten) Kontext in Bezug auf Kolonialismus und koloniale Themen im Deutschen Reich, werden die mit derartigen Benennungspraktiken intendierten Diskursfunktionen im Kontext zeitgenössischer kolonialer Raumaneignung und -besetzung evident: Die deoikonymischen Konstruktionsmuster im Raum der deutschen Metropole sollten die in den Kolonien errichteten bzw. ausgebauten administrativen Hauptorte bzw. -städte sowie deren wirtschaftliche und handelsspezifische Zentren ehren und/oder würdigen. Bei den mit derartigen Sprachpraktiken hervorgebrachten Wissenskonzepten ging es primär also darum, auf das eigene kolonialpolitische Handeln und der damit verbundenen Herrschaftssicherung in den Kolonien Bezug zu nehmen: Der vermittelten „Sichtweise des fremden Eindringens in den leeren Raum", der „vor dem europäischen Zugriff [...] amorph, unstrukturiert, scheinbar unbekannt, unbenannt und unbemannt" (Speitkamp angenommen) beschrieben wurde, wurde ein aktives Engagement der deutschen Akteure vor Ort (Reisende, Missionare, Militärs, Verwaltungsbeamte, Siedler) entgegengestellt, das die erfolgversprechende Inbesitznahme des kolonisierten Raumes aus Sicht der deutschen Kolonialbefürworter im Kaiserreich legitimieren sollte. Dass gerade mit der Errichtung und dem Ausbau solcher administrativer, wirtschaftlicher und/oder handelsspezifischer Zentren eine Rechtfertigung des kostspieligen kolonialen Projekts intendiert war, verdeutlichen auch zeitgenössische wissensvermittelnde Texte seiner Befürworter:

> Der weitsichtige Beobachter muss sich sagen, dass kein Menschenalter vergehen dürfte, bis aus dem jetzigen Aufwand an Kraft, Zeit und Geld des Mutterlandes überreicher Gewinn zu ziehen sein wird. [...] Wir richten nicht zwecklos Regierungs- und Stationsbezirke [...] ein, legen nicht umsonst Posten an, bauen nicht ohne Berechtigung Eisenbahn- und Telegraphenlinien und lassen unsere Dampfer nicht unbeladen die Weltmeere durchfahren. Die deutsche Beharrlichkeit, welche im Mutterlande Früchte zeitigt, wird auch in den Kolonien dereinst Segen ernten. (Kausch 1903: 3–4)

Mit entsprechenden deoikonymischen Namenvergabepraktiken im öffentlichen Raum der deutschen Metropole, die die (freilich punktuellen) Verwaltungs- und Wirtschaftszentren im kolonisierten Raum ehren und/oder würdigen sollten, konzentrierten sich die administrativen Namengeber auf die aus Sicht der Kolonialbefürworter augenfälligsten Erfolge des neuzeitlichen kolonisatorischen Machstrebens. Das Konzept der Reifizierung wird dabei überdeutlich: Der Fokus des kolonialen Projekts lag auf dem eigenen Nutzen, auf der wirtschaftlichen (Aus-)Nutzung der Kolonien, der Rohstoffe und Arbeitskräfte für die Metropole sowie auf der Hoffnung, dass dadurch „überreicher Gewinn zu ziehen sein wird" (Kausch 1903: 3), der wiederum eins zu eins mittels entsprechenden deoikonymischen Konstruktionsmustern abgebildet wurde.

Dass das koloniale Namenprojekt in der Metropole ausschließlich kommunikative Handlungsmacht der Kolonisatoren aufweist, kulminiert in den mit praxonymischen Anteilen verfügten toponymischen Konstruktionsmustern *Tanga*, *Waterberg* und *Taku(-Fort)* (Tab. 14). Dieser Befund kann mit den jeweiligen zeitgenössischen Zuschreibungen untermauert werden, wird aber bereits anhand der primären zeitgenössischen Intention der betreffenden MOD-Types deutlich: Die mit entsprechenden Konstruktionen vorgenommene Bezugnahme auf die aus deutscher Sicht erfolgreichen Kampfhandlungen konzentriert sich ausschließlich auf das Handeln und der damit verbundenen Herrschaftssicherung der deutschen Kolonialmacht. So war bspw. der Ort Tanga auf regional wirkende Funktionen als Handelszentrum beschränkt (vgl. Becher 1997: 168). Nichtsdestotrotz wurden dementsprechende Modifikator-Konstruktionen für kolonial motivierte Namenvergabepraktiken im Raum der deutschen Metropole als attraktiv angesehen, weil – das zeigen auch die bereits dargelegten Benennungsmotiviken zeitgenössischer Adressbücher (Kap. 7.1.2.2.c) – sich die Namenverfügungen (auch) auf die „für unsere Schutztruppe so ruhm- und erfolgreiche[n] Schlacht von Tanga" (Reichs-Kolonial-Amt 1915: 57) [124] beziehen sollten, in der die deutschen Kolonialtruppen unter der Führung des Generals Lettow-Vorbeck die Briten besiegten.

> Tanga war für die Briten ein Fiasko [und] [...] galt lange als eine der schlimmsten Niederlagen in den Annalen britischer Militärgeschichte. 800 Tote blieben auf britischer Seite auf dem Schlachtfeld, nahezu die Hälfte des britischen Offizierskorps war gefallen. Dagegen nahmen sich die Verluste der Deutschen gering aus. (Pesek 2010: 57)

Mit den Benennungspraktiken sollten Kampfhandlungen der deutschen Kolonialmacht in den kolonisierten Räumen (*Tanga*, *Taku(-Fort)*) oder die aus Sicht der deutschen Kolonisatoren erfolgreich niedergeschlagenen Aufstände der kolonisierten Bevölkerung (*Waterberg*), versprachlicht und im Raum der Metropole fixiert werden. Die mit praxonymischen Anteilen verfügten detoponymischen Konstruktionsmuster sollten damit die eigenen Verwaltungs- und Machtstrukturen in den kolonisierten Gebieten stabilisieren. Dieser Befund wird auch anhand der (bereits für deanthroponymische Benennungen aufgezeigten) per-

---

124 Teil der DSDK.

sönlichen Bezüge innerhalb einzelner Benennungsmotiviken gestützt, die eine Verbindung rechtfertigen sollten:

> Waterbergstraße: Am Waterberg, ehem. Deutsch-Südwestafrika, fand 1904 ein entscheidendes Gefecht im Hererofeldzug statt, **an dem viele Bayern teilnahmen.** (Adressbuch München 1941 IV: 313)
>
> Groß-Nabas-Straße: Vom 2.-4.1.1905 fand bei Groß-Nabas in Deutsch-Südwestafrika ein Gefecht gegen den Großkapitän der Witboi-Hottentotten statt, **an dem die Bayernkompanie hervorragend beteiligt war.** (Adressbuch München 1941 IV: 313)

Im Gegensatz zu den kolonisierten Räumen, den dort errichteten Hauptorten und aus Sicht des Deutschen Kaiserreichs erfolgreichen Kampfhandlungen konnten dehydronymische und deoronymische Konstruktionen, die auf naturräumliche Gegebenheiten in den Kolonien referieren, nur für singuläre Städte des Deutschen Reichs erhoben werden. Die Fixierung solchen sprachlichen Wissens im (Alltags-)Raum der Metropole spielt eine zahlenmäßig völlig untergeordnete Rolle. Nichtsdestotrotz sind bei den Zuschreibungen in den enzyklopädischen Werken (Tab. 15) diskurslinguistisch interessante Beobachtungen festzustellen:

Tab. 19: Historische Zuschreibungen singulärer hydronymischer und oronymischer MOD-Types.

MOD-Type	Zuschreibungen in Schnee (1920) und/oder Kausch (1903)
Kilimandscharo	*von der Grösse des deutschen Harzes, höchster Berg Afrikas, landschaftliche Schönheiten, einer der meisten genannten Landschaften der Kolonie, Kaiser-Wilhelms-Spitze von Hans Meyer erstiegen, höchste Stelle Afrikas*
Usambara	*der Küste am Nächsten liegender Teil*
Kibo	*Höhenpunkt 5880 m, jetzt Kaiser-Wilhelmspitze*
Kongo	*nächst dem Nil der längste Strom Afrikas*
Mohasi	*einer der Seen des Ruanda*
Njassa	*einer der großen Seen Ostafrikas*
Sambesi	*einer der größten Ströme des Weltteils Afrika*
Tanganjika	*auf ungefähr 670 km, Grenze zwischen Deutsch-Ostafrika und der Kongokolonie*

In den Einträgen ist neben messbaren und/oder quantifizierbaren Angaben vor allem die Anzahl an Superlativen augenfällig, die man jenen naturräumlichen Gegebenheiten nicht nur in den zeitgenössischen wissensvermittelnden Texten des Deutschen Reichs, sondern auch den jeweiligen Namenverfügungen in entsprechenden Benennungsmotiviken der historischen Einwohnerbücher zugeschrieben hat:

> Kibostraße: Kibo, 6010 m, höchster Gipfel des Bergmassivs des Kilimandscharo im Nordosten des früheren Ostafrika. (Adressbuch München 1941 IV: 350)

Das Wissen um das in faktischer Kolonialzeit in Deutsch-Ostafrika zu verortende Bergmassiv *Kilimandscharo* wurde sowohl durch entsprechende Alltagsliteratur (Reiseberichte, Zeitungstexte u. dgl.) als auch durch literarische Texte verbreitet: „Der Kilimandscharo verkörpert im spät zu Kolonien gelangten Deutschen Reich die neue Größe und besitzt dadurch als Kollektivsymbol einen besonderen Stellenwert im Alltagsbewusstsein" (Hamann und Honold 2011: 122). In den enzyklopädischen Werken wird das Bergmassiv mit der „Grösse des deutschen Harzes" (Kausch 1902: 54) gleichgesetzt – ein Vergleich, der auch in einer ganzen Reihe weiterer zeitgenössischer Texte und sogar in Geographieschulbüchern zu finden ist:

> Wie eine Insel hebt sich das frischgrüne Kilimandscharo-Gebirgsland, das eine Fläche bedeckt, die den Harz bei Weitem übertrifft, aus der gelbbraunen Steppe heraus. (Lene 1908: 138)

> Von hier aus erblickt man auch im fernen Osten, hoch über die Massaisteppe emporragend, den höchsten Berg von ganz Afrika, den zweigipfeligen Kilimandscharo, eine Bergmasse von 6010 m Höhe und einer Grundfläche, daß der ganze Harz bequem darauf stehen könnte. (Wünsche 1912: 3)

Im *Jahrbuch über die deutschen Kolonien* geht der Geograph Jäger (1914: 1)[125] sogar einen Schritt weiter, wenn er behauptet, dass

> jedes Schulkind [...] den Kilimandscharo so gut wie den Brocken oder die Schneekoppe oder den Montblanc [kennt]. Und mit dem Namen des Berges eng verknüpft ist der Name des kühnen Mannes, [...] dem wir es verdanken, daß dieser Berg ein deutscher Berg geworden ist, Hans Meyer.

Jene zeitgenössischen transtextuellen Aussagenzusammenhänge verdeutlichen, dass man auch mit dehydronymischen und deoronymischen Konstruktionen darauf abzielte, fremde Naturräume in den Kolonialgebieten als bekannte geographische Landschaften im öffentlichen Raum der Metropole als kollektive Wissensbestände zu fixieren. Dass mit derartigen Benennungen auch die uneingeschränkte Nutzbarmachung des kolonisierten Raumes durch die deut-

---

125 Teil der DSDK.

schen Kolonisatoren versprachlicht wurde, verdeutlichen zeitgenössische Motiviken solcher Benennungen:

> Usambarastraße: Usambara, Ort im ehem. deutschen Schutzgebiet Ostafrika an der Nordbahn gelegen, die Tanga und Moschi verbindet; berühmt durch die von deutschen Pflanzern geschaffenen Kaffeeplantagen. (Adressbuch München 1941 IV: 659)

Für den Teilbestand bleibt festzuhalten, dass nicht nur die Distributionen hinsichtlich der dabei verwendeten toponymischen Unterklassen erklärt werden können, sondern dass auch die damit versprachlichten kolonisatorischen Wissenskonzepte ein geradezu sprachlich-diskursives Muster offenlegen: Die in den Einträgen der enzyklopädischen Werke (vgl. Kausch 1903, Schnee 1920) für die entsprechenden Modifikator-Konstruktionen dargelegten Zuschreibungen, teilweise mit Einbezug der in den historischen Adressbüchern aufgezeigten Benennungsmotiviken der Inventare, verdeutlichen, dass mit derartigen Namenvergabepraktiken kein hochgradig komplexer, fremder Raum in den (Alltags-)Raum der deutschen Gesellschaft implantiert und sichtbar gemacht werden sollte. Die große Mehrheit der Benennungen bezieht sich auf den von Seiten des Deutschen Kaiserreichs erworbenen Kolonialbesitz, also auf die Kolonien und die dort von der Kolonialmacht als ökonomische und/oder administrative Zentren ausgebaute oder erst errichteten Hauptorte. Es wird also nicht auf den fremden Raum in Übersee referiert, sondern vorrangig auf die eigens errichteten kolonisierten Räume und die dort nach europäischem Vorbild errichteten Zentren. Selbst die zahlenmäßig völlig untergeordnete Zahl an deoronymischen und dehydronymischen Konstruktionen sollte auf keine wahllos ausgewählten Gebirge und Gewässer referieren, sondern bezieht sich auf aus Sicht der Kolonisatoren herausragende naturräumliche Gegebenheiten, die der uneingeschränkten Nutzbarmachung dienten oder denen teilweise sogar der symbolhafte Charakter eines Wahrzeichens zugesprochen wurde.

Auf dieses Ergebnis, dass mittels detoponymischer Konstruktionsmuster gerade die eigenen Geltungsansprüche versprachlicht wurden, soll im Folgenden ausführlicher eingegangen werden: Wenn zahlenmäßig vorrangig die eigenen Kolonien, die dort errichteten administrativen und/oder handelsspezifischen Zentren und die aus Sicht der Kolonisatoren erfolgreichen Kämpfe geehrt und/oder gewürdigt werden sollten, dann ist auch die Frage zu beantworten, auf welche kolonisierten Räume man sich mittels entsprechender Namenvergabepraktiken bezogen hat: Welche Kolonien spielten im kolonialen Projekt der Metropole eine vorrangige, welche dagegen offenbar nur eine marginale Rolle? Anhand der Annotation des Teilinventars an SN-Token mit toponymischen MOD-Types nach den jeweils räumlichen Bezügen in Anlehnung an die historischräumliche Einteilung der Kolonialgebiete in den enzyklopädischen Werken (Kap. 5.2.4) werden nun die Distributionen räumlicher Georeferenz dargelegt, mit denen tradierte Gewissheiten über den kolonisierten Raum im (Alltags-) Raum der Metropole fixiert wurden.

7.3.2.2 Räumliche Bezüge

Die in Dresden und Breslau [Wrocław] verfügten Kolonialismen mit toponymischen MOD-Token zeigen nur ansatzweise eine Priorisierung räumlicher Bezüge auf: Wenngleich von acht MOD-Token drei SN-Token (*Windhuker Straße* und *Swakopmunder Straße* in Dresden, *Windhukstraße* in Breslau [Wrocław]) dem kolonisierten Raum in Deutsch-Südwestafrika zuzuschreiben sind (Kap. 5.7.2), ist daraus noch keine stichhaltige Hypothese für ortsübergreifend musterhafte Georeferenzierung im kolonialen Namenprojekt der deutschen Metropole abzuleiten. Dennoch ist zu konstatieren, dass die in beiden Städten verfügten detoponymischen Benennungen auf die Kolonien des Deutschen Kaiserreichs und auf Orte innerhalb der deutschen Kolonialgebiete referieren. Dieses erste Ergebnis bestätigt sich auch im inventarbezogenen Zugriff: Bis auf wenige Ausnahmen bezieht sich der Teilbestand an detoponymischen Konstruktionen[126] auf den kolonisierten Raum des Deutschen Kaiserreichs:

Tab. 20: Distributionen toponymischer MOD-Token hinsichtlich räumlicher Bezüge.

Räumliche Unterscheidung	**Deutscher Kolonialbesitz**	Kolonialbesitz anderer europäischer Kolonialmächte
Anzahl an MOD-Token	178	7

Das koloniale Namenprojekt im Raum der Metropole zeichnet sich also gerade dadurch aus, dass man vorrangig keine durch die europäischen Mächte erfolgte koloniale Raumunterwerfung darlegt, sondern sich fast ausschließlich auf den eigenen kolonisierten Raum beschränkt und durch entsprechende Benennungspraktiken im öffentlichen Raum fixiert, denn „der primäre Movens zu einem

---

126 In der Tabelle unberücksichtigt bleiben die SN-Token *Kongo-*, *Mohasi-*, *Njassa-*, *Sambesi* und *Tanganjikastraße* (mit singulären hydronymischen Modifikatoren), die auf naturräumliche Gegebenheiten (Gewässer) auf dem afrikanischen Kontinent referieren. Auch die SN-Token *Pekinger Platz* und das SN-Token *Großfriedrichsburger Straße* bleibt unberücksichtigt, weil die Modifikatoren weder dem faktischen Kolonialbesitz des Deutschen Kaiserreichs (1884–1919) noch dem der anderen europäischen Mächte unmittelbar zugeordnet werden können.

Überseereich [bildete] die Gleichstellung mit anderen Kolonialmächten, insbesondere die Konkurrenz mit [...] Großbritannien" (Berman 2003: 28). Die Benennungen sollten – das verdeutlichen ferner auch die fett markierten Possessiv- und Personalpronomen (*unseres, uns*) – den Kolonialbesitz des Deutschen Kaiserreichs und die innerhalb der deutschen Kolonien errichteten oder ausgebauten administrativen bzw. wirtschaftlichen Zenten ehren und/oder würdigen:

> Kribiweg: Bezirkshauptort **unseres** Schutzgebietes Kamerun. (Adressbuch Bremen 1939 III: 162)
>
> Samoaweg: Zur Erinnerung an die **uns** geraubte Kolonie Samoa. (Adressbuch Altenburg 1935 II: 190)
>
> Tsingtauer Straße: Nach dem Hauptort des **uns** entrissenen ehemaligen deutschen Pachtgebietes in Ostasien. (Adressbuch Stuttgart 1940 III: 479)

Nur wenige Benennungsmotiviken der nach 1919 verfügten Straßennamen zeigen überhaupt die – aus zeitgenössischer deutscher Sicht ungerechtfertigte – Abtretung der Kolonialgebiete an die Mandatsmächte auf. Nur für singuläre Benennungen in Einzelorten konnten entsprechende Hinweise erhoben werden:

> Samoaweg: Ehemals Deutsches Schutzgebiet, **kam nach dem Weltkrieg an England.** (Adressbuch Frankfurt 1941 II: 305)
>
> Togoweg: Ehem. Deutsche Kolonie in Westafrika, **kam nach dem Weltkrieg an England und Frankreich.** (Adressbuch Frankfurt 1941 II: 358)
>
> Kamerunstraße: Kamerun, ehemaliges Deutsches Schutzgebiet in West-Afrika. **Seit 1919 zwischen England und Frankreich (Mandatsgebiet) geteilt.** (Adressbuch Köln 1937 IV: 364)
>
> Togostraße: Ehemals kleinste deutsche Kolonie an der afrikan. Westküste [...] **steht heute noch unter der Mandatsherrschaft Englands und Frankreichs** [...]. (Adressbuch Köln 1939 IV: 749)

a. Deutscher Kolonialbesitz: Distributionen

Für den Hauptbestand aller detoponymischen Konstruktionen, die in räumlicher Hinsicht unmittelbar auf Orte in den deutschen Kolonialgebieten referieren (178 SN-Token, Tab. 20), wird der Frage nachgegangen, inwieweit räumliche Präferenzen hinsichtlich des zu ehrenden und/oder würdigenden kolonisierten Raumes festzustellen sind. Dabei wird auch der Frage nachgegangen, inwiefern die in zeitgenössischen Quellen als „Musterkolonien"[127] zu etablierenden Kolonien Togo, Kiautschou und Samoa auch quantitativ unter den jeweiligen

---

127 Man vgl. dazu 22 Treffer für *Musterkolonie* in der DSDK.

choronymischen und oikonymischen Modifikator-Konstruktionen in der Metropole dominieren. So erklärte bspw. der in der Kolonie Togo tätige kaiserliche Regierungsarzt Külz (vgl. Schnee 1920 II: 390), dass man sich von Seiten der Kolonialverwaltung zum Ziel setzen müsse, die „Musterkolonie Togo vor den Augen der Heimat paradieren [zu] lassen [...]" (Külz 1906: 93).[128] Sie wird noch gegen Ende der faktischen Kolonialzeit als „Musterkolonie von heute" (Trierenberg 1914: 202)[129] beschrieben. Der Schriftsteller Reinecke, der am Ende des 19. Jahrhunderts eine fünfjährige Forschungsreise nach Samoa unternommen hatte, forderte für die im Pazifischen Ozean liegende Kolonie Deutsch-Samoa eine ähnliche Präsenz im Kaiserreich:

> [...] wenn uns die „Perle der Südsee" den langersehnten Beweis liefern soll, dass sie des Schweisses [sic!] der Edlen wert ist und sich als Musterkolonie bewährt. Dazu aber muss auch das Mutterland und unsere Kolonialverwaltung zunächst den lange vorenthaltenen richtigen Beistand gewähren und zunächst für eine Festigung der Bande mit der Heimat, für gute Schiffsversbindungen sorgen. (Reinecke 1902: 254)[130]

Für die von Seiten der deutschen Kolonialverwaltung umgesetzte Schul- und insbesondere Kulturpolitik stellt die „Deutsche Vereinigung Schanghai" (1913: 93)[131] in ihrer „Denkschrift zur Förderung des Deutschtums in China" als werbende Selbstzuschreibung heraus, dass die Stadt „Tsingtau [...] eine Musterkolonie geworden ist". Daneben konnten aber auch weitere historische Quellen gesichtet werden, in denen Tsingtau als mustergültig beschrieben wird: So zeigt bspw. Vollerthum (1924: 66) auf, dass der „Ruf Tsingtaus als Musterstätte deutscher Kultur" auch nach der Abtretung der Handelskolonie weiterhin verbreitet wurde. Das Diagramm zeigt die Distributionen auf, die sich durch entsprechende Annotation detoponymischer Konstruktionen ergeben:

---

128 Teil der DSDK.
129 Teil der DSDK.
130 Teil der DSDK.
131 Teil der DSDK.

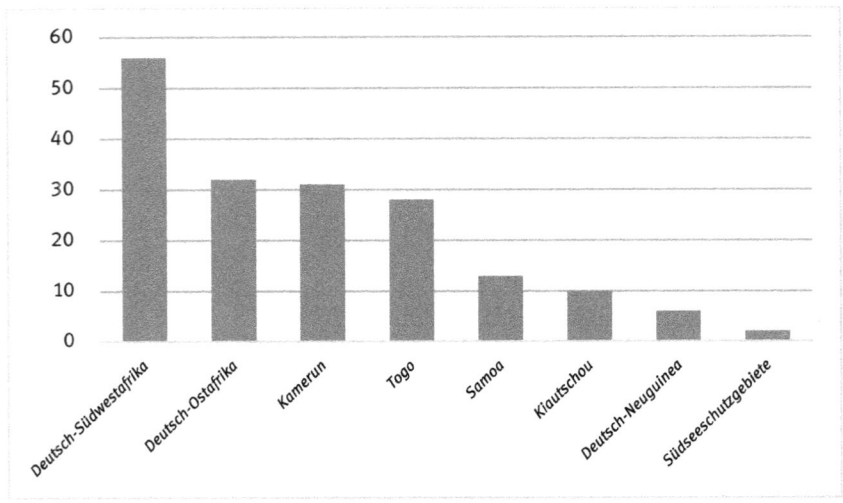

Diagramm 3: Georeferenzierende Bezüge toponymischer MOD-Token.

Die sich dabei ergebende Häufigkeitsverteilung zeigt, dass bei dem kolonialen Namenprojekt der Metropole keine zahlenmäßig dominante Kommemoration der als sogenannte Musterkolonien zu etablierenden Kolonien Togo, Kiautschou und Samoa festgestellt werden kann. Stattdessen ist eine übergeordnete räumliche Referenz auf die afrikanischen Kolonien durch nahezu 150 Straßenbenennungen festzustellen. Dabei erweist sich die Integration der Kolonie Deutsch-Südwestafrika in den (Alltags-)Raum des Deutschen Reichs als zahlenmäßig dominant: Für über 50 SN-Token sind georeferenzierende Bezüge auf Deutsch-Südwestafrika auszumachen. Welche Konstruktionen dabei maßgebliche Verwendung fanden, wird im Folgenden näher erläutert.

b. Spezifika: Deutsch-Südwestafrika

Folgende toponymische MOD-Types wurden als zweigliedrige Konstruktionen ortsübergreifend im Raum der deutschen Metropole verfügt:

Tab. 21: Toponymische MOD-Types (ortsübergreifend), Deutsch-Südwestafrika.

MOD-Types	Windhuk	Swakopmund	Waterberg	Otavi	(Deutsch-)Südwest(-Afrika)
Anzahl an SN-Token	25	10	10	6	4

Innerhalb jenes Teilbestandes an ortsübergreifend verfügten Namenvergabepraktiken, die eine Kommemoration des kolonisierten Raumes Deutsch-Südwestafrikas vornehmen sollten, ist der Hauptanteil deoikonymischer Konstruktionsmuster herauszustellen, die sich auf den Hauptort der Kolonie (*Windhuk*), die wichtigste Küstenstadt (*Swakopmund*) und den Handelsknotenpunkt im Inland (*Otavi*) beziehen. Das mit der Otavibahn transportierte Kupfererz konnte nach Swakopmund zur Verschiffung nach Europa befördert werden (vgl. Hofmann 2013: 103). Während des Ersten Weltkriegs gewann *Otavi* und der kolonisierte Raum in Deutsch-Südwestafrika aufgrund des Kupfers, das eines der wichtigsten Bergwerksprodukte für die deutsche Kriegsindustrie darstellte, eine wichtige Rolle, wie folgende Ausführungen des Kolonial-Wirtschaftlichen Komitees (ca. 1915: 2)[132] zeigen:

> Während des Krieges ist die deutsche Kupferproduktion in erheblichem Maße gesteigert worden; aber selbst wenn sie in der Folge wird auf gleicher Höhe gehalten werden können, ist kaum anzunehmen, daß die Steigerung mit dem Wachstum unseres Verbrauchs gleichen Schritt halten wird. [...] Hilfe kann uns nur vom Kolonialbesitz kommen, und von unseren Kolonien war es besonders **Südwestafrika** [Fettdruck im Original], das bereits nennenswerte Mengen Kupfererze ausführte. [...] Die Hauptmenge lieferten die bekannten Otaviminen.

Neben Benennungen mit dem MOD-Type *Waterberg*, für den neben toponymischen Referenzen primär praxonymische Bezüge nachgewiesen wurden (Kap. 7.1.2.2 c.), konnten nur vier Straßenbenennungen erhoben werden, die in kommemorativer Intention auf das entsprechende Choronym[133] referieren. Das könnte auch an formalen Vorgaben liegen, die bei administrativen Straßenvergabepraktiken zu berücksichtigen sind. Laut des „Runderlaß[es] des Ministers des Innern" (17.06.1933: 745–746) sollte „der ganze Name einschließlich des Beiworts [...] in der Regel nicht mehr als fünf Silben haben und höchstens aus zwei getrennten Wörtern bestehen", was auch die Verfügung von SN-Token wie *Deutsch-Südwestafrika-Straße* verboten hätte. Es kann nur vermutet werden, dass die seltenen Fälle solcher dechoronymischer Konstruktionen damit zusammenhängen, dass gerade die zulässigen abgekürzten Formen *(Deutsch-) Südwest* von den städtischen Administrationen als zu unspezifisch angesehen wurden und aus diesem Grund nicht attraktiv genug oder nicht möglich erschienen. Auch weiteren Benennungen sind georeferenzierende Bezüge auf

---

132 Teil der DSDK.
133 D. s.: *Deutsch-Südwestafrika-Straße* in Stuttgart; *Südweststraße* in Bremen; *Südwestkamp* in Hamburg; *Südwester Straße* in Lodz bzw. Litzmannstadt [Łódź].

Deutsch-Südwestafrika zuzusprechen, die allerdings nur einzelortsspezifische Verwendung fanden (u. a. *Groß-Nabas-Straße*, *Lüderitzlandstraße*). Die Präferenz einer räumlichen Bezugnahme auf die Kolonie Deutsch-Südwestafrika, die durch entsprechende Namenvergabepraktiken in den Raum der deutschen Metropole fixiert wurde, ist hinsichtlich der damit versprachlichten Gewissheiten zu diskutieren: Frühe positive Berichterstattung über Deutsch-Südwestafrika erfolgte in politischen Zeitschriften des Kaiserreichs, die sich unter anderem auch mit der Kolonialherrschaft in Übersee beschäftigten. In der Zeitschrift *Die Grenzboten* (1892: 175) freute man sich bspw. insbesondere über die Erfolge der christlichen Missionen im „ältesten[n] unsrer jungen Schutzgebiete [...]. In keinem andern afrikanischen Lande hat die Mission [...] so tüchtig vorgearbeitet wie hier. Fast die ganze Bevölkerung ist bereits christlich". Neben der in der Kolonie verfügbaren „Bergschätze [...] und ihre[r] Ausbeute [...] für die heimische Industrie" (Kolonial-Wirtschaftliches Komitee ca. 1915: 3) ist außerdem noch ein weiterer möglicher Beweggrund zu erläutern, der die Bevölkerungszusammensetzung in Deutsch-Südwestafrika in der faktischen Kolonialzeit betrifft: Fünf Jahre nach dem „schwerste[n] Eingeborenenaufstand im Schutzgebiet Deutsch-Südwestafrika seit der Besitzergreifung" (Schnee 1920 II: 59) wird die Kolonie von Seiten des Staatssekretärs des Reichs-Kolonialamts als „unserer blutgetränkten und vielgeschmähten, aber auch dem Herzen des ganzen Volks liebgewordenen Siedlerkolonie" (Dernburg 1909: 11)[134] beschrieben. Auch in weiteren zeitgenössischen Quellen wird Deutsch-Südwestafrika als einzige Siedlungskolonie der deutschen Kolonialmacht verhandelt, in der „mit einem Anteil von 56 % deutlich mehr als die Hälfte aller deutschen Reichsangehörigen [...] in den Kolonien zum Ende der deutschen Herrschaft in Deutsch-Südwestafrika ansässig war" (Stolz und Warnke 2018c: 87). Die Anzahl der deutschen Bevölkerung in Deutsch-Südwestafrika lag vor Beginn des Ersten Weltkriegs im fünfstelligen Bereich, was bereits in der zeitgenössischen Enzyklopädie von Schnee (1920) durch entsprechende Einträge dargelegt wurde:

> **Bevölkerung der Schutzgebiete** [Fettdruck im Original] In den Schutzgebieten hat die weiße Bevölkerung entsprechend dem wirtschaftlichen Aufschwung, den die Kolonien genommen haben, eine bedeutende Zunahme erfahren. [...] und verteilt sich folgendermaßen: Deutsch-Ostafrika 5336 [...] (darunter Deutsche 4107); Kamerun 1871 [...] (darunter Deutsche 1643); Togo 368 [...] (Deutsche 320); Deutsch-Südwestafrika 14830 (Windhuk 2871, Lüderitzbucht 1616, Swakopmund 1463) (Deutsche 12292); Deutsch-Neuguinea I (Kaiser-Wilhelmsland und Bismarckarchipel) 968; Deutsch-Neuguinea II (Karolinen, Marshallinseln) 459 (Deutsche 1005); Samoa 557 (Deutsche 329). (Schnee 1920 I: 195–196)

---

134 Teil der DSDK.

> **Siedlung in den Schutzgebieten** [Fettdruck im Original] Die Frage der kolonialen Siedlung im engeren Sinne, d.h. der dauernden generationsweisen Niederlassung von Weißen, besonders Volksgenossen, in den Kolonien zu wirtschaftlicher, speziell landwirtschaftlicher, Tätigkeit ist bei uns in Deutschland mehr und mehr eine parteipolitische Frage geworden [...]. Unter den deutschen Schutzgebieten in Afrika und der Südsee kommt nun als Siedlungsgebiet gegenwärtig unbestritten nur Deutsch-Südwestafrika in Betracht. [...] Großes Gewicht auf eine rein sachliche Beurteilung der Siedlungsmöglichkeit von Fall zu Fall unter Berücksichtigung der wirtschaftlichen und soizalen [sic!] neben den natürlichen Verhältnissen legte der derzeitige Staatssekretär des Reichs-Kolonialamts Dr. Solf in seiner Reichstagsrede vom 9. März 1914. Auch er rechnete zu den unbestrittenen Siedlungskolonien nur Südwestafrika [...]. (Schnee 1920 III: 352)

Strukturelle Besonderheiten makro- und mikrotoponymischer Benennungspraktiken des kolonialen Namenprojekts in Deutsch-Südwestafrika selbst wurden bereits in kolonialtoponomastischen Schriften aufgezeigt: Für den in Deutsch-Südwestafrika erhobenen makrotoponymischen Bestand haben Stolz und Warnke (2018c: 88) herausgestellt, dass „verstärkt direkte Übernahmen aus dem reichsdeutschen Toponymikon auf[treten]"[135]; sie sind damit zu erklären, dass

> [...] es für die Ortsnamenvergabe die persönliche Verbundenheit eines Individuums mit der namengebenden reichsdeutschen Gemeinde gab. Es wird der Name des Geburtsortes eines sich als Farmer niederlassenden deutschen Siedlers gewählt. [...] Die persönliche Note, die im deutsch-südwestafrikanischen Toponymikon eine große Rolle spielt, wird noch deutlicher, wenn wir die Verwendung von Personennamen in toponymischer Funktion in Betracht ziehen. (Stolz und Warnke 2018c: 89–90)

Auch die in zeitgenössischen Quellen für Deutsch-Südwestafrika erhobenen Namen unterhalb der Ortsebene zeichnen sich häufig durch die Übernahme reichsdeutscher Mikrotoponyme aus (vgl. Aleff 2017: 20). Jene „Südwester Spezifika" (Stolz und Warnke 2018c: 88) sind aus sprachhistorischer Perspektive offenbar damit zu erklären, dass sowohl deutsche Privatpersonen als auch die deutsche Kolonialadministration in gewissem Rahmen einen für die „weiße Bevölkerung" (Schnee 1920 I: 195) vertrauten öffentlichen Raum konzipieren wollte.

Während für Deutsch-Südwestafrika insbesondere aufgrund ihres zeitgenössischen Charakters als einzig möglicher Siedlungskolonie die Übernahme reichs-deutscher Makrotoponyme und reichs-deutscher Mikrotoponyme für die jeweiligen Hauptorte festzustellen sind, wurden kolonialdeiktische Wissens-

---

[135] Bspw. *Brandenburg, Bremen, Frankfurt* oder *Karlshorst*. Ortsnamen außerhalb Deutsch-Südwestafrikas stellen dagegen mehrgliedrige Konstruktionen dar, bspw. *Neu-Trier* und *Mecklenburg-Bucht* in Deutsch-Ostafrika bzw. *Neu-Pommern* und *Berlin-Reede* in Deutsch-Neuguinea (vgl. Stolz und Warnke 2018c: 88–89).

konzepte über die Kolonie Deutsch-Südwestafrika wiederum durch hochfrequente Straßennamenvergabepraktiken im (Alltags-)Raum des Deutschen Reichs fixiert. Auf die in der unmittelbaren Raumdeskription sichtbaren Auswirkungen der deutschen Kolonialzeit und der damit einhergehenden partiellen Beibehaltung reichs-deutscher Benennungen von Straßen, Plätzen, Gebäuden u. dgl. wird sogar in Benennungsmotiviken kolonialer Namenverfügungen im Raum der deutschen Metropole hingewiesen. Für das in nationalsozialistischer Zeit verfügte SN-Token *Swakopmunder Straße* in München ist folgender Eintrag im zeitgenössisch für die städtische Öffentlichkeit verbreiteten und stark rezipierten Einwohnerbuch festzustellen:

> Swakopmunder Straße: Swakopmund, **heute noch vollkommen deutsche Stadt** an der südwestafrikanischen Küste. (Adressbuch München 1941 IV: 619)

Mit dem expliziten Hinweis auf die *vollkommen deutsche Stadt* werden implizit die noch Anfang der 1940er Jahre zu konstatierenden Auswirkungen der deutschen Kolonialzeit auf das seit 1920 als Mandatsgebiet des Völkerbundes zugehörende *South West Africa* verdeutlicht.

c. Kolonialbesitz anderer europäischer Kolonialmächte

Weniger als zehn toponymische MOD-Types zeigen räumliche Bezüge auf, die dem Kolonialbesitz anderer europäischer Mächte zuzuschreiben sind. Für koloniale Fixierungspraktiken in der deutschen Metropole stellten derartige Benennungen ein zahlenmäßig untergeordnetes Phänomen dar, das sich auf wenige Städte beschränkt. Nur Konstruktionen mit dem MOD-Type *Sansibar*, dessen Benennungen auf das gleichnamige Insel-Sultanat als Teil des britischen Kolonialbesitzes (Tab. 12) referierten, konnten für den Untersuchungszeitraum drei Mal erhoben werden. Alle weiteren MOD-Types sind nur für Berlin-Wedding[136] (*Senegalstraße, Ugandastraße*) oder durch maximal zwei Konstruktionen (*Transvaalstraße* in Berlin-Wedding und Oranienburg) im erstellten Inventar vertreten. Überhaupt beschränken sich derartige Namenvergabepraktiken auf die Städte Berlin, München und Oranienburg. Im Hinblick auf die damit intendierten diskursfunktionalen Dimensionen wurde für den MOD-Type *Transvaal* die zeitgenössische Funktion jener Provinz bereits in Kap. 4 dargelegt: Wenngleich Transvaal nie in deutschem Kolonialbesitz war, konnte unter Einbezug zeitgenössischer Quellen verdeutlicht werden, dass die Provinz, unter anderem durch die hohe Zahl an deutschen Siedlern, ein Ort kolonialer Imaginationen darstellte. Auch der MOD-Type *Sansibar* scheint hinsichtlich der Funktionen, die

---

[136] *Senegal-, Kongo-* und *Ugandastraße*.

man mit den ortsübergreifenden Namenvergabepraktiken intendierte, nur auf den ersten Blick überraschend: Stolz und Warnke (2018b: 56–60) haben für den makrotoponymischen Bestand deutscher Kolonialtoponyme im kolonisierten Raum bereits festgestellt, dass es sich bei der im Indischen Ozean liegenden Insel um ein „diskurserschließendes Toponym" handelt, das im Kontext deutschkolonialer Diskursdaten[137] breite Verwendung fand:

> Zanzibar/Sansibar ist sicher nicht nur wegen seines endonymischen Exotismus ein diskurserschließendes Toponym, sondern auch wegen seiner kontrafaktischen Semantik. Es hält sich bis heute hartnäckig die Legende, dass das Deutsche Reich 1890 in einem Vertrag mit dem Vereinigten Königreich Sansibar gegen Helgoland getauscht habe. Der Anspruchsverzicht ist aber einmal mehr ein diskursförderndes Ereignis. (Stolz und Warnke 2018b: 60)

Dass „*Sansibar* [kursiv im Original] als TOP gerade durch den Verzicht auf geopolitische Ansprüche ein Emblem für koloniale Imaginationen zu sein" (Stolz und Warnke 2018b: 60) scheint, wird auch durch die in den enzyklopädischen Werken vorgenommenen Zuschreibungen deutlich. So wird bspw. in Schnee (1920 I: 285, Tab. 13) für das Lemma *Daressalam* angegeben, dass der Hauptort Deutsch-Ostafrikas „unter allen guten Hafenorten der ostafrikanischen Küste derjenige [ist], der Sansibar, dem ehemaligen Schlüssel des tropischen Ostafrika, am nächsten liegt." Dass jene Legende sogar zu den noch in nationalsozialistischer Zeit tradierten Gewissheiten gehört, zeigt die im zeitgenössischen Einwohnerbuch aufgeführte Motivik der Mitte der 1930er Jahre in München-Trudering verfügten *Sansibarstraße*:

> <u>Sansibarstraße</u>: Sansibar, Inselgruppe gegenüber Deutsch-Ostafrika durch Vertrag vom 1.7.1893 im Austausch gegen Helgoland an England abgesetzt. (Adressbuch München 1941 IV: 552)

Wenngleich es sich bei Namenverfügungen, die auf den Kolonialbesitz anderer europäischer Kolonialmächte referieren, um ein eher randständiges Phänomen handelt, sind kritische Stellungnahmen von Seiten kolonialer Interessengruppen nicht ausgeblieben: So kommentierte die DKG die 1912 von Seiten der Administration gewählten Benennungen *Kongo-* und *Sansibarstraße* für zwei neue Straßenzüge im Zuge der fortwährenden Erschließung des Weddinger Wohnbezirks folgendermaßen:

---

[137] Hierfür wurde das Toponym *Zanzibar/Sansibar* innerhalb des Referenzkorpus DSDK systematisch kontextualisiert.

Koloniale Strassenbezeichnungen [Fettdruck im Original]. In der Reichshauptstadt sind vor kurzem zwei neu entstandene Straßen Kongostraße und Sansibarstraße genannt worden. Wir wollen mit der Berliner Verwaltung nicht rechten, daß sie einen afrikanischen Strom, an den wir gerade heranreichen, und eine Insel, die als fremder Besitz unserem größten Schutzgebiete vorgelagert ist,[138] zur Namengebung benutzt hat, weil die uns näherliegenden kolonialen Bezeichnungen bereits im Berliner Straßengewirr in Erscheinung treten. Es gibt eine Togostraße, eine Kameruner-, Kiautschou-, Guinea- und Lüderitzstraße. (DKZ 18.1.1913: 35)

Die DKG legt dar, dass die kolonialen Benennungen bereits in der faktischen Kolonialzeit einer zeitlichen Schichtung unterlagen. Dies ist Ausgangspunkt dafür, dass die nicht unkritische Stellungnahme hinsichtlich jener Benennungen, die sich auf den Kolonialbesitz anderer europäischer Kolonialmächte beziehen, zu einem gewissen Anteil revidiert wird: Die aus Sicht der DKG administrativen Namenverfügungen im schon zur Kolonialzeit als „Kolonialviertel" (Winzer 1907/10: 2) bezeichneten Weddinger Baulands sind insofern annehmbar, als dass bereits Benennungen mit „näherliegenden kolonialen Bezeichnungen" mit anthroponymischen (*Lüderitzstraße*) und choronymischen (*Kameruner Straße; Kiautschou-, Guinea-* und *Togostraße*) MOD-Types erfolgten. Der Text zeigt also gleichzeitig auch zeitgenössische Gewissheiten kolonialer Interessengruppen in Bezug auf koloniale Namenvergabepraktiken auf. Dass die Kolonialbewegung zwischen 1884 und 1945 nicht nur koloniale Straßenvergabepraktiken forderte, sondern ihr auch ein maßgeblicher Einfluss auf die Konstruktionsmuster zugesprochen werden muss, die im kolonialen Namenprojekt in der Metropole Verwendung fanden, soll im Folgenden näher erläutert werden.

---

138 D. i. *Kamerun*; man vergleiche hierzu den Lexikoneintrag zu *Kamerun* in Schnee (1920 II: 169): „Nur mit dem Kongozipfel würden wir den belgischen Kongostaat berühren, wenn nicht die Inseln im Kongo französisch geblieben wären. Unser Gebiet umfaßt nach neuen Feststellungen des geodätischen Bureaus im KA. rund 795 000 qkm; davon haben wir durch das Abkommen vom 4. Nov. 1911 mit Frankreich (s. Erwerb der deutschen Kolonien 3) 295000 qkm gewonnen, aber mit dem sog. Entenschnabel 12000 verloren. Was nun die Grenzen von K. anbetrifft, so sind dieselben teilweise noch nicht festgelegt".

7.4 Strukturmuster und Diskursfunktionen: Einfluss durch Gruppen der Kolonialbewegung

Dass die DKG als einflussreichster Verband der Koloniallobby (vgl. Heyden und Zeller 2002: 12) schon in der faktischen Kolonialzeit eine genaue Vorstellung davon hatte, welche Benennungen man als „geeignet [hielt], der kolonialen Sache zu dienen" (DKZ 18.1.1913: 35), wird anhand folgender appellierender Mahnung deutlich:

> Nun ist bekannt, wie schwierig es für die Verwaltungen unserer stetig sich ausdehnenden Großstädte ist, die neu entstehenden Straßenzüge zu benennen. Warum werden nicht koloniale Bezeichnungen verwendet? Für die koloniale Sache wäre es doch ein Gewinn, wenn unsere Jugend zwischen einer Togo-, Duala-, Windhuk-, Lüderitz-, Wissmannstraße sich bewegte und so von früh auf lernet, daß diese Namen [...] Plätze des überseeischen Deutschlands und der Helden [sind], die an seinem Aufbau mitgewirkt haben. (DKZ 18.1.1913: 35)

Die von Seiten der DKG eingeforderte Kommemoration von „Plätze[n] [...] des überseeischen Deutschlands und der Helden, die an seinem Aufbau mitgewirkt haben" mittels entsprechender Straßenvergabepraktiken wird durch die Nennung konkreter Konstruktionsmuster unterstützt. Die von Seiten der Kolonialbefürworter dargelegten choronymischen, oikonymischen und anthroponymischen Modifikator-Konstruktionen *Togo*, *Duala*, *Windhuk*, *Lüderitz* und *Wissmann* gehören zu den ortsübergreifend verfügten 27 MOD-Types, die in der Verbindung useller Klassifikatoren bis 1945 in den öffentlichen städtischen Raum des Deutschen Reichs verfügt wurden (Diagramm 1). Der Einfluss der Kolonialbewegung auf kolonial motivierte Namenvergabepraktiken und die hierfür auszuwählenden Konstruktionen ist demnach nicht erst im Zuge der Gleichschaltung der kolonialen Verbände, Vereinigungen und Gesellschaften unter nationalsozialistischer Führung in den 1930er Jahren als Reichskolonialbund (vgl. Schulte-Varendorff 2006: 110–111), sondern bereits seit der faktischen Kolonialepoche in der Zeit des Deutschen Kaiserreichs festzustellen. Dass die DKG kolonial motivierte Straßennamenverfügungen auch nach der de facto-Herrschaft in der Zwischenkriegszeit einforderte, zeigt ihre am Anfang der 1920er Jahre erfolgte Bitte an den Städtetag:

> Benennung von Straßen und Plätzen. Die Deutsche Kolonial-Gesellschaft hat sich auf Grund eines Beschlusses der Hauptversammlung an den Städtetag gewandt mit der Bitte, den Städten zu empfehlen, geographische Namen aus den deutschen Schutzgebieten zur Benennung von Straßen und Plätzen zu verwerten. (Deutscher Städtetag 21.10.1922)

Nur für eine überschaubare Anzahl an Orten (Tab. 7) sind die jeweiligen städtischen Administrationen dem Wunsch der DKG in der Zwischenkriegszeit nachgekommen. Ein maßgeblicher Einfluss der Kolonialbewegung ist aber insofern zu konstatieren, als dass erstmalig ortsübergreifend verfügte Konstruktionen mit choronymischen und oikonymischen MOD-Token (*Kamerun, Togo, Windhuk*) festzustellen sind (Tab. 9). Obwohl koloniale Straßenbenennungen nur für einzelne (Groß-)Städte erhoben werden konnten, beziehen sich die ortsübergreifend innerhalb dieses Zeitraums verfügten Namen nicht nur auf Kolonialakteure. Stattdessen sind maßgeblich auch „geographische Namen aus den Schutzgebieten" (Deutscher Städtetag 21.10.1922) vertreten, deren jeweilige Konstruktionen die Anzahl an verfügten deanthroponymischen Konstruktionen sogar überragt.

In nationalsozialistischer Zeit sind Forderungen nach kolonial motivierten Namenvergabepraktiken von staatlicher Seite konkretisiert worden. In der „Ausführungs-Anweisung zur Verordnung über die Benennung von Straßen, Plätzen und Brücken" (Runderlaß des Reichsministers des Innern 15.07.1939) wird die Benennungskompetenz den Bürgermeistern (in Abstimmung mit den Ortspolizeibehörden) zugesprochen. Zur Benennung von Straßen sollen neben „[...] Namen der Länder, Städte und Ortschaften [...] des Deutschen Reichs und der deutschsprachigen Gebiete des Auslandes" auch die

> deutschen Kolonien, ferner die Namen von Orten, an die sich besondere Ereignisse (Schlachten oder dergleichen) knüpfen, in Betracht [kommen]. Des weiteren sind die Namen von Männern der deutschen Geschichte zu wählen, insbesondere von Vorkämpfern der nationalsozialistischen Weltanschauung, von großen Staatsmännern, Heer- und Flottenführern, von Männern, die sich im Kriege, bei der nationalsozialistischen Erhebung sowie im Kampfe um das deutsche Volkstum besonders ausgezeichnet haben [...]. (Runderlaß des Reichsministers des Innern 15.07.1939)

Bereits zuvor sind zeitgenössische Anfragen lokaler Abteilungen der DKG bzw. des in der Mitte der 1930er Jahre gegründeten Reichskolonialbundes (RKB) zu verzeichnen, die mit entsprechenden Anliegen die städtischen Administrationen zu kolonial motivierten Namenvergabepraktiken aufforderten. So zeigen Grewe et al. (2018: 131) für Freiburg auf, dass die Oberbadische Abteilung der DKG sich mit einer entsprechenden Bitte an den Freiburger Oberbürgermeister wandte:

> Wiederholt gab es Mitte der 1930er Jahre Anfragen seitens der Kolonialvereine [...]. 1936 erklärte OB [d. i. Oberbürgermeister] Kerber, die Stadt sei *grundsätzlich bereit, Straßen und Plätze nach alten Kolonialgebieten oder deutschen Kolonialpionieren zu benennen (Tangaplatz, Karl Petersstrasse, Lüderitzstraße u.s.w.* [kursiv im Original])

Obwohl es aufgrund planerischer Gründe in Freiburg nicht zur Umsetzung der vorgeschlagenen Namen kam, liegt eine historische Beschreibung vor, wie eine

Einzelperson – vermutlich auf die Namenvorschläge der DKG Bezug nehmend – Mitte der 1930er Jahre das Thema konturiert. Auch die Namenvorschläge des RKB decken sich mit derartigen Konstruktionen. So erfolgten Empfehlungen des Chemnitzer Kreisverbandes (27.8.1936: 2), der die Interessen des RKB auf lokaler Ebene vertrat, an den Chemnitzer Oberbürgermeister:

> Straßenbenennung nach deutschen Kolonialpionieren. [Unterstreichung im Original] Was diesen Punkt anbelangt, sieht es in unserer Stadt leider schlecht aus. [...] Um weiteste Kreise auch der Chemnitzer Bevölkerung auf die koloniale Frage aufmerksam zu machen und auch in ihnen das Verlangen nach Kolonien wachzurütteln, schlage ich – zugleich im Auftrage des Führers des Reichskolonialbundes [...] dem Herrn Oberbürgermeister vor, [...] Straßen und Plätze nach verdienten deutschen Kolonialpionieren umzubenennen.

Hierfür schlug der Kreisverband die SN-Token *Lüderitzstraße, Wißmannstraße, Karl-Peters-Straße, Lettow-Vorbeck-Straße, Gustav-Nachtigal-Straße* und *Tangaplatz* vor (vgl. RKB, Kreisverband Chemnitz 27.8.1936: 3). Für die Verfügung des SN-Tokens *Karl-Peters-Straße* hat sich der Chemnitzer Kreisverband (27.08.1936: 3) in besonderem Maße eingesetzt:

> Dr. Karl Peters hat es als erster verdient, daß sein Name in jeder deutschen Stadt verewigt wird. Ihm haben wir es zu verdanken, daß das Vorkriegsdeutschland eine Kolonialmacht wurde, und gerade ihn hat das deutsche Volk – besser der deutsche Reichstag – so schmählich und bar jeden gesunden Instinktes behandelt. Da sich sein Geburtstag am 27. September zum 80. Male jährt, ist der Zeitpunkt für die nachträgliche Würdigung seiner Verdienste günstig gelegen. Ich darf der Erwartung Ausdruck geben, daß sich die Stadt Chemnitz dem Vorbild vieler Städte anschließen wird und den deutschen Kolonialpionieren der Vergangenheit in der von mir vorgeschlagenen Weise den Dank abstattet.

Auch die für Chemnitz empfohlenen Straßennamen wurden nicht umgesetzt.[139] Nichtsdestotrotz zeigen die Vorschläge jener beiden ortsbezogenen Beispiele Namenmuster mit identischen Modifikator-Konstruktionen auf: Sowohl bei den für Freiburg als auch für Chemnitz festzustellenden Namenempfehlungen werden die MOD-Types *Lüderitz, Peters* und *Tanga* (neben weiteren) als offenbar prototypisch verstandene kolonial motivierte Konstruktionen im Nationalsozialismus verhandelt, die in hochfrequenter Anzahl mit entsprechenden usuellen Klassifikatoren in den öffentlichen städtischen Raum des nationalsozialistischen Deutschen

---

[139] Derartige Empfehlungen sind auch für weitere Städte des Ortskorpus festzustellen: So kann bspw. für Augsburg nachgewiesen werden, dass der hiesige Gauverbandsleiter, angeregt durch den Reichskolonialbund, vorschlug, verschiedene Straßen in Augsburg mit kolonialer Motivik zu benennen (*Apia-, Duala-, Kamerun-, Lome-, Lüderitz-, Peters-, Samoastraße* u. dgl.). Herzlicher Dank geht an G. Feuerer vom Stadtarchiv Augsburg.

Reichs verfügt wurden: Die anthroponymischen MOD-Types *Peters* und *Lüderitz* stellen hochfrequente Muster kolonial motivierter Straßenbenennungen zwischen 1933 und 1945 dar.[140] Aus zeitgenössischen Akten geht hervor, dass der RKB sich sogar auf nationaler Ebene am Ende der 1930er Jahre für die „Benennung von Straßen und Plätzen mit den Namen bewährter Kolonialkämpfer" mittels eines Rundschreibens der RKB-Bundesleitung eingesetzt hat, was sodann an die jeweiligen regionalen Gauverbände weitergeleitet wurde. So ist bspw. die Straßenbenennung *Karl-Peters-Straße* in Iserlohn auf Unternehmungen des RKBs zurückzuführen, die vom RKB-Ortsverbandsleiter Gauverband Westfalen Süd an den Iserlohner Bürgermeister herangetragen wurde:

> Sehr geehrter Herr Bürgermeister! Die Bundesleitung des Reichskolonialbundes hat mich durch Rundschreiben beauftragt, mich bei den zuständigen Stellen dafür zu verwenden, dass bei der Benennung von Strassen und Plätzen Namen bewährter Kolonialkämpfer Verwendung finden. Ich wende mich […] an Sie mit der Bitte, dieser Anregung bei erster Gelegenheit Rechnung zu tragen. Mit Vorschlägen stehe ich Ihnen jeder Zeit gern zu Diensten. Ich denke dabei in erster Linie an den in Iserlohn nicht unbekannten Dr. Karl Peters, welcher sich für die kolonialen Belange Deutschlands grosse Verdienste erworben hat. (Schreiben des Reichskolonialbundes, Gauverband Westfalen Süd 19.5.1938)

Darüber hinaus sind auch ortsübergreifende Benennungen mit dem MOD-Type *Tanga* erst für die NS-Zeit auszumachen, in der entsprechende Konstruktionen in 14 Groß- und Mittelstädten Verwendung fanden. Der „Schlacht bei Tanga" (Mader 1938)[141] wurde nicht nur publizistische Bedeutung verliehen, sondern auch durch Namenvergabepraktiken in den öffentlichen deutschsprachigen Raum. Der Kolonialkrieg wurde schon in der unmittelbaren Nachkriegszeit von der Kolonialbewegung für propagandistische Zwecke genutzt:

> Am nachhaltigsten war der deutsche Widerstand in Ostafrika […], wo die Verteidigung in der Person des Generals von Lettow-Vorbeck einen besonders vortrefflichen Führer fand. […] die heldenhafte Verteidigung Deutsch-Ostafrikas, die an den sagenhaften Taten einer

---

140 Man vgl. dazu auch die Personenartikel zu Carl Peters (Bruns 2001: 239–240) und Adolf Lüderitz (Gründer 1987: 452–453) in der Neuen Deutschen Biographie (NDB).
141 „Die Schlacht bei Tanga war wohl die glänzendste Leistung in der Kolonialgeschichte aller Völker und Zeiten, und die in deutschem Soldatengeiste erzogenen Askaris zeigten sich hier ihrer Führer würdig. Sie konnten wahrhaftig stolz sein auf ihren Sieg, und sie waren es auch" (Mader 1938: 26). „Die Schlacht bei Tanga war von den weittragendsten Folgen: das war nicht nur ein Sieg, der die feindliche Übermacht vorläufig an der Eroberung Deutsch-Ostafrikas hinderte, er gab auch durch seine reiche Beute den von der heimischen Zufuhr und Unterstützung abgeschnittenen Truppen auf Monate hinaus die Mittel zur weiteren Kriegsführung" (Mader 1938: 28–29).

grauen Vorzeit erinnert, darf und soll nicht im deutschen Volke vergessen werden! Die Erinnerung an das, was diese Männer geleistet haben, sollte dazu dienen, den kolonialen Gedanken lebendig zu halten. (Darmstädter 1920: 161–162)[142]

Auch der einzige ortsübergreifend erhobene appellativische MOD-Type *Askari* ist in den zeitgenössischen Kontext dieses in nachkolonialer Zeit publizistisch propagierten Kolonialkriegs zu verorten, der darüber hinaus in zeitgenössischen Benennungsmotiviken verhandelt wurde:

> Askaripfad. Im Kampf bei Tanga im Nov. 1914 zeigte sich die hervorrag. Tapferkeit unserer schwarzen deutschen Askaris, der eingebornen Soldaten der deutsch-ostafrik. Schutztruppe, in hellstem Lichte. (Adresbuch München 1941 IV: 78)

In einem unmittelbaren Zusammenhang sind auch die allesamt erst nach 1933 in 30 Groß- und Mittelstädten verfügten SN-Token zur Ehrung und/oder Würdigung Paul von Lettow-Vorbecks zu verorten, der mit Kriegsbeginn zum Kommandeur der „Schutztruppe für Deutsch-Ostafrika" (Schnee 1914 III: 321) ernannt wurde und im Nationalsozialismus als „zentrale Identifikationsfigur der deutschen Kolonialbewegung – für den ‚letzten Kampf um den Kolonialbesitz' " (Schulte-Varendorff 2006: 107) propagiert wurde.

7.5 Ergebnisse

Für das erstellte Inventar kolonial motivierter Namenvergabepraktiken konnten deanthroponymische und detoponymische Benennungen als die zwei quantitativ dominanten Konstruktionsmuster aufgezeigt werden: Etwa 95 % aller Konstruktionen des kolonialen Namenprojekts in der deutschen Metropole referieren in kommemorativer Intention auf Personen oder auf den kolonisierten Raum. Der Befund, dass vorrangig die Parameter Personalität und Lokalität im (Alltags-)Raum des Deutschen Reichs mittels entsprechender Namenvergabepraktiken fixiert werden sollten, wurde hinsichtlich der damit versprachlichten Wissenskonzepte näher untersucht. Um herauszufinden, welche kolonisatorischen Gewissheiten von administrativer Seite mit derartigen ortsübergreifenden Namenvergabepraktiken tradiert werden sollten, erfolgte eine Analyse der ortsübergreifend verfügten anthroponymischen und toponymischen (mit den jeweiligen Unterklassen) MOD-Types in Bezug auf deren zeitgenössische kolonialdiskursive Funktionen. Die Modifikator-Konstruktionen wurden in enzyklopä-

---

[142] Teil der DSDK.

dischen Werken und weiteren wissensvermittelnden Texten hinsichtlich zeitgenössischer Zuschreibungen untersucht. Darüber hinaus wurden die in historischen Adressbüchern verfügbaren Benennungsmotiviken hinzugezogen, in denen kollektive Wissensbestände für die Nutzerinnen und Nutzer jener vielfältig rezipierten Quellengattung dargelegt werden.

Folgende Ergebnisse sind dabei herauszustellen: Mittels deanthroponymischer Konstruktionsmuster fand eine Ehrung und/oder Würdigung von Kolonialakteuren des Deutschen Kaiserreichs statt, denen eine wegbereitende Rolle als *[Kolonial]pioniere* zugeschrieben wurde: Die Personen hatten entscheidenden Anteil am Kolonialerwerb, standen als Kolonialbeamte an der Spitze der zu verwaltenden kolonisierten Gebiete oder hatten die militärische Leitung zur Verteidigung der deutschen Kolonialherrschaft gegen die indigene Bevölkerung sowie gegen die Entente-Mächte im Ersten Weltkrieg inne. Ziel derartiger ortsübergreifender Benennungspraktiken bestand also darin, die Erwerbung, Instandhaltung und militärische Verteidigung der de facto-Kolonialherrschaft durch entsprechende Konstruktionen im Raum der Metropole zu personifizieren. Der deanthroponymische Teilbestand verdichtet sich zahlenmäßig auf die hochfrequente Verfügung der MOD-Types *Peters*, *Lüderitz* (jeweils über 60 SN-Token), *Wissmann*, *Nachtigal* und *Lettow-Vorbeck* (30 und mehr SN-Token). In diachroner Perspektive ist zu konstatieren, dass sich die Distributionen der zu ehrenden und/oder würdigenden Kolonialakteure hinsichtlich der drei gesellschaftspolitischen Untersuchungszeiträume veränderte: Für den Zeitraum der faktischen Kolonialherrschaft und der Zwischenkriegszeit steht das deanthroponymische Konstruktionsmuster mit dem MOD-Type *Wissmann*, das auf den Reichskommissar und Gouverneur von Deutsch-Ostafrika Herrmann von Wissmann referiert, zahlenmäßig an der Spitze (Tab. 8 und Tab. 9, Kap. 6.3.2). Dagegen spielt der für das Gesamtinventar dargelegte hochfrequente MOD-Type *Peters* für Benennungspraktiken bis 1919 und 1933 eine völlig untergeordnete Rolle. Die große Anzahl an über 60 Konstruktionen, die den 1896 seines Amtes enthobenen Reichskommissar Deutsch-Ostafrikas durch ortsübergreifende Benennungen zwischen 1933 und 1945 ehren und/oder würdigen sollten, kann offenbar damit erklärt werden, dass „in der NS-Zeit [...] der Peters-Kult einen beträchtlichen Aufschwung [nahm]" (Speitkamp 2004), der auch mittels entsprechender Straßenvergabepraktiken in den öffentlichen Raum fixiert werden sollte. Auch für Paul von Lettow-Vorbeck, der seit Ende des Ersten Weltkriegs „zu den Protagonisten und zugleich Symbolfiguren des deutschen Kolonialrevisionismus" (Gründer 1985: 358–359) gehörte, ist eine vergleichbare Heroisierung erst nach 1933 festzustellen. Alle 30 Namenvergaben mit dem MOD-Type *Lettow-Vorbeck* sind ausschließlich für die Zeit nach der nationalsozialistischen Machtübernahme festzustellen und zeigt, „dass der Kult um die Kolonialpioniere zum einen der Rechtfertigung der deutschen Expansion und namentlich der Vorgehensweise der Eroberer und zum anderen der Schuldzuweisung an die Kritiker einer rücksichtslosen Herrschaftspraxis diente" (Speitkamp 2005b: 168).

Anhand der historischen Kontextualisierung der ortsübergreifend verfügten detoponymischen Konstruktionsmuster konnte nachgewiesen werden, dass auch mit jener zweitgrößten onymischen Klasse die Fixierung kolonisatorischer Machtansprüche intendiert war. Die mit dechoronymischen und deoikonymischen Konstruktionen versprachlichten Gewissheiten sind weniger eine „euphemistische Verklärung der Fremde" (Warnke 2009: 49). Vielmehr referieren sie auf die Kolonialgebiete und auf die von der Kolonialmacht als administrative und/oder handelsspezifische Zentren errichteten oder ausgebauten Hauptorte innerhalb der Kolonien. Unter Einsatz von entsprechenden enzyklopädischen Werken und weiteren wissensvermittelnden Texten sind für die usuellen MOD-Types zeitgenössische Zuschreibungen festzustellen, die verdeutlichen, dass der Fokus der Kommemoration gerade nicht darin lag, den kolonisierten Raum in Übersee als koloniale Fremde abzubilden. Stattdessen sollten die Kolonien etwas Dazugehörendes sein, die im (Alltags-)Raum des Deutschen Reichs ortsübergreifend als kollektive Wissensbestände fixiert wurden. Dieser Befund ist auch deshalb so herauszustellen, weil toponymische MOD-Types mit usuellen Klassifikatoren für drei und mehr als drei Städte erst nach der faktischen Kolonialherrschaft, vorrangig in nationalsozialistischer Zeit, Verwendung fanden: Nur für Berlin sind bereits bis 1919 koloniale Namenverfügungen festzustellen, deren dechoronymische (*Guineastraße*, *Kameruner Straße*, *Samoastraße*, *Togostraße* u. dgl.) und deoikonymische (*Swakopmunder Straße*, *Windhuker Straße* u. dgl.) Konstruktionen sich auf den faktischen Kolonialbesitz und die dortigen städtischen Zentren beziehen. Die mit praxonymischen Anteilen verfügten toponymischen Modifikator-Konstruktionen verweisen auf die aus zeitgenössischer deutscher Position erfolgreichen Kampfhandlungen und zeigen die überlegene Positionierung der Kolonisatoren in geradezu mustergültiger Ausprägung auf. Die Herausstellung des Eigenen in Übersee konnte auch durch die aufgezeigten Distributionen der mit toponymischen MOD-Types vorgenommenen georeferenzierenden Bezügen dargelegt werden: Der Hauptanteil an ortsübergreifend verfügten Modifikator-Konstruktionen sind der Kolonie Deutsch-Südwestafrika zuzuordnen, die zeitgenössisch die dominante Siedlerkolonie des Kaiserreichs und insbesondere seit Kriegsbeginn das Zentrum der Kupferproduktion für die Metropole darstellte. Die Themen entsprechen damit einer zeitgenössischen kolonisatorischen und eurozentrischen Grundhaltung, mit der die wirtschaftliche Nutzung der Kolonien und deren Verwaltung – oder schärfer formuliert: Ausbeutung und Beherrschung – als kollektive Gewissheiten im Raum der deutschen Metropole fixiert wurde.

Anhand zeitgenössischer Quellen konnte dargelegt werden, dass sich die Kolonialbefürworter nicht erst im Zuge der nationalsozialistischen Gleichschaltung, sondern bereits zur faktischen Kolonialzeit und auch in den 1920er Jahren für Fixierungspraktiken kolonialer Kommemoration im städtischen (Alltags-)Raum der deutschen Metropole einsetzten. Für die Kolonialbewegung in der NS-Zeit sind ortsübergreifende Forderungen kolonial motivierter Straßenvergaben festzustellen. Der diachrone Vergleich der von Seiten der Kolonialbefürwortern vorgeschlagenen Konstruktionen und der tatsächlich verfügten Namenmuster durch die städtischen Administrationen zeigt, dass der DKB und der RKB das Thema in den jeweiligen drei gesellschaftspolitischen Untersuchungszeiträumen zum Teil unterschiedlich konturieren, was sich sodann auch auf die Distributionen der ortsübergreifend verfügten MOD-Types ausgewirkt hat (Kap. 6.3.2). Das zeigt umgekehrt auch, dass der Kolonialbewegung einen entscheidenden Einfluss auf kolonial motivierte Namenvergabepraktiken zuzuschreiben ist.

8 Raumreferenzierung und -belegung

Zusammenfassung: Im Kapitel wird dargelegt, welche musterhaften raumbezogenen Formen kolonialer Referenzierung und -belegung durch Namenvergabeprozesse festzustellen sind. Für den quantitativ untergeordneten Bestand an Einzelbenennungen rücken die spezifisch *kolonialen* Kommemorationen solcher Inventare z. T. in den Hintergrund. Der maßgebliche Hauptanteil ist dagegen innerhalb von Kolonialclustern zu verorten, für die eindeutige zeitliche Distributionen festzustellen sind. Auch in clusterbezogener Perspektive sind dominante Konstruktionsmuster herauszustellen. Darüber hinaus werden die für gebündelte koloniale Namenvergaben festzustellenden Georeferenzierungen dargelegt, die der kolonialrevisionistischen Propaganda in den 1920ern und 1930er Jahren entsprechen. Die Kolonialcluster der drei annektierten Städte weisen partielle Übereinstimmungen (Pabianitz [Pabianice] und Königshütte [Chorzów]), aber auch Abweichungen (Lodz bzw. Litzmannstadt [Łódź]) auf, die vor dem Hintergrund der städtebezogenen Umbenennungsprozesse durch die Nationalsozialisten diskutiert werden.

Die Berücksichtigung der historischen Positionierung kolonial motivierter Straßenbenennungen in die unmittelbare Raumdeskription führt zu weiteren Erkenntnissen der damit versprachlichten kolonisatorischen Gewissheiten. Dementsprechend wurde jedes einzelne SN-Token hinsichtlich raumlinguistischer Aspekte annotiert, also danach, ob der kolonial motivierte Straßenname als Einzelbenennung oder innerhalb eines themenkohärenten Kolonialclusters verfügt wurde. Neben Hinweisen in historischen Adressbüchern, administrativen Texten u. dgl. geben insbesondere historische Stadtpläne Aufschluss über die räumliche Verortung der Namen. Für das erstellte Gesamtinventar können hinsichtlich der beiden Formen von Raumbelegung folgende Distributionen herausgestellt werden:

Tab. 22: Raumbezogene Formen kolonialer Referenzierung und -belegung.

	Einzelbenennungen	innerhalb von Kolonialclustern
Anzahl an SN-Token	72	455
Distributionen	ca. 19 %	ca. 86 %

Kolonial motivierte Straßennamen, die als Einzelbenennungen in den öffentlichen Raum verfügt wurden, stellen ein zahlenmäßig untergeordnetes Phänomen dar. Prototypisch ist dagegen die gebündelte Verfügung mehrerer SN-Token als themenkohärente Kolonialcluster für parallele, sich kreuzende und/

oder in unmittelbarer räumlicher Nähe zueinander liegende Straßenzüge. Im Folgenden wird diskutiert, welche historischen Formen kommemorativer Raumreferenzierung und -belegung mit kolonial motivierten Namenvergabepraktiken als Einzelbenennungen bzw. Clusterbenennungen bis 1945 in ortsübergreifend-nationaler Perspektive festzustellen sind.

8.1 Einzelbenennungen

Für das Teilinventar an 72 singulären SN-Token können aus raumlinguistischer Perspektive drei unterschiedliche Formen kolonial motivierter Einzelbenennungen ausgemacht werden:
– Singuläre ortsbezogene Einzelbenennungen (a)
– Zwei und mehr voneinander unabhängige ortsbezogene Einzelbenennungen (b)
– Singuläre oder zwei und mehr voneinander unabhängige ortsbezogene Einzelbenennungen neben Kolonialclustern (c)

Die drei unterschiedlichen Formen kolonial motivierter Namenvergabepraktiken als Einzelbenennungen erfolgen in drei Tabellen, in denen jede Einzelbenennung mit dem jeweiligen Verfügungsort dargelegt wird. Es folgen Nachweise darüber, in welchen Quellengattungen die jeweiligen SN-Token erhoben werden konnten. Im Anschluss an die jeweiligen tabellarisch aufgezeigten drei Formen von Einzelbenennungen werden die Inventare im ortsübergreifenden Zugriff im Hinblick auf prototypische Strukturen und den damit intendierten kommemorativen Funktionen unter Einbezug ihrer Benennungszeiträume untersucht.

8.1.1 Inventare

Singuläre ortsbezogene Einzelbenennungen konnten in historischen Adressbüchern, Stadtplänen u. dgl. für folgende Orte erhoben werden:

Tab. 23: Singuläre ortsbezogene Einzelbenennungen (a).

Stadt	SN-Token	Literaturnachweise
Altena	*Karl-Peters-Str.*	Weidner.[143]

---

143 https://www.lwl.org/westfaelische-geschichte/nstopo/strnam/Begriff_27_Orte.html, Abruf am 28/06/2019.

Stadt	SN-Token	Literaturnachweise
Amberg	*Lüderitzplatz*	Adressbuch Amberg (1938 II: 50).
Asch [Aš]	*Lüderitzstr.*	Adressbuch Asch (1941 II: 43).
Brandenburg an der Havel	*Gustav-Nachtigal-Str.*	Stadtplan Brandenburg an der Havel (1955).[144]
Erfurt	*Wissmannstr.*	Wohnungsanzeiger Erfurt (1919), Adressbuch Erfurt (1924 IV: 212), Blaha et al. (1992: 43).
Frankfurt/Oder	*Wißmannstr.*	Adressbuch Frankfurt/Oder (1929 II: 263), Stadtplan Frankfurt/Oder (1937).
Glatz [Kłodzko]	*Lettow-Vorbeck-Str.*	Adressbuch Glatz (1937 II: 111), Gierich (1982: 110).
Hildesheim	*Karl-Peters-Str.*	Stadtplan Hildesheim (1940).
Iglau [Jihlava]	*Lüderitzgasse*	Stadtplan Iglau (1943), Kalousková (angenommen).
Iserlohn	*Karl-Peters-Str.*	Weidner.[145]
Kaiserslautern	*Karl-Peters-Str.*	Stadtverwaltung Kaiserslautern (2001: 31).
Karlsbad [Karlovy Vary]	*Herrmann-von-Wissmann-Str.*	Stadtplan Karlsbad (1940), Kalousková (angenommen).
Kattowitz [Katowice]	*Lettow-Vorbeck-Str.*	Stadtplan Kattowitz (1940, 1942).
Leslau [Włocławek]	*Karl-Peters-Str.*	Stadtplan Leslau (1942).
Lüneburg	*Karl-Peters-Str.*	Reinecke (2007: 102).
Lünen	*Lettow-Vorbeck-Str.*	Adressbuch Lünen (1938 II), Weidner.[146]
München Gladbach	*Lettow-Vorbeck-Str.*	Stadtplan München Gladbach und Rheydt (1940), Wittmann-Zenses (1998: 68).
Oldenburg	*Tangastr.*	Adressbuch Oldenburg (1940 III: 331), Schohusen (1977: 245).
Pirmasens	*Dr. Carl-Peters-Str.*	Hauptausschussprotokoll Pirmasens (21.1.1947).
Saarbrücken	*Lüderitzstr.*	Adressbuch Saarbrücken (1926/27 II: 497, 1934/35 II: 570).
Saarlouis bzw. Saarlautern	*Von-Lettow-Vorbeck-Str.*	Bungert (2014: 58).
Schweidnitz [Świdnica]	*Lüderitzufer*	Adressbuch Schweidnitz (1942 I: 147), Adler (2006: 31).

---

[144] Das SN-Token taucht im Adressbuch Brandenburg an der Havel (1938/39) noch nicht auf. Es ist zu vermuten, dass die Benennung noch vor 1945 erfolgte.
[145] http://www.lwl.org/westfaelische-geschichte/nstopo/strnam/Begriff_27.html, Abruf am 28/06/2019.
[146] https://www.lwl.org/westfaelische-geschichte/nstopo/strnam/Kommune_138.html, Abruf am 28/06/2019.

Stadt	SN-Token	Literaturnachweise
Siegburg	*Dr. Karl-Peters-Str.*	Stadtplan Siegburg (ca. 1942).
Stolberg (Rhld.)	*Dr. Karl-Peters-Str.*	Stadtplan Stolberg (1942).
Tübingen	*Eduard-Haber-Str.*	Adressbuch Tübingen (1942 III: 19), Eck (2017: 224).
Wiesbaden	*Karl-Peters-Str.*	Stadtplan Wiesbaden (1939).
Zerbst/Anhalt	*Karl-Peters-Str.*	Adressbuch Zerbst/Anhalt (1939/40 II: 232).

Einzelbenennungen sind sowohl für Großstädte als auch für eine vergleichbare Anzahl an Mittelstädten festzustellen. Bis auf die in Erfurt bzw. Frankfurt/Oder am Ende der faktischen Kolonialzeit bzw. in den 1920er Jahren verfügten Benennungen fallen alle weiteren singulären Namenverfügungen in die nationalsozialistische Zeit. Für die erst Ende der 1930er Jahre im Zuge des Münchener Abkommens bzw. des Polenfeldzugs annektierten Gebiete konnten koloniale Einzelbenennungen für Asch [Aš], Iglau [Jihlava] und Karlsbad [Karlovy Vary] (Kap. 4) bzw. in Kattowitz [Katowice] (*Lettow-Vorbeck-Straße*) und Leslau [Włocławek] (*Karl-Peters-Straße*) erhoben werden.

Ein zweites Muster stellen Orte dar, für die zwei oder mehrere kolonial motivierte SN-Token als Einzelbenennungen in der unmittelbaren Raumdeskription auszumachen sind, d. h. bei den betreffenden Straßenzügen handelt sich weder um parallel angelegte oder sich kreuzende noch in der Nähe zueinander liegende Straßen. So konnten bspw. für die Mittelstadt Altenburg drei singuläre Einzelbenennungen erhoben werden. Die kolonial motivierten SN-Token *Samoa-* und *Togoweg* wurden noch in der Zwischenkriegszeit für neu angelegte Siedlungen im Zuge der Reichsheimstätten-Förderung verfügt. Die jeweiligen Straßenzüge liegen nicht in unmittelbarer Nähe:

Abb. 13: Stadtplan Altenburg (1939), Ausschnitt Kauerndorf (Randsiedlung).

Auch die in nationalsozialistischer Zeit erfolgte Benennung *Lettow-Vorbeck-Straße* erfolgte als räumlich nicht zusammenhängende Einzelbenennung in den westlich zum Stadtzentrum erschlossenen Stadtteil *Neue Welt* (vgl. Stadtplan Altenburg 1939). Alle zwei und mehr erhobenen Einzelbenennungen des zweiten Typs sind in folgender Tabelle mit entsprechenden Literaturnachweisen aufgeführt:

Tab. 24: Zwei und mehr voneinander unabhängige ortsbezogene Einzelbenennungen (b).

Stadt	SN-Token	Literaturnachweise
Altenburg	*Lettow-Vorbeck-Str., Samoaweg, Togoweg*	Stadtplan Altenburg (1939).
Bad Godesberg	*Gerhard-Rohlfs-Str., Karl-Peters-Str.*	Adressbuch Bad Godesberg (1920 I: 41), Straßenkataster der Stadt Bonn.[147]
Chemnitz	*Kamerunstraße, Wissmannstr.*	Adressbuch Chemnitz (1940 III: 120), Stadtplan Chemnitz (1920).
Danzig [Gdańsk]	*Carl-Peters-Str., Lüderitzstr., Gustav-Nachtigal-Str., Von-Wissmann-Str.*	Adressbuch Danzig (1942 II: 80, 135, 242, 382).
Hagen	*Karl-Peters-Str., Lettow-Vorbeck-Str.*	Weidner.[148]
Ludwigsburg	*Lüderitzstr., Karl-Peters-Str.*	Adressbuch Ludwigsburg (1943: 275).
Oberhausen	*Karl-Peters-Str., Leutweinstr., Lüderitzstr., Windhuker Str., Wissmannstr.*	Stadtplan Oberhausen (1938).
Posen [Poznań]	*Karl-Peters-Str., Lüderitzstr., Lettow-Vorbeck-Str., Nachtigalstr., Wissmannstr.*	Stadtplan Posen (1939).
Solingen	*Lüderitzweg, Wissmannstr.*	Stadtplan Solingen (1935).
Waldenburg [Wałbrzych]	*Petersstr., Wissmannstr.*	Stadtplan Waldenburg (1937).
Weimar	*Lüderitzstr., Petersstr., Rohlfsstr.*	Adressbuch Weimar (1937 III: 46, 55, 59).

Für Bad Godesberg, Chemnitz und Weimar sind zwei und mehrere kolonial motivierte Einzelbenennungen festzustellen, die in unterschiedlichen Zeiträumen als Einzelbenennungen verfügt wurden: Die SN-Token *Gerhard-Rohlfs-*

---

[147] http://stadtplan.bonn.de/strassen_auskunft.php?strasse=2411, Abruf am 28/06/2019.
[148] https://www.lwl.org/westfaelische-geschichte/nstopo/strnam/Kommune_79.html, Abruf am 28/06/2019.

Straße[149], *Wissmannstraße*[150] und *Rohlfsstraße* (vgl. Adressbuch Weimar 1919 V: 253) wurden noch zur faktischen Kolonialzeit verfügt. Die Einzelbenennungen *Karl-Peters-Straße* (Bad Godesberg), *Kamerunstraße* (Chemnitz) sowie *Lüderitzstraße* und *Petersstraße* (Weimar) erfolgten erst in nationalsozialistischer Zeit. Alle weiteren Einzelbenennungen erfolgten zwischen 1933 und 1945. Neben der überschaubaren Anzahl an acht Groß- und Mittelstädten konnten koloniale Einzelbenennungen des zweiten Typs auch für die im Zuge des Polenfeldzugs annektierten Orte Danzig [Gdańsk] und Posen [Poznań] erhoben werden.

Für das dritte Muster sind an ein- und demselben Ort neben Kolonialclustern (Kap. 8.2) auch ein oder mehrere kolonial motivierte SN-Token zu konstatieren, die jeweils als kolonial motivierte Einzelbenennungen in den öffentlichen Raum verfügt wurden; aus diesem Grund werden sie in folgender Tabelle inklusive einer Verortung dargelegt:

Tab. 25: Singuläre oder mehrere voneinander unabhängige Einzelbenennungen neben Kolonialclustern (c).

Stadt	SN-Token	Literaturnachweise
Berlin(-Kreuzberg)	*Gröbenufer*	Geheimes Staatsarchiv Preußischer Kulturbesitz, TA I HA Rep. 89 Nr. 14456 Bl. 191–196.
Bremen (Verb. Altstadt-Neustadt)	*Lüderitzbrücke*	Stadtplan Bremen (1938).
Bremen(-Schwachhausen)	*Lüderitzstr.*	Stadtplan Bremen (1938).
Düsseldorf(-Unterbilk)	*Wissmannstr.*	Stadtplan Düsseldorf (1909), Adressbuch Düsseldorf (1934 III: 461).
Hamburg(-Eimsbüttel)	*Gerhard-Rohlfs-Weg*	Adressbuch Hamburg (1940 III: 10).[151]

---

149 Man vgl. dazu einen Ausschnitt aus der DKZ (18.3.1913: 167), aus der ersichtlich wird, dass die DKG die Benennung, wenngleich die Eingemeindung erst 1967 erfolgte, der Stadt Bonn zuspricht: „Aus Bonn schreibt man uns, daß dort eine Rohlfs-Straße vorhanden ist – zu Ehren des ehemaligen Marokko-Forschers Gerhard Rohlfs." Aus diesem Grund wurde die Benennung ins Inventar der vorliegenden Studie aufgenommen.
150 Das noch zur Kolonialzeit verfügte SN-Token *Wissmannstraße* tritt ab Ende der 1920er Jahre nicht mehr auf, weil an gleicher Stelle eine Wohnanlage entstanden ist. Herzlicher Dank geht an Dr. S. Pfalzer vom Stadtarchiv Chemnitz.
151 Der Name ist ebenfalls auf Plan 2 der im Adressbuch abgedruckten „Pläne der Hansestadt Hamburg"(http://agora.sub.uni-hamburg.de/subhh-adress/digbib/view?did=c1:654910&p=2437, Abruf am 23/04/20) als Einzelbenennung für den Bezirk Hamburg-Eimsbüttel eingezeichnet. Darüber hinaus ist der Name in dem ein Jahr zuvor veröffentlichten Amtlichen Gebiets- und Straßenverzeichnis (vgl. Statistisches Landesamt Hamburg 01.05.1939) vermerkt.

Stadt	SN-Token	Literaturnachweise
Hamburg(-Osdorf)	*Togostr.*	Amtlicher Anzeiger Nr. 129 (1947).[152]
Heilbronn(-Kernstadt)	*Lettow-Vorbeck-Str.*	Adressbuch Heilbronn (1936 III: 92).
Herford(-Ottelau)	*Adolf-Lüderitz-Str.*	Weidner.[153]
Köln(-Neustadt)	*Lettow-Vorbeck-Str.*	Adressbuch Köln (1939 IV: 432), Kaufmann et al. (1996: 70–71).
Königsberg i. Pr. bzw. Königsberg (Pr.) [Kaliningrad](-Hufen)	*Wissmannstr.*	Stadtplan Königsberg (ca. 1925).
Leipzig(-Neustadt)	*Wissmannstraße*	Adressbuch Leipzig (1918 II: 399), Stadtplan Leipzig (ca. 1920).
Lodz bzw. Litzmannstadt [Łódź](-Nord)	*Lettow-Vorbeck-Str.*	Straßenverzeichnis Litzmannstadt (1941), Thiem (1941).
Wuppertal(-Vohwinkel)	*Lettow-Vorbeck-Str.*	Adressbuch Wuppertal (1938 III: 253).

Bis auf die Mittelstädte Heilbronn und Herford beschränken sich derartige Prozesse, bei denen neben der Verfügung von gebündelten kolonial motivierten SN-Token als themenkohärente Viertel auch Einzelbenennungen festzustellen sind, auf Großstädte. Abgesehen von dem noch in der faktischen Kolonialzeit verfügten Namen in Berlin-Kreuzberg (*Gröbenufer*) und der Einzelbenennung in Königsberg i. Pr. bzw. Königsberg (Pr.) [Kaliningrad] (*Wissmannstraße*) erfolgten alle weiteren betreffenden SN-Token in nationalsozialistischer Zeit. Auch für die Großstadt Lodz bzw. Litzmannstadt [Łódź] ist auf dem Anfang der 1940er Jahre erstellten Stadtplan neben einem mit kolonialen Straßennamen belegten Viertel (Kap. 8.3) die singuläre Benennung *Lettow-Vorbeck-Straße* festzustellen.

8.1.2 Strukturmuster und Diskursfunktionen

Für koloniale Namenvergabepraktiken, die als Einzelbenennungen in den städtischen Raum verfügt wurden, sind über die drei raumlinguistischen Formen hinaus strukturbezogene Muster festzustellen: Bei dem maßgeblichen Hauptanteil derartiger singulärer Benennungen handelt es sich um deanthroponymische Konstruktionen, mit denen Kolonialakteure im öffentlichen Raum des Deut-

---

[152] Aus dem Dokument ergeht die im gleichen Jahr erfolgte Umbenennung des SN-Tokens *Togostraße*, die 1933 administrativ verfügt wurde, in *Tönninger Weg*.
[153] https://www.lwl.org/westfaelische-geschichte/nstopo/strnam/Kommune_92.html, Abruf am 28/06/2019.

schen Reichs geehrt und/oder gewürdigt werden sollten. Dabei sind die anthroponymischen MOD-Types *Peters*, *Lüderitz*, *Lettow-Vorbeck* und *Wissmann* als quantitativ dominant herauszustellen. Die ortsübergreifend erhobenen Einzelbenennungen referieren vor allem auf Personen, die entscheidenden Anteil an der Erwerbung oder Verteidigung des deutschen Kolonialbesitzes trugen. Die Inventare sind bezüglich ihrer vorrangig anthroponymischen MOD-Types folglich als weitestgehend unmarkiert zu beschreiben; die entsprechenden Konstruktionen reihen sich unauffällig in die für das erstellte Gesamtinventar dargelegten hochfrequenten deanthroponymischen Muster ein (Diagramm 1). Auch die diachrone Verteilung der Einzelbenennungen auf die jeweiligen gesellschaftspolitischen Verfügungszeiträume entspricht den Distributionen, die für das erstellte Gesamtinventar kolonial motivierter Namenvergabepraktiken im Deutschen Reich zwischen 1884 und 1945 aufgezeigt wurde (Kap. 6.2); der maßgebliche Anteil an Einzelbenennungen wird in nationalsozialistischer Zeit verfügt. In einer solchen diachronen Perspektive sind Präferenzen hinsichtlich der anthroponymischen Modifikatoren auszumachen: Die wenigen noch in der faktischen Kolonialzeit[154] und in der Zwischenkriegszeit[155] verfügten SN-Token sollten vorrangig Herrmann von Wissmann ehren und/oder würdigen. Der Hauptanteil der zwischen 1933 und 1945 verfügten deanthroponymischen Einzelbenennungen referiert dagegen in kommemorativer Intention auf Carl Peters, Adolf Lüderitz und Paul von Lettow-Vorbeck.

Die Überprüfung der betreffenden Straßen in historischen Stadtplänen zeigt, dass die im Nationalsozialismus verfügten Einzelbenennungen nicht selten über deren koloniale Motivik hinaus kontextualisiert wurden. So ist bspw. für die mit praxonymischen Anteilen verfügte detoponymische Einzelbenennung der *Tangastraße* in Oldenburg festzustellen, dass diese innerhalb eines thematisch weiter gefassten Kleinclusters in Bezug auf die intendierte Kommemoration aufgeht. Mitte der 1930er Jahre wurde das SN-Token *Grüner Weg* mit den Benennungen *Falklandstraße* und *Tangastraße* für den nördlichen bzw. südlichen Teil des Straßenzugs überschrieben (vgl. Adressbuch Oldenburg 1940 III: 331). Beide zeitgleich in Oldenburg verfügten Straßennamen sind im Rahmen einer solchen militärischen Traditionspflege der Nationalsozialisten einzuordnen, die an die Kämpfe des Deutschen Kaiserreichs im Weltkrieg anknüpfen sollten.

---

154 D. s.: *Gerhard-Rohlfs-Straße* in Bad Godesberg (Bonn), *Gröbenufer* in Berlin, *Wissmannstraße* in Chemnitz, *Wissmannstraße* in Düsseldorf, *Wissmannstraße* in Erfurt, *Wissmannstraße* in Leipzig, *Rohlfsstraße* in Weimar.
155 D. s.: *Wißmannstraße* in Frankfurt/Oder, *Lüderitzstraße* in Saarbrücken, *Wissmannstraße* in Königsberg i. Pr. bzw. Königsberg (Pr.) [Kaliningrad].

[...] es handelt sich hier [...] um einen Verweis auf kriegerische Auseinandersetzungen [...] Hier Tanga, wo deutsche Truppen im Jahr 1914 gegen die Briten kämpften. Und dort Falkland, eine Inselgruppe im Atlantik, um die sich ebenfalls 1914 deutsche und englische Truppen eine Seeschlacht lieferten. (Fricke 2009: 8)

Einzelbenennungen, die in thematisch anders gelagerten Clustern aufgingen, können in ortsübergreifender Perspektive für Namenmuster dargelegt werden, die auf Paul von Lettow-Vorbeck referieren sollten. Nicht selten wurden die in nationalsozialistischer Zeit verfügten Einzelbenennungen mit dem anthroponymischen MOD-Type *Lettow-Vorbeck* zusammen mit weiteren deanthroponymischen Benennungen für Straßenzüge in nächster Nähe verfügt, die keine koloniale Benennungsmotiviken aufweisen (siehe Abb. 14).

Alle deanthroponymischen Konstruktionen wurden zeitgleich Ende der 1930er Jahre im Zuge der Tilgung älterer Straßennamen verfügt (vgl. Straßennamenverzeichnis, Stadtplan Altenburg 1939); die Umbenennungen sollten auf Personen referieren, die aus historischer Sicht wichtige militärische Führungspositionen während des Ersten Weltkriegs (Karl Litzmann[156], Reinhard Scheer[157], Hans von Seeckt[158]) inne hatten.

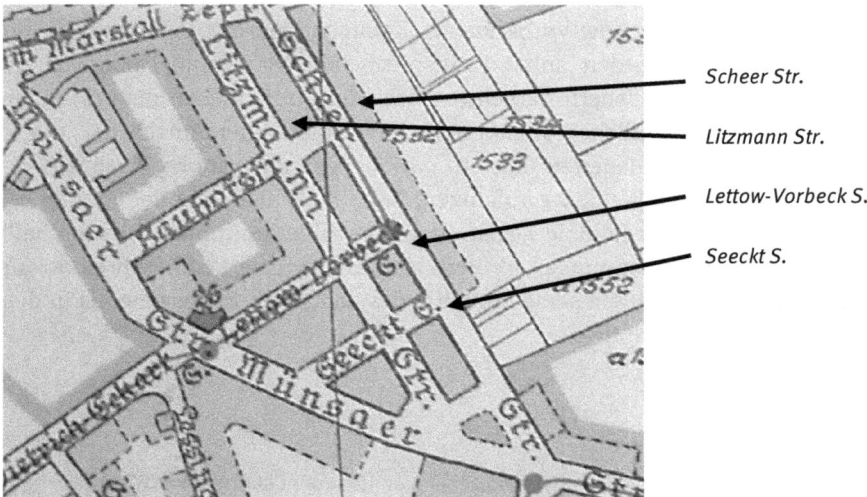

Abb. 14: Stadtplan Altenburg (1939).

---

156 Man vgl. dazu Kraft (1985: 715–716).
157 Man vgl. dazu Epkenhans (2005: 607).
158 Man vgl. dazu Hürten (2010: 139–140).

In dieses Muster der kommemorativen Ehrung und/oder Würdigung ehemaliger hoher Offiziere und/oder Generäle des Ersten Weltkriegs wird auch die Umbenennung der *Lettow-Vorbeck-Straße* eingeordnet, die innerhalb solcher thematisch anders gelagerten bzw. weiter gefassten Clusterbenennung in Bezug auf die intendierte Kommemoration aufgeht. Auch die identischen in Heilbronn bzw. Köln verfügten Kolonialismen[159] sind in unmittelbarer Umgebung zu zeitgleich erfolgten deanthroponymischen Umbenennungen zu verorten, die sich auf Generäle des Ersten Weltkriegs beziehen. Sie erfolgten für Straßenzüge in direkter Umgebung zu *Mackensenstraße* und *Litzmannstraße*[160] bzw. zu *Mackensenstraße, Litzmannstraße* und *Ludendorffstraße*.[161] Gleiches gilt bspw. auch für die *Lettow-Vorbeck-Straße* in Lünen. Und auch im Stadtplan der annektierten Stadt Lodz bzw. Litzmannstadt [Łódź] (vgl. Thiem 1942) ist der Straßenzug des SN-Tokens *Lettow-Vorbeck-Straße* in direkter Nähe zu Straßen zu verorten, die nach hohen Offizieren und/oder Generälen des Ersten Weltkriegs benannt wurden.

Derartige ortsübergreifende Befunde zeigen, dass die städtischen Administrationen Paul von Lettow-Vorbeck in nationalsozialistischer Zeit „*als Symbol in ihr Heldenpantheon eingliederten und damit endgültig der Geschichte übereigneten*" (Speitkamp 2004). *Die aus* zeitgenössischer Sicht erfolgreich geführten Kampfhandlungen Lettow-Vorbecks als Kommandeur der Schutztruppe für Deutsch-Ostafrika werden anhand entsprechender Benennungsmotiviken in historischen Adressbüchern dargelegt. Nichtsdestotrotz stellen derartige Phänomene nur vermeintliche kolonial motivierte Einzelbenennungen dar, die in thematisch anders gelagerten Clustern mit Bezügen zu weiteren Personen, Orten u. dgl. im Ersten Weltkrieg aufgingen. Seine Rolle als führender General bei der Verteidigung der Kolonie gegen englische Alliiertentruppen ist innerhalb derartiger Clusterbenennungen insofern als desemantisiert zu beschreiben, als dass man dabei vorrangig seine Funktion des deutschen Kriegsgenerals in den Mittelpunkt rücken wollte.

---

159 „Lettow-Vorbeck-Straße [...] Verteidiger[s] von Deutsch-Ostafrika im Weltkriege [...]" (Adressbuch Heilbronn 1936 III: 92). „Lettow-Vorbeck-Straße [...] seit 1918 Kommandeur der Schutztruppe in Deutsch-Ostafrika, das er von 1914–1918 in heldenhafter Weise gegen eine riesige feindliche Übermacht verteidigte" (Adressbuch Köln 1939 IV: 432).
160 Man vgl. dazu die Verortung der *Lettow-Vorbeck-Straße* im entsprechenden Eintrag (Adressbuch Heilbronn III: 92): „von der Mackensen- zur Litzmannstraße".
161 „In der NS-Zeit, 1938, wurde die Innere Kanalstraße von der Aachener Straße aus nach Norden hin in vier Abschnitte geteilt und mit den Bezeichnungen Mackensenstraße [...], Litzmannstraße [...], Ludendorffstraße [...] und Lettow-Vorbeck-Straße [...] versehen" (Kaufmann et al. 1996: 71).

8.2 Cluster

Für den Gesamtuntersuchungszeitraum wurden 455 der zwischen 1884 und 1945 erhobenen kolonialen Straßennamen als themenkohärente Cluster für parallele, sich kreuzende und/oder in unmittelbarer räumlicher Nähe zueinander liegende Straßenzüge verfügt. Dabei sind zwei rein quantitativ voneinander unterscheidbare Clustertypen festzustellen:

- Klein angelegte Kolonialcluster: 2 kolonial motivierte SN-Token für 2 in unmittelbarer Nähe zueinander liegende Straßen
- Groß angelegte Kolonialcluster: 2 + x kolonial motivierte SN-Token für 2 + x in unmittelbarer Nähe zueinander liegende Straßen

Die Häufigkeitsverteilung der entsprechenden Inventare auf diese beiden Typen an Kolonialclustern ist absolut eindeutig: Nur 26 SN-Token sind dem ersten Typ kolonialer Kleincluster mit zwei Benennungen zuzuschreiben. Alle weiteren 429 SN-Token wurden innerhalb groß angelegter themenkohärenter Namenviertel des zweiten Typs mit drei und mehr Benennungen verfügt.

8.2.1 Klein angelegte Kolonialcluster

Koloniale Namenvergabepraktiken in der Form von Kleinclustern mit nur zwei SN-Token sind für eine überschaubare Anzahl an 13 Städten zu konstatieren. Neben deren Repräsentation auf Karten sind sie auch in historischen Adressbüchern verzeichnet, in denen die kolonialen Bezeichnungsmotiviken dargelegt werden. So sind bspw. die als themenkohärentes Kleincluster für Parallelstraßen verfügten Benennungen *Lüderitz-* und *Woermannweg* in Münster-Gremmendorf erstmalig auf dem Stadtplan von 1939 festzustellen, deren koloniale Motiviken im Straßenverzeichnis des drei Jahre später herausgegebenen Einwohnerbuchs dargelegt werden (siehe Abb. 15).

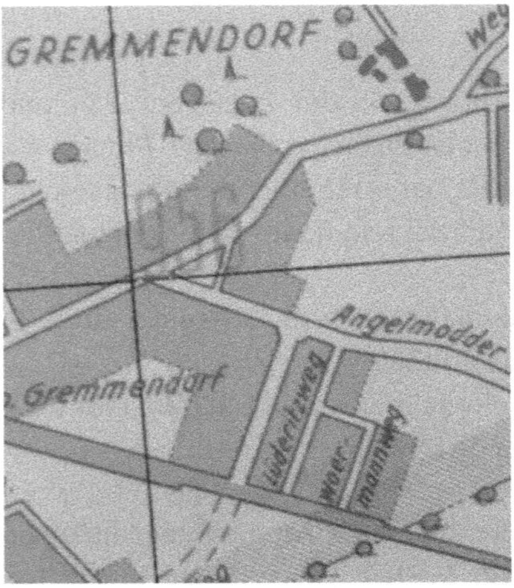

„Lüderitzweg (Südlich des Angelmodder Weges) [1939 – Bekannter Kolonialpolitiker (1834-1886), Gründer der ersten deutschen Südwestafrika-Kolonie.]" (Adressbuch Münster 1941/42 II: 161)

„Woermannweg (früher Teil des Angelmodder Weges) [1939 – Mitbegründer der Woermann-Linie, welche den deutschen Ostafrikadienst betreibt; erwarb 1884 das Mündungsgebiet des Kamerunflusses als deutschen Kolonialbesitz [...]." (Adressbuch Münster 1941/42 II: 258)

Abb. 15: Stadtplan Münster (1939), Ausschnitt Gremmendorf.

8.2.1.1 Inventare

Die Verteilung solcher kolonialen Kleincluster auf Groß- bzw. Mittelstädte hält sich relativ die Waage. In folgender Tabelle werden die Benennungen mit Angabe der jeweiligen städtischen Bezirke, Viertel oder Siedlungen, in denen die jeweiligen zwei Benennungen zu verorten sind, aufgelistet:

Tab. 26: Ortsspezifische Verteilung von Kleinclustern.

Stadt, weitere Infos über clusterbezogene Verortung	Innerhalb der jeweiligen Cluster verfügte Benennungen	Literaturnachweise
Essen-Karnap	*Lüderitzwiese, Woermannstr.*	Stadtplan Essen (1942), Dieckhoff (1979: 182, 295).
Gotha-Sundhausen	*Adolf-Lüderitz-Str., Von Lettow-Vorbeck-Str.*	Stadtplan Gotha (1936), Adressbuch Gotha (1941–1942 II: 264, 470).
Köln-Ehrenfeld	*Gravenreuthstr., Wissmannstr.*	Bechhaus-Gerst (2013: 237).
Magdeburg-Sudenburg	*Gustav-Nachtigal-Str., Wissmannstr.*	Adressbuch Magdeburg (1940 II: 68, 207), Stadtplan Magdeburg (1937).
Münster-Gremmendorf	*Lüderitzweg, Woermannweg*	Stadtplan Münster (1939), Adressbuch Münster (1941/42 II: 161, 258).

Stadt, weitere Infos über clusterbezogene Verortung	Innerhalb der jeweiligen Cluster verfügte Benennungen	Literaturnachweise
Nürnberg-Ziegelstein	*Wissmannplatz, Wissmannstr.*	Maas (1994: 154).
Pirna-Feistenberg	*Dr. Carl-Peters-Str., Gustav-Nachtigal-Str.*	Straßen-Verzeichnis im Adressbuch Pirna (1938), Stadtplan Pirna (1939).
Saalfeld-West	*Carl-Peters-Platz, Lettow-Vorbeck-Str.*	Werner (2011: 33–34, 96).
Gmünd bzw. Schwäbisch Gmünd-Rehnenhof-Wetzgau	*Lüderitzweg, Petersweg*	Stadtplan Schwäbisch Gmünd (1948), Stadtadressbuch Schwäbisch Gmünd (2015:139, 166).
Schweinfurt-Hochfeld/ Steinberg	*Karl-Peters-Str., Lüderitzstr.*	Adressbuch Schweinfurt (1938 II: 44, 56).
Swinemünde [Świnoujście]-Kurviertel	*Karl-Peters-Str., Lüderitzstr.*	Straßenverzeichnis im Adressbuch Swinemünde (1938 II: 99–100).
Wuppertal-Barmen	*Samoastr., Windhukstr.*	Adressbuch Wuppertal (1938 III: 347, 447).
Zwickau-Weißenborn	*Karl-Peters-Str., Lüderitzstr.*	Adressbuch Zwickau (1940 III: 118, 157), Lageplan zur Niederhohndorfer Straße im Adressbuch Zwickau (1943/44 III: 181).

8.2.1.2 Strukturmuster und Diskursfunktionen

Die als Kleincluster verfügten Namen weisen starke Übereinstimmungen mit kolonialen Namenvergabepraktiken als Einzelbenennungen auf: Bis auf die in Wuppertal-Barmen verfügten detoponymischen Konstruktionen weisen alle weiteren Namen anthroponymische MOD-Types auf, die für das Gesamtinventar als hochfrequent (Diagramm 1) dargelegt wurden. Darüber hinaus sind auch die innerhalb solcher Kleincluster verfügten Namen maßgeblich für die Zeit des Nationalsozialismus zu konstatieren. Nur die in Köln-Ehrenfeld verfügten Konstruktionen erfolgten noch während der faktischen Kolonialepoche des Deutschen Kaiserreichs (vgl. Bechhaus-Gerst 2013: 237). Die SN-Token *Wissmannstraße* und *-platz* mit zwei identischen Modifikator-Konstruktionen in dem zeitgleich zur Stadt Nürnberg eingemeindeten Ortsteil Ziegelstein wurden durch entsprechenden Antrag der DKG erst nach den Bestimmungen des Versailler Vertrags durchgesetzt (vgl. Maas 1994: 154). Die Verfügung der *Wissmannstraße* in Magdeburg-Sudenburg erfolgt am Ende der de facto-Kolonialzeit (vgl. Stadtplan Magdeburg 1919). Das deanthroponymische SN-Token *Gustav-Nachtigal-Straße* kann dagegen erst in Stadtplänen nach 1933 erhoben werden.

Mit den maßgeblich im Nationalsozialismus verfügten Kleinclustern mit deanthroponymischen Konstruktionen sollten zwei Kolonialakteure aus der Zeit des Kaiserreichs durch entsprechende Namenvergabepraktiken von in unmittelbarer Nähe zueinander liegenden Straßenzügen geehrt und/oder gewürdigt werden. Trotz der gebündelten Benennungen sind im Ergebnis keine Kolonialviertel festzustellen. Die jeweiligen Benennungen wurden wie in Münster-Gremmendorf für zwei relativ abgrenzbare Straßenzüge verfügt, sie sind aber mit einer ganzen Reihe weiterer Straßen in unmittelbarer Nähe zu konstatieren:

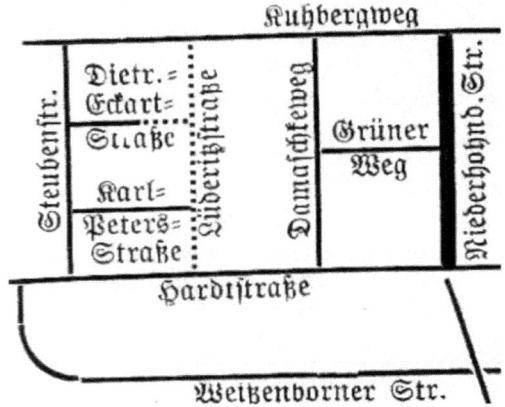

„Karl-Peters-Straße: Karl Peters, Gründer der deutschen Kolonialgesellschaft [...] Stadtteil Weißenborn." (Adressbuch Zwickau 1940 III: 118)

„Lüderitzstraße: Adolf Lüderitz, Großkaufmann, erwarb die erste deutsche Kolonie [...] Stadtteil Weißenborn." (Adressbuch Zwickau 1940 III: 157)

Abb. 16: Lageplan zur Niederhohndorfer Straße, Adressbuch Zwickau (1943/44 III: 181).

Im Vergleich zu der großen Zahl an kolonialen Großclustern mit drei und mehr SN-Token stellen derartige Verfügungspraktiken von nur zwei kolonial motivierten Benennungen ein völlig randständiges Phänomen dar. Es ist zu vermuten, dass die mit derartigen Namenvergaben intendierten Kommemorationen vorrangig in Adressbüchern dargelegt wurden, in denen die spezifisch kolonialen Motiviken solcher Namenverfügungen nachvollzogen werden können.

8.2.2 Groß angelegte Kolonialcluster

Die Vergabepraxis von drei und mehr SN-Token als themenkohärente Großcluster stellt zweifellos das ortsübergreifende Muster kolonialer Fixierungspraktiken im öffentlichen Raum des Deutschen Reichs dar: 429 SN-Token aller erhobenen kolonial motivierten Benennungen sind innerhalb solcher Namenviertel zu verorten. Groß angelegte Cluster konnten für die im Zuge des Polenfeldzugs annektierten Städte nur einzelortsbezogen erhoben werden. Sie sind ausschließlich in Stadtplänen folgender Orte festzustellen: Königshütte [Chorzów], Lodz bzw. Litzmannstadt [Łódź] und Pabianitz [Pabianice]. Die clusterbezogenen Inventare bleiben in den folgenden Ausführungen unberücksichtigt und werden separat in Kap. 8.3 dargelegt. Unter Abzug jener sind 389 Benennungen herauszustellen, die als groß angelegte Kolonialcluster für 48 Städte erhoben werden konnten. Dabei sind folgende ortstypischen Distributionen auszumachen:

Tab. 27: Ortsspezifische Verteilung von Großclustern (annektierte Gebiete ausgenommen).

	Großstädte	Mittelstädte
Anzahl an Orten	31	17
Anzahl an Clustern	43	17

Quantitativ dominant ist die Anzahl solcher Großcluster in 31 Großstädten. Koloniale Cluster mit drei und mehr als drei Benennungen konnten darüber hinaus für 17 Mittelstädte festgestellt werden. Administrative Verfügungspraktiken von mehreren kolonialen Großclustern in unterschiedlichen Vierteln für eine Stadt sind – das zeigt nicht zuletzt die größere Summe an Clustern im Vergleich zu der Anzahl an Orten (Tab. 27) – auf Großstädte beschränkt. Für Hamburg sind innerhalb des Untersuchungszeitraums von 1884 und 1945 durch die Sichtung entsprechender Quellengattungen sogar sechs Cluster (Kleiner Grasbrook, Hamm und Horn, Ottensen, Wandsbek-West, Wandsbek-Ost, Rahlstedt) festzustellen. Die Benennungen des ersten Clusters in nächster Nähe zu den dort angelegten Hafenanlagen weisen dechoronymische und deoikonymische Konstruktionen auf. Die Namen sind auf Karten und in Straßenverzeichnissen der Einwohnerbücher mit entsprechenden Motiviken aufgeführt (siehe Abb. 17).

Auf den ersten Blick suggeriert der Stadtplanausschnitt des Hamburger Hafens, dass hier ein Cluster mit vorrangig orientierenden Namen wie bspw. *Afrika-Australia-* und *Indiakai* und weiteren Benennungen vorliegt, die auch auf weitere Handelsziele in den afrikanischen Kolonien referieren. Durch die Sichtung zeitlich gestaffelter Stadtpläne und historischer Benennungsmotiviken ist jedoch festzustellen, dass die Benennungen *Afrika-*, *Australia-* und *Indiakai* zeitgleich mit der Anlegung von Hafenanlagen für Ufereinlassungen bereits Ende des 19. Jahrhunderts erfolgten; koloniale Benennungsmotiviken für jene SN-Token können nicht nachgewiesen werden (vgl. Stöllin 1925: 52, 66). Der Ausbau des Hafens ab Mitte

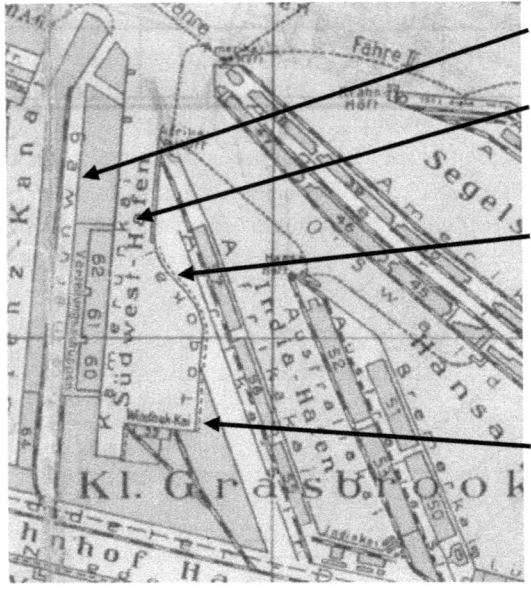

„Kamerunweg (s. Kamerunkai)" (Stöllin 1925: 67)

„Kamerunkai: Ben. 1922 zur Erinnerung an die Deutschland durch den Vertrag von Versailles entrissene Kolonie." (Stöllin 1925: 67)

„Togokai: Ben. 1922 im Anschluß an den auf Deutsch-Südwest-Afrika bezüglichen Namen des Südwesthafens zur Erinnerung an die Deutschland durch den Vertrag von Versailles entrissene Kolonie [...]." (Stöllin 1925: 82)

„Windhukkai [...] Benannt zur Erinnerung an die verlorenen Kolonien." (Adressbuch Hamburg 1932 IV: 922)

Abb. 17: Stadtplan Hamburg (ca. 1935), Ausschnitt Kleiner Grasbrook.

der 1920er Jahre als *Südwesthafen* hatte die Erbauung neuer Straßenzüge zur Folge, deren Benennungen in nachweislich kolonialer Motivik verfügt wurden: Für die Zwischenkriegszeit ist für den öffentlichen Raum am Hamburger Hafen die Verfügung eines kolonialzeitbezogenes Clusters festzustellen, bei dem für drei der vier Konstruktionen der Geo-Klassifikator *-kai* von den älteren Benennungen in nächster Nähe übernommen wurden.

Die in der Zwischenkriegszeit verfügten Benennungen sind insofern überraschend, als dass

> der Güterumschlag im Hamburger Hafen [...] sich in der Zeit von 1918 bis 1945 sehr unstetig [entwickelte]. Wirtschaft und Handel kamen durch den Krieg fast völlig zum Erliegen [...]. Erst 1928 konnte [...] das Vorkriegsergebnis von 25,5 Mio. t wieder übertroffen werden. (Kludas et al. 1988: 148)

Die im Straßenverzeichnis dargelegten Benennungsmotiviken (Abb. 17) weisen gezielte kolonialrevisionistische Argumentationsmuster der Rückforderung der „entrissene[n] Kolonie[n]" und „verlorenen Kolonien" auf. Es kann nur vermutet werden, dass mit den Benennungen der aus zeitgenössischer Sicht unrechtmäßige Verlust der Kolonialgebiete versprachlicht und darüber hinaus gerade dort fixiert werden sollte, wo sich die Verordnungen des Friedensvertrags auf die Hansestadt besonders stark auswirkten.

Das zweite in Hamburg innerhalb des Untersuchungszeitraums verfügte Kolonialcluster ist im Nordosten des Bezirks Hamburg-Mitte zu verorten: In den öffentlichen Raum der aneinander angrenzenden Stadtteile Hamm und Horn wurden die vier deanthroponymischen Konstruktionen *Carl-Peters Weg*, *Emin-Pascha-Straße*, *Theodor-Weber-Reihe* und *Wissmannsweg* für Parallelstraßen oder sich kreuzende Straßenzüge verfügt, die Kolonialakteure ehren und/oder würdigen sollten.

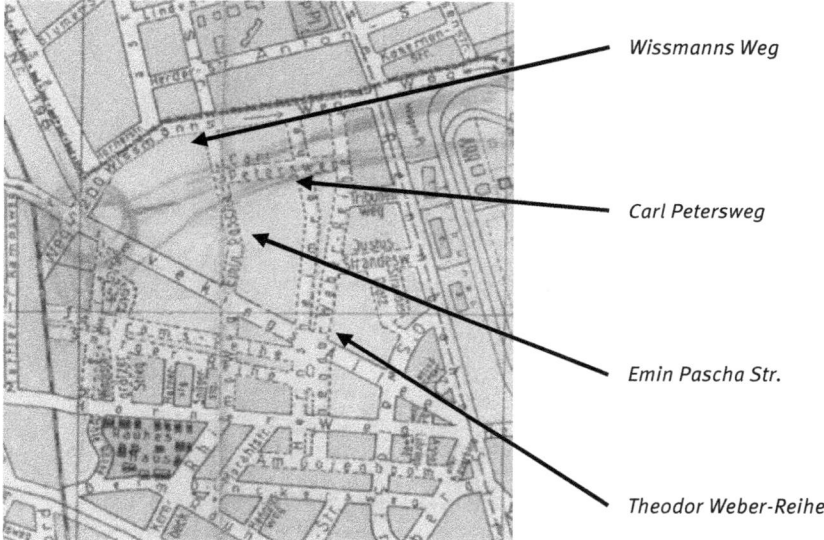

Abb. 18: Stadtplan Hamburg (ca. 1935), Ausschnitt Hamm und Horn.

Das dritte Großcluster lässt sich für den Hamburger Stadtteil Ottensen (Bezirk Altona) verorten: Wenngleich die vier SN-Token *Daressalamstraße*, *Kamerunstraße*, *Otawiweg* und *Windhukstraße* noch nicht in entsprechenden Stadtplänen vor 1945 aufzufinden sind, werden sie in Straßenverzeichnissen der zu Beginn der 1940er Jahre veröffentlichten Einwohnerbücher als Neubenennungen für zum damaligen Zeitpunkt noch unbebaute Straßenzüge aufgeführt, oder deren Verfügungszeitpunkte sind durch entsprechende amtliche Quellengattungen noch für die nationalsozialistische Zeit nachzuweisen.[162]

---

[162] *Daressalamstraße* (vgl. Adressbuch Hamburg 1940 IV: 275) und *Windhukstraße* (vgl. Adressbuch Hamburg 1940 IV: 1273). In der Straßennamen-Herkunftskartei, die sich u. a. auf den Amtlichen Anzeiger und das Altonaer Amtsblatt beziehen, in denen Namenverfügungen zeitgenössisch veröffentlicht wurden, werden auch die Benennungen *Kamerunstraße* für 1936 und

Drei weitere Cluster sind allesamt innerhalb des Bezirks Wandsbek zu verorten; die jeweiligen Kolonialismen wurden in den bisherigen Hamburger Namenlexika lediglich ausschnitthaft dargelegt.[163] Aus diesem Grund sollen die SN-Token der jeweiligen Kolonialviertel im Folgenden dargelegt werden, die im Stadtplan des dazugehörigen Adressbuchs von 1940 erstmalig verzeichnet sind:

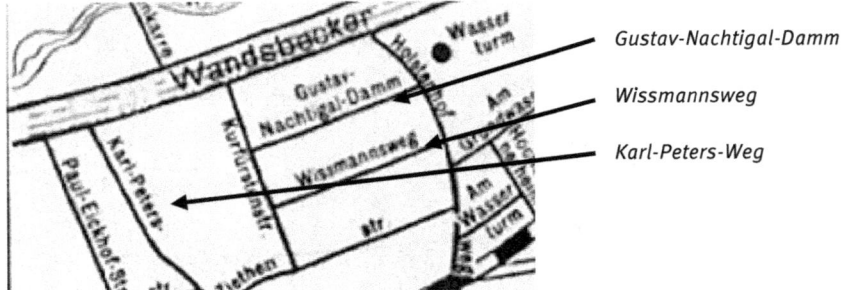

Gustav-Nachtigal-Damm

Wissmannsweg

Karl-Peters-Weg

Abb. 19: Stadtplan Hamburg, Ausschnitt Wandsbek-West, im Adressbuch Hamburg (1940).

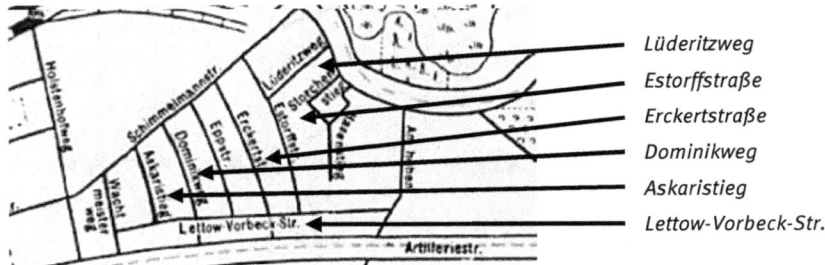

Lüderitzweg

Estorffstraße

Erckertstraße

Dominikweg

Askaristieg

Lettow-Vorbeck-Str.

Abb. 20: Stadtplan Hamburg, Ausschnitt Wandsbek-Ost, im Adressbuch Hamburg (1940).

Otawiweg für 1942 angegeben. Die SN-Token *Daressalamstraße* und *Kamerunstraße* sind in Einwohnerbüchern zu Beginn der 1950er Jahre (vgl. Adressbuch Hamburg 1950 IV: 87, 221) aufgeführt. Das SN-Token *Kamerunstraße* wurde noch in den 1950er Jahren umbenannt in *Harmsenstraße* (vgl. Adressbuch Hamburg 1953 IV: 577), das SN-Token *Daressalamstraße* wurde – offenbar aufgrund der Tatsache, dass der dazugehörige Straßenzug auch in der Nachkriegszeit noch nicht bebaut wurde – getilgt.
163 In Beckershaus (1997) werden nur die SN-Token *Tangastraße*, *Lettow-Vorbeck-Straße* und *Dominikweg* aufgeführt. Bake (2015 I: 137) führt – unter Rückgriff auf K. Treins (Hamburgs „Kolonialviertel", Ausstellung freedom roads!) – folgende koloniale SN-Token auf: „Askaristieg, Kameruneck, Gustav-Nachtigal-Straße, Karl-Peters-Straße, Lüderitzweg, Südwestkamp, Togoweg, Waterberg und Wißmannstraße. [...] Der Zweite Weltkrieg verhinderte allerdings die Umsetzung dieser Pläne".

Die SN-Token *Eppstraße, Lettow-Vorbeck-Straße* und *Schimmelmannstraße* tauchen bereits im Straßenverzeichnis des vorangegangenen Jahres (vgl. Hamburger Adressbuch 1939 IV: 297, 692, 991) als Neubenennungen auf. Benennungsmotiviken sind für die drei SN-Token nicht angegeben. Dass die koloniale Intention der Einzelbenennung *Lettow-Vorbeck-Straße* nur ein Jahr später weitergeführt werden sollte, legen die in gleichem Wortlaut angelegten Motiviken der beiden Umbenennungsprodukte *Erckertstraße* und *Estorffstraße* nahe:

> Erckertstrasse bzw. Estorffstraße [...] [...] hervorragender Führer in uns. Kolonialkriegen, besonders in den Kämpfen um Südwest-Afrika (Herero-Aufstand 1904). (Adressbuch Hamburg 1940 IV: 354, 365)

Das dritte in Wandsbek gelegene Großcluster ist für den Stadtteil Rahlstedt auszumachen und weist acht koloniale Straßennamen (d. s.: *Kameruneck, Ostafrikadamm, Somalikamp, Südwestkamp, Tangastraße, Togoweg, Waterberg, Windhuker Stieg*) auf:

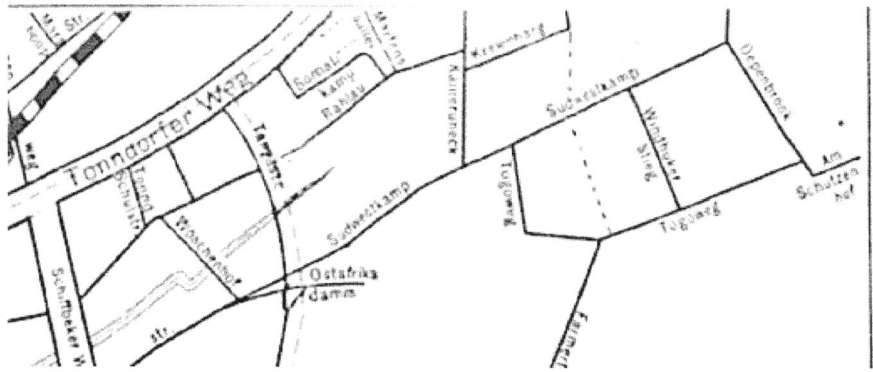

Abb. 21: Stadtplan Hamburg, Ausschnitt Rahlstedt, im Adressbuch Hamburg (1940).

Obwohl das Simplex *Waterberg* nicht im Stadtplan aufgeführt wird, ist das SN-Token mit acht Adressen im Straßennamenverzeichnis aufgelistet mit folgendem Hinweis „(Rahlstedt/Wandsbek-Ost) Vom Kameruneck rechts: [...]" (Adressbuch Hamburg 1940 IV: 1241).

Alle für Wandsbek-West, -Ost und -Rahlstedt dargelegten Namen sind ebenfalls im Amtlichen Gebiets- und Straßenverzeichnis (vgl. Statistisches Landesamt Hamburg 01.05.1939) aufgeführt. Im Vorwort findet sich die Information, dass im Zuge der damaligen Eingemeindungen der zuvor eigenständigen Stadt Wandsbek nach dem Groß-Hamburg-Gesetz ca. 1.600 Umbenennungen erforderlich waren.

Wenngleich diese erst später in Kraft gesetzt werden sollten, orientierte man sich am zukünftigen Ist-Stand.[164] Inwieweit zeitgenössisch eine Umsetzung der kolonialzeitbezogenen Namen in der unmittelbaren Raumdeskription durch entsprechende Beschilderung stattgefunden hat, lässt die Quellenlage nicht zu. Nichtsdestotrotz ist am Ende der 1930er Jahre für die Seite der administrativen Namengeber ein offensichtlich großes Interesse an der Sichtbarmachung von Kolonialismus und kolonialen Themen im Hamburger (Alltags-)Raum festzustellen. Auffällig ist, dass sich die MOD-Types mit den in Hamburg-Kleiner Grasbrook (Abb. 17) oder -Hamm und Horn (Abb. 18) verfügten älteren kolonialen Benennungen teilweise überschneiden (d. s.: *Kamerun, Peters, Togo, Windhuk, Wissmann*) was von offizieller Seite vermieden werden sollte:

> a) Jeder Straßenname soll in einer Gemeinde nur einmal vorkommen. Mehrfach vorkommende Straßennamen, die sich bei Gebietsveränderungen ergeben können, sollen durch Umbenennung beseitigt werden. [...] b) (1) Straßenbezeichnungen, die sich nur in den Grundwörtern (wie Straße, Allee, Platz usw.) unterscheiden, gelten als Wiederholung. (2) Eine Wiederholung ist nur statthaft, wenn eine Straße, ein Platz, eine Brücke oder eine Grünanlage unmittelbar beieinander liegen, oder bei fortlaufenden hervorragenden Straßenzügen (Ausfallstraßen) von beträchtlicher Länge, die bei demselben Bestimmungswort (das ist der Name, nach dem die Straße benannt ist) durch die Änderung des Grundwortes in einzelne Abschnitte unterteilt werden. (Runderlaß des Reichsministers des Innern 15.7.1939)[165]

Wenngleich Hamburg zumindest zahlenmäßig das Zentrum kolonial motivierter Straßenvergabepraktiken in nationalsozialistischer Zeit darstellt, sind auch für weitere Großstädte innerhalb des gesamten Untersuchungszeitraums (1884–1945) mehrere Cluster festzustellen: Zwei nebeneinander existierende Kolonialcluster mit sich unterscheidenden Modifikator-Konstruktionen der jeweiligen kolonial motivierten Benennungen konnten auch für Berlin(-Dahlem und -Wedding), Bremen(-Waller Vorstadt und -Oslebshausen), Hannover(-Südstadt-Bult und -Badenstedt) und Köln(-Nippes und -Ehrenfeld) erhoben werden.

Bei den zwei für Düsseldorf erhobenen groß angelegten Kolonialclustern ist eine partielle Überschneidung der Modifikatoren festzustellen. Wenngleich die kolonial motivierten Konstruktionen beider Großcluster in die nationalsozialistische Zeit zu verorten sind, lagen diese nicht zeitgleich vor: Für die Reichsaus-

---

164 Gleiches gilt wohl auch für die Einzelbenennung *Gerhard-Rohlfs-Weg* in Hamburg-Stellingen. Herzlicher Dank geht an Y. Gerlach vom Staatsarchiv Hamburg.
165 Ein Großteil der für Wandsbek erhobenen Kolonialismen tauchen bspw. im Hamburger Adressbuch von 1949, das erstmalig nach 1945 wieder ein Straßenverzeichnis aufweist, nicht mehr auf.

stellung „Schaffendes Volk", die die nationalsozialistischen Wirtschaftsplanungen propagandistisch für die Öffentlichkeit zugänglich machen sollte, wurde ein Ausstellungsgelände in dem aufzuschließenden Düsseldorfer Stadtteil Golzheim angelegt, dessen Straßenzüge Namen erhalten sollten, die Kolonialakteure des Kaiserreichs ehren und/oder würdigen sollten (vgl. Kleinfeld 1996: 19): Der zeitgenössische Stadtplan zeigt für die nördlich des Ausstellungsgeländes erbauten Straßen folgende deanthroponymische Benennungen auf:

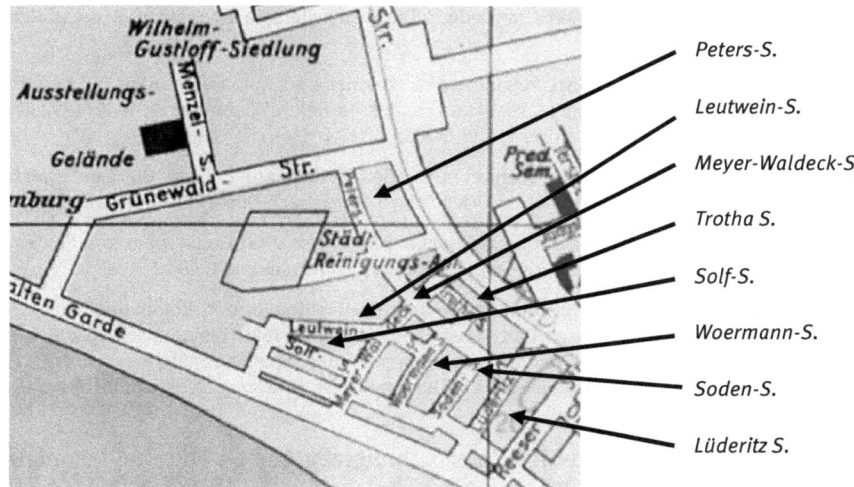

Abb. 22: Stadtplan Düsseldorf (1937), Ausschnitt Golzheim.

Kurz vor Ausstellungsbeginn wurden jene Namen jedoch wieder getilgt und durch andere Benennungen ersetzt:

> Im Juni 1936 wählte man auf Vorschlag der Stadtverwaltung Namen von Kolonialpolitikern [...]. Andere Namen stammten von Gegnern des Naziregimes wie Hans Freiherr von Soden [...], der Gutachten gegen die Anwendung der Arierparagraphen erstellt hatte oder Wilhelm Solf [...], um den sich ein Kreis von Widerstandskämpfern gebildet hatte [...]. Noch rechtzeitig vor der Ausstellungseröffnung fiel auf, dass diese Namen nicht den Erfordernissen entsprechen, und so wurden die Benennungen per Beschluss vom 16.1.1937 wieder geändert. Diesmal griff man zu Namen von Personen, die der nationalsozialistischen Weltanschauung näher standen, meist beim Aufstand an der Münchener Feldherrenhalle umgekommene ‚Alte Kämpfer' [...]. (Schäfers 2001: 279–280)

Umso überraschender ist, dass bis auf die Konstruktionen *Leutwein-* und *Trothastraße* alle der zuvor in Golzheim verfügten und wenig später getilgten deanthroponymischen Konstruktionen bereits ein Jahr danach als Benennungen für Straßenzüge in Urdenbach zu konstatieren sind, die auch im Adressbuch von 1940 unter Angabe der jeweiligen Benennungsmotiviken aufgelistet sind:

Lüderitzstraße (Urdenbach) Franz Lüderitz, Großkaufmann und Kolonialpolitiker, [...] verunglückt in der Küstenbrandung des Oranjeflusses; erwarb 1883 den Hafen Angra Pequena u. das Küstengebiet Lüderitzland, aus dem das Schutzgebiet Deutsch-Südwestafrika hervorging, das seit 1920 Völkerbundsmandat ist. (Adressbuch Düsseldorf 1940 III: 311)

Meyer-Waldeck-Straße (Urdenbach) Alfred Meyer Waldeck, Vizeadmiral [...] seit 1911 Gouverneur des Kiautschou-Gebietes, verteidigte Tsingtau gegen die Japaner [...]. (Adressbuch Düsseldorf 1940 III: 328)

Petersstraße (Urdenbach) Karl Peters, Afrikareisender und Kolonialpolitiker [...] erwarb 1884–85 das deutsche Schutzgebiet Ostafrika, dessen Reichskommissar er 1891–1892 gewesen ist. (Adressbuch Düsseldorf 1940 III: 365)

Sodenstraße (Urdenbach) Julius Freiherr von Soden, Staatsmann [...] seit 1885 Gouverneur von Kamerun, 1892 bis 93 von Deutsch-Ostafrika. (Adressbuch Düsseldorf 1940 III: 425)

Solfstraße (Urdenbach) Wilhelm Solf, Staatsmann [...] seit 1900 Gouverneur von Samoa, 1911 Staatssekretär des Kolonialamtes [...]. (Adressbuch Düsseldorf 1940 III: 426)

Woermannstraße (Urdenbach) Adolf Woermann, Großkaufmann und Kolonialpolitiker [...] Mitinhaber des Handelshauses Carl Woermann, gründete 1880 die Deutsch-Westafrikanische Dampferlinie, erwarb 1884 in Verbindung mit Janßen und Thormählen das Kamerungebiet, das seit 1920 Mandatsgebiet des Völkerbundes ist. (Adressbuch Düsseldorf 1940 III: 492)

Für München sind innerhalb des Untersuchungszeitraums sogar drei koloniale Großcluster für den 28. Stadtbezirk (heute Nymphenburg-Neuhausen), Bogenhausen und Trudering festzustellen (siehe Abb. 23). Nur die in nationalsozialistischer Zeit verfügten kolonial motivierten Konstruktionen für in unmittelbarer Nähe zueinander liegende Straßenzüge in Bogenhausen und Trudering liegen zeitgleich vor: Bei den in München-Trudering eingeschriebenen kolonialen Namenvergabepraktiken handelt es sich um ein jüngeres Kolonialcluster, das von Seiten kolonialrevisionistischer Interessenverbände eingefordert wurde, im Zuge dessen die älteren in der Zwischenkriegszeit verfügten kolonialen Benennungen zur Vermeidung von Straßennamendopplungen im 28. Bezirk getilgt wurden (vgl. Schulz und Ebert 2016: 377–378).

Die Überprüfung eines historischen Straßenverzeichnisses (vgl. Adressbuch München 1940 IV) ergab, dass noch im gleichen Jahr weitere SN-Token (wie bspw. *Anecho-* und *Maerckerstraße, Kameruner Straße, Von-Erkert-Platz*) für in nächster Nähe angelegte Straßenzüge in den öffentlichen Raum verfügt wurden, die noch nicht im Stadtplan verzeichnet sind. Zahlenmäßig übertrifft das Kolonialcluster mit 26 in nachweislich kolonial motivierter Motivik erfolgten Benennungen sogar das Cluster in Berlin-Wedding. Wenngleich die SN-Token *Niobestraße, Mövestraße, Graf-Spee-Platz, Gorch-Fock-Straße* und *Admiral-*

Hipper-Straße für Straßenzüge in unmittelbarer Nähe verfügt wurden, sind keine kolonialen Benennungsmotiviken festzustellen. Die Namen wurden daher nicht ins Namenkorpus aufgenommen.¹⁶⁶

Abb. 23: Stadtplan München (1940), Ausschnitt Trudering.

---

166 *Niobestraße*: „Zur Erinnerung an das 1932 untergegangene Schulschiff Niobe, dessen Besatzung zum größten Teil den Tod in den Wellen fand." (Adressbuch München 1941 IV: 459) *Mövestraße*: „Zur Erinnerung an den Kaperkreuzer „Möwe", der den englischen Handel empfindlich schädigte." (Adressbuch München 1941 IV: 445) *Graf-Spee-Platz*: „Max Graf v. Spee, Admiral, seit 1913 Chef d. deutschen Kreuzergeschwaders in Ostasien [...] gefallen am 8.12.1914 gegen überleg. engl. Streitkräfte bei den Falklandinseln." (Adressbuch München 1941 IV: 253) *Gorch-Fock-Straße*: „Gorch Fock. Schriftstellername [...] gefallen i. d. Seeschlacht b. Skagerrak; nach ihm ben. d. Ersatzbau des Schulschiffes Niobe." (Adressbuch München 1941 IV: 251) *Admiral-Hipper-Straße*: „Der Ritter von Hipper [...], Führer der leichten Seestreitkräfte in der Schlacht in Skagerrak, später Chef der Hochseeflotte und Admiral." (Adressbuch München 1941 IV: 49).

Die zeitgleich als Kolonialcluster in München-Bogenhausen verfügten Namen für neu angelegte Straßenzüge weisen – entsprechend der offiziellen Regelungen (vgl. Runderlaß des Reichsministers des Innern 15.7.1939) – keine Übereinstimmungen hinsichtlich der Modifikator-Konstruktionen auf.

Um die Frage beantworten zu können, welche kolonisatorischen Wissenskonzepte mittels kolonial motivierter Straßenvergabepraktiken als Cluster versprachlicht werden sollten, werden die Namenviertel zuerst hinsichtlich ihrer gesellschaftspolitischen Verfügungszeiträume dargelegt. Sodann wird gezeigt, dass clusterbezogene Namenmuster auszumachen sind, die ortsübergreifendnationale Verwendung fanden. Auf Grundlage struktureller Prototypen soll herausgearbeitet werden, welche Diskursfunktionen von Seiten der Namengeber im Hinblick auf die damit versprachlichten kolonisatorischen Gewissheiten etabliert und im öffentlichen Alltagsraum der deutschen Metropole fixiert werden sollten.

8.2.2.1 Diachrone Verteilungen der innerhalb von Clustern erfolgten Namenvergaben

Im Hinblick auf die drei gesellschaftspolitischen Untersuchungszeiträume können für den Bestand der 60 Großcluster, die zwischen 1884 und 1945 in 48 Groß- und Mittelstädte verfügt wurden, zwei übergeordnete Typen voneinander unterschieden werden:
- Typ 1: Die innerhalb von Kolonialclustern zu verortenden Namen werden in diachronen Staffelungen verfügt.
- Typ 2: Die innerhalb von Kolonialclustern zu verortenden Namen werden zeitgleich verfügt.

Für Cluster des ersten Typs sind mindestens zwei gesellschaftspolitische Benennungsphasen festzustellen: In der ersten Phase werden entsprechende Benennungen erstmalig in den öffentlichen Raum verfügt, für die eindeutige koloniale Kommemorationen nachzuvollziehen sind. Stadtviertel, gerade solche in den Peripheriebereichen am Rande der Stadt, werden in jüngeren Zeiträumen erweitert. In der zweiten Phase werden im Zuge der neu angelegten Straßen koloniale Straßennamenmuster fortgeführt – das entsprach spätestens in nationalsozialistischer Zeit den reichsübergreifenden Vorgaben für Straßenvergabepraktiken (vgl. Runderlaß des Ministers des Innern 17.6.1933: 745–746). So sind die Benennungen der bis 1945 groß angelegten Kolonialcluster in Dresden-Räcknitz/Zschertnitz (Kap. 3.4.1), Leipzig-Anger-Crottendorf und Berlin-Wedding sowohl in die faktische Kolonialzeit als auch in die 1920er und/oder 1930er Jahre zu verorten. Für Cluster dieses ersten Typs muss die von Werner (2008: 69) auf Basis gedächtnistheoretischer Aspekte dargelegte These der „besonders intensiv erhoffte[n] Wirkung" für die jüngeren Namenvergaben in Frage gestellt werden, weil eben solche nicht zuletzt auch mit außersprachlichen Faktoren des infrastrukturellen Ausbaus der betreffenden Viertel und der Fortführung entsprechender Namenmuster zu begründen sind (vgl. Ebert angenommen). Cluster dieses ersten Typs spielen jedoch in ortsübergreifender Perspektive eine untergeordnete Rolle. Nur acht der bis 1945 erhobenen Kolonialviertel weisen diachrone Staffelungen der jeweiligen Namenvergaben auf:

Tab. 28: Zeithistorische Entstehung von Kolonialclustern.

	Typ 1: Diachrone Staffelungen der Benennungen	Typ 2: Zeitgleiche Benennungen
Anzahl an Clustern	8	52

Neben Berlin-Wedding, Leipzig-Anger-Crottendorf und Dresden-Räcknitz/Zschertnitz sind derartige zeitliche Schichtungen für die in Hannover-Südstadt-Bult bzw. Cuxhaven-Döse verfügten Kolonialcluster festzustellen: In der de facto-Kolonialzeit wurden die singulären Kolonialismen *Karl-Peters-Platz* (vgl. Hanke 2014: 230) bzw. *Tsingtaustraße* (vgl. Wolter 1997: 92) verfügt, die in den 1920er bzw. 1930er Jahren durch die Vergabe weiterer kolonialer SN-Token für Straßenzüge in unmittelbarer Nähe zu themenkohärenten Clustern erweitert wurden.[167] In Bremen-Oslebshausen, Gleiwitz [Gliwice]-Ratiborer Vorstadt sowie Hamburg-Hamm und Horn erfolgten erstmalige koloniale Benennungen erst in der Zwischenkriegszeit.[168] Im Zuge des infrastrukturellen Ausbaus der jeweiligen Viertel erfolgten weitere themenkohärente Namenverfügungen nach 1933.[169]

Von solchen ortsbezogenen Fällen ist der quantitativ dominante zweite Typ an zeitgleich verfügten Benennungen als groß angelegte Kolonialcluster abzu-

---

[167] D. s. für Hannover-Südstadt-Bult: *Am Karl-Peters-Platz* (durch Umbenennung des SN-Tokens *Haspelstraße*), *Wissmannstraße* und *Nachtigalstraße* (vgl. Stadtplan Hannover 1924). D. s. für Cuxhaven-Döse: *Lettow-Vorbeck-Straße, Leutweinstraße, Lüderitzstraße* und *Wißmannstraße* (vgl. Adressbuch Cuxhaven 1939 III).
[168] D. s. für Bremen-Oslebshausen: *Kamerunstraße, Otavistraße, Südweststraße, Togostraße, Waterbergstraße* und *Windhukstraße* (Abb. 24). D. s. für Gleiwitz [Gliwice]-Ratiborer Vorstadt: *Lüderitzstraße* und *Wissmannstraße* (vgl. Stadtplan Gleiwitz 1928). D. i. für Hamburg-Hamm und Horn: *Emin-Pascha-Straße*; man vgl. dazu die Anmerkung im Adressbuch Hamburg (1935 IV: 233): „[...] Emin Pascha oder Eduard Schnitzer (1840–92) [...] Ben. 1929".
[169] D. s. für Bremen-Oslebshausen: *Dualaweg, Kribiweg, Togoplatz*. D. s. für Gleiwitz [Gliwice]-Ratiborer Vorstadt: *Lettow-Vorbeck-Straße, Petersweg, Windhukstraße*. D. s. für Hamburg-Hamm und Horn: *Carl-Peters-Weg, Theodor-Weber-Reihe, Wissmannsweg* (Abb. 18).

grenzen: 52 der in den öffentlichen Raum von Groß- und Mittelstädten eingeschriebenen Namenviertel fallen hinsichtlich ihrer Verfügungszeitpunkte der betreffenden Namen in nur einen gesellschaftspolitischen Zeitraum. Damit kann die zeitgleich erfolgte, gebündelte Verfügung von drei und mehr Namen als Großcluster als ortsübergreifend-nationale Praxis kolonial motivierter Fixierungspraktiken herausgestellt werden. Die Kategorisierung dieser 52 Cluster hinsichtlich der gesellschaftspolitischen Verfügungszeitpunkte führt zu einem eindeutigen Ergebnis:

Tab. 29: Häufigkeitsverteilung zeitgleicher Benennungen als Kolonialcluster.

	Faktische Kolonialzeit (1884–1919)	Weimarer Republik (1919–1933)	NS-Zeit (1933–1945)
Anzahl an Clustern	3	3	46

Für die faktische Kolonialzeit sind nur drei Cluster festzustellen, deren Benennungen allesamt bis 1919 verfügt wurden:

> Berlin-Dahlem, Bremen-Waller Vorstadt, Köln-Ehrenfeld.

Die Nameninventare der bereits zur faktischen Kolonialzeit als Cluster verfügten kolonial motivierten Benennungen in Köln-Ehrenfeld und Berlin-Dahlem, die von der städtischen Administration in Berlin verfügt wurden (Kap. 4), überschneiden sich hinsichtlich ihrer Konstruktionen. Die Namenverfügungen wurden ebenfalls von Seiten der DKG kommentiert: „Köln weist auch eine Taku-Straße und einen Taku-Platz sowie eine Iltis-Straße auf, die in Groß-Berlin wiederkehren auf dem Gelände von Dahlem, das auch eine Lans-Straße besitzt" (DKZ 8.3.1913: 167). In beiden Städten beziehen sie sich auf die zeitgenössisch als Boxeraufstand titulierte Ostasiatische Expedition (vgl. Schnee 1920 II: 689).

> Zur Erinnerung an die Kolonialisierung in Tsingtao und zur Glorifizierung der deutschen Intervention im sogenannten Boxeraufstand tragen einige Straßennamen im Zehlendorfer Stadtteil Dahlem bei. [...] Während des Boxeraufstandes beschoss am 17. Juni des Jahres 1900 das deutsch-kaiserliche Kanonenboot Iltis unter Leitung des Kapitäns Wilhelm von Lans den befestigten Vorhafen Taku der chinesischen Stadt Tientsin. (Honold 2003: 316)

Für die MOD-Types *Taku(-Fort)* und *Iltis* sind in ortsübergreifender Perspektive – das zeigt auch Diagramm 1 in Kap. 6.3.1 – nur vier bzw. drei SN-Token festzustellen. Der MOD-Type *Lans* ist ausschließlich für die in Berlin-Dahlem und Köln-Ehrenfeld verfügten Kolonialcluster festzustellen. Etwaige weitere Kolonialcluster, die sich auf derartige Kommemorationen beziehen, erschienen offenbar nicht attraktiv.

Wenngleich die DKG als einflussreichster kolonialer Interessensverband im Deutschen Reich und in der Zwischenkriegszeit nachweislich weitere koloniale Fixierungspraktiken propagierte (Kap. 7.4), blieben ortsübergreifend-nationale Nachahmungspraktiken von kolonial motivierten Clusterverfügungen im Deutschen Reich bis 1933 aus. Für die Zwischenkriegszeit sind ebenfalls nur drei Kolonialcluster festzustellen, deren Benennungen allesamt nachweislich bis 1933 verfügt wurden:

Bochum-Ehrenfeld, Hamburg-Kleiner Grasbrook, München-28. Stadtbezirk.

Erst mit dem Beginn der nationalsozialistischen Machtübernahme ist ein ortsübergreifend-nationales administratives Interesse an der gebündelten Kommemoration von Kolonialakteuren und/oder kolonisierten Orten u. dgl. durch die entsprechende Vergabe von 42 Großclustern in Groß- und Mittelstädten festzustellen, für die sich insbesondere die örtlichen Kreisverbände des durch Gleichschaltung an das NS-System angeschlossenen Reichskolonialbundes einsetzten (Kap. 7.4). 29 bzw. 17 Cluster wurden in folgende Viertel der jeweiligen Groß- bzw. Mittelstädte verfügt:

Braunschweig-Querum, Breslau [Wrocław]-Mochbern, Dessau-(heutiges) Handwerkerviertel, Duisburg-Huckingen und Buchholz, Düsseldorf-Golzheim, Düsseldorf-Urdenbach, Essen-Gerschede, Frankfurt am Main-Praunheim, Gelsenkirchen-Hüllen und Bismarck, Hamburg-Ottensen, Hamburg-Wandsbek-Ost, Hamburg-Wandsbek-West, Hamburg-Rahlstedt, Hannover-Badenstedt, Hindenburg O.S. [Zabrze]-Mathesdorf, Karlsruhe-Gartenvorstadt Grünwinkel, Kassel-Forstfeld, Kiel-Neumühlen-Dietrichsdorf, Köln-Nippes, Königsberg i. Pr. bzw. Königsberg (Pr.) [Kaliningrad]-Ratshof und Lawsken, Lübeck-Vorwerk, Ludwigshafen am Rhein- (heutige) Niederfeldsiedlung, Magdeburg-Neustädter Feld, Mannheim-Rheinau, Mühlheim an der Ruhr-Eppinghofen, München-Bogenhausen, München-Trudering, Stettin [Szczecin]-Braunsfelde, Stuttgart-Obertürkheim.

Bautzen-Thrombergsiedlung, Bottrop-Vonderort, Delmenhorst-Hasport und Annenheide, Eilenburg-Berg, Forst (Lausitz)-Süd (westlicher Teil), Heilbronn-Sontheim, Herford-Ottelau, Koblenz-Pfaffendorf, Landsberg a. d. Warte [Gorzów Wielkopolski]-Zanziner Grund, Merseburg-Freiimfelde, Neustadt a. d. Haardt bzw. Weinstraße-West, Oranienburg-(heutiges) Ärzteviertel, Ravensburg-Südstadt, Recklinghausen-Suderwich, Riesa-Merzdorf, Völklingen-Rammelter Schacht, Wolfenbüttel-Drei Linden.

Für den zahlenmäßig übergeordneten Bestand an Kolonialclustern, deren Benennungen erstmalig in gebündelter Form allesamt seit dem Beginn der nationalsozialistischen Machtübernahme in Groß- und Mittelstädte des Deutschen Reichs verfügt wurden, kann ein administratives Interesse an der Fixierung kolonialer Wissenskonzepte von Seiten der zeitgenössischen Administrationen nachgewiesen werden,

> denn die benennende Macht ist sich dabei nicht nur über einen *Einzelfall* [kursiv im Original] einig geworden, sondern über viele Fälle – eben über eine ganze Thematik. Solche Cluster müssen also von einer breiten Willensbasis getragen sein [...]. (Werner 2008: 69)

8.2.2.2 Clustertypen: Inventare

Auf Grundlage der lexikologisch-onymischen Annotation der Modifikator-Konstruktionen erfolgte eine Kategorisierung der 389 SN-Token, die innerhalb von 60 Großclustern verfügt wurden:
- Typ 1: 3 + x kolonial motivierte SN-Token mit ausschließlich toponymischen Modifikator-Konstruktionen
- Typ 2: 3 + x koloniale motivierte SN-Token mit ausschließlich anthroponymischen Modifikator-Konstruktionen
- Typ 3: 3 + x koloniale motivierte SN-Token mit toponymischen, anthroponymischen und ggf. weiteren Modifikator-Konstruktionen

Die Kategorisierung auf nur drei Clustertypen zeigt, dass die Form usueller kolonialer Clusterbenennung auch im Hinblick auf die innerhalb von solchen ortsübergreifend-nationalen Namenvierteln verfügten Konstruktionen von hoher Systematizität geprägt ist. So ist bspw. keine kolonial motivierte Clusterverfügung zu konstatieren, deren Benennungen ausschließlich Schiffe der Kaiserlichen Marine und/oder kolonisierte Bevölkerungsgruppen ehren und/oder würdigen sollten. Derartige Konstruktionen stellen Einzelphänomene dar, die innerhalb von Kolonialclustern des dritten Typs **mit**verfügt wurden. Für die drei Clustertypen sind eindeutige Distributionen festzustellen:

Tab. 30: Häufigkeitsverteilung der drei Clustertypen.

Lexikologisch-onymische Klassen der MOD-Token	Typ 1	Typ 2	Typ 3
Anzahl an Clustern	6	30	24
Anzahl an SN-Token	34	134	221

Ausschließlich mit toponymischen MOD-Types verfügte Clusterbenennungen (Typ 1) konnten nur für sechs Städte bzw. -viertel erhoben werden. Als ortsübergreifend-nationale Muster sind dagegen koloniale Verfügungspraktiken innerhalb groß angelegter Cluster für in unmittelbarer Nähe zueinander liegenden Straßenzügen des Typs 2 und 3 auszumachen, deren Konstruktionen ausschließlich anthroponymische MOD-Types (Typ 2) oder toponymische, anthroponymische und ggf. weitere Modifikator-Konstruktionen (Typ 3) aufweisen. Die absolute Anzahl an Namenvierteln mit toponymischen, anthroponymischen und ggf. weiteren lexikologisch-onymischen Modifikator-Konstruktionen des dritten Typs fällt etwas kleiner als die des zweiten Typs aus, sie sind aber hinsichtlich ihrer Inventare mit im Durchschnitt neun SN-Token größer angelegt. Alle drei Clustertypen werden im Folgenden inventarbezogen nach etwaigen Namenmustern untersucht, um anschließend sprachhistorische Aussagen über Formen der damit intendierten Raumbelegung und der damit versprachlichten kolonisatorischen Gewissheiten treffen zu können.

a. Cluster mit ausschließlich toponymischen MOD-Types (Typ 1)
Kolonialcluster mit ausschließlich toponymischen Benennungen konnten für die vier Großstädte Gelsenkirchen, Hamburg, Bremen und Stettin [Szczecin] erhoben werden; sie werden in der Tabelle inklusive ihrer Verortung dargelegt:

Tab. 31: Großcluster mit ausschließlich toponymischen MOD-Types.

Stadt, weitere Infos über clusterbezogene Verortung	Innerhalb der jeweiligen Cluster verfügte Benennungen	Literaturangaben
Gelsenkirchen-Hüllen und Bismarck	Tangastr., Waterbergstr., Windhukstr.	Adressbuch Gelsenkirchen (1941 III).
Hamburg-Kleiner Grasbrook	Kamerunweg, Kamerunkai, Togokai, Windhukkai	Stadtplan Hamburg (ca. 1935).
Hamburg-Ottensen	Daressalamstr., Kamerunstr., Otawiweg, Windhukstr.	Adressbuch Hamburg (1940 IV).
Hamburg-Rahlstedt	Kameruneck, Ostafrikadamm, Somalikamp, Südwestkamp, Tangastr., Togoweg, Waterberg, Windhuker Stieg	Stadtplan im Adressbuch Hamburg (1940).
Bremen-Oslebshausen	Dualaweg, Kamerunstr., Kribiweg, Otavistr., Südweststr., Togoplatz, Togostr., Waterbergstr., Windhukstr.	Adressbuch Bremen (1942: III).
Stettin [Szczecin]-Braunsfelde	Kamerunstr., Lüderitzlandstr., Tangastr., Togostr., Waterbergstr., Windhuker Str.	Stadtplan Stettin (ca. 1939), Adressbuch Stettin (1941 II).

Das in Bremen verfügte Kolonialviertel mit ausschließlich detoponymischen Konstruktionen ist wie das Cluster in Hamburg-Kleiner Grasbrook in direkter Nähe zum Hafen zu verorten:

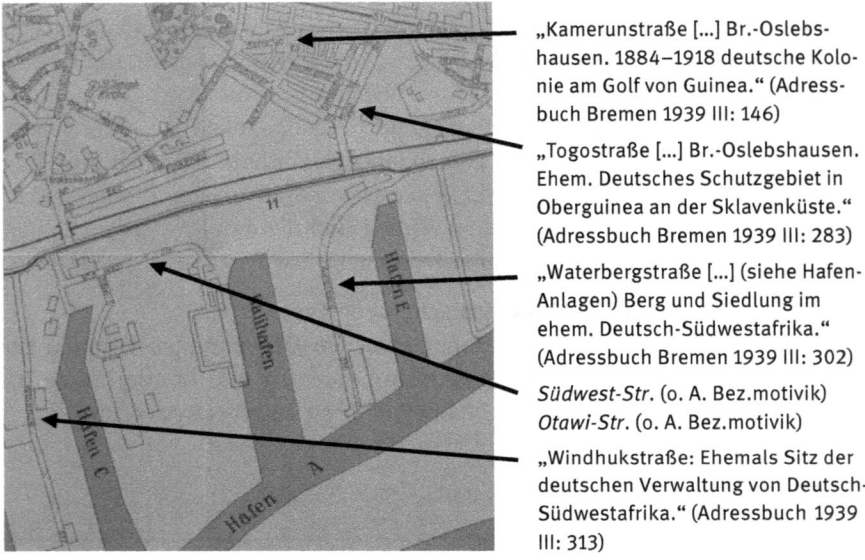

„Kamerunstraße [...] Br.-Oslebshausen. 1884–1918 deutsche Kolonie am Golf von Guinea." (Adressbuch Bremen 1939 III: 146)

„Togostraße [...] Br.-Oslebshausen. Ehem. Deutsches Schutzgebiet in Oberguinea an der Sklavenküste." (Adressbuch Bremen 1939 III: 283)

„Waterbergstraße [...] (siehe Hafen-Anlagen) Berg und Siedlung im ehem. Deutsch-Südwestafrika." (Adressbuch Bremen 1939 III: 302)

Südwest-Str. (o. A. Bez.motivik)
Otawi-Str. (o. A. Bez.motivik)

„Windhukstraße: Ehemals Sitz der deutschen Verwaltung von Deutsch-Südwestafrika." (Adressbuch 1939 III: 313)

Abb. 24: Hafenplan Bremen (1938).

Die im Stadtplan zu konstatierenden Benennungen fanden noch in der Zwischenkriegszeit statt. Ende der 1930er Jahre und Anfang der 1940er Jahre wurde das Cluster mit den weiteren dechoronymischen und deoikonymischen Benennungen *Dualaweg, Kribiweg* und *Togoplatz* (vgl. Adressbuch Bremen 1942: III) für Straßenzüge in nächster Nähe erweitert (Kap. 8.2.2.1). Sie beziehen sich ebenfalls auf den ehemaligen Kolonialbesitz des Deutschen Reichs in der Zeit des Kaiserreichs.

Die in Stettin [Szczecin] für neu angelegte Parallelstraßen verfügten Benennungen, die sich ebenfalls ausschließlich auf Orte in den Kolonialgebieten beziehen, sind nicht in nächster Nähe zu den dortigen Hafenanlagen, sondern in der „Villen-Kolonie Braunsfelde" zu verorten (siehe Abb. 25).

Villenkolonien bzw. Villensiedlungen oder -viertel stellen gegründete Wohnsiedlungen in der Peripherie der mittelalterlichen Stadtkerne dar, die dem wohlhabenden Bürgertum und deren großzügig angelegten Anwesen zugutekommen sollten (vgl. Heineberg et al. 2014: 239). Eine Sichtung der Straßennamen in nächster Nähe zeigt, dass die Villenkolonie vom Zentrum kommend durch einen Straßenzug mit der Benennung *Horst-Wessel-Allee* im Westen abgegrenzt wurde. Aus der Peripherie gelangte man über Straßenzüge mit den SN-Token *Lothringer S., Elsässer S., Saar S., Malmedy S., Dirschauer S., Danziger S.* u. dgl., die bereits vor 1933 verfügt wurden (Adressbuch Stettin 1932 II), zu den jeweiligen Parallelstraßen, die auf die Kolonien zur Zeit des Deutschen Kaiserreichs und auf Orte innerhalb solcher referieren sollten.

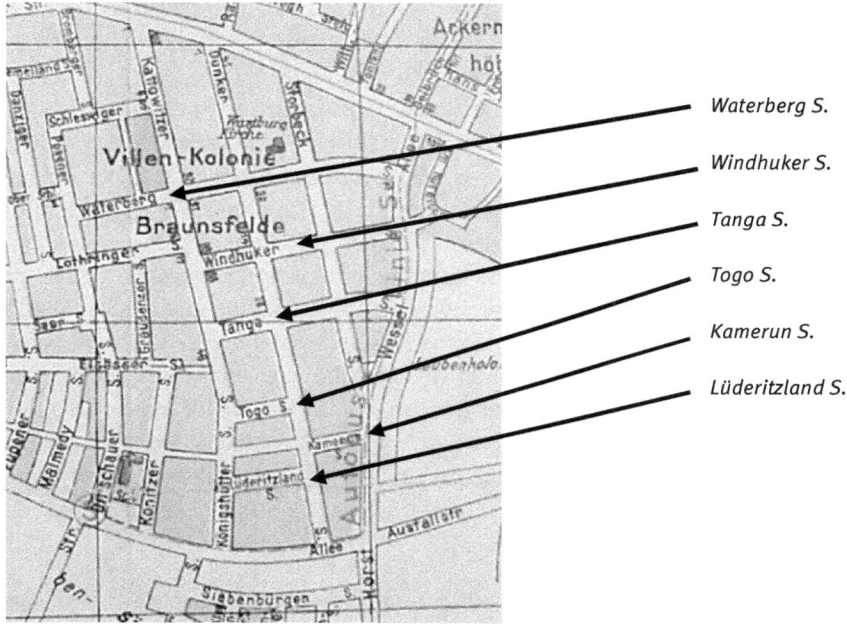

Waterberg S.

Windhuker S.

Tanga S.

Togo S.

Kamerun S.

Lüderitzland S.

Abb. 25: Stadtplan Stettin (ca. 1939), Ausschnitt Braunsfelde.

Die Siedlung wurde offenbar in der Zwischenkriegszeit erschlossen und sodann im Nationalsozialismus mit weiteren Straßenzügen ausgebaut. Die Namenvergabepraktiken der in nationalsozialistischer Zeit erbauten Parallelstraßen, die sich auf den Kolonialbesitz in der Zeit des Deutschen Kaiserreichs beziehen, suggerieren die administrativ intendierte Verfügung eines Kolonialclusters. In Bezug auf die intendierte Kommemoration aller Benennungen in der Villenkolonie gehen die kolonial motivierten Benennungen in diesem Einzelfall – solche Phänomene konnten bereits für koloniale Einzelbenennungen (Kap. 8.1.2) dargelegt werden – zugleich innerhalb der thematisch anders gelagerten Clusterbenennung auf. Das Thema Kolonialismus wird insofern kontextualisiert, als dass sich alle in Braunsfelde verfügten Namen zum Zeitpunkt ihrer historischen Benennungen kommemorativ auf Gebiete und Städte beziehen sollten, die im Zuge der Bestimmungen des Versailler Vertrags seit 1920 der Kontrolle der Alliierten oder dem Völkerbund unterstellt wurden.

Die innerhalb der sechs Cluster verfügten Namenvergaben weisen hinsichtlich ihrer toponymischen Modifikator-Konstruktionen partielle Übereinstimmungen auf: Für alle sechs kolonialen Namenviertel sind Benennungen mit dem MOD-Type *Windhuk* auszumachen, der für das Gesamtinventar als hochfrequente Modifikator-Konstruktion herausgestellt wurde. Auch die weiteren verfügten toponymischen MOD-Types *Togo, Kamerun* sowie *Tanga* und *Waterberg* mit praxonymischen Anteilen fanden ortsübergreifende Verwendung. Die mit sechs bzw. acht SN-Token verfügten Kolonialcluster Bremen-Oslebshausen und Stettin [Szczecin]-Braunsfelde bzw. Hamburg-Rahlstedt weisen darüber hinaus Benennungen mit singulären Modifikatoren auf. Wenngleich der Modifikator der *Lüderitzlandstraße* nur ortsbezogen für Stettin [Szczecin] erhoben werden konnte, ist eine eindeutige koloniale Kommemoration nachzuweisen. Der Name referiert auf das gleichnamige Choronym, das ebenfalls als eigenes Lemma in Schnee (1920 II: 466) vertreten ist: „Diesen Namen erhielten die 1883 von Lüderitz [...] in Südwestafrika erworbenen Gebiete, die jetzt einen Bestandteil von Deutsch-Südwestafrika bilden". Der Ausbau des in den 1920er Jahren angelegten Clusters in Bremen-Oslebshausen in nationalsozialistischer Zeit erfolgte unter anderem durch die Verfügung des SN-Tokens *Kribiweg*. Bei dem Ort handelte es sich in der faktischen Kolonialzeit um ein Zentrum des überseeischen Handels mit Kolonialwaren:

> Kribi [...] bedeutender Hafenort und Sitz eines Bezirksamts an der Batangaküste in Kamerun. [...] In K. [d. i. Kribi] laufen zwei bedeutende Handelsstraßen zusammen, auf denen schon vor der Epoche der Besitznahme Kameruns Kautschuk, Öl, Elfenbein und die andern Erzeugnisse des Binnenlandes durch Zwischenhandel an die Küste gelangten. (Schnee 1920 II: 379)

Der Hafen spielte offenbar für die Hansestadt Bremen und deren überseeischen Handelsbeziehungen eine herausragende Rolle: Im historischen Straßenverzeichnis wird angegeben, dass mit der Benennung *Kribiweg* der „Bezirkshauptort unseres Schutzgebietes Kamerun" (Adressbuch Bremen 1939 III: 162) geehrt und/oder gewürdigt werden sollte. Für den ausschließlich für Hamburg-Rahlstedt zu verzeichnenden Modifikator der Benennung *Somalikamp* sind – ähnlich wie für den ortsübergreifend verfügten MOD-Type *Duala* (Kap. 7.1.2.2 b) – polyreferenzielle Bezüge festzustellen, die jedoch eindeutig in einen kolonialen Kontext verortet werden können. Für diesen Einzelfall ist nicht ermittelbar, inwieweit eine Referenz auf die „aus dem S.land [d. i. Somaliland] im nördlichen Ostafrika stammende[n] Eingeborene[n]" (Schnee 1920 III: 370) oder eine

Referenz auf die gleichnamige britische Kolonie vorgenommen werden sollte. Aus ähnlichen zeithistorischen sowie raumlinguistischen Gründen, die bereits für den MOD-Type *Duala* und für die Clusterbenennung in Bremen-Oslebshausen dargelegt wurden, ist es wahrscheinlicher, dass mit den innerhalb von Hamburg-Rahlstedt verfügten gebündelten Namen eine Kommemoration des Ortes intendiert wurde. Wenngleich der Modifikator der *Lüderitzlandstraße* nur ortsbezogen für Stettin [Szczecin] erhoben werden konnte, ist eine eindeutige koloniale Kommemoration nachzuweisen. Der Name referiert auf das gleichnamige Choronym, das ebenfalls als eigenes Lemma in Schnee (1920 II: 466) vertreten ist: „Diesen Namen erhielten die 1883 von Lüderitz [...] in Südwestafrika erworbenen Gebiete, die jetzt einen Bestandteil von Deutsch-Südwestafrika bilden.".

b. Cluster mit ausschließlich anthroponymischen MOD-Types (Typ 2)
30 Kolonialcluster weisen ausschließlich deanthroponymische Konstruktionen auf.[170] Sie werden in der Tabelle mit den jeweiligen Inventaren aufgelistet:

Tab. 32: Großcluster mit ausschließlich anthroponymischen MOD-Types.

Stadt, weitere Infos über clusterbezogene Verortung	Innerhalb der jeweiligen Cluster verfügte Benennungen	Literaturangaben
Bautzen-Thrombergsiedlung	*Dr.-Peters-Str., Lüderitzstr., Wissmannstr.*	Bestand 62011 Repertorium XI, Straßenumbenennungen (1935–1942).
Bochum-Ehrenfeld	*Lüderitzstr., Petersstr., Wissmannstr.*	Adressbuch Bochum (1920 IV), Adressbuch Bochum (1924/25 IV), Stadtplan Bochum (1938).
Bottrop-Vonderort	*Gustav-Nachtigal-Str., Karl-Peters-Str., Lüderitzstr., Wissmannstr.*	Adressbuch Bottrop (1938 III), Stadtplan Bottrop (1939), Weidner.[171]
Bremen-Waller Vorstadt	*Gerhard-Rohlfs-Str., Leutweinplatz, Leutweinstr., Nachtigalstr., Wissmannstr.*	Adressbuch Bremen (1905 II, 1919 II), Stadtplan Bremen (1927).

---

170 Nur das in Hamburg-Wandsbek-Ost verfügte Cluster weist neben fünf deanthroponymischen Konstruktionen eine singuläre deappellativische Konstruktion (d. i. *Askaristieg*) auf; da etwaige detoponymische Konstruktionen (vgl. Typ 3) nicht festzustellen sind, wurde das Cluster dem Typ 1 zugesprochen.
171 https://www.lwl.org/westfaelische-geschichte/nstopo/strnam/Kommune_37.html, Abruf am 28/06/2019.

Stadt, weitere Infos über clusterbezogene Verortung	Innerhalb der jeweiligen Cluster verfügte Benennungen	Literaturangaben
Delmenhorst-Hasport und Annenheide	Karl-Peters-Str., Lettow-Vorbeck-Str., Leutweinstr., Lüderitzstr., Nachtigalstr., Vogelsangstr., Wissmannstr.	Grunding (1960: 750–763).
Dessau-(heutiges) Handwerkerviertel	Lüderitzweg, Nachtigalweg, Petersweg, Wissmannweg	Adressbuch Dessau (1940 II).
Düsseldorf-Golzheim	Lüderitzstr., Meyer-Waldeck-Str., Petersstr., Sodenstr., Solfstr., Trothastr., Woermannstr.	Stadtplan Düsseldorf (1937).
Düsseldorf-Urdenbach	Lüderitzstr., Meyer-Waldeck-Str., Petersstr., Sodenstr., Solfstr., Woermannstr.	Adressbuch Düsseldorf 1940 (III).
Eilenburg-Berg	Dr.-Nachtigal-Str., Dr.-Peters-Str., Lüderitzstr.	Eilenburger Geschichts- und Museumsverein (2016).
Hamburg-Hamm und Horn	Carl-Peters-Weg, Emin-Pascha-Str., Theodor-Weber-Reihe, Wissmannsweg	Stadtplan Hamburg (ca.1935).
Hamburg-Wandsbek-Ost	Askaristieg, Dominikweg, Erckertstr., Estorffstr., Lettow-Vorbeck-Str., Lüderitzweg	Stadtplan i. Adressbuch Hamburg (1940).
Hamburg-Wandsbek-West	Gustav-Nachtigal-Damm, Karl-Peters-Weg, Wissmannsweg	Stadtplan i. Adressbuch Hamburg (1940).
Hannover-Südstadt-Bult	Am Carl-Peters-Platz, Carl-Peters-Platz, Nachtigalstr., Wissmannstr.	Stadtplan Hannover (1931), Adressbuch Hannover (1937 II).
Herford-Ottelau	Carl-Peters-Str., Gustav-Nachtigal-Str., Hermann-von-Wissmann-Str.	Weidner.[172]
Karlsruhe-Gartenvorstadt Grünwinkel	Karl-Peters-Str., Lettow-Vorbeck-Str., Lüderitzstr., Wissmannstr.	Stadtplan Karlsruhe (1938), Adressbuch Karlsruhe (1940 IV).
Kiel-Neumühlen-Dietrichsdorf	Carl-Peters-Str., Lettow-Vorbeck-Str., Lüderitzstr., Nachtigalstr., Wissmannstr., Woermannstr.	Stadtplan Kiel (1940), Adressbuch Kiel (1940 II), Hilscher (2015).
Koblenz-Pfaffendorf	Gustav-Nachtigal-Str., Karl-Peters-Str., Lüderitzstr., Wissmannstr., Woermannstr.	Stadtarchiv Koblenz DB 17 (2016).[173]
Königsberg i. Pr. bzw. Königsberg (Pr.) [Kaliningrad]-Ratshof und Lawsken	Karl-Peters-Str., Liebertstr., Leutweinstr., Lüderitzstr., Rohlfsstr., Woermannstr.	Adressbuch Königsberg (1941: II).

---

[172] https://www.lwl.org/westfaelische-geschichte/nstopo/strnam/Kommune_92.html, Abruf am 28/06/2019.

[173] https://www.edoweb-rlp.de/resource/edoweb:7003044/data, Abruf am 28/06/2019.

Stadt, weitere Infos über clusterbezogene Verortung	Innerhalb der jeweiligen Cluster verfügte Benennungen	Literaturangaben
Landsberg an der Warte [Gorzów Wielkopolski]-Zanziner Grund	Lüderitzstr., Nachtigalstr., Petersstr., Wissmannstr.	Stadtplan Landsberg an der Warte (nach 1934).
Lübeck-Vorwerk	Karl-Peters-Str., Lettow-Vorbeck-Str., Lüderitzstr.	Adressbuch Lübeck (1942 III).
Ludwigshafen am Rhein-(heutige) Niederfeldsiedlung	Nachtigalstr., Petersstr., Wissmannstr.	Adressbuch Ludwigshafen am Rhein (1936 II).
Mannheim-Rheinau	Karl-Peters-Str., Gustav-Nachtigal-Str., Leutweinstr., Lüderitzstr., Wissmannstr.	Straßenverzeichnis im Stadtplan Mannheim (1936/37), Marchivum.[174]
Mühlheim an der Ruhr-Eppinghofen	Dr.-Karl-Peters-Str., Lüderitzstr., Von-Lettow-Vorbeck-Str.	Adressbuch Mühlheim an der Ruhr (1940 II), Meißner (1999).
München-Bogenhausen	Bennigsenstr., Dominikstr., Emin-Pascha-Platz, Gröbenstr., Karl-Peters-Str., Leutweinstr., Lüderitzstr., Nettelbeckstr., Rohlfsstr., Wissmannstr.	Adressbuch München (1941: IV).
Neustadt an der Haardt bzw. Weinstraße-Westen[175]	Gustav-Nachtigal-Str., Karl-Peters-Str., Lüderitzstr., Von-Wissmann-Str.	Stadtplan Neustadt an der Weinstraße (1957).
Ravensburg-Südstadt	Gustav-Nachtigal-Weg, Lüderitzweg, Petersweg	StadtA RV AI 2187, 2186, AI 2068.
Recklinghausen-Suderwich	Karl-Peters-Str., Gustav-Nachtigal-Str., Lettow-Vorbeck-Str., Lüderitzstr., Von-Wissmann-Str.	Weidner.[176]
Riesa-Merzdorf	Dr.-Karl-Peters-Str., Dr.-Nachtigal-Str., Lüderitzstr.	Stadtplan Riesa (1937).
Völklingen-Rammelter Schacht	Karl-Peters-Str., Lettow-Vorbeck-Str., Lüderitzstr., Nachtigalstr., Wissmannstr.	StadtA A2701, Isberner und Kesternich (2012).
Wolfenbüttel-Drei Linden	Karl-Peters-Str., Lüderitzstr., Wissmannstr.	Adressbuch Wolfenbüttel (1937 IV).

Die Verteilung auf die jeweiligen Ortstypen hält sich bei den Vergabepraktiken solcher Namenviertel zweiten Typs mit durchschnittlich vier bis fünf Benen-

---

174 https://www.marchivum.de/de/strassennamen, Abruf am 28/06/2019.
175 Die Frage, inwieweit bereits in nationalsozialistischer Zeit vom „Afrikaviertel" (http://sm.geoview.info/neustadt_adweinstrasse_vom_afrika_viertel_aus_gesehen,6921403p, Abruf am 28/06/2019) in der Öffentlichkeit gesprochen wurde, konnte nicht geklärt werden.
176 https://www.lwl.org/westfaelische-geschichte/nstopo/strnam/Kommune_179.html, Abruf am 28/06/2019.

nungen etwa die Waage: Sie konnten für 14 Groß- und für 13 Mittelstädte erhoben werden. Nur für Hamburg sind zwei Cluster dieses Typs festzustellen. Cluster mit nur drei Benennungen sind sowohl für Groß- als auch Mittelstädte zu konstatieren. Groß angelegte Namenviertel mit sechs und mehr deanthroponymischen Konstruktionen konnten dagegen ausschließlich für Großstädte (wie Bremen, Düsseldorf, Kiel, Königsberg in Pr. bzw. Königsberg (Pr.) [Kaliningrad] und München) erhoben werden.

Für den Bestand der mit drei und vier deanthroponymischen Benennungen verfügten Cluster sind prototypische Modifikator-Konstruktionen festzustellen, die sich mit den drei hochfrequenten anthroponymischen MOD-Types des erstellten Gesamtinventars decken (Diagramm 1, Kap. 6.3.1): So sollten bspw. die Benennungen *Karl-Peters-*, *Lüderitz-* und *Wißmannstraße* in der neu gegründeten Siedlung *Drei Linden* südöstlich der Wolfenbütteler Kernstadt genauso wie die SN-Token in Bautzen-Thrombergsiedlung und Bochum-Ehrenfeld in kommemorativer Intention auf die Kolonialakteure Carl Peters, Hermann von Wissmann und Adolf Lüderitz referieren:

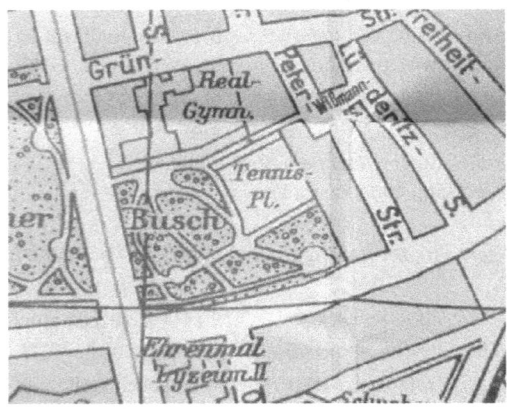

„Lüderitzstraße [...] Nach dem Begründer der deutschen Kolonie Deutsch-Südwestafrika [...]." (Adressbuch Bochum 1924/25 IV: 115)

„Petersstraße [...] Nach dem Afrikaforscher Karl Peters [...]." (Adressbuch Bochum 1924/25 IV: 136)

„Wißmannstraße [...] Nach dem Afrikaforscher Hermann von Wißmann [...]." (Adressbuch Bochum 1924/25 IV: 184)

Abb. 26: Stadtplan Bochum (1938), Ausschnitt Ehrenfeld.

Bis auf eine Ausnahme sind für alle weiteren Cluster dieses zweiten Typs mit drei oder vier verfügten SN-Token die hochfrequenten MOD-Types *Peters*, *Lüderitz*, *Wissmann*, *Nachtigal* und *Lettow-Vorbeck* festzustellen. Nur für das in den aneinandergrenzenden Hamburger Stadtteilen Hamm und Horn verfügte Cluster mit vier deanthroponymischen Konstruktionen ist neben usuellen Konstruktionen das SN-Token *Theodor-Weber-Reihe* herauszustellen, dessen MOD-Type keine ortsübergreifende Verwendung fand. Folgende Auszüge aus historischen

Straßenverzeichnissen zeigen koloniale Benennungsmotiviken für alle vier Namenvergaben auf:

> Wissmannsweg (Hamm u. Horn). [...] benannt nach Hermann Wissmann [...] dem berühmten Afrikaforscher und Kolonialbeamten. (Adressbuch Hamburg 1943 IV: 900)
>
> Carl-Peters-Weg (Horn) [...] benannt nach Dr. Carl Peters [...] dem hart umstrittenen genialen Kolonialpionier u. Reichskommissar in Ostafrika. (Adressbuch Hamburg 1935 IV: 164)
>
> Emin-Pascha-Straße (Hamm und Horn) [...] Emin Pascha oder Eduard Schnitzer (1840–1892) ist als Afrikaforscher, Arzt und ägyptischer Regierungs-Beamter bekannt geworden. Ben. 1929. (Adressbuch Hamburg 1935 IV: 233)
>
> Theodor-Weber-Reihe. (Horn) [...] benannt nach Theodor Weber (1844–1889) wirkte seit 1862 als Vertreter von J. C. Godeffroy und deutscher Konsul bahnbrechend auf den Samoa-, Fidschi- und Tongainseln. (Adressbuch Hamburg 1935 IV: 835)

Für den Bestand an Kolonialclustern zweiten Typs ist eine Art Attraktivitätsskala personenbezogener Kommemoration festzustellen: Die Kolonialakteure Carl Peters, Adolf Lüderitz, Hermann von Wissmann, Gustav Nachtigal und Paul von Lettow-Vorbeck sollten ortsübergreifend durch entsprechende Namenmuster für in unmittelbarer Nähe zueinander liegende Straßenzüge im öffentlichen (Alltags-)Raum geehrt und/oder gewürdigt werden. Bis 1945 stellen sie das personelle Zentrum von solchen gebündelten Fixierungspraktiken dar. Für Cluster mit einer großen Zahl an zu benennenden Straßenzügen in thematischer Kohärenz wurden neben solchen prototypischen Konstruktionen weitere Namen mit singulären anthroponymischen Modifikator-Konstruktionen verfügt. Dazu sind bspw. die Großcluster in Düsseldorf-Golzheim bzw. -Urdenbach zu zählen, für die neben usuellen Namenmustern auch Benennungen mit den Modifikator-Konstruktionen *Meyer-Waldeck*, *Soden* und *Solf* herauszustellen sind. Wenngleich es sich bei allen drei Personen um Kolonialakteure des Kaiserreichs handelt, erschienen sie als ortsübergreifend-nationale Namenmuster unattraktiv. Alfred Meyer-Waldeck wurde erst gegen Ende der Kolonialzeit zum Gouverneur von Kiautschou ernannt (vgl. Schnee 1920 II: 554). Eine etwaige ortsübergreifende Ehrung und/oder Würdigung von Wilhelm Solf und Julius Freiherr von Soden nach 1933 war schon aufgrund der ablehnenden Haltung der beiden Personen gegenüber Hitler und der NSDAP undenkbar (vgl. Erbar 2010: 549–550). Solchen einzelortsbezogenen Namen, die innerhalb von groß angelegten Kolonialclustern neben usuellen Konstruktionen **mit**verfügt wurden, ist damit vorrangig eine auffüllende Funktion der noch zu benennenden Straßenzüge in thematischer Kohärenz zuzuschreiben.

Prototypisches Beispiel stellt das in München-Bogenhausen verfügte Kolonialcluster mit zehn deanthroponymischen SN-Token dar. Über die usuellen

Namenmuster hinaus (*Karl-Peters-, Leutwein-, Lüderitz-, Rohlfs-* und *Wißmannstraße*) wurden weitere ortsbezogene Kommemorationen vorgenommen. Den Personen wurde durch entsprechende Benennungsmotiviken ein unmittelbarer und mittelbarer Verdienst an der deutschen Kolonialepoche zugesprochen:

Bennigsenstraße: Rudolf v. Bennigsen, 1. Gouverneur von Deutsch-Neuguinea. (Adressbuch München 1940 IV: 113)

Dominikstraße: Hans Dominik, verdient um die Erforschung und Befriedung der deutschen Kolonie Kamerun (1893–1910). (Adressbuch München 1940 IV: 168)

Emin-Pascha-Platz: Emin Pascha (Eduard Schnitzer), Afrikaforscher u. Arzt, hißt als Leiter einer Expedition z. Viktoriasee am 4.8.1890 in Tabora d. deutsche Flagge. (Adressbuch München 1940 IV: 187)

Gröbenstraße: Major Otto Friedrich von der Gröben gründete am 1.1.1683 die brandenburgische Festung Groß-Friedrichsburg an der afrikanischen Goldküste. (Adressbuch München 1940 IV: 265)

Nettelbeckstraße: Joachim Nettelbeck, Seefahrer, organisierte mit Schill und Gneisenau erfolgreich die Verteidigung der von den Franzosen 1806 belagerten Festung Kolberg; er weist als einer der ersten auf die Notwendigkeit hin, Kolonien zur Stützung der Landmacht zu erwerben. (Adressbuch München 1940 IV: 454)[177]

c. **Cluster mit toponymischen, anthroponymischen und ggf. weiteren MOD-Types (Typ 3)**

Cluster des dritten Typs weisen toponymische, anthroponymische und ggf. weitere Modifikator-Konstruktionen auf. Die rein quantitativ groß angelegten Cluster, die zwischen 1884 und 1945 mit durchschnittlich neun Benennungen in den öffentlichen Raum des Deutschen Reichs fixiert wurden, werden ebenfalls tabellarisch unter Angabe der Stadt und ihrer näheren Verortung dargelegt.

Tab. 33: Großcluster mit toponymischen, anthroponymischen und ggf. weiteren MOD-Types.

Stadt, weitere Infos über clusterbezogene Verortung	Innerhalb der jeweiligen Cluster verfügte Benennungen	Literaturangaben
Berlin-Dahlem	*Iltisstr., Lansstr., Takustr.*	Adressbuch Berlin (1921 V), Honold (2003).
Berlin-Wedding	*Afrikanische Str., Damarastr., Dualastr., Guineastr., Kameruner Str., Kiautschoustr., Kongostr.,*	Adressbuch Berlin (1942 IV), Honold (2003).

---

177 Man vgl. dazu Kap. 3.4.3.

Stadt, weitere Infos über clusterbezogene Verortung	Innerhalb der jeweiligen Cluster verfügte Benennungen	Literaturangaben
	Lüderitzstr., Mohasistr., Nachtigalplatz, Otavistr., Pekinger Platz, Petersallee, Sambesistr., Samoastr., Sansibarstr., Senegalstr., Swakopmunder Str., Tangastr., Togostr., Transvaalstr., Ugandastr., Usambarastr., Windhuker Str.	
Braunschweig-Querum	Albert-Voigts-Weg, Carl-Peters-Str., Hermann-Blumenau-Str., Kamerunstr., Lettow-Vorbeck-Str., Lüderitzstr., Otto-Finsch-Str., Swakopmunder Str., Togoweg, Windhuker Str., Wissmannstr.	Adressbuch Braunschweig (1940 III).
Breslau [Wrocław]-Mochbern	Apiastr., Dualastr., Heinrich-Schnee-Str., Karl-Peters-Str., Lettow-Vorbeck-Str., Lüderitzstr., Samoastr., Tangastr., Togostr., Windhukstr., Wissmannstr.	Stadtplan Breslau (etwa 1941), Adressbuch Breslau (1943 II).
Cuxhaven-Döse	Carsten-Niebuhr-Str., Lettow-Vorbeck-Str., Leutweinstr., Lüderitzstr., Tsingtaustr., Wissmannstr.	Adressbuch Cuxhaven (1939 III).
Dresden-Räcknitz/ Zschertnitz	Godeffroystr., Karl-Peters-Str., Leutweinstr., Lüderitzstr., Nachtigalstr., Rohlfsstr., Swakopmunder Str., Windhuker Str., Wissmannstr., Woermannstr.	Stadtplan Dresden (1939), Adressbuch Dresden (1940 V).
Duisburg-Huckingen-Buchholz	Kameruner Pfad, Kameruner Str., Lüderitzallee, Otavistr., Swakopmunder Pfad, Swakopmunder Str., Windhuker Pfad, Windhuker Str., Waterbergpfad, Waterbergstr.	Stadtplan Duisburg (1940); Mitteilung im Amtsblatt der Stadt Duisburg (19.9.1944, 27.9.1944).
Essen-Gerschede	Askaristr., Gustav-Nachtigal-Str., Hansemannstr., Kamerunstr., Karl-Peters-Str., Samoastr., Südseestr., Tangabucht, Windhukweg	Stadtplan Essen (1942).
Forst (Lausitz)-Süd (westlicher Teil)	Karl-Peters-Str., Kamerunstr., Lüderitzstr., Nachtigalstr., Swakopmunder Str., Togostr., Tangastr., Waterbergstr., Wissmannstr., Woermannstr.	Adressbuch Forst (Lausitz) (1939 III), Stadtplan Forst (Lausitz) (1940–1945).

Stadt, weitere Infos über clusterbezogene Verortung	Innerhalb der jeweiligen Cluster verfügte Benennungen	Literaturangaben
Frankfurt am Main-Praunheim	Lettow-Vorbeck-Str., Neuguineaweg, Samoaweg, Tangastr., Togoweg	Adressbuch Frankfurt am Main (1941 II).
Gleiwitz [Gliwice]-Ratiborer Vorstadt	Lettow-Vorbeck-Str., Lüderitzstr., Petersweg, Windhukstr., Wissmannstr.	Stadtplan Gleiwitz (1938).
Hannover-Badenstedt	Kamerunstr., Lettow-Vorbeck-Allee, Ostafrikastr., Rohlfsstr., Woermannstr.	Adressbuch Hannover (1940 II), Zimmermann (1992), Hanke (2014).
Heilbronn-Sontheim	Guineastr., Kamerunstr., Karl-Peters-Str., Karolinenweg, Lüderitzstr., Samoastr., Tangastr., Togostr., Tsingtauer Str., Windhuker Platz	Adressbuch Heilbronn (1936), Stadtplan Heilbronn (1938).
Hindenburg O.S. [Zabrze]-Mathesdorf	Lüderitzstr., Petersstr., Togostr.	Stadtplan Hindenburg (1936).
Kassel-Forstfeld	Lüderitzstr., Togoplatz, Togostr., Windhukstr., Wissmannstr., Woermannstr.	Adressbuch Kassel (1939 III).
Köln-Nippes	Carl-Peters-Str., Gustav-Nachtigal-Str., Kamerunstr., Lüderitzstr., Tangastr., Togostr.	Adressbuch Köln (1937 IV), Bechhaus-Gerst (2013).
Köln-Ehrenfeld	Iltisstr., Lansstr., Takuplatz, Takustr.	Adressbuch Köln (1937 IV), Bechhaus-Gerst (2013).
Leipzig-Anger-Crottendorf	Lüderitzstr., Swakopmunder Str., Windhuker Str., Waterbergstr.	Adressbuch Leipzig (1938 II).
Magdeburg-Neustädter Feld	Dualaweg, Daressalamer Weg, Kameruner Weg, Kilimandscharoweg, Leutweinweg, Lomeweg, Massaiweg, Swakopmunder Weg, Tangaweg, Togoweg, Waterberg, Windhuker Weg, Woermannstr.	Lageplan der Kleinsiedlung am Milchweg (1938), Adressbuch Magdeburg (1940 II).
Merseburg-Freiimfelde	Lüderitzstr., Nachtigalweg, Petersstr., Tangaweg, Togoweg, Windhukweg, Wissmannweg, Woermannstr.	Adressbuch Merseburg (1940 II), Stadtplan Merseburg und Leuna (1947).
München-28. Stadtbezirk	Daressalamstr., Kamerunplatz, Nachtigalplatz, Nachtigalstr., Sansibarplatz, Samoaplatz, Togostr., Tsingtaustr.	Adressbuch München (1926 II), Stadtplan München (1933).

Stadt, weitere Infos über clusterbezogene Verortung	Innerhalb der jeweiligen Cluster verfügte Benennungen	Literaturangaben
München-Trudering	*Anechostr., Askaripfad, Daressalamstr., Dualastr., Großfriedrichsburger Str., Groß-Nabas-Str., Iltisstr., Kameruner Str., Kibostr., Lomeweg, Maerckerstr., Samoastr., Sansibarstr., Swakopmunder Str., Taku-Fort-Str., Tangastr., Togostr., Tsingtauer Str., Usambarastr., Von-Erkert-Platz, Von-Erkert-Str., Von-Gravenreuth-Str., Von-Heydebreck-Str., Von-Trotha-Str., Waterbergstr., Windhuker Str.*	Stadtplan München (1940), Adressbuch München (1941 IV).
Oranienburg-(heutiges) Ärzteviertel	*Dualastr., Kamerunstr., Lüderitzstr., Otavistr., Swakopmunder Str., Taborastr., Togostr., Transvaalstr., Windhukstr.*	Stadtplan Oranienburg (1938).
Stuttgart-Obertürkheim	*Deutsch-Ostafrika-Str., Deutsch-Südwestafrika-Str., Kameruner Str., Lüderitzstr., Leutweinstr., Neuguineastr., Otavistr., Petersstr., Samoastr., Südseestr., Togostr., Tangastr., Tsingtauer Str., Windhuker Str., Wissmannstr.*	Adressbuch Stuttgart (1940 III).

Die Vergabepraxis von derartigen Großclustern dritten Typs stellt ein weitgehendes Phänomen der Großstädte dar. Bis auf die vier Mittelstädte Cuxhaven (mit zeitlicher Schichtung der SN-Token, Kap. 8.2.2.1), Forst (Lausitz), Heilbronn und Oranienburg konnte die Fixierung solcher Namenviertel ausschließlich für Städte mit über 100.000 Einwohnern erhoben werden. Die folgende Abbildung zeigt einen historischen Stadtplanausschnitt von Heilbronn für ein neu angelegtes Baugebiet in unmittelbarer Nähe zum Neckar auf, in dem in der Mitte der 1930er Jahre entsprechende Namen in nachweislich kolonialer Motivik verfügt wurden.

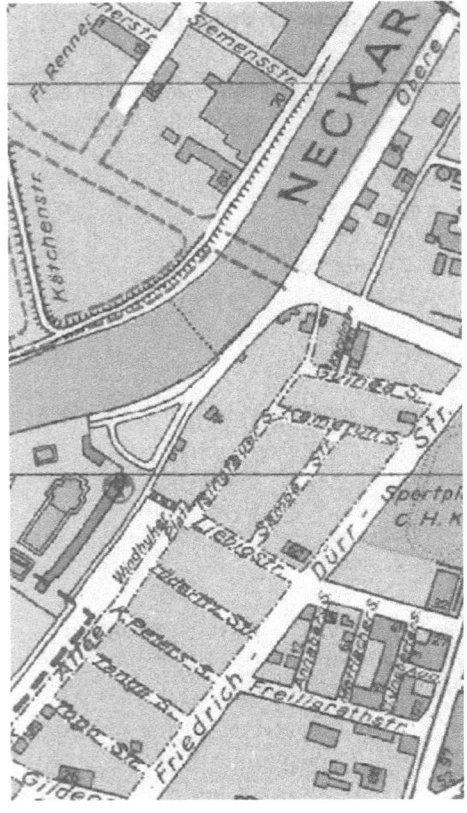

Karolinen Weg: „1936 nach den Karolineninseln in der Südsee, die bis 1919 deutsches Schutzgebiet waren." (Adressbuch Heilbronn 1936 III: 78)

Kamerun S.: „1936 nach der ehemaligen deutschen Kolonie Kamerun." (Adressbuch Heilbronn 1936 III: 73)

Windhuker Platz: „1936 nach der Hauptstadt des ehemaligen Deutsch-Südwestafrika." (Adressbuch Heilbronn 1936 III: 176)

Lüderitz S.: „1936 nach Franz Adolf Eduard Lüderitz (...), dem kaufmännischen Pionier des deutschen Kolonialbesitzes und Gründer der ehemaligen deutschen Kolonie Deutsch-Südwestafrika." (Adressbuch Heilbronn1936 III: 98)

K. Peters-S.: „1936 nach dem Afrikaforscher Karl Peters [...], der 1885 die deutsche Kolonie Deutsch-Ostafrika gründete." (Adressbuch Heilbronn 1936 III: 73)

Tanga S.: „1936 nach dem Hafen im ehemaligen Deutsch-Ostafrika. In der Schlacht bei Tanga am 4. November 1914 trug die Schutztruppe einen überwältigenden Sieg über einen weit überlegenen Gegner davon." (Adressbuch Heilbronn 1936 III: 159)

Togo S.: „1936 nach der ehemaligen deutschen Kolonie Togo." (Adressbuch Heilbronn 1936 III: 160)

(außerdem: *Guinea S., Samoa Str., Tsingtauer S.*)

Abb. 27: Stadtplan Heilbronn (1938), Ausschnitt heutiges Ärzteviertel.

Die lexikologisch-onymischen Distributionen der MOD-Types, die für das ortsübergreifende Inventar an Benennungen als Großcluster des dritten Typs ausgemacht werden können, stimmen nur in Teilen mit den aufgezeigten Distributionen des Gesamtinventars (Kap. 7) überein:

Tab. 34: Konstruktionen innerhalb von Clustern (Typ 3).

Toponyme	Anthroponyme	SchiffsN, Appellativa, Adjektive u. dgl.
135	78	8

Für Cluster des dritten Typs stellen detoponymische Konstruktionen das numerisch dominante Konstruktionsmuster dar: Mehr als die Hälfte der innerhalb solcher Cluster verfügten Namen referieren in kommemorativer Intention auf den kolonisierten Raum in Übersee. Sie übersteigen zahlenmäßig den Bestand an deanthroponymischen Konstruktionen, die Kolonialakteure ehren und/oder würdigen sollten. Für jene detoponymischen Konstruktionen sind hinsichtlich der jeweiligen Unterklassen folgende Distributionen zu verzeichnen:

Tab. 35: Distributionen toponymischer MOD-Types innerhalb von Clustern (Typ 3).

Choronyme	Oikonyme	Toponyme mit praxonymischen Anteilen	Oronyme	Hydronyme
60	48	21	3	3

Neben usuellen Benennungen mit choronymischen und oikonymischen MOD-Types sowie die mit praxonymischen Anteilen verfügten detoponymischen Namenverfügungen sind innerhalb von Clustern des dritten Typs auch die für das Gesamtinventar aufgezeigten Einzelbenennungen mit oronymischen und hydronymischen Modifikatoren zu verorten, die sich auf naturräumliche Gegebenheiten im kolonisierten Raum beziehen.

Die betreffenden sechs singulären Modifikator-Konstruktionen *Kibo*, *Kilimandscharo* und *Usambara* bzw. *Kongo*, *Mohasi* und *Sambesi* sind den Kolonialclustern in Magdeburg-Neustädter Feld, München-Trudering und in Berlin-Wedding zuzuordnen, für die eine überdurchschnittliche Anzahl an kolonial motivierten SN-Token festzustellen ist. So werden bspw. in der Magdeburger Siedlung *Am Milchweg* am Ende der 1930er Jahre 13 Kolonialismen verfügt (vgl. Lageplan der Kleinsiedlung Milchweg 1938). Für die parallelen und/oder sich unmittelbar kreuzenden Straßen wurden usuelle Namenmuster mit choronymischen, oikonymischen (*Duala*, *Kamerun*, *Lome*, *Swakopmund*, *Togo*, *Windhuk*) sowie anthroponymischen (*Leutwein*, *Wissmann*, *Woermann*) Modifikatoren verfügt. Auch die sich auf Orte der dort stattgefundenen Kampfhandlungen beziehenden Modifikatoren (*Tanga*, *Waterberg*) entsprechen dem zeitgenössischen Usus kolonialer Namenvergabepraktiken. Über solche hochfrequenten MOD-Types hinaus wurde die singuläre deoronymische Benennung *Kilimandscharoweg* verfügt, die sich auf den „Vulkanberg K. [d. i. Kilimandscharo] in Deutsch-Ostafrika [...] als höchster Berg Afrikas" (Schnee 1920 II: 294) bezieht. Und auch der Modifikator der Benennung *Massaiweg*, die auf die gleichnamige „große hamitische Völkergruppe" „im nordöstlichen Deutsch-Ostafrika" (Schnee 1920 II:

521) referiert, fand eine nur einzelortsbezogene Verwendung innerhalb des Magdeburger Clusters.

Die mit jeweils über 20 SN-Token verfügten Kolonialcluster in Berlin-Wedding und München-Trudering weisen über usuelle Konstruktionen hinaus nicht nur deoronymische (*Kibostraße* in München-Trudering, *Usambarastraße* in Berlin-Wedding) und dehydronymische (*Kongo-*, *Mohasi-* und *Sambesistraße*) auf, sondern auch weitere singuläre Konstruktionen: So ist bspw. ausschließlich für das Truderinger Cluster die singuläre dechoronymische Konstruktion *Großfriedrichsburger Straße* festzustellen, die auf die preußisch-brandenburgische Kolonie im heutigen Ghana referiert. Ihr wird im historischen Adressbuch eine Vorreiterrolle des späteren Kolonialerwerbs zugesprochen:

„Großfriedrichsburg, Churbrandenburg. Festung an d. Goldküste, angelegt 1683 z. Sicherg. d. ersten deutschen v. Großen Kurfürsten erworb. Kolonialbes. i. Afrika."

Abb. 28: Adressbuch München (1941 IV: 256).

Auch die weiteren singulären Modifikator-Konstruktionen *Anecho*, *Groß-Nabas*, *Maercker*, *Erkert*, *Gravenreuth* und *Heydebreck* sind dem Großcluster in München-Trudering zuzuschreiben. Für alle einzelortsbezogenen Konstruktionen werden im zeitgenössischen Einwohnerbuch koloniale Benennungsmotiviken dargelegt:

<u>Anechostraße</u>: Anecho, Ort in Togo. (Adressbuch München 1941 IV: 66)

<u>Groß-Nabas-Straße</u>: Vom 2.–4.1.1905 fand bei Groß-Nabas in Deutsch-Südwestafrika ein Gefecht gegen den Großkapitän der Witboi-Hottentotten statt, an dem die Bayernkompanie hervorragend beteiligt war. (Adressbuch München 1941 IV: 313)

Von-Maercker-Straße: Generalmajor Maercker, stationiert in Ost- und Südwestafrika, erster Präsident des deutschen Kolonialkriegerbundes. (Adressbuch München 1941 IV: 418)

Von-Erkert-Platz, Von-Erkert-Straße: Friedrich von Erkert, Hauptmann und erster Kamelreiterführer der Schutztruppe der sog. Bayernkompanie (1869–1908). (Adressbuch München 1941 IV: 668)

Von-Gravenreuth-Straße: Freiherr Karl von Gravenreuth, Hauptmann der Schutztruppe Kamerun, hervorgegangen aus dem Inf.-Leib.-Reg. (Adressbuch München 1941 IV: 668)

Von-Heydebreck-Straße: Oberstltn. Joachim von Heydebreck (1861–1914), Kommandeur der Schutztruppe Südwestafrika, siegte über die Engländer bei Sandfontein im September 1914. (Adressbuch München 1941 IV: 669)

Ebenso sind die singulären anthroponymischen Modifikator-Konstruktionen *Voigts, Blumenau, Finsch, Niebhuhr* und *Schnee* mit teilweise weiteren regional- bzw. lokalpatriotischen Kommemorationen für Großcluster des dritten Typs zu verorten. Auch Konstruktionen mit den choronymischen MOD-Types *Sansibar* und *Transvaal*, die auf Orte kolonialer Imaginationen in der Zeit des Deutschen Reichs referieren, sind auf Kolonialcluster des dritten Typs mit einer überdurchschnittlichen Anzahl an detoponymischen, deanthroponymischen und ggf. weiteren Namen beschränkt.

Damit ist auch für die Kolonialcluster dritten Typs eine Attraktivitätsskala orts-, personenbezogener und ggf. weiterer Kommemoration zu konstatieren. Neben usuellen Namenmustern werden innerhalb von Namenvierteln mit einer Vielzahl an zu benennenden Straßenzügen singuläre Konstruktionen mit oronymischen, hydronymischen, anthroponymischen und ggf. weiteren MOD-Token **mit**verfügt. Ihnen ist ebenfalls eine auffüllende Funktion der noch zu benennenden Straßenzüge in thematischer Kohärenz zuzuschreiben, der insbesondere am Beispiel von Kolonialclustern mit zeitlich gestaffelten Benennungen verdeutlicht werden kann: So ist für Berlin-Wedding festzustellen, dass die usuellen Namenmuster mit den MOD-Types *Swakopmund, Nachtigal, Windhuk, Otavi, Duala, Tanga* u. dgl. in die faktische Kolonialepoche und in die Zwischenkriegszeit fallen, während Konstruktionen mit singulären MOD-Types (*Sambesi, Senegal, Uganda, Mohasi, Damara, Usambara* u. dgl.) erst Ende der 1920er und 1930er Jahre im Zuge der weiteren Erschließung des Baulandes verfügt wurden.

Nur für das groß angelegte „Kolonialviertel" (Oberbürgermeister Braunschweig 18.01.1940) am Ende der 1930er Jahre in der Braunschweiger Neubausiedlung Wabenkamp in Querum sind davon abweichende Intentionen festzustellen: Die Namenmuster *Carl-Peters-Straße, Kamerunstraße, Lettow-Vorbeck-Straße, Lüderitzstraße, Swakopmunder Straße, Togoweg, Windhuker Straße* und *Wissmannstraße* wurden im November 1939 verfügt. Die ursprünglichen weiteren Namenvorschläge *Tsingtauer Straße, Samoastraße* und *Guineastraße* mit usuellen toponymischen MOD-Types wurden dagegen nicht genehmigt. Stattdessen wurden die drei deanthroponymischen SN-Token *Albert-Voigts-Weg*, *Hermann-Blumenau-Straße* und *Otto-Finsch-Straße* verfügt, die Kolonialakteure ehren und/oder würdigen sollten und zugleich einen lokalen Bezug zur Stadt Braunschweig aufweisen (Kap. 7.3.1). In der „Zusammenfassung der Beigeordnetensitzung vom 17.11.1939 zur Straßennamensgebung in Braunschweig" findet sich dazu folgender Vermerk „Für die unter Ziff. 4, 5, und 6 aufgeführten Namen sind andere Straßenbezeichnungen zu wählen, bei denen vor allen Dingen in der kolonialen Geschichte bekannte Braunschweiger berücksichtigt werden sollen".

Für Cluster solchen dritten Typs sind darüber hinaus quantitative Abweichungen usueller anthroponymischer Modifikator-Konstruktionen herauszustellen: Während diese im ortsübergreifend-inventarbezogenen Zugriff in der Verbindung gängiger Klassifikatoren als hochfrequente deanthroponymische Namenmuster herausgestellt wurden (Diagramm 1), fällt die Anzahl an entsprechenden Konstruktionen innerhalb solcher Namenviertel auffällig gering aus:

Tab. 36: Distributionen anthroponymischer MOD-Types innerhalb von Clustern (Typ 3).

Lüderitz	*Peters*	*Wissmann*	*Nachtigal*	*Lettow-Vorbeck*
16	12	9	8	6

Für 16 der 24 Cluster sind entsprechende Benennungen zu konstatieren, die Adolf Lüderitz ehren und/oder würdigen sollten. „Kaufmann [...] Gründer der deutschen Kolonie Deutsch-Südwestafrika. Ertrank auf einer Forschungsfahrt 1886 an der Mündung des Oranje-Flusses" (Adressbuch Köln 1937 II: 447). Auffällig ist dagegen die kleine Zahl an Benennungen innerhalb des Clusters des dritten Typs, die auf die Kolonialakteure Carl Peters, Hermann von Wissmann, Gustav Nachtigal und Paul von Lettow-Vorbeck referieren. Solche ortsübergreifend zu konstatierenden Divergenzen sind nicht gänzlich mit den in einigen Orten neben Kolonialclustern verfügten deanthroponymischen Einzelbenennungen zu erklären, deren MOD-Types in solchen etwaigen Fällen für Konstruktionen in den jeweiligen Namenvierteln nicht mehr zur Verfügung standen (Tab. 25); nur für Einzelorte wie bspw. Berlin (*Wissmannstraße*), Düsseldorf (*Wissmannstraße*), Köln (*Lettow-Vorbeck-Straße*), Heilbronn (*Lettow-Vorbeck-Straße*) und Leipzig (*Wissmannstraße)* kann festgestellt werden, dass die zuvor aufgezeigten anthroponymischen MOD-Types bereits durch entsprechende Einzelbenennungen in die jeweiligen städtischen (Alltags-)Räume verfügt wurden. Für die weiteren betreffenden Städte ist dies jedoch nicht der Fall. Dieses Ergebnis bestätigt weiterhin die Hypothese, dass gerade die Kolonialakteure Carl Peters und Paul von Lettow-Vorbeck in nationalsozialistischer Zeit desemantisiert wurden. Mit den als Großcluster mit toponymischen, anthroponymischen und ggf. weiteren Modifikatoren verfügten kolonialen Namenvergabepraktiken zielte die zeitgenössische Administration nicht vorrangig auf die Kommemoration eben jener Personen als spezifische **Kolonial**akteure ab; sie wurden – das zeigen auch entsprechende Fälle, in denen derartige Konstruktionen als Einzelbenennungen mit weiteren die deutschen Militärs zu ehrenden und/oder würdigenden Namen für Straßenzüge in nächster Nähe verfügt wurden (Kap. 8.1.2) – nicht mehr ausschließlich in den spezifisch **kolonialen** Kontext als ‚Kolonialhelden' verortet, sondern zum Teil als ‚deutsche Helden' vergangener Kaiserreichzeiten und/oder im Ersten Weltkriegs (um-)stilisiert.

8.2.2.3 Ergebnisse: Strukturmuster und Diskursfunktionen kolonialer Clusterbenennung

Die themenkohärente Benennung von Straßenzügen für parallele, sich kreuzende und/oder in unmittelbarer räumlicher Nähe zueinander liegende Straßenzüge stellt ein von Seiten der neuzeitlichen Administration erwünschtes und praktiziertes Muster dar, mit dem die Straßen ganzer Stadtviertel thematisch gebündelt werden können. Solche Vergabepraktiken führen zum Aufbau themenkohärenter Cluster. Auch die in vorliegender Arbeit untersuchten kolonial motivierten Straßennamen wurden vorrangig in der Form von groß angelegten Namenvierteln mit drei und mehr Benennungen verfügt. Dabei konnten durch die Sichtung zeitgenössischer Stadtpläne, Straßenverzeichnisse u. dgl. 60 Kolonialcluster für Groß- und Mittelstädte erhoben werden. Die administrative Praxis der gebündelten Verfügung kolonialer Straßennamen als „Kolonialviertel" (Winzer 1907/10: 2) wurde von den jeweiligen städtischen Administrationen[178] angestrebt und kann einzelortsbezogen auch in zeitgenössischen Quellen für

---

[178] Man vgl. dazu auch die Anmerkung des Bürgermeisters in Völklingen am 22.12.1938: „Die Stadtverwaltung beabsichtigt dem Herrn Polizeipräsidenten folgende Strassenbezeichnungen vorzuschlagen [...] 3.) Siedlung Rammelter Schacht. Hier handelt es sich um die Benennung von 4 Strassen. [...] Nachdem der erste Bauabschnitt mit Lüderitzstrasse bereits die Bezeichnug [sic!] eines Kolonialpioniers erhalten, sollen die übrigen Strassen ebenfalls Namen von um die Kolonialgeschichte verdienten Männern erhalten [...]" (StadtA A Nr. 2701). Auch in der „Zusammenfassung der Beigeordnetensitzung vom 17.11.1939 zur Straßennamensgebung in Braunschweig" ist vom „Kolonial-viertel-Wabenkamp" die Rede.

die Kolonialbewegung nachgewiesen werden.[179] Koloniale Clusterbenennung ist hinsichtlich der damit intendierten zeitgenössischen Kommemorationen als „ein probates Mittel im kolonialen und postkolonialen Diskurs" (Stolz und Warnke 2015: 111) zu beschreiben: „Sie ist effektives Werkzeug der Administration zur Sichtbarmachung kolonialzeitlicher und/oder kolonialzeitbezogener Machtverhältnisse [...]" (Ebert 2018: 112). Die gebündelte Fixierung kolonialer Kommemoration im öffentlichen Raum stellt diesen als eindeutigen Ort symbolischer Raumaneignung heraus, ihm ist eine eindeutig deklarative Funktion zuzusprechen (vgl. Busse und Warnke 2014: 527).

Mithilfe der drei strukturellen Prototypen an Kolonialclustern sollten in ortsübergreifend-nationaler Perspektive folgende kolonisatorische Gewissheiten in den öffentlichen (Alltags-)Raum fixiert werden:
- Typ 1: Ehrung und/oder Würdigung der kolonisierten Räume
- Typ 2: Ehrung und/oder Würdigung der Kolonialakteure
- Typ 3: Ehrung und/oder Würdigung der kolonisierten Räume, der Kolonialakteure und ggf. Weiteres

Für die jeweiligen Typen konnten eindeutige Distributionen festgestellt werden: Die gebündelte Kommemoration der in der Kaiserzeit kolonisierten Räume (Typ 1) beschränkt sich auf wenige städtische Viertel. Mit jeweils 30 bzw. 24 Cluster stellen Kolonialviertel des zweiten und dritten Typs das ortsübergreifend-nationale Muster kolonialer Fixierungspraktiken dar, mit denen die (diskursiv-) funktionalen Parameter Personalität (Typ 2) bzw. Personalität, Lokalität und ggf. Weiteres (Typ 3) im (Alltags-)Raum der deutschen Gesellschaft versprachlicht werden sollten. Die ortsbezogenen Cluster mit ausschließlicher Kommemoration der kolonisierten Gebiete (Typ 1) sind als ein Phänomen nach der de facto-Kolonialzeit zu beschreiben: Die Namenvergaben finden allesamt erst nach der faktischen Kolonialzeit statt. Sie werden entweder zeitgleich in der Zwischenkriegszeit (Hamburg-Kleiner Grasbrook), in nationalsozialistischer Zeit (Gelsenkirchen-Hüllen und Bismarck, Hamburg-Ottensen, Hamburg-Rahlstedt, Stettin [Szczecin]-Braunsfelde) oder in diachronen Staffelungen in den 1920er und 1930er Jahren (Bremen-Oslebshausen) verfügt. Die ortsübergreifend-

---

179 So schlug der Chemnitzer Kreisverband (27.8.1936) bspw. die Tilgung der SN-Token *Rosenstraße* und *Rosenplatz* von zwei sich kreuzenden Straßenzügen am Chemnitzer Südbahnhof (vgl. Stadtplan Chemnitz 1920) zur Verfügung der kolonial motivierten Benennungen *Tangaplatz* und *Lettow-Vorbeck-Straße* vor. Jenes vorgeschlagene Kleincluster sollte, auch wenn es nicht zur administrativen Namenvergabe kam, offenbar die aus zeitgenössischer Sicht heldenhafte Verteidigung der gleichnamigen Stadt und dessen militärischen Anführer gegen alliierte Truppen im Ersten Weltkrieg ehren und/oder würdigen.

nationale Ehrung und/oder Würdigung von Kolonialakteuren durch entsprechend gebündelte deanthroponymische Benennungen (Typ 2) in einer vergleichbaren Anzahl an Groß- und Mittelstädten findet maßgeblich in nationalsozialistischer Zeit statt: Ausschließlich die zeitgleich in Bremen-Waller Vorstadt und Bochum-Ehrenfeld verfügten deanthroponymischen Benennungen sind noch in die Kaiserzeit bzw. in die unmittelbare Nachkriegszeit zu verorten. Alle weiteren Clusterverfügungen erfolgten im Nationalsozialismus. Auch die überdurchschnittlich groß angelegten Cluster dritten Typs, deren Benennungen kolonisierte Räume, Kolonialakteure und ggf. Weiteres (Typ 3) ehren und/oder würdigen sollten, wurden maßgeblich nach 1933 verfügt. Obgleich also auch der dritte Clustertyp als ein ortsübergreifend-nationales Phänomen des Nationalsozialismus beschrieben werden kann, ist zumindest eine nennenswerte Anzahl an Namenverfügungen für den Zeitraum der faktischen Kolonialepoche herauszustellen. Die Clusterverfügungen in Berlin-Dahlem und Köln-Ehrenfeld erfolgten noch vor Beginn des Ersten Weltkriegs. Auch für die in diachronen Staffelungen verfügten Kolonialcluster in Vierteln neu aufzuschließender Peripheriebereiche der Großstädte Berlin, Leipzig und Dresden sind bereits bis 1919 drei und mehr als drei detoponymische und/oder deanthroponymische Namen zu konstatieren, die in den 1920er und/oder 1930er Jahren durch weitere kolonialzeitbezogene Namen für Straßenzüge in unmittelbarer Nähe erweitert wurden. Überhaupt beschränken sich Kolonialcluster des dritten Typs mit einer Vielzahl an Benennungen weitestgehend auf Großstädte, in denen neben usuellen Namenmustern auch singuläre Konstruktionen verfügt wurden, die als eine Art Auffüllmaße beschrieben wurden. Jene Auffüllmaße folgte je nach Ort unterschiedlichen Vorlieben. So ist bspw. für die in München-Trudering und Braunschweig-Querum verfügten Großcluster festzustellen, dass neben usuellen Namenmustern singuläre deanthropoynymische Benennungen **mit**verfügt wurden, die weitere Kolonialakteure mit spezifisch lokalen Bezügen ehren und/oder würdigen sollten. Auch einzelne dehydronymische und deoronymische Konstruktionen konnten innerhalb solcher Großcluster herausgestellt werden. Zusammenfassend kann festgehalten werden, dass die für das Gesamtinventar herausgestellten singulären Modifikator-Konstruktionen für diejenigen Kolonialviertel festzustellen sind, die – Selbiges konnte in Einzelfällen bereits für Cluster des ersten und zweiten Typs aufgezeigt werden – eine überdurchschnittliche Anzahl an SN-Token aufweisen. Die innerhalb von Kolonialclustern **mit**verfügten Einzelphänomene können damit erklärt werden, dass innerhalb solcher aufzuschließender Viertel der städtischen Peripheriebereiche eine offenbar große Anzahl an Straßenzügen angelegt wurden; dementsprechend hoch war auch der Benennungsbedarf an Namen, der hinsichtlich der Motiviken möglichst kohärent ausfallen sollte.

Neben der Rekonstruktion der mit solchen Fixierungspraktiken versprachlichten Gewissheiten von Seiten der Namengeber ist auch von einer Rezeption kolonialer Benennungen von Seiten der Bewohnerinnen und Bewohner, allein schon durch deren Orientierungsfunktion, auszugehen: „So wirken sie mit bei der Ausformung von Makro- und Mikrobereichen und dienen im urbanen Großraum nicht zuletzt als Leit- und Orientierungssysteme" (Werner 2008: 68). Es ist zu vermuten, dass sich die als Großcluster verfügten usuellen Straßennamenvergaben durch die Produktion eben solcher Muster in die unmittelbare Raumdeskription auf die Rezeption jener administrativ intendierten kolonialen Kommemorationen durch die Bewohnerinnen und Bewohner ausgewirkt haben – vorausgesetzt, dass der Aspekt der Kommemoration aus sprachhistorischer Perspektive verstanden wurde. Dass sich neben der erleichterten Memorierbarkeit der Namen zu Gunsten der Nutzerinnen und Nutzer (vgl. Heuser 2008: 602) auch die kommemorativen Aspekte durch kolonial motivierte Straßenvergaben innerhalb von themenkohärenten Clustern weiter stabilisieren ließen, ist anzunehmen. Das ist zumindest die Hoffnung derjenigen kolonialen Interessensgruppen, die derartige Benennungsformen zwischen 1884 und 1945 fordern.

Für den ortsbezogenen Fall des in nationalsozialistischer Zeit angelegten kolonialen Großclusters in Magdeburg-Neustädter Feld ist festzustellen, dass die Wahrnehmung der von Seiten der lokalen Administration damit intendierten kommemorativen Funktionen mit weiteren visuellen Formen in der öffentlichen Raumdeskription vorangetrieben werden sollte. Regelungen im Nationalsozialismus zur Beschriftung der Straßennamenschilder zur etwaigen Ausgestaltung der Schilder ließen wenig bis kaum Spielraum zu (vgl. Runderlaß des Reichsministers des Innern und des Preußischen Ministers des Innern 01.11.1934). Die in Roeder (1995: 61, Abb. 50) abgedruckten zeitgenössischen Fotografien aus dem Jahresbericht des Vereins für Kleinwohnungswesen (1938) zeigen, dass die koloniale Kommemoration der jeweiligen Benennungen stattdessen in anderer Form in der unmittelbar visuellen Raumdeskription fixiert wurde:

Abb. 29: *Lome-* und *Togoweg* in Magdeburg, Neustädter Feld (Milchweg).

Im historischen Jahresbericht wurde an gleicher Stelle zudem Folgendes vermerkt: „Die Straßen in der Kleinsiedlung am Milchweg sind nach unseren Kolonien benannt; dementsprechend wurde die **kunsthandwerkliche Ausbildung** [Fettdruck im Original] der Wegweiser ausgeführt." Die Straßenpfähle aus Holz weisen im oberen Bereich Schnitzarbeiten von Pflanzen und Tieren der kolonisierten Gebiete auf. Für die Benennungen *Lome-* und *Togoweg* sind auf den Fotografien bspw. Schnitzereien von Palmen und eine Schlange zu erkennen. Hinweise auf eine etwaige ortsübergreifende Praxis solcher kunsthandwerklichen Ausgestaltungen von Schildern kolonialer Straßennamen liegen nicht vor.[180] Es konnten keine Hinweise für eine etwaige ortsübergreifende Praxis gefunden werden, in der solche kunsthandwerklichen Ausgestaltungen der kolonial motivierten Benennungen Erwähnung fanden. Daher kann nur vermutet werden, dass es sich bei den für die kolonialen Namenvergabepraktiken in Magdeburg-Neustädter Feld zu konstatierenden Schnitzarbeiten um singuläre Phänomene handelte.

---

[180] Man vgl. dazu das Bildarchiv des Deutschen Dokumentationszentrums für Kunstgeschichte (https://www.bildindex.de/, Abruf am 28/06/2019), in dem unter anderem auch historische Fotografien von Straßenschildern zu finden sind. Die Aufnahmen von kolonial motivierten Straßenbenennungen stammen weitestgehend aus der Zeit nach 1945. Für sie sind keine derartigen kunsthandwerklichen Verzierungen festzustellen.

8.2.2.4 Clusterbezogene Georeferenzierungen

Dass der Einbezug georeferenzierender Perspektiven der jeweiligen Namenverfügungen durch die Berücksichtigung raumlinguistischer Musterhaftigkeiten weitere Einsichten der mit kolonialen Clustervergabepraktiken versprachlichten Gewissheiten gewähren, wurde in Ebert (2018: 110) am Beispiel der als Großcluster verfügten Namen im Leipziger Stadtteil Anger-Crottendorf dargelegt: Alle vier als Kolonialcluster des dritten Typs (Tab. 33) verfügten Benennungen *Lüderitzstraße*, *Swakopmunder Straße*, *Waterbergstraße* und *Windhuker Straße* referieren in räumlicher Hinsicht direkt bzw. indirekt auf die Kolonie Deutsch-Südwestafrika, die aus Sicht der deutschen Kolonialverwaltung noch bis zum Beginn des Ersten Weltkriegs als die einzig unbestrittene Siedlungskolonie galt (Kap. 7.3.2.2 b) Mit den zwei deoikonymischen und dem (mit praxonymischen Anteilen) verfügten detoponymischen Namen sollten die Verwaltungs- und Handelszentren *Swakopmund* und *Windhuk* und der aus Sicht der deutschen Kolonisatoren erfolgreiche Kolonialkrieg gegen die indigenen Bevölkerungsgruppen der Herero und Nama am *Waterberg* kommemoriert werden. Auch für die deanthroponymische Benennung kann insofern eine indirekte räumliche Bezugnahme auf Deutsch-Südwestafrika festgestellt werden, als dass Adolf Lüderitz an der Inbesitznahme dieser ersten Kolonie maßgeblich beteiligt war.[181] Für den Teilbestand detoponymischer Benennungen wurde eine maßgebliche Georeferenzierung von Deutsch-Südwestafrika herausgestellt (Diagramm 3), die aufgrund ihres zeitgenössischen Charakters als einzige Siedlungskolonie begründet werden konnte. In einer clusterbezogenen Perspektive stellt die alleinige (direkte und indirekte) Kommemoration Deutsch-Südwestafrikas durch entsprechende gebündelte Namenvergabepraktiken allerdings kein ortsübergreifendes Muster dar. Es sind keine weiteren Kolonialcluster festzustellen, deren Benennungen sich – wie im Leipziger Fall – ausschließlich auf Orte (Typ 1) oder Orte, Personen und ggf. Weiteres (Typ 3) der deutschen Kolonialgeschichte in Deutsch-Südwestafrika beziehen. Nur zwei weitere Cluster des dritten Typs referieren direkt und indirekt auf einen bestimmten kolonisierten Raum: Die sich hinsichtlich ihrer Modifikator-Konstruktionen *Taku*, *Lans* und *Iltis* überschneidenden Clusterverfügungen in Berlin-Dahlem und Köln-Ehrenfeld dienten der Kommemoration der deutschen Beteiligung an der zeitgenössisch als Boxeraufstand titulierten Ostasiatischen Expedition (vgl. Schnee 1920 II: 689)

---

[181] In diesem Zusammenhang ist auch auf die von Rohlfs verfasste Schrift „Angra Pequena. Die erste deutsche Kolonie in Afrika" (ca. 1885) zu verweisen: Die Publikation verzeichnet nicht nur ein „Bildnis Lüderitz's" auf dem Titelblatt, sondern enthält maßgebliche biographische Anteile seiner Tätigkeiten in Südwestafrika. Teil der DSDK.

um die Jahrhundertwende.[182] Für die beiden Fälle ist damit keine unmittelbare Georeferenzierung auf die Kolonie Kiautschou, wohl aber auf den ostasiatischen Raum zu konstatieren. Für alle weiteren verfügten kolonialen Namenviertel ersten und dritten Typs sind keine räumlichen Bezugnahmen auf nur eine Kolonie festzustellen. Stattdessen ist koloniale Clusterbenennung, deren Namen sich direkt und indirekt auf den kolonisierten Raum in zwei und mehr Kolonialgebieten des Deutschen Reichs beziehen sollten, als ortsübergreifendes Muster erfassbar und hinsichtlich seiner clusterbezogenen kommemorativen Georeferenzierung als weitgehend unspezifisch zu beschreiben. In diskursfunktionaler Perspektive sollten mit gebündelten kolonial motivierten Namenvergaben nicht die Geschichte einer bestimmen Kolonie versprachlicht werden; vielmehr sollten narrative Muster dieser nur etwa 30 Jahre andauernden Kolonialepoche in den öffentlichen (Alltags-)Raum des Deutschen Reichs fixiert werden, die nicht von spezifischem Wissen über die Geschichte der einzelnen Kolonien abhängig gemacht wurde.

Für über die Hälfte der Kolonialviertel ersten und dritten Typs sind, wenngleich sich die entsprechenden clusterbezogenen Namen auf zwei oder mehrere Kolonien beziehen, dennoch raumbezogene Präferenzen festzustellen: Die sich entweder auf die kolonisierten Gebiete (Typ 1) oder auf die kolonisierten Gebiete, die beteiligten Kolonialakteure und ggf. Weiteres (Typ 3) beziehenden gebündelten Namenvergabepraktiken von 16 Clustern nehmen Kommemorationen der deutschen Kolonialzeit in Afrika vor. Sie wurden im öffentlichen Raum folgender Städte bzw. städtischen Viertel verfügt:

Bremen-Oslebshausen, Dresden-Räcknitz/Zschertnitz, Duisburg-Huckingen-Buchholz, Forst (Lausitz)-Süd (westlicher Teil), Gelsenkirchen-Hüllen und Bismarck, Gleiwitz [Gliwice]-Ratiborer Vorstadt, Hamburg-Kleiner Grasbrook, Hamburg-Ottensen, Hamburg-Rahlstedt, Hannover-Badenstedt, Kassel-Forstfeld, Köln-Nippes, Magdeburg-Neustädter Feld, Merseburg-Freiimfelde, Oranienburg-(heutiges) Ärzteviertel, Stettin [Szczecin]-Braunsfelde.

Neben den sechs ausschließlich mit toponymischen Modifikator-Konstruktionen verfügten Kolonialcluster in Bremen, Gelsenkirchen, Hamburg und Stettin [Szczecin] ist eine räumliche Bezugnahme auf die deutsche Kolonialepoche

---

182 Man vgl. dazu auch Bechhaus-Gerst (2013: 238): „Das „Chinesenviertel" mit Takuplatz, Lans- und Iltisstraße, erhielt 1902 und 1914 seine Straßennamen. [...] Die drei Straßen bilden ein Ensemble, das an die deutsche Kolonialaggression in China erinnert. [...] Zu den Angreifern gehörte das deutsche Kanonenboot „Iltis" unter Führung von Kapitän Wilhelm Lans. Der Angriff markiert den Beginn eines blutigen Kolonialkriegs, der in Deutschland als „Niederschlagung des Boxeraufstands" erinnert wird".

in Afrika mittels gebündelter Namenvergabepraktiken für weitere zehn Cluster des dritten Typs als ein ortsübergreifendes Muster herauszustellen. So beschränkt sich bspw. auch das in Duisburg-Huckingen-Buchholz verfügte Kolonialviertel in nationalsozialistischer Zeit auf die Ehrung und/oder Würdigung der deutschen Kolonialepoche auf dem afrikanischen Kontinent. Im Stadtplan von 1942 sind für das Neubauviertel erst fünf der zehn SN-Token verzeichnet.

Abb. 30: Stadtplan Duisburg (1942), Ausschnitt Huckingen-Buchholz.

Wie im Leipziger Fall ist bis 1942 ein Cluster zu konstatieren, dessen SN-Token sich auf ausgebaute administrative und/oder wirtschaftlichen Zentren in Deutsch-Südwestafrika (*Otawistraße, Swakopmunder Str., Windhuker Str.*), auf den Ort des von Seiten der Kolonialmacht unterdrückten Aufstandes der indigenen Bevölkerung (*Waterbergstr.*) sowie auf Adolf Lüderitz als maßgeblich an der Gründung der Kolonie beteiligten Kolonialakteur (*Lüderitz Allee*) beziehen sollte. Erst 1944 wurden die weiteren Benennungen *Waterbergpfad, Swakopmunder Pfad* und *Windhuker Pfad* sowie *Kameruner Straße* und *Kameruner Pfad* für neu errichtete schmale Straßenzüge verfügt (vgl. Mitteilung im Amtsblatt der Stadt Duisburg 19.9.1944, 27.9.1944). Sie führten zu Behelfsbauten für Einwohnerinnen und Einwohner, die durch kriegsbedingte Luftangriffe ihre Wohnungen verloren hatten.

Das Duisburger Beispiel zeigt, dass erst aufgrund der zeitgenössischen Kriegsumstände eine Clustererweiterung in jüngerer Zeit erfolgte, mit der das ursprüngliche sich auf Orte, Ereignisse und Kolonialakteure in Deutsch-Südwestafrika bezogene Namenviertel sodann auch auf Kamerun als weitere Kolonie in Afrika referieren sollte. Im Ergebnis wurden bis 1945 kolonialzeitbezogene Wissenskonzepte der deutschen Kolonialgeschichte in Afrika im öffentlichen (Alltags-)Raum fixiert – eine ursprünglich kommemorativ-raumbezogene Präferenz für Deutsch-Südwestafrika ist für diesen ortsbezogenen Fall dennoch herauszustellen.

Alle innerhalb von Kolonialclustern ersten und zweiten Typs gebündelten Namenvergaben, für die kommemorative Georeferenzierungen auf den kolonisierten Raum in Afrika festzustellen sind, wurden in der Zeit nach der faktischen Kolonialepoche, insbesondere nach der nationalsozialistischen Machtübernahme, verfügt. Dieser Befund ist damit zu erklären, dass sich die kolonialagitatorische Propaganda nach 1919/20 ausschließlich auf Afrika konzentrierte, „nachdem die früheren deutschen Kolonien in der Südsee und in China (Kiautschou) bereits in der Weimarer Zeit aus dem Rückgabekatalog verschwunden waren" (Gründer 1999: 333). Auch der Kolonialrevisionismus im Nationalsozialismus, vorrangig vertreten durch Propagandaarbeit des RKB, konzentriert sich maßgeblich auf Afrika. Dies wird unter anderem an dem seit 1933 genutzten populären Motiv, das unter anderem vom RKB als Werbemaßnahme zur Mitgliedergewinnung genutzt wurde, deutlich: Der mit Verbzweitstellung als Aufforderung zu verstehende Ausrufesatz „Auch hier liegt deutsches Land!" und dem Untertitel „Werde Mitglied im Reichskolonialbund" (vgl. Schöfert 2012: 100–101, 191) ziert ein Motiv, das ausschließlich den afrikanischen Kontinent (mit farblicher Markierung der Kolonialgebiete zur Kaiserzeit) abbildet. Dies zeigt die von Seiten des RKB behauptete Zugehörigkeit der ehemaligen Kolonien Afrikas zur deutschen Metropole, die 1919 an die Mandatsträger des Völkerbundes übergingen. Das in zeitgenössischen Quellen als „Mittelafrika" (Linne 2008: 7) bezeichnete Kolonialprojekt

> sollte [...] nicht nur Kamerun, den französischen Kongo und Deutsch-Ostafrika zusammenschließen, sondern durch eine Vereinbarung über Belgisch-Angola auch Deutsch-Südwestafrika mit diesem deutschen mittelafrikanischen Großreich verbinden. Vorstellungen von einem im mittleren Afrika zu schaffenden kolonialen Großreich als einem ‚deutschen Indien' in Afrika waren bereits bei der vorkolonialen Propaganda aufgetaucht. (Gründer 1999: 179)

Mit der massiven nationalsozialistischen Propagierung eines solchen mittelafrikanischen Kolonialreichs schloss man an argumentative Muster im vorkolonialen Deutschland an (vgl. Zantop 1999). Damit ist auch die ortsübergreifend-nationale Vergabepraxis kolonialzeitbezogener Clusterverfügung nachzuvollziehen, deren Namen direkt und indirekt auf Orte, Ereignisse, Akteure und ggf. Weiteres der afrikanischen Kolonien referieren sollten.

8.3 Exkurs: Kolonialcluster in Lodz bzw. Litzmannstadt (Łódź), Pabianitz [Pabianice] und Königshütte [Chorzów] – fragliche Fälle?

Koloniale Cluster für Städte der am Ende der 1930er Jahre erfolgten Annexionen sind auf drei singuläre Orte der ehemals polnischen Gebiete beschränkt: Nur für die Städte Lodz bzw. Litzmannstadt [Łódź] und Pabianitz [Pabianice] im von Seiten des Deutschen Reichs eingerichteten Gau Wartheland sowie für Königshütte [Chorzów] in (Ost-)oberschlesien konnten gebündelte Benennungen als groß angelegte Kolonialcluster erhoben werden. Für jene drei koloniale Namenviertel, deren SN-Token in zeitgenössischen Stadtplänen und Adressbüchern zusammengetragen werden konnten, soll diskutiert werden, inwieweit mit den jeweiligen Konstruktionen vergleichbare bzw. anders gelagerte koloniale Gewissheiten versprachlicht werden sollten.

Mit dem Überfall auf Polen wurden die betreffenden drei Städte von nationalsozialistischer Seite besetzt und dem Deutschen Reich gewaltsam eingegliedert. Ziel der NS-Politik gegenüber Polen war unter anderem eine „Entnationalisierung – die Vernichtung eines politischen und kulturellen Eigenlebens [...]" (Harten 1996: 86). Aus historischen Quellen wird ersichtlich, dass es der nationalsozialistischen Stadtverwaltung vor Ort darum ging, die Vorherrschaft des nationalsozialistischen Deutschen Reichs im öffentlichen Raum mittels der Sprachenwahl sichtbar zu machen. Dieser Prozess ging mit einer aggressiven Marginalisierung des Polnischen einher. Dass sich die NS-Politik dabei auch massiv der Straßennamen bemächtigte, wird in folgendem Auszug aus dem von Seiten des NSDAP-Oberbürgermeisters in Auftrag gegebenen Stadtbuchs für Königshütte ersichtlich:

> Eine der wichtigsten Aufgaben der Stadtverwaltung war es, die früher so deutsche Stadt, die in der Polenzeit sehr stark entnationalisiert worden war, wieder zum Deutschtum zurückzuführen. Das konnte zunächst nur in äusserlicher Beziehung geschehen. So wurde die deutsche Sprache als einzige Amtssprache sofort eingeführt. In einer „Anordnung betreffend Strassenbenennung" forderte der Oberbürgermeister am 12. September die Bevölkerung auf, mit der Umbenennung der Strassen gleichzeitig auch alle polnischen Inschriften an den Häusern und Läden soweit möglich, baldigst durch deutsche zu ersetzen [...]. Zunächst sind 15 Strassen umbenannt worden. Am 16. September folgten die anderen fast

300 Strassen nach. Die neuen Strassennamen hat Ratsherr Max Muschol in mühevoller Arbeit mit orts- und heimatkundigen Männern zusammengestellt. (Schmidt 1941: 176)

Auch in den polnischen Gebieten, die als „Reichsgau Wartheland" dem Deutschen Reich angeschlossen wurden, fanden Umbenennungen von polnischen Stadt- und Landkreisnamen sowie von Straßennamen in den Städten statt, bei denen es sich zum Großteil nicht um reine Übersetzungen handelte (vgl. Urban 2006: 52).

Ziel der nationalsozialistischen Besatzer war nicht allein die Schaffung eines von Deutschen bewohnten Landstriches, sondern die ‚Eindeutschung' des gesamten Raumes: In einem halben Dutzend Erlassen ordnete der Reichsinnenminister in Zusammenarbeit mit den Verwaltungsbehörden des Reichsgaus die Umbenennung von Städten und Landkreisen an, von denen die Namensänderung von „Lodz" in „Litzmannstadt" sicherlich die bekannteste ist. (Lemmen 2014)

In Lodz bzw. Litzmannstadt [Łódź] sollte „ein deutscher Stadtkern geschaffen [werden], in dem Volksdeutsche und Baltendeutsche angesiedelt werden" (OB Schiffer 1940, zit. nach Teunissen 2016). Die polnischsprachigen Namen, die noch ein Jahr vor der Annexion anhand des Lodzer Stadtplans (Górski ca. 1938) für das südliche Stadtviertel Chojny nachvollzogen werden können, tauchen allesamt, auch in den jeweiligen Peripheriebereichen, im „Plan von Litzmannstadt" (Thiem 1942) nicht mehr auf. Auch die betreffenden am Anfang der 1940er Jahre in Auftrag gegebenen Stadtpläne von Königshütte [Chorzów] (1941) und Pabianitz [Pabianice] (1943) weisen sowohl für die Stadtkerne als auch für die jeweiligen Viertel in der städtischen Peripherie ausschließlich deutschsprachige Straßenbenennungen auf. Dass bei derartigen Umbenennungsprozessen auch kolonialzeitbezogene Namenvergaben als groß angelegte Cluster Verwendung fanden, zeigt, dass das koloniale Narrativ offenbar aus zeitgenössischer Sicht als ein Teil des propagierten „Deutschtum[s]" (Schmidt 1941: 176) angesehen wurde: Für die betreffenden drei Städte sind eine Vielzahl an Namen zu verzeichnen, die usuell entsprechend der Namenvergabepraktiken in die Groß- und Mittelstädte des Deutschen Reichs als Cluster in die Viertel der jeweiligen städtischen Peripheriebereiche verfügt wurden.

Für Pabianitz [Pabianice] können acht koloniale SN-Token konstatiert werden. Die SN-Token *Kamerun-, Lüderitz-, Samoa-, Togo-, Nachtigal-* und *Wissmannstraße* sowie *Karl-Peters-* und *Lettow-Vorbeck-Straße* stellen allesamt Umbenennungen für Parallelstraßen am südlichen Stadtrand dar:

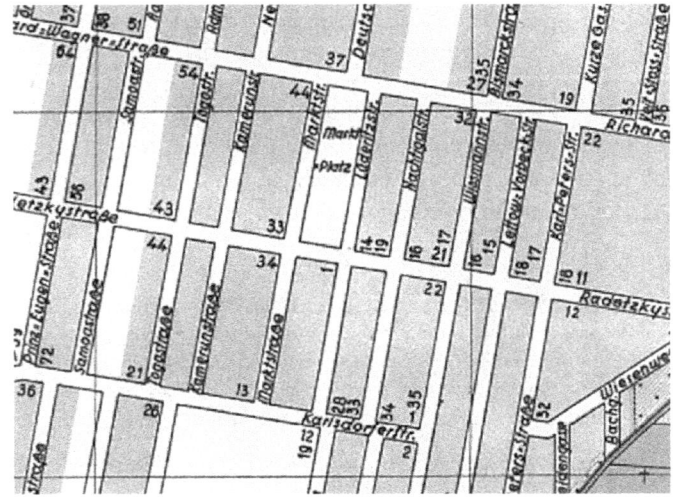

Abb. 31: Stadtplan Pabianitz [Pabianice] (1943), Ausschnitt südlicher Stadtrand.

Die jeweiligen deanthroponymischen und detoponymischen Konstruktionen stimmen mit den für das erstellte Gesamtinventar aufgezeigten hochfrequenten MOD-Types überein. Im Ergebnis kann für Pabianitz [Pabianice] eine koloniale Clusterverfügung dritten Typs konstatiert werden, deren gebündelte Benennungen in kommemorativer Intention auf Orte und Kolonialakteure der Kolonialzeit referieren sollten. Das Kolonialcluster in Pabianitz [Pabianice] entspricht hinsichtlich der großen Anzahl an Benennungen, der jeweiligen Konstruktionen und der damit intendierten unspezifischen Georeferenzierung dem Usus kolonialzeitbezogener Namenvergabepraktiken in der Zeit des Nationalsozialismus. Auffällig ist dagegen die Verortung des kolonialen Namenviertels: Während Kolonialcluster in Groß- und Mittelstädten vorrangig in Neubaugebiete der städtischen Peripheriebereiche verfügt wurden, sind die betreffenden kolonialzeitbezogenen Straßennamen im Stadtplan von 1943 für Straßenzüge in unmittelbarer Nähe des *Markt-Platz[es]* festzustellen. Die Frage, ob tatsächlich ein solcher Marktplatz bereits in polnischer Zeit existierte oder erst im Zuge der Annexion von nationalsozialistischer Seite angelegt oder sogar ausschließlich für den betreffenden Stadtplan konstruiert wurde, muss angesichts der derzeitigen Quellenlage offen bleiben.

Dass die deutschsprachigen Namen nicht nur im betreffenden Stadtplan, sondern auch in zeitgenössischen Alltagstexten festzustellen sind und seit dem Zeitpunkt ihrer Verfügung im Raum selbst sicht- und lesbar waren, zeigt der Eintrag in der Litzmannstädter Zeitung vom 6.12.1942, in dem der Oberbürgermeister die „Anmeldung zum Bezug von Gemüsekonserven" mitteilt: „Wer tiefgefrorenes Obst und Gemüse zu beziehen wünscht, hat sich in nachfolgenden Geschäften einzutragen":

Alfons Schwinger, Adolf-Hitler-Str. 3,
Eugen Zielke, Adolf-Hitler-Str. 152,
Adolf Druse, Adolf-Hitler-Str. 93,
M. Berthold, Adolf-Hitler-Str. 196,
Arno Steidel, Adolf-Hitler-Str. 64,
Gebr. Ignatowitsch, Adolf-Hitler-Str. 96,
Ida Frentzel, Adolf-Hitler-Str. 136,
Martha Frantz, Breslauer Str. 210,
Erich Ambrust, Adolf-Hitler-Str. 33,
Bruno Hiller, Adolf-Hitler-Str. 225,
Adolf Arndt, Adolf-Hitler-Str. 255,
F. Nierengarten, Meisterhausstr. 32,
Paul Müller, Moltkestr. 199,
Eduard Tomrop, Schlagetersstr. 126,

Oskar Steigert, Mark-Meißen-Str. 39,
G. Hohenstein, Meisterhausstr. 91,
M. Wagnitz, Friedrich-Goßler-Str. 23,
Karl Becker, Buschlinie 143,
J. Besteck, Spinnlinie 228,
Emma Zielke, Gartenstr. 89,
Elfriede Rosin, Heerstr. 59,
Emma Maib, Fridericusstr. 91,
Hähne & Klinger, Danziger Str. 9,
Hilde Huber, vorm. E. Eckert,
    Horst-Wessel-Str.
Katharina Georges, Adolf-Hitler-Str. 3
Gustav Pohl, Horst-Wessel-Str. 96,
L. Bischoff, Robert-Koch-Str. 20.

Abb. 32: Litzmannstädter Zeitung (6.12.1942).

Auch die jeweiligen deutschsprachigen kolonialen Umbenennungen wurden offenbar durch entsprechende Beschilderung in der unmittelbaren Raumdeskription verfügt: In der Litzmannstädter Zeitung vom 22.03.1942 wird berichtet, dass die Bewohnerin Emma Hübscher folgenden Verlust zu verzeichnen hat: „VERLOREN (Majuskeln im Original) [...] Dritte Reichskleiderkarte [...] der Emma Hübscher, Pabianice, Lüderitzstraße 38, verloren.".

Die für Königshütte [Chorzów] erhobenen kolonialzeitbezogenen SN-Token *Kamerunstr.*, *Kolonialstr.*, *Lettow-Vorbeck-Str.* und *Lüderitzstr.* sind für das Viertel *Bismarck* am südlichen Stadtrand festzustellen:

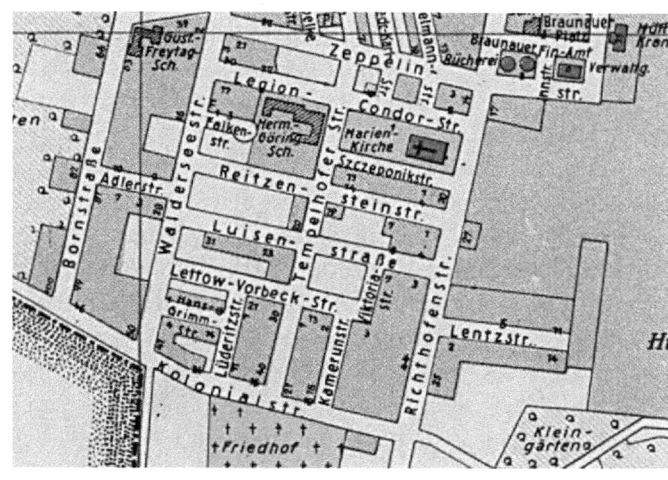

Abb. 33: Königshütte [Chorzów] (1941), Ausschnitt Bismarck.

Obwohl alle Namen für aneinandergrenzende Quer- und Parallelstraßen festzustellen sind, ist eine genaue Abgrenzung explizit kolonialer Kommemoration gegenüber weiteren kommemorativen Namenverfügungen in nächster Nähe nur in Ansätzen möglich. So bleibt bspw. die Frage ungeklärt, inwieweit das SN-Token *Walderseestraße* in nachweislich kolonialer Intention verfügt wurde oder sich das SN-Token wie die Benennung der *Richthofenstr.* im Osten für einen Straßenzug gleicher Länge auf Generäle des Ersten Weltkriegs beziehen sollten.

Zeitgenössische Adressbücher mit etwaigen Benennungsmotiviken sind nicht verfügbar. Auffällig ist darüber hinaus die Benennung *Hans-Grimm-Str.* für eine Straße, die parallel bzw. kreuzförmig zu den Straßenzügen der usuellen kolonialen Konstruktionen *Lüderitzstr.* und *Lettow-Vorbeck-Str.* verläuft. Inwieweit man dem Schriftsteller Hans Grimm eine Relevanz innerhalb des zeitgenössischen kolonialrevisionistischen Diskurses zusprechen wollte, kann, wenn überhaupt, nur mit seinem in der Zwischenkriegszeit publizierten Roman „Volk ohne Raum" (Grimm 1926) begründet werden.

> Die Ideologie war nicht eigentlich nationalsozialistisch, aber enthielt zahlreiche Elemente und Topoi des völkischen Blut-und-Boden-Denkens. Vor allem lieferte der Titel *Volk ohne Raum* [kursiv im Original] der nationalsozialistischen Agitation ein wirkungsvolles Sichtwort, das fortan [...] für Überbevölkerungsängste, Versailles-Revisionismus und Ostraumexpansion genutzt werden konnte. (Speitkamp 2005a: 169)

Bezieht man auch weitere in Königshütte [Chorzów]-Bismarck verfügten deutschsprachigen Umbenennungen (bspw. *Richthofenstr., Zeppelin-str., Legion-Condor-Str.*) mit ein, liegt die Vermutung nahe, dass dort alle solche Namen Verwendung fanden, die sich aus zeitgenössischer Sicht auf erfolgreiche oder gewünscht erfolgreiche Expansion beziehen sollten. Die spezifisch **kolonialen** Namenmuster, die auf Orte der kolonisierten Gebiete und Kolonialakteure referieren, werden innerhalb dieses thematisch übergeordneten Clusters **mit**verfügt.

Dass die nationalsozialistischen Verwaltungsbehörden binnen weniger Wochen nach der Annexion der ehemals polnischen Gebiete den Straßennamenbestand ganzer Städte tilgten und mit deutschsprachigen Umbenennungen auffüllten, die zugleich das nationalsozialistische Narrativ des „Deutschtum[s]" (Schmidt 1941: 176) propagandistisch verdeutlichen sollten, führte in Lodz bzw. Litzmannstadt [Łódź] offenbar zu einer zeitgenössischen Benennungsnot. Die Umbenennung der Stadt erfolgte im April 1940, in deren Zusammenhang man auch den Namen der *Lodzer Zeitung* bzw. *Lodscher Zeitung* in *Litzmannstädter Zeitung* änderte. Die Umbenennung wurde auf der Titelseite von Seiten des Gauleiters und Reichsstatthalters A. Greiser folgendermaßen bekanntgegeben:

Befehl des Führers: Lodsch heißt jetzt Litzmannstadt. Telegramm des Gauleiters und Reichsstatthalters an den Führer. [...] Mein Führer! Ich melde mich Ihnen in Ausführung Ihres Befehles, daß ich soeben in Ihrem Auftrage, der von deutschen Handwerkspionieren gegründeten und von deutschen Arbeitern und Kaufleuten besiedelten großen Industriestadt Lodsch den Namen Litzmannstadt gegeben habe. [...] Wir gedenken in Dankbarkeit und Ehrfurcht hierbei der entscheidenden Waffentat eines Ihrer treuesten Gefolgsmänner von dieser Stadt, des Generals Litzmann. (Litzmannstädter Zeitung 12.04.1940)

Offenbar gingen die deutschsprachigen Straßennamen für Lodz bzw. Litzmannstadt [Łódź] in einem noch stärkeren Ausmaß mit dem nationalsozialistischen Ziel der „De-Kulturation und Germanisierung" (Harten 1996) Polens einher: Allein im vorherigen Zitat wird das *Deutsche* zwei Mal als historische Legitimation (*von deutschen Handwerkspionieren gegründet[en]*, „*von deutschen Arbeitern und Kaufleuten besiedelt*[en]) für deren Annexion und Namensänderung erwähnt.

Vermutlich herrschte, wenn eine Stadt in kürzester Zeit auf dem Reißbrett deutschsprachige Namen bekommen sollte, eine Art Benennungsnot vor. Auf dem Anfang der 1940er Jahre veröffentlichten Stadtplan (vgl. Thiem 1942) sind Imitationen themenkohärenter Namenmuster festzustellen, wie sie im Deutschen Reich schon im 19. Jahrhundert üblich waren. Innerhalb solcher Cluster können darüber hinaus Konstruktionen ausgemacht werden, die hinsichtlich ihrer Modifikatoren für keine andere deutsche Stadt festzustellen sind. So sind bspw. die Modifikator-Konstruktionen *Wunderlampe*, *Zinnsoldat*, *Goldelse* und *Entlein* eines mit vielen weiteren Namen angelegten themenkohärenten Namenviertels, das offenbar kommemorativen Bezug auf berühmte (vorrangig deutschsprachige) Märchen- und Romanliteratur nehmen sollte, heute nirgends festzustellen:

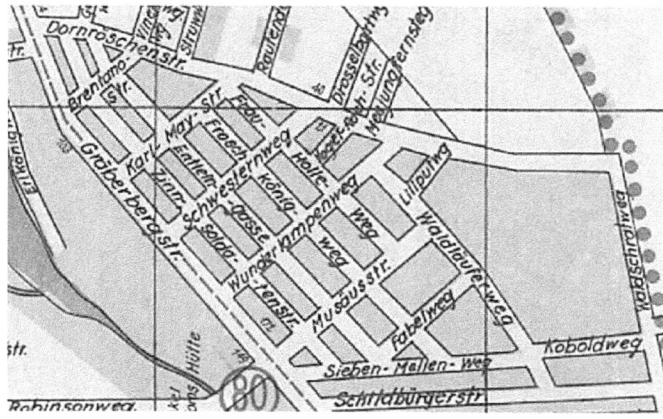

Abb. 34: Lodz bzw. Litzmannstadt [Łódź] (1942).

Die zeitgenössische Benennungsnot, die sich im Zuge der zügigen Vergabe deutschsprachiger Straßennamen für eine ganze Stadt ergab, ist auch anhand der kolonial intendierten Namenvergabepraktiken festzustellen, die für das Viertel Effinghausen abseits des Stadtkerns erhoben werden konnten: Die kolonialen Namenvergabepraktiken sind nicht nur aufgrund der über das übliche Maß hinausgehenden Anzahl an nahezu 30 SN-Token (Kap. 6.1) als Sonderfall herauszustellen, sondern auch bezüglich der jeweiligen Modifikator-Konstruktionen (Kap. 7.1.1).

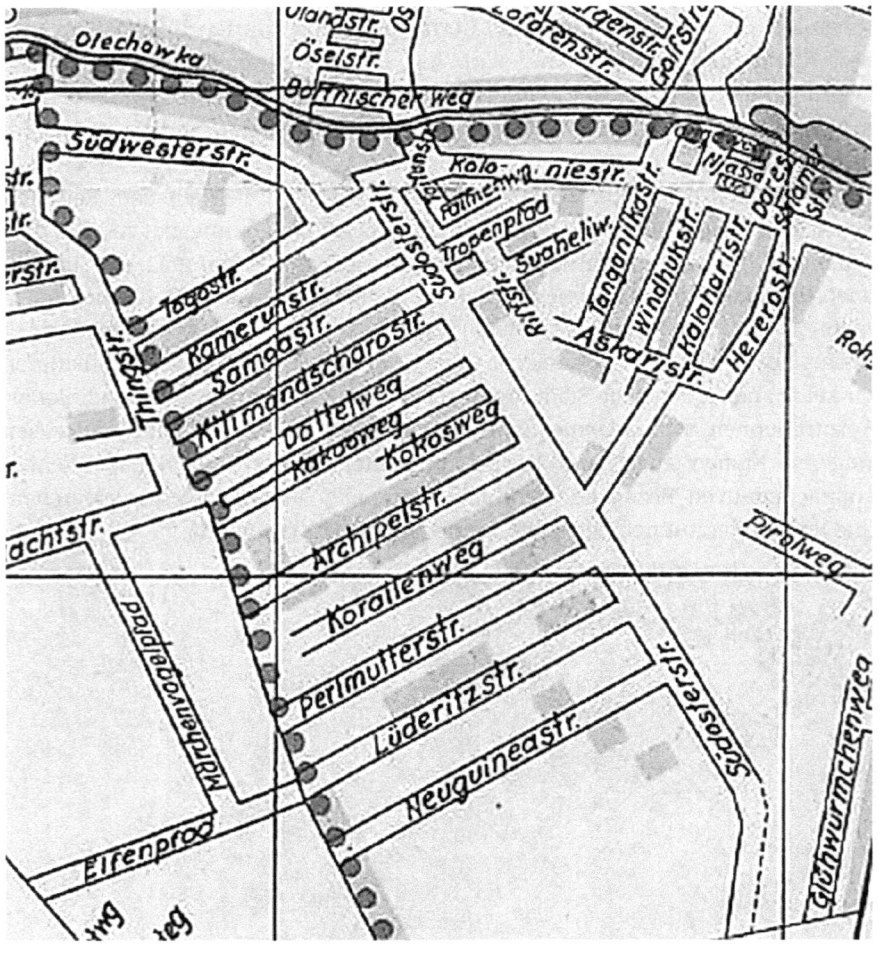

Abb. 35: Lodz bzw. Litzmannstadt [Łódź] (1942), Ausschnitt Effinghausen.

Alle Namen sind auch im ein Jahr zuvor herausgegebenen Straßenverzeichnis (vgl. Oberbürgermeister von Litzmannstadt & Statistisches Amt 1941) als Umbenennungsprodukte früherer polnischsprachiger Namen zu verzeichnen, für die erwartungsgemäß keinerlei Bezug zur deutschen Kolonialgeschichte aufzuweisen ist. Neben Konstruktionen mit usuellen MOD-Types (bspw. *Askaristr., Daressalamer Str., Kamerunstr., Lüderitzstr., Neuguineastr., Samoastr., Südwesterstr., Tangaweg, Togostr., Windhukstr.*), die bereits als ortsübergreifend-nationale Konstruktionsmuster dargelegt wurden, sind auch Benennungen festzustellen, deren hydronymische (*Njassastr., Tanganjikastr.*) und appellativische (*Herero, Suaheli*) Modifikatoren nur ortsbezogen für das Effinghausener Namenviertel erhoben werden konnten. Trotzdem sind die vier Modifikator-Konstruktionen im Koloniallexikon durch entsprechende Lemmata verzeichnet (vgl. Schnee II: 654–356, III: 455–457, II: 57–59, III: 432). Darüber hinaus weicht die große Zahl an Benennungen mit linksköpfigen appellativischen Modifikatoren (*Archipel, Dattelweg, Kakaoweg, Kokosweg, Korallenweg, Palmenweg, Perlmutterstr., Taifun, Tropfenpfad* u. dgl.) von den usuellen kolonialen Konstruktionsmustern ab.[183] Offenbar kam man mit den prototypischen Modifikatoren aufgrund der derart hohen Zahl an umzubenennenden polnischsprachigen Straßennamen in thematischer Kohärenz nicht aus, was zu weiteren Konstruktionen aus Assoziationsketten wie Kolonialprodukten bis hin zu Wirbelstürmen, die in den Raum der kolonisierten Gebiete zu verorten sind, führte. Solche Assoziationsketten führten bei Benennungen, die sich auf den kolonisierten Raum beziehen sollten, aber auch zu Fehlern (*Südosterstr.*). Die Einmaligkeit (und Kuriosität) an deutschsprachigen Straßennamen für die im Zuge des Polenfeldzugs annektierten Stadt Lodz bzw. Litzmannstadt [Łódź] ist damit auch hinsichtlich der damit versprachlichten Gewissheiten herauszustellen.

---

183 Eine bundesweite Suche ergibt, dass einige Konstruktionen auch im deutschsprachigen Raum ortsübergreifende Verwendung fanden, diese jedoch nicht innerhalb von Kolonialclustern verortet werden können: So ist in Riedenberg bei Stuttgart das SN-Token *Dattelweg* für einen Straßenzug zu konstatieren, der in unmittelbarer Nähe zu weiteren Straßen mit den Benennungen *Melonenstr., Mandarinenweg, Feigenweg* und *Olivenstr.* zu verorten ist. Auch für Nürnberg ist der Straßenname auffindbar, und zwar in Nachbarschaft zu Straßenzügen mit den SN-Token *Olivenweg, Zitronenweg, Kastanienweg* und *Zedernweg*.

9 Benennungsstatus

Zusammenfassung: Im Kapitel wird der Frage nach der historisch-synchronen Relevanz der Fixierung kolonialer Kommemorationen im öffentlichen Raum durch entsprechende Straßenvergabeprozesse nachgegangen. Dazu stellt sich die Frage, wie ortsübergreifende Neu- und Umbenennungsprozesse kolonial motivierter SN in den jeweiligen historischen Kontexten eingeordnet werden können. Dabei können Verteilungen aufgedeckt werden, die mit raumlinguistischen Formen, inventarbezogenen Strukturen und Benennungszeiträumen korrelieren. Für neu erschlossene (Arbeiter-)Siedlungen in den Peripheriebereichen ist ein Benennungsbedarf nachzuweisen, der sich auch in einem ortsübergreifenden Interesse der Verfügung von Kolonialclustern manifestiert. Unter Einbezug zeitgenössischer Quellen wird deutlich, dass sowohl kolonial motivierte Umbenennungsprodukte als auch Erstbenennungen maßgeblich auf lokalpolitische Initiierung zurückzuführen sind.

Straßennamen können im Fokus ihres Vergabeakts hinsichtlich ihres Benennungsstatus kategorisiert werden: Entweder werden sie als Erstbenennungen für neu angelegte Straßenzüge oder als Umbenennungen im Zuge der administrativen Tilgung älteren Namenmaterials in den öffentlichen (Alltags-)Raum eingeschrieben. In den onomastischen Einführungen werden neben der usuellen neuzeitlichen Vergabepraxis von gebündelten sekundären Neubenennungen in der Form von themenkohärenten Clustern auch ortsübergreifende Umbenennungswellen älteren Namenguts in gesellschaftspolitischen Umbruchsituationen herausgestellt. „Deutliche Brüche markieren den Übergang vom Kaiserreich zur Weimarer Republik (*Kaiser-Wilhelm-Ring* > *Bebelring* 1922 in Mainz) [und] der Zeit des Nationalsozialismus (*Forsterstraße* > *Horst-Wessel-Straße* 1933 in Mainz) [...]" (Nübling et al. 2015: 245). Derartige Umbenennungsprozesse sind unter anderem für die erste Hälfte des 20. Jahrhunderts zu verzeichnen und fallen damit in die Thematik der vorliegenden Arbeit, denn auch kolonial motivierte Straßennamen wurden als Umbenennungen verfügt. So hat Werner (2008: 21) anhand des für die Stadt Köln zusammengestellten Namenkorpus festgestellt, dass in der NS-Zeit 13 % aller bestehenden Straßennamen umbenannt wurden. Die nach 1933 in die Kölner Neustadt in nachweislich kolonialer Motivik verfügte Einzelbenennung *Lettow-Vorbeck-Straße* ist zu jenem ortsspezifischen Inventar an Umbenennungen infolge der nationalsozialistischen Machtübernahme zu zählen: 1938 wird die ältere Benennung *Innere Kanalstraße* getilgt und mit neuen SN-Token überschrieben, die neben weiteren Offizieren Paul von Lettow-Vorbeck ehren und/oder würdigen sollten (Fn. 161). Auch bei den verfügten SN-Token *Lettow-Vorbeck-Straße* in Altenburg und Wuppertal sind zuvor erfolgte Tilgungsprozesse der jeweils älteren Straßennamen durch entsprechende Hinweise in historischen Straßenverzeichnissen festzustellen.[184] Nicht zuletzt können Umbenennungen durch den Vergleich der betreffenden Straßen in älteren Stadtplänen nachvollzogen werden:

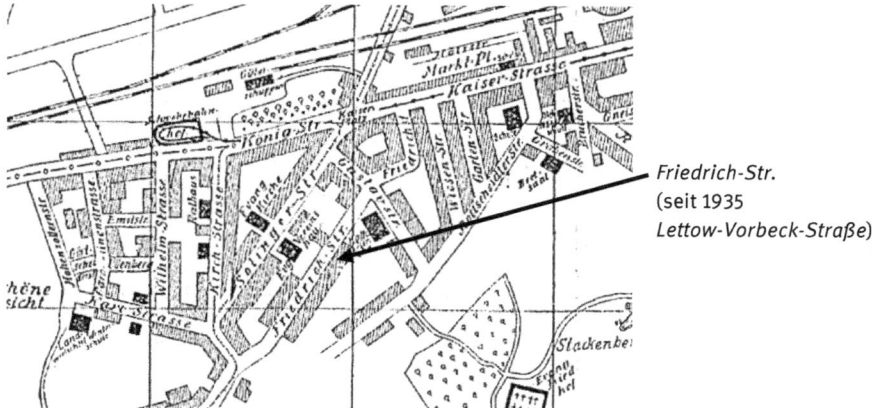

Friedrich-Str. (seit 1935 Lettow-Vorbeck-Straße)

Abb. 36: Stadtplan Vohwinkel (vor 1935).

Historische Tilgungs- und Umbenennungsprozesse werden teilweise auch in den ortsbezogenen Straßennamenlexika thematisiert: So wird bspw. im Lexikon für die Wuppertaler Straßennamen (Stock 2002: 245) auf den Tilgungs- und Umbenennungsprozess des SN-Tokens *Friedrichstraße* in *Lettow-Vorbeck-Straße* Mitte der 1930er Jahre hingewiesen.

Die von administrativer Seite erwünschte usuelle Praxis neuzeitlicher Straßenbenennung als themenkohärente Cluster konnte auch für den Bestand kolonial motivierter Straßenvergabepraktiken als zahlenmäßig dominant herausgestellt werden. Für ortsbezogene Kolonialcluster wie Dresden, Breslau [Wrocław] (Kap. 3.4) und Oranienburg (Kap. 4) wurde bereits aufgezeigt, dass es sich bei den innerhalb von Clustern verfügten Namenvergaben um Erstbenennungen handelt, die für neu erschlossene Straßenzüge in die städtischen Peripheriebereiche verfügt wurden. Auch die in der Mitte der 1930er Jahre in Köln-Nippes als Cluster verfügten sechs kolonial motivierten SN-Token stellen – im Gegensatz zu dem im Zuge der Tilgung des älteren Namens verfügten SN-Tokens *Lettow-Vorbeck-Straße* in die Kölner Neustadt – erstmalige Benennungen neuer Straßen im Zuge der

---

184 „Lettow-Vorbeck-Straße [...] (früher Adelheidstraße)" (Straßennamenverzeichnis, Stadtplan Altenburg 1939). „Lettow-Vorbeck-Straße (Vohwinkel) Früher: Friedrichstraße [...] Benannt nach dem heldenhaften Verteidiger Deutsch-Ostafrikas [...]" (Adressbuch Wuppertal 1938 III: 253).

infrastrukturellen Erschließung des Viertels dar (vgl. Bechhaus-Gerst 2013: 239). Dass neben den Erstbenennungen auch Umbenennungen eine relevante Praxis darstellten, soll im Folgenden gezeigt werden. Für solche Umbenennungsprodukte stellen sich in sprachlicher Perspektive andere Fragen als für Erstbenennungen.

Die Analyse des erstellten Gesamtinventars der bis 1945 verfügten kolonial motivierten SN-Token hinsichtlich seines historischen Benennungsstatus führt zu folgendem Ergebnis:

Tab. 37: Distributionen hinsichtlich des Benennungsstatus.

Umbenennungsprodukte (im Zuge der Tilgung älteren Namenmaterials)	Erstbenennungen (im Zuge der Erschließung neuen städtischen Raums)
133	394

Der Hauptanteil der in die Groß- und Mittelstädte verfügten kolonial motivierten Vergabepraktiken erfolgte als Erstbenennung für neu angelegte Straßen. Für etwa 25 % des in die Groß- und Mittelstädte verfügten Inventars kolonial motivierter Namenvergabepraktiken können zuvor erfolgte Tilgungsprozesse älteren Namenmaterials nachgewiesen werden. Von den 133 Umbenennungsprodukten sind 55 SN-Token den Einzel- und Clusterbenennungen in Orten der am Ende der 1930er Jahre annektierten Gebiete zuzurechnen: Sie alle stellen deutschsprachige Überschreibungsprodukte tschechisch- bzw. polnischsprachiger Straßennamen dar. Solche mit Sprachenwechsel vorliegenden Umbenennungen stehen dabei in anderen Kontexten. Dass mit solchen Umbenennungsprozessen von nationalsozialistischer Seite die Inbesitznahme der Gebiete, unter anderem auch durch entsprechende koloniale Namenmuster, im öffentlichen Raum propagandistisch verdeutlicht werden sollte, wurde bereits an verschiedenen Stellen beschrieben (Kap. 4, Kap. 8.3). Aus diesem Grund bleiben sie in den folgenden Ausführungen unberücksichtigt. Ausgehend von den zuvor dargelegten ortsbezogenen Befunden und den dargelegten ortsübergreifenden Distributionen sollen folgende Fragen beantwortet werden:

1. Stellen die innerhalb von Kolonialclustern verfügten Namen vorrangig Erstbenennungen dar, während kolonial motivierte Einzelbenennungen als Umbenennungsprodukte verfügt wurden?
2. Finden Umbenennungsprozesse in ortsübergreifend-nationaler Perspektive vorrangig in nationalsozialistischer Zeit statt? Wurden dabei bestimmte Namenmuster präferiert?
3. Welche gesellschaftspolitische Relevanz ist den sprachlichen Prozessen der Erst- bzw. Umbenennung von Seiten der zeitgenössischen Administration zuzuschreiben?

9.1 Umbenennungen

Kolonial motivierte Umbenennungsprodukte können nicht ausschließlich, aber maßgeblich für singuläre Benennungen nachgewiesen werden. Für 25 kolonial motivierte SN-Token, die als Einzelbenennungen (Tab. 23–25) in den öffentlichen Raum der jeweiligen Städte verfügt wurden, sind Tilgungsprozesse älterer Namen nachzuvollziehen. Sie werden in der folgenden Tabelle mit Angabe des jeweils getilgten älteren Namenguts dargelegt:

Tab. 38: Umbenennungsprodukte, Einzelbenennungen.

Stadt	Umbenennungsprodukte kolonial motivierter Einzelbenennungen	Getilgte Straßennamen
Altenburg	Lettow-Vorbeck-Str.	Adelheidstr.
Amberg	Lüderitzplatz	Appellativum *Ravelin*[185]
Bremen	Lüderitzbrücke	Adolf-Hitler-Brücke
Düsseldorf	Wissmannstr.	Kaulbachstr.
Glatz [Kłodzko]	Lettow-Vorbeck-Str.	Judengasse
Hagen	Karl-Peters-Str., Lettow-Vorbeck-Str.	Bergischer Ring, Breite Str.
Hamburg	Gerhard-Rohlfs-Weg, Togostr.	Erlenstr., Tönninger Weg
Herford	Adolf-Lüderitz-Str.	Obere Veilchenstr.
Hildesheim	Karl-Peters-Str.	Teil der *Peiner Str.*
Iserlohn	Karl-Peters-Str.	Josef-Wagner-Str.
Köln	Lettow-Vorbeck-Str.	Innere Kanalstr.
Leipzig	Wissmannstr.	Alleestr.
Lünen	Lettow-Vorbeck-Str.	Liebknechtstr.
Oberhausen	Karl-Peters-Str., Leutweinstr., Lüderitzstr., Windhuker Str., Wissmannstr.	Huyssenstr., Marienstr., Kirchstr., Buschstr., Angerstr.
Oldenburg	Tangastr.	Grüner Weg
Solingen	Lüderitzweg, Wissmannstr.	Schillerstr., Flurstr.
Stolberg (Rhld.)	Dr. Carl-Peters-Str.	Schellerweg
Wuppertal	Lettow-Vorbeck-Str.	Friedrichstr.

Kolonial motivierte Einzelbenennungen, die im Zuge der Tilgung älteren Namenmaterials verfügt wurden, sind bis auf wenige Ausnahmen auf deanthropo-

---

[185] *Ravelin*: ‚Außenwerk vor den Kurtinen älterer Festungen' (https://www.duden.de/suchen/dudenonline/Ravelin, Abruf am 28/06/2019), Teil der Amberger Barockbefestigung.

nymische Konstruktionen beschränkt. Für derartige Umbenennungsprozesse ist ein maßgebliches Interesse in nationalsozialistischer Zeit zu konstatieren: Nur die in Düsseldorf und Leipzig verfügten SN-Token *Wissmannstraße* stellen Umbenennungsprodukte dar, die noch in der faktischen Kolonialzeit verfügt wurden. Zum Zeitpunkt ihrer Namenvergaben sollten sie posthum den „Gouverneur von Deutsch-Ostafrika" (Adressbuch Düsseldorf III 1934: 461, Adressbuch Leipzig II 1938: 509) Hermann von Wissmann ehren und/oder würdigen. Für die nach 1933 erfolgten Umbenennungsprozesse ist eine maßgebliche Kommemoration der Kolonialakteure Karl Peters und Paul von Lettow-Vorbeck mit jeweils fünf bzw. sechs entsprechenden Konstruktionen herauszustellen.

Obwohl die Anzahl an innerhalb von Kolonialclustern zu verortenden Umbenennungsprodukten größer als die der Einzelbenennungen ausfällt, stellen sie – im Vergleich zu der beträchtlichen Menge an innerhalb von themenkohärenten Clustern erfolgten Neubenennungen – ein untergeordnetes Phänomen dar. Für sechs der 13 Kleincluster (Tab. 26) sind Umbenennungen festzustellen. Die ortsbezogenen Umbenennungsprodukte werden in der folgenden Tabelle mit Angabe der jeweils getilgten SN-Token dargelegt.

Tab. 39: Umbenennungsprodukte, klein angelegte Kolonialcluster.

Stadt, weitere Infos über clusterbezogene Verortung)	Kolonial motivierte Umbenennungsprodukte	Getilgte Straßennamen
Essen-Karnap	*Lüderitzwiese, Woermannstr.*	*Friedensstr., Herderstr.*
Magdeburg-Sudenburg[186]	*Gustav-Nachtigal-Str.*	*Am Fuchsberge*
Münster-Gremmendorf[187]	*Woermannweg*	Teil des *Angelmodder Wegs*
Saalfeld-West	*Lettow-Vorbeck-Str., Carl-Peters-Platz*	*Vor der Siedlung, Platz am Mittleren Boden*
Swinemünde [Świnoujście]-Kurviertel	*Carl-Peters-Str., Lüderitzstr.*	*Herrenbadstr., Damenbadstr.*
Wuppertal-Barmen	*Samoastr., Windhukstr.*	*Kruppstr., Siemensstr.*

---

186 Das SN-Token *Wissmannstraße* wurde bereits in der faktischen Kolonialzeit für einen neu erschlossenen Straßenzug verfügt. Die Tilgung eines früheren Namens zur Einschreibung des SN-Tokens *Gustav-Nachtigal-Straße* in den öffentlichen Raum in nationalsozialistischer Zeit erweitert die Einzelbenennungen in jüngerer Zeit zum klein angelegten Kolonialcluster.
187 Das SN-Token *Lüderitzweg* südlich der Straße mit der Benennung *Angelmodder Weg* wurde zeitgleich für einen neu erschlossenen Straßenzug verfügt.

Für den Hauptbestand an 60 groß angelegten Kolonialclustern mit drei und mehr SN-Token (Tab. 31–33) sind dagegen lediglich für 13 Cluster Umbenennungsprozesse festzustellen:

Tab. 40: Umbenennungsprodukte, groß angelegte Kolonialcluster.

Stadt (weitere Infos über clusterbezogene Verortung)	Kolonial motivierte Umbenennungsprodukte	Getilgte Straßennamen
Berlin-Wedding	*Petersallee*	Teil der *Londoner Str.*
Bottrop-Vonderort	*Gustav-Nachtigal-Str., Karl-Peters-Str., Lüderitzstr., Wissmannstr.*	*Donnerstr., Adolfstr., Endstr., Armelerstr.*
Delmenhorst-Hasport und Annenheide	*Karl-Peters-Str., Lettow-Vorbeck-Str., Lüderitzstr., Nachtigalstr., Wissmannstr.*	*Richthofenstr., Zeppelinstr., Günther-Plüschow-Str., Immelmannstr., Boelckestr.*
Frankfurt am Main-Praunheim	*Tangastr.*	*Kollwitzstr.*
Hamburg-Wandsbek-Ost	*Askaristieg, Dominikweg, Erckertstr., Estorffstr., Lüderitzweg*	*Kluckstr., Weddigenstr., Tirpitzstr., Litzmannstr., Mackensenstr.*
Hamburg-Wandsbek-West	*Gustav-Nachtigal-Damm, Karl-Peters-Weg, Wissmannsweg*	*Blückerstr., Bismarckstr., Wrangelstr.*
Hamburg-Rahlstedt	*Kameruneck, Ostafrikadamm, Somalikamp, Südwestkamp, Togoweg, Waterberg, Windhuker Stieg*	*Am Ellerbusch, Wullschrodt, Gartenweg, Rehmbrook, Lüttkoppel, Lohwisch, Kirchenweg*
Hannover-Südstadt-Bult	*Am Karl-Peters-Platz*	*Haspelstr.*
Ludwigshafen am Rhein-(heutige) Niederfeldsiedlung	*Wissmannstr.*	*Jakob-Binder-Str.*
Recklinghausen-Suderwich	*Gustav-Nachtigal-Str., Karl-Peters-Str., Lettow-Vorbeck-Str., Lüderitzstr., Von-Wissmann-Str.*	*Josefstr., Wilhelminenstr., Lülfstr., Margaretenstr., Katharinenstr.*
Stettin [Szczecin]-Braunsfelde	*Waterbergstr.*	*Heimstr.*
Stuttgart-Obertürkheim	*Deutsch-Südwestafrika-Str., Kameruner Str., Lüderitzstr., Petersstr., Samoastr., Tangastr., Togostr., Windhuker Str.*	*Halden- und Gartenstr., Uhlandstr., Rathausstr., Brückenstr., Karlstr., Josefstr., Kernerstr., Ludwigstr.*
Wolfenbüttel-Drei Linden	*Lüderitzstr.*	*Heimstättenweg*

Nur für drei Großcluster sind vollständige Tilgungsprozesse älterer Namen festzustellen: Ausschließlich die jeweils in Bottrop-Vonderort, Hamburg-Wandsbek-West und Recklinghausen-Suderwich als Kolonialcluster verfügten SN-Token stellen allesamt Umbenennungsprodukte dar. Für die anderen bis 1945 erhobenen Großcluster konnten dagegen maßgeblich Tilgungsprozesse einzelner Namen innerhalb von bis 1945 zu konstatierenden Kolonialclustern festgestellt werden.

Dabei sind Großcluster festzustellen,
– die zeitgleich im Zuge der Umbenennungen weitere Erstbenennungen für die in nächster Nähe angelegten Straßen aufweisen (Ludwigshafen am Rhein-(heutige) Niederfeldsiedlung bzw. Wolfenbüttel-Drei Linden).
– deren Beginn durch Tilgungs- und Umbenennungsprozesse älterer Namen festzustellen sind. In jüngerer Zeit werden diese durch themenkohärente Benennungen der in nächster Nähe angelegten Straßen weitergeführt bzw. zu Clustern aufgefüllt (Delmenhorst-Hasport und Annenheide bzw. Hannover-Südstadt-Bult, Frankfurt am Main-Praunheim, Stettin [Szczecin]-Braunsfelde).
– die Umbenennungsprodukte zur Erweiterung bereits bestehender Einzelbenennungen (Hamburg-Wandsbek-Ost: *Lettow-Vorbeck-Straße* und –Rahlstedt: *Tangastraße*) oder Kolonialcluster (Berlin-Wedding) aufweisen.

Inwieweit es sich auch bei den weiteren in Stuttgart-Obertürkheim verfügten Kolonialismen *Deutsch-Ostafrika-Straße, Otavistraße, Südseestraße, Tsingtauer Straße* um Umbenennungsprodukte handelt, bleibt unklar. Nur bei der erst 1937 verfügten Benennung *Wissmannstraße* handelt es sich nachweislich um eine Erstbenennung im Zuge der weiteren Erschließung des Viertels.

Deanthroponymische Konstruktionen stellen – wie bereits für die durch Tilgung älterer Namen verfügten kolonialen Einzelbenennungen aufgezeigt wurde – das quantitativ dominante Muster solcher Umbenennungsprodukte dar, die innerhalb von Kolonialclustern in den öffentlichen (Alltags-)Raum eingeschrieben wurden. Es sind aber auch davon abweichende Namenmuster für das verfügte Kleincluster in Wuppertal-Barmen und gerade für Großcluster wie in Frankfurt am Main-Praunheim, Hamburg-Rahlstedt, Stettin [Szczecin]-Braunsfelde und Stuttgart-Obertürkheim zu konstatieren. Bis auf eine Ausnahme[188]

---

[188] D. i.: Tilgung des Flurnamens *Haspelstraße* zur Einschreibung des SN-Tokens *Am Karl-Peters-Platz* in den 1920er Jahren (Fn. 167): „Als Carl Peters 1916 Namensgeber für einen neu angelegten weitläufigen Platz in Hannover wurde, war er im Fieber des deutschen Militarismus gerade zwei Jahre zuvor von derselben kaiserlichen Regierung rehabilitiert worden, die ihn

wurden alle Tilgungs- und Umbenennungsprozesse, die für koloniale Klein- und Großcluster aufgezeigt wurden, ebenfalls in nationalsozialistischer Zeit vorgenommen.

Aus einem wenige Monate nach der Ernennung Hitlers zum Reichskanzler verfassten Schreiben „an alle Pol. [d. i. Polizei] Behörden und die Gemeindevorstände" geht hervor, dass grundsätzlich von Tilgungen älterer Straßennamen Abstand genommen werden sollte.

> (8) Aus Anlaß der nationalen Erhebung sind in letzter Zeit in zahlreichen Gemeinden von den zuständigen Pol.[d.i. Polizei] Behörden auf Anregung der kommunalen Körperschaften Straßen usw. umbenannt und mit dem Namen des Herrn Reichskanzlers bezeichnet worden. Der Herr Reichskanzler hat zwar grundsätzlich gegen diese Verwendung seines Namens nichts einzuwenden. Er bittet jedoch, von der Umbenennung von Straßen usw., die alte oder historische Namen tragen, absehen zu wollen. (Runderlaß des Ministers des Innern 17.05.1933)

Für die große Mehrheit der in nationalsozialistischer Zeit durch Umbenennung älterer Namen verfügten Kolonialismen ist zu fragen, in welchen historischen Kontexten derartige Tilgungs- und Umbenennungsprozesse einzuordnen sind. Sie können Aufschluss darüber geben, welche zeitgenössische Relevanz solchen nach 1933 erfolgten Prozessen im Hinblick auf das nationalsozialistische Interesse an der Fixierung kolonialer Kommemorationen im öffentlichen Raum zuzusprechen ist. In ortsübergreifender Perspektive konzentrieren sich derartige Umbenennungsprozesse vor allem auf zwei Umstände:
a. Koloniale Umbenennungsprodukte stehen im unmittelbaren Zusammenhang mit als erforderlich behaupteten Tilgungsprozessen. Das kann namenrechtliche, aber auch politische Gründe haben.
b. Kolonialen Umbenennungsprodukten wurde ein nachweislich hoher Stellenwert in Bezug auf die Fixierung kolonialer Kommemorationen in den öffentlichen (Alltags-)Raum von Seiten der nationalsozialistischen Administration zugesprochen.

Zu a.: Die primäre Intention bezieht sich auf das zu tilgende Nameninventar: Aus der Sichtung historischer Quellen sind außer- und innersprachliche Faktoren nachzuvollziehen, mit denen die aus zeitgenössischer Sicht als notwendig erachteten Tilgungsprozesse älterer Straßennamen dargelegt werden. Die ge-

---

seinerzeit in Unehren entlassen hatte. Teile der umlaufenden Straßenzüge wurden in den 20er und noch in den 50er Jahren des vorigen Jahrhunderts in *Am Karl-Peters-Platz* [kursiv im Original] umbenannt" (Dunse 2004: 2).

tilgten Inventare wurden sodann durch entsprechende kolonial motivierte Namenmuster aufgefüllt.

Ein triftiger Grund der Anordnung von Tilgungen lag bspw. bei ortsbezogenen SN-Duplikaten vor, die sich aufgrund von Eingemeindungen ergaben:

> Eine Umbenennung kann auch aus Gründen der Verkehrserleichterung geboten sein, wenn z. B. [...] Doppelbenennungen vorliegen. [...] 3. Für die Benennung von Straßen usw. sollen in Zukunft folgende Grundsätze gelten: a) Jeder Straßenname soll in einer Gemeinde nur einmal vorkommen. Mehrfach vorkommende Straßennamen, die sich bei Gebietsveränderungen ergeben können, sollen durch Umbenennung beseitigt werden. (Runderlaß des Reichsministers des Innern 15.7.1939)

So stellen bspw. die als singuläre Umbenennungsprodukte verfügten kolonialen SN-Token in Oberhausen das späte Ergebnis der Vermeidung von Doppelbenennungen dar, die bereits seit 1929 aufgrund der Eingemeindungen der Städte Sterkrade und Osterfeld zu Oberhausen festzustellen war. Die erst in nationalsozialistischer Zeit erfolgte Tilgung der SN-Token *Huyssen-, Marien-, Kirch-, Busch-* und *Angerstraße* und Überschreibung durch entsprechende kolonial motivierte Einzelbenennungen sind das Ergebnis der Beseitigung jener SN-Duplikate. Auch die in Solingen verfügten singulären deanthroponymischen Konstruktionen sind darauf zurückzuführen, dass man Doppelbenennungen, die sich durch Eingemeindung der ehemals selbstständigen Stadt Ohligs ergaben, entfernen wollte.[189] Ebenso stellen die nach 1933 verfügten Umbenennungsprodukte *Lettow-Vorbeck-Straße* bzw. *Samoa-* und *Windhukstraße* in Wuppertal das Ergebnis der Beseitigung von SN-Duplikaten dar, die aus der 1929 erfolgten Eingemeindung von Vohwinkel bzw. Barmen festzustellen waren. Obwohl für den ortsbezogenen Fall kein Grund von Eingemeindung entscheidend war, ist auch die *Lüderitzbrücke* als kolonial motiviertes Umbenennungsprodukt in einen ganz ähnlichen Kontext einzuordnen: Die Brücke führte von der Altstadt in die Neustadt und trug bis 1933 den Namen *Große Weserbrücke*. 1933 erfolgte deren Umbenennung in *Adolf-Hitler-Brücke*. 1939 wurde der Name wieder getilgt und in *Lüderitzbrücke* umbenannt, da eine andere zum damaligen Zeitpunkt fertiggestellte Brücke den Namen *Adolf-Hitler-Brücke* erhielt.[190]

Daneben sind koloniale Umbenennungsprodukte in der Folge von Tilgungen primärer Straßennamen festzustellen, die in den 1930er Jahren nicht mehr den zeitgenössischen Gegebenheiten entsprachen: Die in nationalsozialistischer

---

189 Ein besonderer Dank gilt R. Rogge vom Stadtarchiv Solingen.
190 Herzlicher Dank geht an L. Worgull vom Stadtarchiv Bremen für die umfangreichen Informationen.

Zeit verfügten Benennungen *Lüderitzstraße* und *Carl-Peters-Straße* (vgl. Adressbuch Swinemünde 1938 II: 99–100) in das prestigehafte Kurviertel von Swinemünde [Świnoujście] wurden für bestehende parallel angelegte Straßenzüge verfügt, für die noch in der Kaiserzeit die Benennungen *Damenbad-* und *Herrenbadstraße* zu konstatieren sind (vgl. Stadtplan Swinemünde 1910). Die orientierenden Namen sollten zum Zeitpunkt ihrer Vergabe auf geschlechtertrennende Badeabschnitte referieren. Beide SN-Token sind noch im Stadtplan von 1933 verzeichnet. Da die SN-Beibehaltungen eine Geschichte markierten, die es in den 1930er Jahren nicht mehr gab, wurden sie spätestens am Ende der 1930er Jahre getilgt.

Ein Interesse an Umbenennungen wurde von nationalsozialistischer Seite vor allem dann als „gerechtfertigt und auch erforderlich [angesehen], wenn die Bezeichnung einer Straße usw. dem nationalsozialistischen Staatsgedanken entgegensteht" (Runderlaß des Reichsministers des Innern 15.7.1939). Die im Zuge der Tilgung älteren Namenmaterials verfügten kolonial motivierten Einzel- bzw. Clusterbenennungen in Iserlohn und Lünen sowie Ludwigshafen am Rhein sind in einen derartigen historischen Kontext einzuordnen: Aus zeitgenössischem Aktenmaterial geht hervor, dass der Fokus primär darauf lag, die älteren Straßennamen *Liebknechtstraße*, *Josef-Wagner-Straße* und *Jakob-Binder-Straße* aus dem öffentlichen Raum zu tilgen, weil die durch die jeweiligen Namenvergaben geehrten und/oder gewürdigten Personen einen großen Anteil an der Gründung der Weimarer Republik hatten[191], sie von der NDSAP ausgeschlossen wurden[192] oder ihnen ein sozialdemokratischer Hintergrund nachgewiesen werden konnte.[193]

Neben den in nationalsozialistischer Zeit als erforderlich behaupteten Tilgungsprozessen ist in diesem Zusammenhang auf ein einzelortsbezogenes Phä-

---

[191] Die Benennung *Liebknechtstraße* in der Bergmannsiedlung erfolgte 1922 zusammen mit weiteren Namenverfügungen, die ebenfalls an der Gründung der Weimarer Republik mitbeteiligt waren. 1933 erfolgte die Tilgung und Umbenennung des SN-Tokens in *Lettow-Vorbeck-Straße* durch den OB. Ein besonderer Dank gilt F. Niklowitz vom Stadtarchiv Lünen für die weiteren Informationen.
[192] Josef Wagner war seit 1928 NSDAP-Gauleiter im Gau Westfalen-Süd und zugleich ab 1935 Gauleiter von Schlesien und zugleich Oberpräsident der Provinz Schlesien. Er wurde allerdings 1941 abgesetzt und 1942 aus der NSDAP ausgeschlossen. Ein besonderer Dank gilt R. Quaschny vom Stadtarchiv Iserlohn.
[193] Die Straßennamen in der heutigen Niederfeldsiedlung entstanden bereits 1931/32. Das SN-Token, das auf den lokalen sozialdemokratischen Adjunkt und Grundstücksreferent Jakob Binder referieren sollte, wurde nach der Machtergreifung umgehend getilgt und durch die *Wissmannstraße* ersetzt. Ein besonderer Dank gilt S. Mörz vom Stadtarchiv Ludwigshafen am Rhein.

nomen hinzuweisen: Die von Seiten privater Erschließungsgesellschaften in den Berliner Vorort Karlshorst verfügten Benennungen wurden nicht ins Nameninventar der vorliegenden Arbeit aufgenommen (Kap. 3.2). Interessant ist in diesem Zusammenhang aber die im Zuge der Eingemeindung 1920 erfolgte Tilgung des SN-Tokens *Bothaallee* und die Umbenennung in *Frankestraße* von Seiten der Berliner Verwaltung:

> Als Bothaallee erinnerte sie an Louis Botha, den südafrikanischen Premierminister und General, der die Buren im Krieg gegen die britische Armee führte. Doch weil er im Ersten Weltkrieg Anführer der Aufständischen gegen die deutschen Kolonialtruppen in Deutsch-Südwest war, wurde die Straße 1922 in Frankestraße umbenannt. Viktor Franke war Führer der deutschen Schutztruppe in der Kolonie; ihm gegenüber kapitulierte Botha, Jahre später auch im Karlshorster Straßenbild. (Ahlfänger 2010: 4)

Damit ist ein staatlicher Eingriff im Zuge der Eingemeindung festzustellen, der insofern als gezielte Umschreibung jenes Kolonialkriegs im öffentlichen Raum beschrieben werden kann, als dass er mit der Kommemoration Viktor Frankes ausschließlich Gewissheiten über die überlegene Position der deutschen Kolonialmacht fixiert.

Zu b.: Die primäre Intention bezieht sich auf das neu zu Benennende. Dabei ist insbesondere die Einflussnahme Dritter von Bedeutung: Aus der Sichtung historischer Quellen geht hervor, dass die Fixierung kolonialer Kommemorationen durch entsprechende Umbenennungspraktiken von Seiten des Reichskolonialbundes und entsprechender lokal-parteilichen Initiativen zunehmend eingefordert und sodann von Seiten der städtischen Administration umgesetzt wurde.

Ein Interesse an derartigen Umbenennungen zweiten Typs in nationalsozialistischer Zeit ist insbesondere von Seiten kolonialer Interessensgruppen festzustellen. So ist bspw. die 1937 in Amberg verfügte Einzelbenennung *Lüderitzplatz* auf den Wunsch des Reichskolonialbundes Gauverband Bayerische Ostmark zurückzuführen.[194] Das deanthroponymische SN-Token *Lüderitzstraße* in der Wolfenbütteler Siedlung *Drei Linden* wurde 1936 aufgrund des 50. Todestags von Adolf Lüderitz als Umbenennungsprodukt in nächster Nähe zur Artilleriekaserne und den Straßenzügen mit den Neubenennungen *Karl-Peters-Straße* und *Wißmannstraße* verfügt.

> Anlässlich der 50-jährigen Wiederkehr des Tages, an dem der Kolonialpionier Lüderitz verstorben ist, der bekanntl. [d. i. bekanntlich] den Ursprung für die deutsche Kolonialpolitik durch Erwerb von Ländereien in Deutsch-Südwest-Afrika legte, wird der frühere

---

[194] Herzlicher Dank geht an J. Laschinger vom Stadtarchiv Altenburg für die umfangreichen Informationen.

Heimstätten Weg in Verbindung mit der Straßenbenennung in der Siedlung an der Lindener Straße in Lüderitz-Straße umbenannt. (Schreiben der Stadt Wolfenbüttel vom 28.10.1936)

Auch das SN-Token *Petersallee* in Berlin-Wedding, das 1939 das in zeitlichen Staffelungen seit 1899 bis in die 1930er Jahre verfügte Kolonialcluster mit über 20 Benennungen erweiterte, ist hinsichtlich der damit verbundenen nationalsozialistischen Interessen herauszustellen. Sie ist unmittelbar mit dem Peters-Kult der NS-Zeit einzuordnen (vgl. Ebert angenommen). Das in Stettin [Szczecin] verfügte SN-Token *Waterbergstraße* im Zuge der Tilgung der älteren Benennung *Heimstraße* stellt dagegen den Beginn des seit der nationalsozialistischen Machtergreifung weiter ausgebauten Viertels der Villenkolonie Braunsfelde dar. Das SN-Token *Heimstraße* ist noch zu Beginn der 1930er Jahre im Straßenverzeichnis (vgl. Adressbuch Stettin 1932 II: 76) in nächster Nähe zu den SN-Token *Lothringer Str., Saarstr., Elsässer Str., Oberschlesische Str.* u. dgl. verzeichnet. Nach 1933 erfolgten die Umbenennung und der weitere Ausbau des Viertels mit Parallelstraßen mit Namenverfügungen, die auf die kolonisierten Räume in der Zeit des Kaiserreichs referieren sollten.

Gerade die in nationalsozialistischer Zeit erhobenen Umbenennungsprozesse ganzer Siedlungen oder Viertel zur gebündelten Verfügung kolonial motivierter Straßennamen als Cluster sind auf entsprechende lokal-parteiliche Initiativen zurückzuführen:

In Bottrop betraf die umfangreiche Umbenennungsaktion des Jahres 1938 [...] rund 128 Altnamen (von 355). [...] Oberbürgermeister Pg. Günther von Stosch (1893–1955) und NS-Kreisleiter Kunz, die das Verfahren steuerten, wollten offenbar die vom Polizeipräsidenten eröffnete Chance gegen alle Widerstände nutzen, ihr Straßennamenkorpus umfassend zu modernisieren. [...] Neben Freiheitskämpfern oder Staatsmännern schlugen der von der Administration beauftragte Kreisschulrat und einige Rektoren hier „Kolonialpioniere", Pädagogen, Generäle und Jagdflieger des Ersten Weltkriegs sowie Schlachtenorte vor. (Weidner)[195]

Auch der Umbenennungsprozess in Recklinghausen am 20. März 1939 beschränkte sich nicht ausschließlich auf die Verfügung eines kolonialzeitbezogenen Clusters in Suderwich: Am Tag von Adolf Hitlers Geburtstag wurden „aus Anlaß des heutigen Festtags" nicht nur personenbezogene kolonisatorische, sondern auch weitere Umdeutungen des Raumes vorgenommen. Sie bezogen

---

[195] https://www.lwl.org/westfaelische-geschichte/nstopo/strnam/Kommune_37.html, Abruf am 28/06/2019.

sich auf sog. „Blutzeugen der Bewegung" sowie auf Orte, Schlachten und Helden im Ersten Weltkrieg (vgl. Weidner).[196]

Auch bei der Umbenennungsaktion in Stuttgart nach 1933 mit viertelübergreifenden Tilgungen, die sich unter anderem auf „lokale NS-Märtyrer [...], Weltkriegshelden [...]" und das „baltische Auslandsdeutschtum" (Poguntke 2011: 39–40) bezogen, sind für das durch Umbenennung verfügte Kolonialcluster in Obertürkheim lokal-parteiliche Einzelintentionen zu verzeichnen, die vom Oberbürgermeister K. Strölin (mit lokaler und nationaler Rückendeckung des NS-Systems) initiiert wurden:

> Bei der Auswahl der Kolonialnamen, die sich in dem durch Weinanbau geprägten Stadtteil Obertürkheim konzentrierten und die eine Reihe althergebrachter passender Straßennamen beseitigten, stieß Strölin offenbar nicht nur auf Gegenliebe. [...] So fiel die ‚Goethestraße' der ‚Deutsch-Ostafrika-Straße' zum Opfer, die ‚Kernerstraße' (nach der Rebsorte) der ‚Togostraße'. (Poguntke 2011: 37)

Dass mit den kolonialen Benennungen in Obertürkheim eine massive Kritik gegenüber dem Versailler Vertrag und der darin beschlossenen Beendigung deutscher Kolonialherrschaft verbunden wurde, zeigen die entsprechenden Einträge in der „Übersicht sämtlicher Straßen und Plätzen mit Angabe der Entstehungszeit und Herkunft der Namen" (Adressbuch Stuttgart 1940 III: 1–16) für die dechoronymischen und deoikonymischen Konstruktionen auf:

> <u>Deutsch-Ostafrika-Straße</u> in Obertürkheim 1933: Zur Erinnerung an die dem Deutschen Reiche durch den Versailler Vertrag geraubte Kolonie.
>
> <u>Samoastraße</u> in Obertürkheim 1933: Zur Erinnerung an die dem Deutschen Reiche durch das Versailler Diktat geraubte Inselgruppe.
>
> <u>Tsingtauer Straße</u> in Obertürkheim 1933: nach dem Hauptort des uns entrissenen ehemaligen deutschen Pachtgebietes in Ostasien.
>
> <u>Windhuker Straße</u> in Obertürkheim 1933: Nach der Hauptstadt der uns entrissenen Kolonie Deutsch-Südwest-Afrika.

Die metasprachlichen Texte weisen gängige kolonialrevisionistische Argumentationstopoi mit Syntagmen der *geraubte[n]* und *uns entrissene[n]* Kolonialgebiete auf, die bisher nur einzelortsbezogen für die Benennungen der Hamburger Hafenanlagen in der Zwischenkriegszeit dargelegt werden konnten (Abb. 17). Die von der kolonialrevisionistischen Bewegung hervorgebrachte massive Kritik

---

196 https://www.lwl.org/westfaelische-geschichte/nstopo/strnam/Kommune_179.html, Abruf am 28/06/2019.

am Versailler Vertrag und den dort festgesetzten Bestimmungen der Beendigung deutscher Kolonialherrschaft haben Warnke und Stolz (2013: 487–490) anhand der von Schnee verfassten Schrift *Die koloniale Schuldlüge* (1927) aufgezeigt. Sie sind aber auch in Alltagstexten jener vielfältig rezipierten Adressbücher vorzufinden, in denen die Abtretung als ein Akt des illegitimen Diebstahls versprachlicht und sodann in den Einwohnerbüchern für die städtische Bevölkerung fixiert wird.

Den Umbenennungsprozessen in Amberg, Wolfenbüttel, Berlin, Bottrop, Recklinghausen und Stuttgart ist ein nachweisliches Interesse von Seiten der lokal-parteilichen nationalsozialistischen Stadtverwaltungen zuzusprechen, die für die Fixierung kolonialer Kommemorationen in den öffentlichen Raum Tilgungen älterer Nameninventare vorgenommen haben. Eine Initiative von Seiten der städtischen Verwaltung zur Fixierung des nationalsozialistischen Systems im öffentlichen Raum ist auch für Frankfurt-Praunheim festzustellen: Bei der Verfügung des SN-Tokens *Tangastraße*, die auf die Hafenstadt „in der ehemaligen deutschen Kolonie Ost-Afrika" (Adressbuch Frankfurt 1941 II: 352) referieren sollte, ging es primär darum, die erst zu Beginn der 1930er Jahre verfügte Benennung *Kollwitzstraße* (vgl. Adressbuch Frankfurt 1931 II: 192) im öffentlichen Raum zu tilgen. Für das in Frankfurt-Praunheim verfügte Kolonialcluster ist nicht nur die Umbenennung der *Käthe-Kollwitz-Straße* in *Tangastraße* als ein politisch motivierter sprachlicher Prozess von Seiten der Nationalsozialisten einzuordnen.[197] Auch die weiteren Neubenennungen der bis dato bestehenden Planungsgrundlagen für die vier jeweils angrenzenden Straßenzüge sind als „Objekt erinnerungspolitischer Bemächtigung" (Schürmann 2012: 68) herauszustellen:

> Die Siedlung zählte zum ‚Neuen Frankfurt', einem sozialen Wohnungsbauprogramm der 1920er Jahre im Stil der Neuen Sachlichkeit. Dem Nationalsozialismus galt die funktionale Ästhetik dieses und anderer Bauvorhaben der klassischen Moderne als ‚undeutsch'. Überdies galt Westhausen als eine Hochburg der politischen Linken […]. Im Jahr 1933 wurden kommunistische und sozialdemokratische Bewohner/innen der Siedlung Westhausen von SA-Männern angegriffen und misshandelt; einige wurden vertrieben und ihre Wohnungen an Mitglieder der NSDAP übereignet. Den Kolonialrevisionismus und damit ein propagandistisches Projekt der politischen Rechten in diesen Ort einzuschreiben, sollte und musste vor diesem Hintergrund als symbolischer Angriff verstanden werden: auf die politische Linke und ihre Stadt- und Wohnkonzepte, aber auch auf den demokratischen ‚Geist von Weimar' und die moderne Architektur. (Schürmann 2012: 68)

---

[197] „[…] nach einem Hinweis der NSDAP-Gauleitung Gros-Berlin an den Frankfurter Oberbürgermeister, demzufolge die Künstlerin Käthe Kollwitz als Kommunistin einzustufen sei, [wurde] im Oktober 1935 die Kollwitzstraße in Tangastraße umbenannt" (Schürmann 2012: 67).

Dass erforderlich behauptete Tilgungsprozesse auch mit dem hohen zeitgenössischen Stellenwert der Fixierung kolonialer Kommemorationen korrelieren, zeigen die für Hamburg-Wandsbek-Ost und -Rahlstedt am Ende der 1930er Jahre zu verzeichnenden Umbenennungsprozesse: Die Namen *Lettow-Vorbeck-Straße* bzw. *Tangastraße* für neu angelegte Straßenzüge in Wandsbek-Ost bzw. Rahlstedt, letzterer in nächster Nähe zur *Lettow-Vorbeck-Kaserne* (vgl. Adressbuch Hamburg 1940 IV: 1165), stellen Erstbenennungen dar. Alle weiteren im Stadtplan von 1940 verzeichneten Namen (Abb. 20, 21) sind das Ergebnis von veranlassten Umbenennungen zur Vermeidung von Straßennamendopplungen, die sich durch Eingemeindung der Stadt Wandsbek ergaben (vgl. Statistisches Landesamt 01.05.1939). Die ursprünglichen kolonialen Einzelbenennungen wurden durch entsprechende Tilgung älterer Namen in Kolonialcluster mit fünf bzw. sieben kolonialzeitbezogenen Namen überführt. Warum bei den Umbenennungsprozessen wiederum keine Rücksicht auf bereits bestehende kolonialzeitbezogene Konstruktionen in anderen Stadtteilen (Kleiner Grasbrook, Hamm und Horn) genommen wurde und im Ergebnis koloniale Modifikator-Dopplungen für Hamburg festzustellen sind, kann nicht geklärt werden.

Die zuvor aufgezeigten lokalpolitischen Einzelphänomene haben damit ganz unterschiedliche Gründe, die historisch aufschlussreich sein können. Zur Beantwortung der mit der vorliegenden Studie dargelegten Fragen konnte gezeigt werden, dass sich die jeweiligen ortsbezogenen Prozesse in ortsübergreifender Perspektive maßgeblich auf Sprachpraktiken in nationalsozialistischer Zeit beschränken, in denen vorrangig Kolonialakteure durch entsprechende Benennungen in den öffentlichen (Alltags-)Raum eingeschrieben werden sollten. Einige solcher Umbenennungen können als Folge von als notwendig behaupteten Tilgungsprozessen nachvollzogen werden. Für die Mehrheit jener Umbenennungen ist allerdings ein zeitgenössisch hoher Stellenwert kolonialer Fixierungspraktiken festzustellen, die auf lokal-parteiliche Interessensgruppen und/oder auf Anregungen des RKB bzw. dessen lokale Abteilungen zurückzuführen sind, denn

> bis zum Sommer 1939 [...] [gab es] kein Regelwerk auf Reichsebene [...], das die Benennung öffentlicher Straßen und Plätze und damit die Besetzung des öffentlichen Raums einheitlich und straff organisiert hätte. Stattdessen blieb dieses Gebiet bis dahin weitestgehend den lokalen und regionalen Initiativen staatlicher, meist aber parteilicher Initiativen überlassen. [...] Den Prozess der Namensgebung von Straßen und Plätzen von 1933 bis 1939 bestimmten also ganz klar lokale Spezifika und die jeweiligen kommunalen Führungen. (Poguntke 2011: 30)

9.2 Neubenennungen

Für den Untersuchungszeitraum der vorliegenden Arbeit ist (mit Ausnahme einer Stagnation Mitte der 1925er Jahre) bis 1939 ein kontinuierliches Bevölkerungswachstum im Deutschen Reich zu verzeichnen (vgl. Statistisches Bundesamt 2011)[198], das – gerade im letzten Drittel des 19. Jahrhunderts – eine massive Verstädterung mit sich brachte. Einwohnerinnen- und Einwohnerzahlen in Großstädten verdoppelten sich zwischen 1875 bis 1900. Für die Zeit nach 1900 ist eine weitere Bevölkerungszunahme in Großstädten bis 1939 festzustellen. Nur für die 1920er Jahre ist diese vor allem mit der Vielzahl an Eingemeindungen zu erklären (vgl. Häußermann und Siebel 2000: 61, 127–128). Die Bevölkerung des Deutschen Reichs wuchs zwischen 1925 und 1935 weiter von 63,2 auf 68,9 Millionen an. Aufgrund jener rasanten Bevölkerungszunahme herrschte Wohnungsnot, die unter anderem auch durch die Erschließung neuen Wohnraumes in den Randgebieten verringert werden sollte. Die Bebauung solcher Peripheriebereiche zeigt frühe Formen von Suburbanisierung an. Die Stadtgeographie, die Veränderungen städtischer Agglomerationsräume untersucht, charakterisiert diese folgendermaßen:

> **Suburbanisierungsphase** [Fettdruck im Original]. Diese ist durch eine relativ stärkere Bevölkerungs- und Beschäftigungszunahme im Umland als in der Kernstadt aufgrund innerregionaler Dekonzentration von Bevölkerung und Arbeitsplätzen gekennzeichnet [...]. Der Ausbau der Verkehrswege bewirkte auch den Umzug von Mittel- und Unterschichten in die Vororte und Vorstädte. Bereits im 19. Jh. erfolgten schon Industrie-Standortverlagerungen an den Stadtrand, da neue Betriebe meist nur dort Flächen fanden. (Heineberg et al. 2014: 57)

Die Vergabepraxis einer Vielzahl an Straßennamen als Erstbenennungen in die Peripheriebereiche ist somit als usueller Prozess im Kontext des Bevölkerungswachstums und der Suburbanisierung zu beschreiben. Für die erschlossenen Siedlungen oder Viertel in den städtischen Randbereichen entstand ein Benennungsbedarf der jeweiligen angelegten Straßenzüge, der in entsprechenden administrativen Texten thematisiert wurde:

> Betr. [d. i.: Betrifft] Benennung von Straßen. Eine größere Anzahl von Straßen muss neu benannt werden, da an diesen Straßen stehende Häuser schon teilweise bewohnt sind. Auch wegen des im Druck befindlichen Adressbuches, in welchem die Straßennamen

---

[198] http://www.bpb.de/nachschlagen/zahlen-und-fakten/soziale-situation-in-deutschland/61532/bevoelkerungsentwicklung, Abruf am 28/06/2019.

noch aufzunehmen sind, eilt die Benennung. (OB Braunschweig an den Herrn Stadtbaurat am 23.09.1939)

Betrifft: Straßenbenennungen in den Siedlungen. [...] Die Bewohner bitten um die Nummerierung der Häuser. Bevor dies jedoch geschehen kann ist die Benennung der einzelnen Straßen erforderlich. (Bürgermeister Völklingen an den Herren Polizeipräsidenten in Saarbrücken am 24.10.1938)

Jener Benennungsbedarf erfolgte ganz überwiegend durch themenkohärente Verfügungspraktiken als Straßennamen-Cluster. Clusterbenennung war (und ist auch bis heute) attraktiv und wurde von administrativer Seite befürwortet. Sie gilt als entlastend in der Vergabe und erhofft raumbezogen-strukturbildende Prozesse für die jeweiligen neuen Siedlungen und Viertel.

Die Vergabepraxis gebündelter **kolonialer** Straßennamen war einer von mehreren etwaigen Themenbereichen, mit dem in der NS-Zeit kolonisatorische Gewissheiten im öffentlichen städtischen Raum, vorrangig in den städtischen Peripheriebereichen, von 40 Groß- und Mittelstädten fixiert wurden. Kolonialcluster waren ein attraktiver Clustertyp von weiteren, die in nationalsozialistischer Zeit ortsübergreifende Verwendungen fanden: So fand bspw. die Benennung von Straßen in den neu angelegten Braunschweiger Siedlungen Querum bzw. Lehndorf am Ende der 1930er Jahre nach „Deutsche[n] Schutzgebieten, Afrikaforscher[n] u. a.", bzw. „nach Ortschaften im Saargebiet" (OB Braunschweig am 28.11.1939) statt. In der Mittelstadt Völklingen hat die Stadtverwaltung für die Neubausiedlung Rammelter-Schacht „Namen von um die Kolonialgeschichte verdienten Männern" vorgeschlagen. Zeitgleich empfahl sie für die innerhalb der zwei neu erschlossenen Siedlungen Bußer-Höhe und Fürstenhausen angelegten Straßenzügen „Namen von Gefallenen der Bewegung bzw. Städtenamen aus der Ostmark" und „Städtenamen aus dem Sudetenland" (Bürgermeister von Völklingen an den Herren Polizeipräsidenten in Saarbrücken am 22.12.1938), mit denen sich die Ratsherren als einverstanden erklärten. Den zuvor dargelegten Themenbereichen ist gemeinsam, dass sie für die nationalsozialistische Führung politisch relevante historische Sachverhalte betrafen, deren Wert zur Selbstvergewisserung, Identität u. dgl. in Reden, an Feiertagen, aber auch mit Straßenvergabepraktiken thematisiert wurden.

Etwa 75 % des erstellten kolonial motivierten Gesamtinventars wurden als Neubenennungen in den öffentlichen (Alltags-)Raum verfügt. Insofern sind sie Teil usueller kommemorativer Vergabepraktiken für neu angelegte städtische Viertel bzw. Siedlungen in wachsenden Städten mit hohem Benennungsbedarf. Ein Großteil der erstmalig nach 1933 erfolgten kolonial motivierten Verfügungspraktiken innerhalb themenkohärenter Cluster ist innerhalb von neu aufgeschlossenen Siedlungen und Vierteln in den städtischen Peripheriebereichen zu verorten, die als Wohnsiedlungen angelegt wurden.

Das Reichsarbeitsministerium rief 1935 ein Förderprogramm zur Errichtung von ‚Volkswohnungen' ins Leben, die als ‚billigste Mietwohnungen in ein- oder mehrgeschossiger Bauweise' beschrieben wurden [...]. Und seit Verkündung des Vierjahresplans 1936 machte sich vor allem die DAF [d. i. Deutsche Arbeitsfront] unter dem Stichwort „Arbeiterwohnstättenbau" für ein an den Bedürfnissen der Industriearbeiterschaft orientiertes Wohnprogramm stark. (Haerendel 1999: 859)

Für das Kolonialcluster in Magdeburg-Neustädter Feld wird in zeitgenössischen Quellen dargelegt, dass „[...] ein größeres Bauprojekt Verwirklichung finden [soll]. [...] Hier sollen 276 Siedlerstellen und 78 Volkswohnungen entstehen, die Volkswohnungen mit Reihenbau mit kleinen Hausgärtchen, die Siedlerstellen mit 800 Quadratmeter Land und Stallungen" (Der Mitteldeutsche, 16.2.1938, zit. nach Roeder 1995: 53). Der maßgebliche Anteil an Kolonialclustern in nationalsozialistischer Zeit ist im Zuge jenes Kleinsiedlungs- und Volkswohnungsprogramms verfügt worden, die für Arbeiterfamilien teilweise in nächster Nähe zu den Industrieanlagen (bspw. Magdeburg-Neustädter Feld, Mannheim-Rheinau) errichtet wurden. Neben der Schaffung von neuen Siedlungen und Vierteln für die Arbeiterschaft, teilweise in nächster Nähe zu den jeweiligen Industrien, „baute [...] das wohlhabende Bürgertum in großer Zahl in den Randgebieten neue Häuser, meist Villen, und schuf sich eine eigene Lebenswelt [...]" (Weichel 1996: 239). Für derartige als Villenkolonien in die städtischen Peripheriebereiche angelegten Siedlungen und Viertel stellen Kolonialcluster (wie in Stettin [Szczecin]-Braunsfelde) dagegen singuläre Phänomene dar.

Einzelne Kolonialcluster sind in unmittelbarer Nähe zu Kasernen festzustellen. So steht bspw. die Siedlung des Kolonialclusters in Cuxhaven-Döse im unmittelbaren Zusammenhang mit der dort zeitgleich errichteten *Kiautschou-Kaserne*,

die zusammen mit der Exerzierhalle [...], dem Exerzier- und Schießpatz dazwischen und den drei Wohngebäuden für Offiziere/Unteroffiziere entlang der Tsingtaustraße [...] ein großes Areal abdeckte. In der Regel war die Kaserne mit rund 500 Soldaten belegt, die für den militärischen Dienst in der deutschen Kolonie Kiautschou in China mit seiner Hauptstadt Tsingtau (Qingdao) ausgebildet wurden und die dortigen Truppen verstärkten. (Stadt Cuxhaven 2014: 4)

In den Hafenstädten sind Kolonialcluster nicht ausschließlich für Wohnstraßen, sondern – teilweise schon in der Zwischenkriegszeit – auch für Industrieanlagen in nächster Nähe zum Hafen (bspw. Hamburg-Kleiner Grasbrook, Bremen-

Oslebshausen) und der dort erschlossenen Gebiete (Kiel-Neumühlen-Dietrichsdorf) angelegt worden.

In den zeitgenössischen Empfehlungsschreiben der DKG und den lokalen Ortsverbänden des RKB sind keine Präferenzen hinsichtlich des Verfügungsortes derartiger Benennungen festzustellen. Nur für das nach der Eingemeindung Truderings 1932 erschlossene Wohnviertel in München-Trudering, das unter anderem auch als Wohnraum der nationalsozialistischen Führungselite[199] genutzt wurde, kann der Eingriff lokaler kolonialrevisionistischer Interessengruppen nachvollzogen werden, die sich explizit für die Fixierung solcher Namenmuster in Trudering eingesetzt haben:

> Die ‚Kriegerschaft Deutscher Kolonialtruppen e.V.' hatte angeregt, Trudering als Ort auszuwählen, da sich in diesem Viertel bereits das Kolonial-Krieger-Waldheim befand. [...] Auch wenn die Haltung der Nationalsozialisten zu Kolonialbesitz in Übersee insgesamt eher ambivalent war, kann man bei dieser Stadtratsentscheidung vom Juni 1933 doch ein klares politisches Programm erkennen. Gleichzeitig hatte München mit dem Reichsstatthalter von Bayern, Ritter von Epp, einen großen Kolonialenthusiasten vor Ort. (Lindner 2008: 294–295)[200]

9.3 Ergebnisse

Für die zu Beginn des Kapitels dargelegten Fragestellungen sind folgende Ergebnisse herauszustellen: In nationalsozialistischer Zeit bestand – auch aufgrund der zeitgenössischen Wohnungsnot – für die aufgeschlossenen Neubausiedlungen und -viertel in den städtischen Peripherien ein Benennungsbedarf, der sich auch in einem ortsübergreifenden Interesse eine Einschreibung kolonial motivierter Namen manifestiert. Neben den außersprachlichen Prozessen der infrastrukturellen Erschließung und Bebauung des öffentlichen Raums fand darüber hinaus durch die gebündelte kommemorative Bezugnahme jener administrativ verfügten Sprachpraktiken zugleich der Prozess einer „linguistische[n] In-Wert-Setzung von Raum, [...], urbanes *Place-Making* [kursiv im Original]" (Busse und Warnke 2014: 2), statt, mit dem das zeitgenössische kolonisatorische

---

199 http://www.trudering-riem.de/geschichte/index.html, Abruf am 28/06/2019.
200 Aus der Quellenlage geht nicht hervor, ob es sich bei einigen der relevanten SN-Token um Umbenennungsprodukte handelt. Lindner (2008: 294–295) spricht zwar von „Neu- und Umbenennungen mit Kolonialnamen. [...] Durch zahlreiche weitere Neubenennungen schuf man in Trudering ein großes Kolonialviertel [...]". Im zeitgenössischen Straßenverzeichnis (vgl. Adressbuch München 1935 III) wird allerdings nicht explizit auf etwaige Umbenennungsprozesse hingewiesen.

Selbstverständnis gegenüber der deutschen Kolonialepoche im öffentlichen (Alltags-)Raum fixiert werden sollte. Insofern antwortet der Typus kolonialer Neubenennungen (neben weiteren) als Cluster in nationalsozialistischer Zeit auf den Benennungsbedarf für neu angelegte Siedlungen und Viertel in den 1930er Jahren in wachsenden Städten, der von Seiten des RKB und den jeweiligen Kreisverbänden sowie kolonialagitatorischen Verwaltungen durch Place-Making-Prozesse und den Aufbau derartiger sprachlicher Landschaften gestärkt werden sollte. Die ortsübergreifend erhobenen Cluster mit gebündelten Neubenennungen sind für unterschiedliche Raumtypen zu verorten: Neben singulären Prozessen, in denen Kolonialcluster in Villenviertel und in nächster Nähe zu Kasernen angelegt wurden, sind sie maßgeblich für Wohnsiedlungen und -viertel der Arbeiterschaft, teilweise in nächster Nähe zu den jeweiligen Industrien, festzustellen.

Nach 1933 sind zugleich Überschreibungsprozesse älterer Namen mit kolonial motivierten Namenmustern festzustellen. In nationalsozialistischer Zeit bestand also nicht ausschließlich für Neubausiedlungen und -viertel ein Benennungsbedarf, in dem ein Interesse an der Einschreibung kolonial motivierter Namen festzumachen ist, sondern dieses Thema erschien auch darüber hinaus für Umbenennungsprozesse von Seiten der lokal-politischen Administrationen attraktiv. Im Vergleich zu der großen Anzahl an Neubenennungen stellen sie nichtsdestotrotz ein zahlenmäßig untergeordnetes Phänomen dar, das sich auf eine begrenzte Zahl an Groß- und Mittelstädten und Konstruktionen begrenzt.

Dabei konnte im Vergleich zu der jeweiligen Zahl an Neueinschreibungen herausgestellt werden, dass Umbenennungen für koloniale Einzelbenennungen größer als für die innerhalb von Kolonialclustern verfügten SN-Token ausfallen. Für jene singulären Umbenennungen können deanthroponymische Konstruktionen mit den MOD-Types *Lüderitz*, *Lettow-Vorbeck* und *Peters* als quantitativ dominant herausgestellt werden. Solche punktuellen kolonialen Umbenennungen fixieren kolonisatorische Deutungen in den öffentlichen Raum mit entsprechenden personenbezogenen Intentionen. Sie werden nicht selten mit weiteren personenbezogenen Umbenennungsprodukten, die auf Generäle des Ersten Weltkriegs referieren sollten (Kap. 8.1.2), in den städtischen Raum eingeschrieben. Für die innerhalb von Kolonialclustern zu verortenden Umbenennungen sind deanthroponymische Namen vorherrschend, es sind aber auch weitere Konstruktionen festzustellen. Nur einzelne ortsbezogene Kolonialcluster werden vollständig durch die Tilgung älteren Namenmaterials verfügt. Für einen Großteil der bis 1945 zu konstatierenden Cluster sind erstmalige Umbenennungen nach 1933 zu konstatieren, mit denen erstmalig koloniale Kommemorationen eingeschrieben werden, die sodann mit Erstbenennungen für neu angelegte

Straßenzüge aufgefüllt wurden. Ein maßgeblicher Anteil solcher in nationalsozialistischer Zeit erfolgten Umbenennungsprozesse geht auf lokal-parteiliche Interessensgruppen zurück. Dass ihnen – genauso wie kolonial motivierten Erst- bzw. Neubenennungen – aus historischer Perspektive eine gesellschaftspolitische Relevanz zugesprochen werden muss, steht außer Frage. In den meisten Fällen sind derartige Umbenennungen aber nicht als politisch motivierte Umdeutungen des bestehenden Raums zu beschreiben: Im Gegensatz zu den reichsweiten Umbenennungsaktionen nach Politikern und/oder Funktionsträgern der NSDAP, die – völlig markiert – für innenstädtische Straßen und Plätze zum Tragen kam (vgl. Heuser 2008: 618–619), sind kolonial motivierte Umbenennungsprodukte nicht innerhalb der mittelalterlichen Stadtkerne zu verorten.

10 Zusammenfassung

Ziel der vorliegenden Studie war es, kolonial motivierte Straßennamen in der deutschen Metropole zwischen 1884 und 1945 flächendeckend zu erheben und unter strukturell-onomastischen und diskursfunktionalen Fragestellungen umfassend zu analysieren. Dieses kolonialtoponomastische Forschungsanliegen reagiert auf den von der Koloniallinguistik eingehend beschriebenen Sachverhalt, dass der öffentliche Sprachgebrauch des späten 19. und frühen 20. Jahrhunderts im deutschsprachigen Raum in Bezug auf Kolonialismus und koloniale Themen bisher nur unzureichend erforscht ist. Vor diesem Hintergrund sollte am sprachlichen Alltagsgegenstand der Straßennamen empirisch, strukturell und diskursiv herausgearbeitet werden, wie und mit welchen sprachlichen Strukturen im Deutschen Reich eine spezifisch **koloniale** Belegung des (Alltags-)Raumes und der (Alltags-)Kommunikation evoziert werden sollte, die hinsichtlich der damit reproduzierten Gewissheiten untersucht wurde. Das Forschungsthema bezieht damit grundlegende sprachwissenschaftliche Fragestellungen auf den kolonialtoponomastischen Gegenstand:

> Wer sagt was mit welchen Mitteln? Welche Sprache bildet kolonisatorische Identität im Alltag faktisch aus durch bloße Existenz von Kommunikation? Es ist die äußerliche Präsenz von Sprache als bloße Positivität eines Diskurses [...], die interessiert. (Warnke 2009: 33)

Das „Wer" dieser Studie stellen die zeitgenössischen administrativen Namengeber dar, die „mit Mitteln", nämlich mittels Benennungspraktiken kolonial motivierter Straßennamen über deren primäre Orientierungsfunktion hinaus „kolonisatorische Identität im Alltag" der deutschen Gesellschaft versprachlichten und im öffentlichen Raum fixierten.

Die Untersuchung dieses kolonialen Namenprojekts in der deutschen Metropole erfolgte in der Arbeit erstmalig in einem ortsübergreifenden Zugriff auf der Grundlage eines kriterienbasiert aus Groß- und Mittelstädten bestehenden historischen Ortskorpus. Auf dieser Basis wurde im Anschluss an etablierte Verfahren der empirischen Sprachwissenschaft ein systematisches Nameninventar aus der Perspektive *ex ante* identifiziert, inventarisiert und kategorisiert. Dabei konnte nachgewiesen werden, dass kolonial motivierte Straßenbenennungen strukturell beschreibbare und ortsübergreifend nachweisbare usuelle sprachliche Praxis darstellen. Die Analyse der nach linguistischen Kategorien annotierten über 520 historischen Datensätze zeigt die sprachliche Serialität der Straßennamen hinsichtlich ihrer onomastischen Strukturen, ihrer zeitlichen und räumlichen Verteilung und der mit ihnen verbundenen diskursiven Argumentationszusammenhänge, die das Potential zur Ableitung übergeordneter

Aussagen über die sprachlich vermittelten kolonisatorischen Wissenskonzepte klar erkennbar machen.

In der Einleitung zu dieser Arbeit wurden konkrete Untersuchungsfragen gestellt, die nun vor dem Hintergrund der Analyseergebnisse beantwortet werden sollen.

(1) In welchen Orten und Ortstypen des Deutschen Reichs sind kolonial motivierte Straßenbenennungen, die zwischen 1884 und 1945 von den städtischen Administrationen verfügt wurden, zu verzeichnen?

(2) In welchen gesellschaftspolitischen Zeiträumen (Kaiserreich, Weimarer Republik, Nationalsozialismus) sind kolonial motivierte Straßenbenennungen maßgeblich zu verzeichnen?

Hinsichtlich solcher **raumzeitlichen Aspekte** sind folgende Ergebnisse festzuhalten: Die hohe Zahl an nahezu 100 (99) Städten, in denen kolonial motivierte SN-Token erhoben werden konnten, verweist auf die große Relevanz, die der Etablierung kolonialdiskursiver Gewissheiten von Seiten der zeitgenössischen Administration für eine vergleichbare Anzahl an Groß- und Mittelstädten beigemessen wurde. Für den gesamten Untersuchungszeitraum ist die Entwicklung eines kolonial geprägten sprachlichen Usus mittels entsprechender Namenvergabepraktiken erst im diachronen Verlauf zu erkennen: Die ortsübergreifend-nationalen Formen kolonialer Place-Making-Prozesse sind weniger als ein Phänomen der faktischen Kolonialherrschaft in der Zeit des Kaiserreichs, sondern vielmehr als hochfrequente Prozesse für die Zeit nach dem faktischen Ende deutscher Kolonialherrschaft zu beschreiben. Der Kolonialmetropole Berlin (vgl. Heyden und Zeller 2002) ist hinsichtlich der Anzahl an entsprechenden Straßennamenvergabepraktiken bis 1919 eine Vorreiterrolle zuzusprechen, es werden aber auch bereits in weiteren Städten (Bremen, Chemnitz, Cuxhaven, Dresden, Düsseldorf, Erfurt, Hannover, Köln, Leipzig, Magdeburg, Weimar) kolonial motivierte Benennungsprozesse offensichtlich. Zwischen 1919 und 1945, insbesondere seit der nationalsozialistischen Machtübernahme 1933, können umfangreiche ortsübergreifend-nationale Fixierungsprozesse kolonialer Kommemorationen in den öffentlichen Raum des Deutschen Reichs mittels Straßennamenverfügungen festgestellt werden, mit denen kolonisatorische Gewissheiten sprachlich vermittelt werden sollten. Dabei waren offenbar zwei äußere Ereignisse maßgeblich: Die Politik der nationalsozialistischen Gleichschaltung der Kolonialbewegung bis auf die kommunalen Ebenen stellt insofern einen auch sprachlichen Wendepunkt dar, als dass der Reichskolonialbund mit seinen lokalen Kreisverbänden solche Namenverfügungspraktiken bei den nationalsozialistisch-städtischen Administrationen vorantreiben konnte. Darüber hinaus wurden koloniale Straßenbenennungen (neben weiteren) spätestens durch den „Runderlaß des Reichsministers des Innern" (15.07.1939) von staatlicher Seite unterstützt. Gerade die Erhebung kolonial motivierter Straßenbenennungen für einzelne Städte der annektierten Gebiete am Ende der 1930er und Anfang der 1940er Jahre ist ein Hinweis darauf, dass sie im NS-System (neben weiteren) einen Themenbereich darstellten, die innerhalb zeitgenössischer narrativer Muster des nationalsozialistischen Deutschen Reichs als unmittelbar relevant angesehen wurden.

(3) Welche musterhaften sprachstrukturellen und diskursfunktionalen Eigenschaften weisen die Konstruktionen im inventarbezogenen Zugriff auf?

In dieser Arbeit konnte gezeigt werden, dass innerhalb des kolonialen Namenprojekts in der Metropole **prototypische sprachstrukturelle Konstruktionen** Verwendung fanden, denen **musterhafte Diskursfunktionen** hinsichtlich der damit versprachlichten kolonisatorischen Gewissheiten zugeschrieben werden können. Dies gilt schon für den Bestand der Modifikator-Konstruktionen an sich: Etwa 84 % aller erhobenen über 520 SN-Token beschränken sich auf gerade einmal 27 MOD-Types, die mit usuellen Klassifikatoren verfügt wurden. Das hohe Maß an Systematizität ist auch im Hinblick auf die lexikologisch-onymische Kategorisierung der über 520 Modifikator-Konstruktionen festzustellen: Etwa 59 % bzw. 36 % der Konstruktionen weisen anthroponymische bzw. toponymische Modifikator-Konstruktionen auf, für die (durch die Auswertung zeitgenössischer Zuschreibungen) musterhafte Kommemorationen herauszustellen sind, mit denen personalisierte und lokalisierte Wissenskonzepte in Bezug auf die deutschen Kolonialakteure und die von Seiten der deutschen Kolonialmacht kolonisierten Räume als eindeutige Machthierarchien im deutschsprachigen (Alltags-)Raum fixiert werden sollten. Das Beispiel der kolonialen Straßennamen belegt damit die vor einigen Jahren formulierte These von Warnke und Stolz (2013: 483) deutlich: „Im kolonialen Dispositiv ist der personale, lokale und temporale Verweisraum also nicht nur binär strukturiert, sondern stets auch klar bewertet. Die kolonisatorische Origo ist immer eine der überlegenen Position". Die sprachlich vermittelte eurozentristische Haltung konnte für die innerhalb des zweitgrößten Teilbestandes detoponymischer Konstruktionen festzustellenden deoikonymischen Modifikatoren herausgearbeitet werden: Sie verweisen nicht auf beliebige Orte in den kolonisierten Räumen, sondern ausschließlich auf administrative Hauptorte und/oder handelsspezifische Zentren der deutschen Kolonialmacht mit quantitativ dominanten georeferenzierenden Bezügen zu Deutsch-Südwestafrika als zeitgenössisch einziger Siedlungskolonie.

Damit kann das koloniale Namenprojekt, auch und gerade nach 1919, weniger als eine „Vermarktung des Fremden" (Wolter 2005) herausgestellt werden. In plakativer Zuspitzung lässt sich damit sagen: Während in unterschiedlichen zeitgenössischen Textsorten nicht selten Koloniales in stereotypischen Themenfeldern von exotisch-imaginierter Ferne und Fremde in Übersee (vgl. Warnke 2009: 50–51) verhandelt wird, handelt es sich bei dem Alltagsgegenstand kolonial motivierter Straßennamen vielmehr um den Versuch einer Reinstallierung kolonialer Erfahrung (Abb. 1, Kap. 2.2.4) im Sinne kolonisatorischer Superiorität. Dass die kommunikative Handlungsmacht ausschließlich für die Seite der Kolonisatoren auszumachen ist, wird gerade durch die weitgehend erst in nationalsozialistischer Zeit verfügten Konstruktionen deutlich, mit denen aus zeitgenössischer Sicht die erfolgreich geführten Kolonialkriege und die Kolonialhelden geehrt und/oder gewürdigt werden sollten. Die nationalsozialistische Kolonialbewegung schaffte sich durch die Anregung ortsübergreifender Namenvergabeprozesse auch über die Fortführung älterer Namenmuster hinaus eigene Kommemorationen, die sich durch partiell übereinstimmende, aber auch davon abweichende Konstruktionsmuster gegenüber der faktischen Kolonialzeit auszeichnen. In diesem Zusammenhang ist auch die ortsübergreifend-nationale Ehrung von Carl Peters mit einer hochfrequenten Zahl an Straßennamen nach 1933 entgegen seiner noch in der Kaiserzeit erfolgten Dienstentlassung und entsprechender Geringschätzung einzuordnen.

(4) Welche musterhaften Formen kolonialer Raumreferenzierung und -belegung sind im inventarbezogenen Zugriff verzeichnen?

Die vorliegende Studie konnte die gebündelte Verfügung von SN-Token in der Form von **Kolonialclustern** als einen **raumlinguistischen Prototyp** aufzeigen. Auch für die innerhalb solcher Cluster zu verortenden Namen konnten ortsübergreifende sprachstrukturelle und diskursfunktionale Muster aufgezeigt werden, mit denen personenbezogene oder personenbezogen-lokalisierte Kommemorationen in Bezug auf Kolonialismus und koloniale Themen hervorgebracht wurden. Anhand der durchschnittlich größeren Anzahl an innerhalb von Clustern verfügten kolonial motivierten SN-Token in Großstädten, die mit der Anlegung größerer Siedlungen und/oder Viertel zu begründen ist, konnte eine Attraktivitätsskala kolonialer Kommemorationen herausgearbeitet werden. Eine besondere Attraktivität geht demnach von sprachlichen Strukturen aus, mit denen gebündelte kolonisatorische Wissenskonzepte zu Kolonialakteuren oder den kolonisierten Räumen und die maßgeblich daran beteiligten Kolonialakteure evoziert werden sollten. Neben den usuellen Konstruktionsmustern sind innerhalb solcher Cluster auch singuläre Phänomene mit teilweise über die kolonialen Motiviken hinausgehenden Zuschreibungen festzustellen.

(5) Welche zeitgenössische Relevanz ist kolonial motivierten Straßenbenennungen im inventarbezogenen Zugriff hinsichtlich ihres Benennungsstatus als Neu- oder Umbenennungen zuzuschreiben?

Die Untersuchung der **historisch-synchronen Relevanz** der Namenvergabepraktiken vor dem Hintergrund ihres **Benennungsstatus** hat ergeben, dass koloniale Straßenbenennungen (mit weiteren) vorrangig im Zusammenhang der Erschließung städtischer Peripheriegebiete zu verorten sind. Die gebündelte Vergabepraxis kolonial motivierter Straßennamen stellte einen von mehreren etwaigen Themenbereichen vor dem Hintergrund des zeitgenössischen Benennungsbedarfs neu angelegter Siedlungen oder Viertel in den Randgebieten der Städte dar, für den sich besonders die Vereine der Kolonialbewegung des Deutschen Reichs einsetzten. Koloniale Benennungen, die im Zuge der Tilgung älteren Namenmaterials verfügt wurden, stellen ein untergeordnetes Phänomen dar und sind maßgeblich für deanthroponymische Konstruktionen festzustellen, die als Einzelbenennungen verfügt wurden. Wenngleich koloniale Umbenennungsprodukte mehrheitlich auf lokal-parteiliche Intentionen der nationalsozialistischen Stadtverwaltungen zurückzuführen sind, sind sie nicht mit den Umbenennungsaktionen seit 1933 (*Adolf-Hitler-Straße* u. dgl.) in den mittelalterlichen Stadtkernen vergleichbar.

(6) Welche Argumentationsstrukturen manifestieren sich in expliziten Aussagenzusammenhängen, die kolonial motivierte Straßenbenennungen propositional einbetten und begründen?

Im Gegensatz zu den inventarbezogen-toponomastischen Analysen konnten **argumentatorisch-diskursbezogene** Untersuchungen zeitgenössischer **expliziter Aussagenzusammenhänge** nur einzelorts- bzw. einzelfallbezogen innerhalb der jeweiligen Teilkapitel erfolgen. Das liegt daran, dass die Quellenlage der hierfür erforderlichen Benennungsakten unterschiedlich dicht ausfällt. Umso wertvoller sind die mit guter Quellenlage einhergehenden einzelortsbezogenen Befunde aus administrativen Benennungsakten und Benennungsmotiviken in historischen Straßenverzeichnissen, die für die städtische Öffentlichkeit angelegt wurden. Durch die Berücksichtigung und Auswertung von Zuschreibungen, die innerhalb solcher metasprachlichen Äußerungen vorgenommen werden, können die mit kolonialen Namenvergabepraktiken intendierten epistemischen Lesarten von Seiten der Namengeber aufgedeckt werden. Unabhängig von ihrem Benennungsstatus als Erst- bzw. Umbenennungen sind dabei für die nach 1919 verfügten Inventare kolonialrevisionistische Argumentationstopoi festzustellen, die in den jeweiligen Texten explizit und implizit verhandelt werden. Die kolonialrevisionistischen Argumentationsmuster der Rückforderung entsprechen dabei in auffälliger Weise den Argumentationen zeitgenössischer Reichstagsprotokolle der 1920er Jahre, die bspw. Kämper (2016) hinsichtlich argumentativ-lexikalischer Gesichtspunkte ausgewertet hat.

Die Ergebnisse der hier vorliegenden Studie zu kolonial motivierten Straßennamen belegen die Relevanz einer sprachwissenschaftlichen Erforschung sekundärer Straßennamen in strukturell-onomastischer und diskursfunktionaler Perspektive. Es konnte nachgewiesen werden, dass hinter den praktischen Aspekten kolonial motivierter Straßenbenennungen ortsübergreifend-nationale sprachliche Interessen rekonstruiert werden können, anhand derer eine nationale Symbolik (vgl. Jessen 2006: 3) offensichtlich wird. Diese Arbeit stellt damit zum einen ein Plädoyer für den Ausbau der Studien zu sekundären Straßennamen in der Onomastik und zum anderen ein Plädoyer für die stärkere Berücksichtigung der Onyme im Bereich der sogenannten kolonialen Metropolen in der Kolonialtoponomastik dar. Erforderlich ist dazu eine ortsübergreifende Erhebung des Namenmaterials unter genauer Aufarbeitung der historischen Vergabeprozesse, seine Inventarisierung und Kategorisierung mit etablierten Methoden der empirischen Sprachwissenschaft und seine intensive Analyse, die mit der Erhebung akteursgebundener Intentionen der administrativen Namengeber und den jeweiligen Argumentationsstrukturen auch sprachlich-diskursive Anteile umfasst. Im Hinblick auf die von Kämper et al. (2016: 5) aufgezeigte Aufgabe sprachwissenschaftlicher Teildisziplinen, „die Multidisziplinarität der Diskursanalyse disziplinär zu ordnen", ist unter jenen Voraussetzungen auch zu fragen, inwieweit sekundäre Straßennamen hinsichtlich ihrer epistemischen Lesart nicht nur als theoretischer Bestandteil der linguistischen Diskursanalyse zu verhandeln, sondern auch in der Praxis entsprechend zu untersuchen sind.

Das innerhalb dieser Arbeit vollständig quellenbasiert erhobene Inventar von über 520 kolonial motivierten Straßenbenennungen bildet den für 1945 ermittelten Ist-Zustand kolonialer Straßennamen. Es stellt zugleich eine ideale Datengrundlage für weitere sprachwissenschaftliche Fragestellungen nach 1945 dar, „denn nur auf Grundlage eines vergleichbar ermittelten Datensets lassen sich [...] überhaupt erst Weiterungen der Namengeschichte angemessen verfolgen und einordnen" (Stolz und Warnke 2017: 211). Punktuelle Stichproben zeigen den Ausbau der Kolonialcluster in den städtischen Peripheriebereichen nach 1945, der zu themenkohärenten Weiterbenennungen der in nächster Nähe gelegenen Straßenzüge führte, bspw. in Duisburg-Huckingen (u. a. *Daressalamstraße, Lomestraße, Sansibarstraße, Togostraße*), Hannover-Badenstedt (u. a. *Togoweg, Windhukstraße*) und Wuppertal-Barmen (*Togostraße*). Auch Tilgungspraktiken einzelner deanthroponymischer Konstruktionen, für die in sprachhistorischer Perspektive eindeutige koloniale Kommemorationen nachzuweisen sind, können ausgehend von dem in dieser Arbeit zusammengestellten und analysierten Inventar in den Blick genommen werden. Zum einen ergeben sich Unterschiede der sprachlichen Praktiken nach 1945 in den westlichen Besatzungszonen auf der einen und in der SBZ auf der anderen Seite (vgl. Schulz und Ebert 2016: 362). Hier erscheint eine intensive Analyse auf der Basis des in dieser Studie erhobenen Materials vielversprechend. Zum anderen sind seit etwa 1990 charakteristische Umbenennungen, etwa für Köln-Nippes (*Carl-Peters-Straße*, *Lüderitzstraße*), München-Trudering (*Von-Trotha-Straße*) oder Hannover-Badenstedt (*Lettow-Vorbeck-Allee*) festzustellen. Toponomastische Fragen hinsichtlich der lexikologisch-onymischen Zuordnung der jeweiligen Modifikatoren sind hier im Kontrast zu den Benennungen auch an die Umbenennungsprodukte zu richten. Von besonderem Interesse wird dabei eine Analyse postkolonialer Zuschreibungen sein.

Der in dieser Studie erreichte Beschreibungsstand könnte damit den Ausgangspunkt für anschließende Untersuchungen bilden, die Analyseperspektiven zu sprachlichen Prozessen der Tilgung und Umbenennung insbesondere seit 1945 bilden. Für sie wäre zu fragen, welche kommunikativ-sprachliche Dimension mit (de-) kolonisatorischer Wissensproduktion einhergeht. Die ortsübergreifende Zusammenstellung solcher Tilgungs- und Umbenennungsprozesse erforderte wie in dieser Studie Analysen zu **raumzeitlichen** sowie **strukturbezogen-onomastischen Aspekten** und der sich daraus ergebenden **diskursfunktionalen Eigenschaften**. Neben den vorrangig toponomastischen Analysen könnten zudem für die jüngeren und vor allem aktuellen Umbenennungsdebatten um kolonial motivierte Straßennamen **metasprachliche Daten** zusammengestellt und erhoben werden, die sodann nach **prototypischen Argumentationsmustern** verschiedener Akteursgruppen ausgewertet werden könnten. Für solche dringend gebotenen Studien wäre die hier vorliegende Arbeit Vorarbeit und Ausgangspunkt zugleich.

Literaturverzeichnis

a. Forschungsliteratur

Adolfmeister, Adolf E. 1989. Unveröffentlichtes Beiheft zur Mikrofiche-Ausgabe der Bremer Adressbücher 1794–1985 (erhalten vom Stadtarchiv Bremen).
Agamben, Giorgio. 2008. *Was ist ein Dispositiv?* Übersetzung der italienischen Originalausgabe von 2006 (*Che cos'è un dispositive?*). Zürich & Berlin: Diaphanes.
Ahlfänger, Jörg H. 2009. Unbekannte Straßennamen in Karlshorst. I – Überblick. *Karlshorster 25.4*.
Ahlfänger, Jörg H. 2010. Unbekannte Straßennamen in Karlshorst. II – Das Burenviertel. *Karlshorster 26.4*.
Alderman, Derek H. 2009. Street names as memorial arenas: The reputational politics of commemorating Martin Luther King Jr in a Georgia County. In Lawrence D. Berg & Jani Vuolteenaho (eds.), *Critical toponymies. The contested politics of place naming*, 179–198. Farnham & Burlington: Ashgate.
Aleff, Maria. 2017. German urbanonyms in the former colony of German South West Africa. *Journal of Namibian Studies. History, Politics, Culture* 22. 7–24.
Assmann, Aleida. 2006. *Erinnerungsräume. Formen und Wandlungen des kulturellen Gedächtnisses*. 3. Auflage. München: Beck.
Assmann, Jan. 1988. Kollektives Gedächtnis und kulturelle Identität. In Jan Assmann & Tonio Hölscher (eds.), *Kultur und Gedächtnis*, 9–19. Frankfurt am Main: Suhrkamp.
Assmann, Jan. 1992. *Das kulturelle Gedächtnis. Schrift, Erinnerung und politische Identität in frühen Hochkulturen*. München: Beck.
Auer, Peter. 2010. Sprachliche Landschaften. Die Strukturierung des öffentlichen Raums durch die geschriebene Sprache. In Arnulf Deppermann & Angelika Linke (eds.), *Sprache intermedial: Stimme und Schrift, Bild und Ton*, 271–300. Berlin & Boston: De Gruyter Mouton.
Azaryahu, Maoz. 1986. Street names and political identity: The case of East Berlin. *Journal of Contemporary History* 21(4). 581–604.
Azaryahu, Maoz. 1988. What is to be remembered: The struggle over street names, Berlin 1921–1930. *Tel Aviver Jahrbuch für deutsche Geschichte* 17. 241–258.
Azaryahu, Maoz. 1991. *Von Wilhelmplatz zu Thälmannplatz. Politische Symbole im öffentlichen Leben der DDR*. Aus dem Hebräischen von Kerstin Amrani u. Alma Mandelbaum. Gerlingen: Bleicher.
Azaryahu, Maoz. 1992. Die Umbenennung der Vergangenheit, oder: Die Politik der symbolischen Architextur der Stadt Ost-Berlin 1990–1991. *Zeitschrift für Volkskunde* 88(1). 16–29.
Azaryahu, Maoz. 1997. German reunification and the politics of street names: The case of East Berlin. *Political Geography* 16(6). 479–493.
Azaryahu, Maoz. 2009. Naming the past. The significance of commemorative street names. In Lawrence D. Berg & Jani Vuolteenaho (eds.), *Critical toponymies. The contested politics of place naming*, 53–70. Farnham & Burlington: Ashgate.
Bach, Adolf. 1954. *Deutsche Namenkunde II. Die deutschen Ortsnamen*. 2. Teilband. Heidelberg: Winter.

Bach, Adolf. 1957. Deutsche Namen in historisch-geographischer Sicht. Mit 7 Kartenskizzen. *Der Deutschunterricht* 9(5). 5–31.
Backhaus, Peter. 2007. Linguistic landscapes. A comparative study of urban multilingualism in Tokyo. *SKY Journal of Linguistics* 20. 455–465.
Bake, Rita. 2015. *Ein Gedächtnis der Stadt*. 2 Bände (Bd. I: *Überblick und Analyse*; Bd. II: *Wer steckt dahinter? Nach Frauen benannte Straßen, Plätze, Brücken in Hamburg*). Hamburg: Landeszentrale für Politische Bildung.
Barth, Andreas & Rolf Bergmann. 2016. Rudolf Schützeichel zum Gedenken. *Beiträge zur Namenforschung* 51(3/4). 265–267.
Becher, Jürgen. 1997. *Dar es Salaam, Tanga und Tabora. Stadtentwicklung in Tansania unter deutscher Kolonialherrschaft (1885–1914)*. Stuttgart: Steiner.
Bechhaus-Gerst, Marianne. 2013. Koloniale Straßennamen und Erinnerungskultur. In Marianne Bechhaus-Gerst & Anne-Kathrin Horstmann (eds.), *Köln und der deutsche Kolonialismus. Eine Spurensuche*, 237–242. Köln: Böhlau.
Behne, Claudia. 2013. *Straßennamen und ihre Geschichte. Vergleichende Studie auf der Basis der Straßennamenkorpora von Tangermünde, Stendal und Stadthagen*. Aachen: Shaker.
Beiträge zur Namenforschung. Neue Folge. 1–50. 1966ff. Heidelberg: Winter.
Ben-Rafael, Eliezer, Elana Shohamy, Muhammad Hasan Amara & Nira Trumper-Hecht. 2006. Linguistic landscape as symbolic construction of the public space: The case of Israel. *International Journal of Multilingualism* 3(1). 7–30.
Berg, Lawrence D. & Jani Vualteenaho (eds.). 2009. *Critical toponymies. The contested politics of place naming*. Farnham & Burlington: Ashgate.
Bering, Dietz. 1987. *Der Name als Stigma. Antisemitismus im deutschen Alltag 1812–1933*. Stuttgart: Klett-Cotta.
Bering, Dietz. 2001. Kulturelles Gedächtnis, Straßenname (Lemmata). In Nicolas Pethes & Jens Ruchatz (eds.), *Gedächtnis und Erinnerung. Ein interdisziplinäres Lexikon*. 567–568. Reinbek bei Hamburg: Rowohlt.
Bering, Dietz. 2002. Das Gedächtnis der Stadt. Neue Perspektiven der Straßennamenforschung. In Dieter Kremer (ed.), *Onomastik. Bd. I Chronik, Nametymologie und Namengeschichte, Forschungsprojekte. Akten des 18. Internationalen Kongresses für Namenforschung Trier, 12.–17. April 1993*, 209–225. Tübingen: Niemeyer.
Bering, Dietz. 2011. Straßennamen und kulturelles Gedächtnis. In Ursula Föllner, Saskia Luther & Jörn Weiner (eds.), *Straßennamen und Zeitgeist. Kontinuität und Wandel am Beispiel Magdeburgs*, 12–34. Halle (Saale): Mitteldeutscher Verlag.
Bering, Dietz & Klaus Großsteinbeck. 1994. Die Kulturgeschichte von Straßennamen. Neue Perspektiven auf altem Terrain, gewonnen am Beispiel Köln. *Muttersprache* 104. 97–117.
Bering, Dietz & Klaus Großsteinbeck. 2007. Die ideologische Dimension der Kölner Straßennamen von 1870 bis 1945. In Rudolf Jaworski & Peter Stachel (eds.), *Die Besetzung des öffentlichen Raumes. Politische Plätze, Denkmäler und Straßennamen im europäischen Vergleich*, 311–336. Berlin: Frank & Timme.
Bering, Dietz, Klaus Großsteinbeck & Marion Werner. 1999. Wegbeschreibungen. Entwurf eines Kategorienrasters zur Erforschung synchroner und diachroner Straßennamenkorpora. *Zeitschrift für Germanistische Linguistik (ZGL)* 27(2). 135–166.
Berman, Russel A. 2003. Der ewige Zweite. Deutschlands Sekundärkolonialismus. In Birthe Kundrus (ed.), *Phantasiereiche. Zur Kulturgeschichte des deutschen Kolonialismus*, 19–32. Frankfurt am Main & New York: Campus.

Bruns, Karin. 2001. ‚Peters, Carl'. *Neue Deutsche Biographie 20.* 239–240. Online unter: https://www.deutsche-biographie.de/pnd118790536.html#ndbcontent (abgerufen am28/10/2018).
Bungert, Gerhard. 2014. *Straßen im Saarland. Nationalisten und Militaristen als Namensgeber.* Saarbrücken: Blattlausverlag.
Busse, Beatrix & Ingo H. Warnke. 2014. Ortsherstellung als sprachliche Praxis – sprachliche Praxis als Ortsherstellung. In Ingo H. Warnke & Beatrix Busse (eds.), *Place-Making in urbanen Diskursen*, 1–8. Berlin & Boston: De Gruyter Mouton.
Busse, Beatrix & Ingo H. Warnke. 2014. Sprache im urbanen Raum. In Ekkehard Felder & Andreas Gardt (eds.), *Handbuch Sprache und Wissen*, 519–538. Berlin & Boston: De Gruyter Mouton.
Bußmann, Hadumod. 2008. *Lexikon der Sprachwissenschaft.* 4., durchges. und bibliographisch erg. Auflage. Unter Mitarb. von Hartmut Lauffer. Stuttgart: Kröner.
Casemir, Kirstin. 2015. Rezension zu Claudia Behne. 2013. Straßennamen und ihre Geschichte. Vergleichende Studie auf der Basis der Straßennamenkorpora von Tangermünde, Stendal und Stadthagen. In Historische Kommission für Niedersachsen und Bremen (ed.), *Niedersächsisches Jahrbuch für Landesgeschichte.* Band 87. 134. Göttingen: Wallstein.
Clark, Christopher M. 2009. *Kaiser Wilhelm II. Die Herrschaft des letzten deutschen Kaisers.* Übersetzt von Norbert Juraschitz. Harlow et al.: Longman.
Conrad, Sebastian & Shalini Randeria. 2002. Geteilte Geschichten – Europa in einer postkolonialen Welt. In Sebastian Conrad & Shalini Randeria (eds*.), Jenseits des Eurozentrismus. Postkoloniale Perspektiven in den Geschichts- und Kulturwissenschaften*, 9–49. Frankfurt am Main & New York: Campus.
Debus, Friedhelm. 2012. *Namenkunde und Namengeschichte. Eine Einführung.* Berlin: Schmidt.
Dewein, Barbara, Stefan Engelberg, Susanne Hackmack, Wolfram Karg, Birte Kellermeier-Rehbein, Peter Mühlhäusler, Daniel Schmidt-Brücken, Christina Schneemann, Doris Stolberg, Thomas Stolz & Ingo H. Warnke. 2012. Forschungsgruppe Koloniallinguistik: Profil – Programmatik – Projekte. *Zeitschrift für germanistische Linguistik* 40(2). 242–249.
Dix, Andreas. 2015. Umstrittene Räume – umstrittene Namen. Perspektiven der Critical Toponymies. In Jan Steinkrüger & Winfried Schenk (eds.), *Zwischen Geschichte und Geographie, zwischen Raum und Zeit. Beiträge der Tagung vom 11. und 12. April 2014 an der Universität Bonn*, 25–33. Münster: LIT.
Domke, Christine. 2014. *Die Betextung des öffentlichen Raumes. Eine Studie zur Spezifik von Meso-Kommunikation am Beispiel von Bahnhöfen, Innenstädten und Flughäfen.* Heidelberg: Winter.
Dörfler, Hans-Diether. 2006. *Die Straßennamen der Stadt Erlangen. Onomastische und historische Grundlagen. Namengebung und Wörterbuch.* Erlangen & Jena: Palm & Enke.
Döschner, Jascha. 2018. Wie viel ‚Gattung' haben Geo-Objekte? Gattungseigennamen aus kolonialtoponomastischer Perspektive. In Thomas Stolz & Ingo H. Warnke (eds.), *Vergleichende Kolonialtoponomastik. Strukturen und Funktionen kolonialer Ortsbenennung*, 77–94. Berlin & Boston: De Gruyter Mouton.
Dunker, Axel, Thomas Stolz & Ingo H. Warnke (eds.). 2017. *Benennungspraktiken in Prozessen kolonialer Raumaneignung.* Berlin & Boston: De Gruyter Mouton.
Dunse, Karin. 2004. Spuren deutscher Kolonialgeschichte im öffentlichen Raum: Am Beispiel Hannovers. In Leo Kreutzer & David Simo (eds.), *Weltengarten. Deutsch-Afrikanisches Jahrbuch für interkulturelles Denken*, 175–188. Hannover: Revonnah.

Dürr, Michael & Peter Schlobinski. 2006. *Deskriptive Linguistik. Grundlagen und Methoden*. 3. Auflage. Göttingen: Vandenhoeck & Ruprecht.
Ebert, Verena. 2018. Kolonialtoponomastik im Raum der deutschen Metropole. In Thomas Stolz & Ingo H. Warnke (eds.), *Vergleichende Kolonialtoponomastik. Strukturen und Funktionen kolonialer Ortsbenennung*, 95–124. Berlin & Boston: De Gruyter Mouton.
Ebert, Verena. angenommen. Koloniale Mikrotoponomastik: Ein Modell für die Erforschung sekundärer Straßennamen? In Kathrin Dräger, Rita Heuser & Michael Prinz (eds.), *Toponyme – eine Standortbestimmung* (geplant für: Reihe Germanistische Linguistik). Berlin & Boston: De Gruyter Mouton (erscheint 2021).
Eck, Helmut. 2017. *Die Tübinger Straßennamen: Vielfach umbenannt: Ein stadtgeographischer Beitrag zur Geschichte und Bedeutung der Tübinger Straßennamen*. Tübingen: Universitätsstadt Tübingen, Fachbereich Kunst und Kultur.
Eichler, Ernst, Gerold Hilty, Heinrich Löffler, Hugo Steger & Ladislav Zgusta. 1995. Vorwort. In Ernst Eichler, Gerold Hilty, Heinrich Löffler, Hugo Steger & Ladislav Zgusta (eds.), *Namenforschung. Ein internationales Handbuch der Onomastik*. 1. Teilband, V–IX. Berlin & New York: De Gruyter.
Eichler, Ernst, Gerold Hilty, Heinrich Löffler, Hugo Steger & Ladislav Zgusta (eds.). 1995/96. *Namenforschung. Ein internationales Handbuch der Onomastik*. 2. Teilband. Berlin & New York: De Gruyter.
Eichler, Ernst. 1995. Entwicklung der Namenforschung. In Ernst Eichler, Gerold Hilty, Heinrich Löffler, Hugo Steger & Ladislav Zgusta (eds.), *Namenforschung. Ein internationales Handbuch zur Onomastik*. 1. Teilband, 1–7. Berlin & New York: De Gruyter.
Eisenberg, Peter. 1991. Syllabische Struktur und Wortakzent. Prinzipien der Prosodik deutscher Wörter. *Zeitschrift für Sprachwissenschaft (ZfS)* 10(1). 37–64.
Engel, Michael. 1984. *Geschichte Dahlems*. Berlin: Arno Spitz.
Engelberg, Stefan. 2016. Names in competition. A corpus-based quantitative investigation into the use of colonial place names. *Beiträge zur Namenforschung* 51(3/4). 387–430.
Engelberg, Stefan & Thomas Stolz. 2016. Einleitung: Namen und Kolonialismus. *Beiträge zur Namenforschung* 51(3/4). 260–277.
Epkenhans, Michael. 2005. ‚Scheer, Reinhard'. *Neue Deutsche Biographie* 22. 607. Online unter: https://www.deutsche-biographie.de/pnd117184888.html#ndbcontent (abgerufen am 31/04/2019).
Erbar, Ralph. 2010. ‚Solf, Wilhelm'. *Neue Deutsche Biographie* 24. 549–550. Online unter https://www.deutsche-biographie.de/pnd118748777.html#ndbcontent (abgerufen am 31/04/2019).
Ferguson, Priscilla Parkhurst. 1988. Reading city streets. *The French Review* 61(3). 386–397.
Flacke, Johannes. 2004. Definition, Merkmale und Typologien von Klein- und Mittelstädten. In Sabine Baumgart, Johannes Flacke, Christine Grüger, Petra Lütke & Andrea Rüdiger. *Kleinere und mittlere Städte – Blaupausen der Großstadt? Dokumentation des Expertenkolloquiums am 29. April 2004 an der Universität Dortmund* (SRPapers, Nr. 1), 27–33. Online unter: http://www.raumplanung.tu-dortmund.de/srp/cms/Medienpool/Downloads/SRPapers/64_SRPapers_Nr_1.pdf (abgerufen am 29.05.2019).
Foucault, Michel. 1978. *Dispositive der Macht. Über Sexualität, Wissen und Wahrheit*. Berlin: Merve.
Frese, Matthias. 2012. Straßennamen als Instrument der Geschichtspolitik und Erinnerungskultur. Fragestellungen und Diskussionspunkte. In Matthias Frese (ed.), *Fragwürdige*

Erinnerungen? Straßennamen als Instrument der Geschichtspolitik und Erinnerungskultur, 9–20. Münster: Ardey.
Frese, Matthias & Marcus Weidner (eds.). 2018. *Verhandelte Erinnerungen: Der Umgang mit Ehrungen, Denkmälern und Gedenkorten nach 1945*. Paderborn: Ferdinand Schöningh.
Friedrichsmeyer, Sara, Sara Lennox & Susanne Zantop. 1998. *The imperialist imagination. German colonialism and its legacy*. Ann Arbor: University of Michigan Press.
Fuchshuber, Elisabeth. 1983. Der Mann von der Straße und die Straßennamen. *Der Deutschunterricht* 35(2). 22–36.
Fuchshuber-Weiß, Elisabeth. 1983. Altdorfer Straßennamen zwischen 1800 und 1950 – ein Stück Tradition, ein Stück Veränderung. *Altnürnberger Landschaft* 33(2). 43–55.
Fuchshuber-Weiß, Elisabeth. 1985. Straßennamen in der Region – Befunde, Tatsachen, Folgerungen. *Der Eigenname in Sprache und Gesellschaft* 3. 68–73.
Fuchshuber-Weiß, Elisabeth. 1996. Straßennamen: deutsch. In Ernst Eichler, Gerold Hilty, Heinrich Löffler, Hugo Steger & Ladislav Zgusta (eds.), *Namenforschung. Ein internationales Handbuch zur Onomastik*. 2.Teilband. 1468–1475. Berlin & New York: De Gruyter.
Fuhrhop, Nanna. 2003. ‚Berliner' Luft und ‚Potsdamer' Bürgermeister. Zur Grammatik der Stadtadjektive. *Linguistische Berichte* 193. 91–108.
Fuhrhop, Nanna. 2007. *Zwischen Wort und Syntagma. Zur grammatischen Fundierung der Getrennt- und Zusammenschreibung*. Tübingen: Niemeyer.
Gardt, Andreas. 2003. Sprachwissenschaft als Kulturwissenschaft. In Ulrike Haß-Zumkehr & Christoph König (eds.), *Literaturwissenschaft und Linguistik von 1960 bis heute*, 271–288. Göttingen: Wallstein.
Gatter, Thomas. 2007. „Buten un binnen, wagen un winnen!" Bremen und der Kolonialismus. In Ulrich van der Heyden & Joachim Zeller (eds.), *Kolonialismus hierzulande. Eine Spurensuche in Deutschland*, 19–26. Erfurt: Sutton.
Gerstenberger, Debora. 2010. Überwache und herrsche? Polizei und diskursiver Wandel im luso-brasilianischen Reich (1808–1820). In Achim Landwehr (ed.), *Diskursiver Wandel*, 133–154. Wiesbaden: Springer Fachmedien.
Glasner, Peter. 1999. Ein sprachhistorischer Beitrag zur Semiotik der Stadt: Das Pilotprojekt ‚Kölner Straßennamen'. *Muttersprache* 109. 316–331.
Glasner, Peter. 2002. *Die Lesbarkeit der Stadt. Kulturgeschichte und Lexikon der mittelalterlichen Straßennamen Kölns*. 2 Bände. Köln: DuMont.
Glasner, Peter. 2009. Rezension zu Rita Heuser. 2008. Namen der Mainzer Straßen und Örtlichkeiten. Sammlung, Deutung, sprach- und motivgeschichtliche Auswertung. *Rheinische Vierteljahrsblätter* 73. 259–260.
Glasner, Peter. 2016. Rezension zu Christine Domke. 2014. Die Betextung des öffentlichen Raumes. Eine Studie zur Spezifik von Meso-Kommunikation am Beispiel von Bahnhöfen, Innenstädten und Flughäfen. Heidelberg 2014. *H-Soz-Kult, 23.06.2016*. Online unter: www.hsozkult.de/publicationreview/id/rezbuecher-25798 (abgerufen am 28/06/2019).
Grewe, Bernd-Stefan, Markus Himmelsbach, Johannes Theisen & Heiko Wegmann. 2018. *Freiburg und der Kolonialismus. Vom Kaiserreich bis zum Nationalsozialismus*. Freiburg i. Br.: Archiv der Stadt Freiburg im Breisgau.
Großsteinbeck, Klaus & Dietz Bering. 1994. „Unger Krönzele" oder „Nennen Sie doch die Kammachergasse Hohenzollernstraße": Kölner Straßennamen in der Zeit der Weimarer Republik. *Kölner Geschichtsverein: Jahrbuch* 65. 179–215.

Gründer, Horst. 1985. ‚Lettow-Vorbeck, Paul von'. *Neue Deutsche Biographie* 14. 358–359. Online unter: https://www.deutsche-biographie.de/pnd118779737.html#ndbcontent (abgerufen am 31/01/2019).

Gründer, Horst. 1987. ‚Lüderitz, Adolf'. *Neue Deutsche Biographie* 15. 452–453. Online unter: https://www.deutsche-biographie.de/pnd11857504X.html#ndbcontent (abgerufen am 28/10/2018).

Gründer, Horst. 1999. *„… da und dort ein junges Deutschland gründen": Rassismus, Kolonien und kolonialer Gedanke vom 16. bis zum 20. Jahrhundert*. München: Deutscher Taschenbuch-Verlag.

Günzel, Stephan (ed.). 2010. *Raum. Ein interdisziplinäres Handbuch*. Stuttgart: Metzler.

Haerendel, Ulrike. 1999. Wohnungspolitik im Nationalsozialismus. *Zeitschrift für Sozialreform* 45(10). 843–879.

Häußermann, Hartmut & Walter Siebel. 2000. *Soziologie des Wohnens. Eine Einführung in Wandel und Ausdifferenzierung des Wohnens*. München: Juventa.

Hahn, Heinz (ed.). 1999. *Kulturunterschiede. Interdisziplinäre Konzepte zu kollektiven Identitäten und Mentalitäten*. Frankfurt am Main: Verlag für Interkulturelle Kommunikation.

Halbwachs, Maurice. 1950. *La mémoire collective*. Paris: Les Presses Universitaires de France.

Hamann, Christof & Alexander Honold. 2011. *Kilimandscharo. Die deutsche Geschichte eines afrikanischen Berges*. Berlin: Wagenbach.

Handke, Kwiryna. 1996. Straßennamen: slavisch. In Ernst Eichler, Gerold Hilty, Heinrich Löffler, Hugo Steger & Ladislav Zgusta (eds.), *Namenforschung. Ein internationales Handbuch zur Onomastik*. 2. Teilband, 1476–1481. Berlin & New York: De Gruyter.

Handro, Saskia. 2018. Historische Orientierung gesucht! Straßennamendebatten als Forschungsgegenstand und geschichtskulturelle Praxis. In Matthias Frese & Marcus Weidner (eds.), *Verhandelte Erinnerung. Der Umgang mit Ehrungen, Denkmälern und Gedenkorten nach 1945*, 253–278. Paderborn: Ferdinand Schöningh.

Harten, Hans Christian. 1996. *De-Kulturation und Germanisierung. Die nationalsozialistische Rassen- und Erziehungspolitik in Polen 1939–1945*. Frankfurt am Main & New York: Campus.

Harweg, Roland. 1983. Genuine Gattungseigennamen. In Manfred Faust, Roland Harweg, Werner Wienold & Götz Lehfeldt (eds.), *Allgemeine Sprachwissenschaft, Sprachtypologie und Textlinguistik*, 157–171. Tübingen: Narr.

Harweg, Roland. 1997. Halbgenuine und nichtgenuine Gattungseigennamen. In Walter A. Koch (ed.), *Namen und Wörter: Aufsätze von Roland Harweg*, 89–121. Bochum: Universitätsverlag Dr. N. Brockmeyer.

Heineberg, Heinz, Frauke Kraas & Christian Krajewski. 2014. *Stadtgeographie*. 4., aktualisierte und erweiterte Auflage. Paderborn: Ferdinand Schöningh.

Hellfritzsch, Volkmar. 2004. Rezension zu Glasner. 2002. Die Lesbarkeit der Stadt. Kulturgeschichte der mittelalterlichen Straßennamen Köln. *Zeitschrift für Dialektologie und Linguistik* 71(2). 224–230.

Hennig, Mathilde. 2010. Grammatik multicodal: Ein Vorschlag am Beispiel ortsgebundener Schriftlichkeit. *Ars Semeitotica* 33(1–2), 73–88.

Henschel, Richard. 2013. *Das Nachwirken der Symbole. Umbenennungen von Straßen und Einrichtungen in Ost- und Westdeutschland seit Ende der 1990er Jahre*. Rostock: ß Verlag und Medien.

Hermann, Wilhelm & Gertrude Hermann. 2003. *Die alten Zechen an der Ruhr*. 5., völlig neu bearbeitet und erweiterte Auflage. Nachbearbeitung: Christiane Syré. Königstein im Taunus: Langewiesche & Köster.
Heuser, Rita. 2008. *Namen der Mainzer Straßen und Örtlichkeiten. Sammlung, Deutung, sprach- und motivgeschichtliche Deutung*. Stuttgart: Steiner.
Heuser, Rita & Mirjam Schmuck (eds.). 2018. *Sonstige Namenarten: Stiefkinder der Onomastik*. Berlin & Boston: De Gruyter Mouton.
Heyden, Ulrich van der & Joachim Zeller (eds.). 2002. *Kolonialmetropole Berlin. Eine Spurensuche*. Berlin: Berlin-Edition.
Heyden, Ulrich van der & Joachim Zeller (eds.). 2007. *Kolonialismus hierzulande. Eine Spurensuche in Deutschland*. Erfurt: Sutton.
Heyden, Ulrich van der & Joachim Zeller (eds.). 2005. *"…Macht und Anteil an der Weltherrschaft". Berlin und der deutsche Kolonialismus*. Münster: UNRAST.
Hoffmann, Walter. 2006. Buchbesprechungen. Peter Glasner: Die Lesbarkeit der Stadt. Kulturgeschichte der mittelalterlichen Straßennamen Kölns. Lexikon der mittelalterlichen Straßennamen Kölns. *Zeitschrift für Deutsche Philologie* 3. 436–439.
Hofmann, Michael. 2013. *Deutsche Kolonialarchitektur und Siedlungen in Afrika*. Fulda: Michael Imhof.
Holtmann, Everhard. 2000. *Politik-Lexikon*. 3., völlig überarbeitete und erweiterte Auflage. München & Wien: Oldenbourg.
Honold, Alexander. 2003. Afrikanisches Viertel. Straßennamen als kolonialer Gedächtnisraum. In Birthe Kundrus (ed.), *Phantasiereiche. Zur Kulturgeschichte des deutschen Kolonialismus*, 305–321. Frankfurt am Main: Campus.
Horch, Hans Otto. 1989. Rezension zu Dietz Bering. 1987. Der Name als Stigma. Antisemitismus im deutschen Alltag 1812–1933. *Arbitrium* 7(3). 328–331.
Hough, Carol (ed.). 2016. *The Oxford handbook of names and naming*. Oxford: University Press.
Hürten, Heinz. 2010. ,Seeckt, Hans von'. *Neue Deutsche Biographie* 24. 139–140. Online unter: https://www.deutsche-biographie.de/pnd118612603.html#ndbcontent (abgerufen am 31/04/2019).
Jaworski, Rudolf & Peter Stachel (eds.). 2007. *Die Besetzung des öffentlichen Raumes. Politische Plätze, Denkmäler und Straßennamen im europäischen Vergleich*. Berlin: Frank & Timme.
Jessen, Jens. 2006. Symbolische Politik. Essay. *Aus Politik und Zeitgeschehen* 20. 3–6.
Kalousková, Lenka. 2012. Deutsche Straßen- und Platznamen Prags. *Beiträge zur Namenforschung* 47(4). 441–457.
Kalousková, Lenka. 2014. Zweisprachige Straßen- und Platznamen Prags unter der nationalsozialistischen Okkupation. *Beiträge zur Namenforschung* 49(1). 27–45.
Kalousková, Lenka. angenommen. Kolonial intendierte Urbanonyme in Böhmen und Mähren nach der Eroberung durch das Dritte Reich. In Doris Stolberg, Matthias Schulz, Verena Ebert & Tirza Mühlan-Meyer (eds.), *Koloniale und postkoloniale Toponomastik*. Berlin & Boston: De Gruyter Mouton (erscheint 2021).
Kämper, Heidrun. 2007. Linguistik als Kulturwissenschaft. Am Beispiel einer Geschichte des sprachlichen Umbruchs im 20. Jahrhundert. In Heidrun Kämper & Ludwig M. Eichinger (eds.), *Sprach-Perspektiven. Germanistische Linguistik und das Institut für Deutsche Sprache*, 419–439. Tübingen: Narr.
Kämper, Heidrun. 2016. Sprache in postkolonialen Kontexten. Kolonialrevisionistische Diskurse in der Weimarer Republik. In Thomas Stolz, Ingo H. Warnke & Daniel Schmidt-

Brücken (eds.), *Sprache und Kolonialismus. Eine interdisziplinäre Einführung zu Sprache und Kommunikation in kolonialen Kontexten*, 193–212. Berlin & Boston: De Gruyter Mouton.

Kämper, Heidrun, Ingo H. Warnke & Daniel Schmidt-Brücken. 2016. Diskursive Historizität. In Heidrun Kämper, Ingo H. Warnke & Daniel Schmidt-Brücken (eds.), *Textuelle Historizität. Interdisziplinäre Perspektiven auf das historische Apriori*, 1–8. Berlin & Boston: De Gruyter Mouton.

Kenkmann, Alfons. 2018. „Anstößige Krieger" unter dem „Diktat des Zeitgeistes"? Widmungsgetümmel in Münster. In Matthias Frese & Marcus Weidner (eds.), *Verhandelte Erinnerungen: Der Umgang mit Ehrungen, Denkmälern und Gedenkorten nach 1945*, 279–290. Paderborn: Ferdinand Schöningh.

Klein, Wolf Peter. 2004. Deskriptive statt präskriptiver Sprachwissenschaft!? Über ein sprachtheoretisches Bekenntnis und seine analytische Präzisierung. *Zeitschrift für germanistische Linguistik* 32(3). 376–405.

Kludas, Arnold, Dieter Maas & Susanne Sabisch. 1988. *Hafen Hamburg. Die Geschichte des Hamburger Freihafens von den Anfängen bis zur Gegenwart*. Hamburg: Kabel.

Kohlheim, Volker. 2008. Rezension zu Hans-Diether Dörfler. 2006. Die Straßennamen der Stadt Erlangen. *Beiträge zur Namenforschung* 43(3). 341–347.

Kohlheim, Volker. 2010. Rezension zu Marion Werner. 2008. Vom Adolf-Hitler-Platz zum Ebertplatz. In Ernst Eichler, Karlheinz Hengst & Dietlind Krüger (eds.), *Namenkundliche Informationen (NI)* 97. 227–233. Leipzig: Leipziger Universitätsverlag.

Korff, Gottfried. 1992. Namenswechsel. Volkskundliche Anmerkungen zur Politik der Straßenumbenennungen in der ehemaligen DDR. *Österreichische Zeitschrift für Volkskunde* 95(11). 321–337.

Korff, Gottfried. 1997. Mentalität und Monumentalität im politischen Wandel. Zur öffentlichen Namengebung in Wolfsburg und Eisenhüttenstadt. In Rosemarie Beier (ed.), *Aufbau West – Aufbau Ost. Die Planstädte Wolfsburg und Eisenhüttenstadt in der Nachkriegszeit*, 227–237. Berlin & Stuttgart: Hatje.

Koß, Gerhard. 1990. *Namenforschung. Eine Einführung in die Onomastik*. Tübingen: Niemeyer.

Koß, Gerhard. 2002. *Namenforschung. Eine Einführung in die Onomastik*. 3. aktualisierte Auflage. Tübingen: Niemeyer.

Kraft, Heinz. 1985. ‚Litzmann, Karl'. *Neue Deutsche Biographie* 14. 715–716. Online unter: https://www.deutsche-biographie.de/pnd117066540.html#ndbcontent (abgerufen am 28/10/2018).

Kreykenbohm, Marcel & Anjes Tjarks. 2007. Koloniale Spuren in Hamburgs Straßennamenverzeichnis. In GAL-Bürgerschaftsfraktion (ed.), *Hamburg und Kolonialismus. Kolonialspuren und Gedenkkultur im Selbstverständnis der Handelsstadt*, 42–48. Hamburg: GAL-Bürgerschaftsfraktion.

Kundrus, Birthe. 2003. Die Kolonien – „Kinder des Gefühls und der Phantasie". In Birthe Kundrus (ed.), *Phantasiereiche. Zur Kulturgeschichte des deutschen Kolonialismus*, 7–18. Frankfurt am Main & New York: Campus.

Laak, Dirk van. 2003. „Ist je ein Reich, das es nicht gab, so gut verwaltet worden?" Der imaginäre Ausbau der imperialen Infrastruktur in Deutschland nach 1918. In Birthe Kundrus (ed.), *Phantasiereiche. Zur Kulturgeschichte des deutschen Kolonialismus*, 71–90. Frankfurt am Main & New York: Campus.

Landry, Rodrigue & Richard Y. Bourhis. 1997. Linguistic landscape and ethnolinguistic vitality: An empirical study. *Journal of Language and Social Psychology* 16(1). 23–49.

Lemme, Sebastian. 2014. Vom Umgang mit kolonialen Straßennamen und postkolonialer Erinnerungskultur. In Felix Brahm & Bettina Brockmeyer (eds.), *Koloniale Spurensuche in Bielefeld und Umgebung*, 108–119. Bielefeld: TPK-Verlag.
Lemmen, Daniel J. 2014. Reichsgau Wartheland. *Online-Lexikon zur Kultur und Geschichte der Deutschen im östlichen Europa*. Online unter: https://ome-lexikon.uni-oldenburg.de/regionen/reichsgau-wartheland/ (abgerufen am 18/12/2018).
Leutner, Mechthild. 2005. Kiautschou – Deutsche „Musterkolonie" in China? In Ulrich van der Heyden & Joachim Zeller (eds.), *„Macht und Anteil an der Weltherrschaft". Berlin und der deutsche Kolonialismus*, 203–207. Münster: Unrast.
Levkovych, Nataliya. 2018. Russische koloniale Toponyme in Alaska: eine Pilotstudie. In Thomas Stolz & Ingo Warnke (eds.), *Vergleichende Kolonialtoponomastik. Strukturen und Funktionen kolonialer Ortsbenennung*, 189–278. Berlin & Boston: De Gruyter Mouton.
Leza, José-Luis Iturrioz. 1996. Namen in kolonialen und postkolonialen Verhältnissen: Mesoamerika. In Ernst Eichler, Gerold Hilty, Heinrich Löffler, Hugo Steger & Ladislav Zgusta (eds.), *Namenforschung. Ein internationales Handbuch zur Onomastik*. 2.Teilband. 1058–1064. Berlin & New York: De Gruyter.
Lindner, Ulrike. 2008. Das Münchner Kolonialviertel. In Ulrich van der Heyden & Joachim Zeller (eds.), *Kolonialismus hierzulande. Eine Spurensuche in Deutschland*, 293–299. Erfurt: Sutton.
Lindner, Ulrike. 2011. Neuere Kolonialgeschichte und Postcolonial Studies. *Docupedia Zeitgeschichte, 15.04.2011*. Online unter: http://docupedia.de/zg/Neuere_Kolonialgeschichte_und_Postcolonial_Studies (abgerufen am 26/10/2018).
Linke, Angelika. 2003. Sprachgeschichte – Gesellschaftsgeschichte – Kulturanalyse. In Helmut Henne, Horst Sitta & Herbert Ernst Wiegand (eds.), *Germanistische Linguistik. Konturen eines Faches*, 25–65. Tübingen: Niemeyer.
Linne, Carsten. 2008. *Deutschland jenseits des Äquators? Die NS-Kolonialplanungen für Afrika*. Berlin: Links.
Löffler, Heinrich. 1999. Die Basler Straßennamen – linguistisch betrachtet. In André Salvisberg (ed.), *Die Basler Straßennamen*, 21–29. Basel: Christoph Merian.
Löffler, Heinrich. 2016. *Germanistische Soziolinguistik*. 5., neu bearb. Auflage. Bamberg: Schmidt.
Maas, Herbert. 1994. Nürnberger Straßennamen: Die Problematik der Straßenbenennung einer modernen Großstadt. *Mitteilungen des Vereins für Geschichte der Stadt Nürnberg* 81. 119–217.
Mauf, Pascal & Martin Sladeczek. 2012/13. Straßennamen des städtischen Randes. *Namenkundliche Informationen (NI)* 101/102. 332–351.
Melchers, Paul. 1965. Namensforschung. Festschrift für Adolf Bach. *Annalen des Historischen Vereins für den Niederrhein* 167. 155–156.
Miccoli, Paolo. angenommen. Italo-koloniale Urbanonyme im Vergleich. Tripolis und Rom während Liberalismus und Faschismus. In Doris Stolberg, Matthias Schulz, Verena Ebert & Tirza Mühlan-Meyer (eds.), *Koloniale und postkoloniale Toponomastik*. Berlin & Boston: De Gruyter Mouton (erscheint 2021).
Moser, Hugo. 1957. Namenfelder. *Der Deutschunterricht* 5. 51–72.
Mückler, Hermann. 2012. *Kolonialismus in Ozeanien*. Wien: Facultas.
Mückler, Hermann. 2015. Toponyme zu den Inseln Ozeaniens. In Daniel Schmidt-Brücken, Susanne Schuster, Thomas Stolz, Ingo H. Warnke & Marina Wienberg (eds.), *Koloniallinguistik. Sprache in kolonialen Kontexten*, 177–246. Berlin & Boston: De Gruyter Mouton.

Mühlhäusler, Peter. 2001. Die deutsche Sprache im Pazifik. In Hermann Joseph Hiery (ed.), *Die deutsche Südsee (1884–1914). Ein Handbuch*. 2., durchges. und verb. Auflage, 239–262. Paderborn, München, Wien & Zürich: Ferdinand Schöningh.

Myers, Garth Andrew. 2009. Naming and placing the other. Power and the urban landscape in Zanzibar. In Lawrence D. Berg & Jani Vuolteenaho (eds.), *Critical toponymies. The contested politics of place naming*, 85–100. Farnham & Burlington: Ashgate.

Neethling, Bertie. 2016. Street names. A changing urban landscape. In Carole Hough (ed.), *The Oxford handbook of names and naming*, 144–157. Oxford: University Press.

Neuß, Elmar. 2008. Besprechung zu Peter Glasner. 2002. Die Lesbarkeit der Stadt. I: Kulturgeschichte der mittelalterlichen Straßennamen Kölns; II: Lexikon. Köln 2002. *Beiträge zur Namenforschung* 43(2). 219–232.

Neuß, Elmar. 2009. Besprechung zu Rita Heuser: Die Straßennamen der Stadt Mainz. *Beiträge zur Namenforschung* 44(3). 358–364.

Niemeyer, Manfred. 2012. *Deutsches Ortsnamenbuch*. Berlin & Boston: De Gruyter Mouton.

Nübling, Damaris. 2018. Vom Oden- in den Schwarzwald, von Eng- nach Irland? Zur Abgrenzung von Gattungseigennamen und reinen Eigennamen. In Rolf Bergmann & Stefanie Stricker (eds.), *Namen und Wörter*, 11–32. Heidelberg: Winter.

Nübling, Damaris, Fabian Fahlbusch & Rita Heuser. 2015. *Namen. Eine Einführung in die Onomastik*. 2., überarbeitete und erweiterte Auflage. Tübingen: Narr.

Oebel, Guido. 2005. Rezension zu Peter Glasner. 2002. Die Lesbarkeit der Stadt. Kulturgeschichte und Lexikon der mittelalterlichen Straßennamen Kölns. 2002. *Zeitschrift für Sprachwissenschaft. Eigennamen* 24(1). 252–254.

Osterhammel, Jürgen & Jan C. Jansen. 2012. *Kolonialismus. Geschichte, Formen, Folgen*. 7., vollst. überarb. und aktualisierte Auflage. München: Beck.

Papen, Uta. 2012. Commercial discourses, gentrification and citizens' protest. The linguistic landscape of Prenzlauer Berg, Berlin. *Journal of Sociolinguistics* 16(1). 56–80.

Pesek, Michael. 2010. *Das Ende eines Kolonialreiches: Ostafrika im Ersten Weltkrieg*. Frankfurt am Main: Campus.

Poguntke, Peter. 2011. *Braune Feldzeichen. Stuttgarter Straßennamen in der NS-Zeit und der Umgang nach 1945*. Stuttgart & Leipzig: Hohenheim.

Pöppinghege, Rainer. 2007. *Wege des Erinnerns. Was Straßennamen über das deutsche Geschichtsbewusstsein aussagen*. Münster: Agenda.

Reeken, Dietmar von. 2018. Heyl, Hindenburg, Hinrichs: Oldenburger Konflikte um Straßennamen zwischen Vergangenheitsdeutung, Wissenschaft und Politik. In Matthias Frese & Marcus Weidner (eds.), *Verhandelte Erinnerungen: Der Umgang mit Ehrungen, Denkmälern und Gedenkorten nach 1945*, 291–317. Paderborn: Ferdinand Schöningh.

Riederer, Günter. 2014. Kollektive Erinnerung in einer Stadt ohne Tradition – die Geschichte der Straßenbenennungen in Wolfsburg nach 1945. In Janina Fuge, Rainer Hering & Harald Schmid (eds.), *Gedächtnisräume, Geschichtsbilder und Erinnerungskulturen in Norddeutschland*, 309–324. Göttingen: V&R Unipress.

Roeder, Heidi. 1995. *Nationalsozialistischer Wohnungs- und Siedlungsbau. Danziger Dorf, Siedlung Schiffshebewerk, Kleinsiedlung am Milchweg, u. a.* Magdeburg: Landeshauptstadt Magdeburg.

Rogowski, Christian. 2003. „Heraus mit unseren Kolonien!". Der Kolonialrevisionismus in der Weimarer Republik und die „Hamburger Kolonialwoche" von 1926. In Birthe Kundrus (ed.), *Phantasiereiche. Zur Kulturgeschichte des deutschen Kolonialismus*, 243–262. Frankfurt am Main & New York: Campus.

Sänger, Johanna. 2006. *Heldenkult und Heimatliebe. Straßen- und Ehrennamen im offiziellen Gedächtnis der DDR*. Berlin: Links.
Schäfers, Stefanie. 2001. *Vom Werkbund zum Vierjahresplan. Die Ausstellung ‚Schaffendes Volk', Düsseldorf 1937*. Düsseldorf: Droste.
Schmidt-Brücken, Daniel. 2016. Diskursgrammatische Aspekte von Ortsnamen im kolonialen Archiv. *Beiträge zur Namenforschung* 51(3/4). 431–469.
Schmidt-Brücken, Daniel. 2018. Diskurslinguistik und Kodierung von Gewissheiten. In Ingo H. Warnke (ed.), *Handbuch Diskurs*, 541–561. Berlin & Boston: De Gruyter Mouton.
Schöfert, Arne. 2012. *Der Reichskolonialbund und seine kolonialrevisionistische Propagandatätigkeit zwischen 1933 und 1943*. Greiz: König.
Schulte-Varendorff, Uwe. 2006. *Kolonialheld für Kaiser und Führer: General Lettow-Vorbeck – Mythos und Wirklichkeit*. Berlin: Links.
Schultheis, Johannes. 1971. Namen und Ideologien. In Rudolf Fischer, Ernst Eichler & Wolfgang Fleischer (Autorenkollektiv) (eds.), *Namenforschung heute. Ihre Ergebnisse und Aufgaben in der Deutschen Demokratischen Republik*, 31–37. Berlin: Akademie.
Schultheis, Johannes & Hans Walther. 1968. Kritisches zur Namengebung in Westdeutschland. *Informationen der Leipziger namenkundlichen Arbeitsgruppe an der Karl-Marx-Universität* 11. 7–9.
Schulz, Matthias. 2016. Sprachgeschichte des deutschen Kolonialismus. Korpuslinguistische Aspekte. In Thomas Stolz, Ingo H. Warnke & Daniel Schmidt-Brücken (eds.), *Sprache und Kolonialismus*, 51–72. Berlin & Boston: De Gruyter Mouton.
Schulz, Matthias. 2018. Der Quellenwert von Karten für linguistische Analysen. Das Beispiel der Kolonialtoponomastik. *Zeitschrift für Bibliothekswesen und Bibliographie (ZfBB)* 65. 276–288.
Schulz, Matthias. 2019. Kolonial intendierte Urbanonyme. Sprachwissenschaftliche und kulturwissenschaftliche Ansätze im Kontrast. In Vedad Smailagić (ed.), *Die Leistung der Philologie bei der Deutung der Kultur(en)*, 63–93. Tübingen: Stauffenburg.
Schulz, Matthias & Maria Aleff. 2018. Mikrotoponyme in der Kolonialtoponomastik: Deutsch-Samoa und Deutsch-Neuguinea. In Thomas Stolz & Ingo Warnke (eds.), *Vergleichende Kolonialtoponomastik. Strukturen und Funktionen kolonialer Ortsbenennung*, 125–160. Berlin & Boston: De Gruyter Mouton.
Schulz, Matthias & Verena Ebert. 2016. Wissmannstraße, Massaiweg, Berliner Straße. Kolonial intendierte Urbanonyme. Befunde, Perspektiven, Forschungsprogramm. *Beiträge zur Namenforschung* 51(3/4). 375–386.
Schulz, Matthias & Verena Ebert. 2017. *Kaiser-Wilhelm-Ufer, Wissmannstraße, Stuhlmann-Straße* – Straßennamen im Kontext kolonialer Raumaneignung. In Axel Dunker, Thomas Stolz & Ingo H. Warnke (eds.), *Benennungspraktiken in Prozessen kolonialer Raumaneignung*, 161–186. Berlin & Boston: De Gruyter Mouton.
Schürmann, Felix. 2006. Erinnerungslandschaft im Wandel. Das Afrika-Viertel in Hannover. *Stichproben. Wiener Zeitschrift für kritische Afrikastudien* 10(6). 39–60.
Schürmann, Felix. 2012. Die kurze Geschichte der kolonialen Straßennamen in Frankfurt am Main, 1933–1947. *Werkstatt Geschichte* 61. 65–75.
Schuster, Susanne. 2018. Europäische Ortsnamen als Zeugen kolonialer Raumaneignung: Grönlands Nordosten: In Thomas Stolz & Ingo Warnke (eds.), *Vergleichende Kolonialtoponomastik. Strukturen und Funktionen kolonialer Ortsbenennung*, 161–188. Berlin & Boston: De Gruyter Mouton.
Seutter, Konstanze. 1996. *Eigennamen und Recht*. Tübingen: Niemeyer.

Shohamy, Elana & Durk Gorter (eds.). 2009. *Linguistic landscape: Expanding the scenery*. London & New York: Routledge.
Siebenherz, Eva. 2016. *Umbenannte Straßen in Bayern: Wie hieß die Straße früher?* München: Neobooks.
Sonderegger, Stefan. 2004a. Namengeschichte als Bestandteil der deutschen Sprachgeschichte. In Werner Besch, Anne Betten, Oskar Reichmann & Stefan Sonderegger (eds.), *Ein Handbuch zur Geschichte der deutschen Sprache und ihrer Erforschung*. 2., vollst. neu bearbeitete und erw. Auflage. 4. Teilband. 3405–3435. Berlin & New York: De Gruyter.
Sonderegger, Stefan. 2004b. Terminologie, Gegenstand und interdisziplinärer Bezug der Namengeschichte. In Werner Besch, Anne Betten, Oskar Reichmann & Stefan Sonderegger (eds.), *Ein Handbuch zur Geschichte der deutschen Sprache und ihrer Erforschung*. 2., vollst. neu bearbeitete und erw. Auflage. 4. Teilband. 3436–3460. Berlin & New York: De Gruyter.
Speitkamp, Winfried. 2004. Der Totenkult um die Kolonialheroen des Deutschen Kaiserreichs. *Zeitenblicke* 3(1). Online unter: http://zeitenblicke.historicum.net/2004/01/speitkamp/index.html (abgerufen am 28/10/2018).
Speitkamp, Winfried. 2005a. *Deutsche Kolonialgeschichte*. Stuttgart: Reclam.
Speitkamp, Winfried. 2005b. Totengedenken als Berlin-Kritik. Der Kult um die Kolonialpioniere. In Ulrich van der Heyden & Joachim Zeller (eds.), *„...Macht und Anteil an der Weltherrschaft". Berlin und der deutsche Kolonialismus*, 163–170. Münster: Unrast.
Speitkamp, Winfried. angenommen. Akteure und Praktiken kolonialer Raumaneignung – Funktionen und Transformationen. In Doris Stolberg, Matthias Schulz, Verena Ebert & Tirza Mühlan-Meyer (eds.), *Koloniale und postkoloniale Toponomastik*. Berlin & Boston: De Gruyter Mouton (erscheint 2021).
Spitzmüller, Jürgen. 2012. *Metapragmatik, Ideologie und Indexikalität. Überlegungen zur linguistischen (Re-)Konstruktion sozialer Positionen*. Vortrag an der Universität Würzburg vom 19.10.2012. Online unter: http://www.spitzmueller.org/docs/praes-wuerzburg-2012-10-19.pdf (abgerufen am 28/10/2018).
Spitzmüller, Jürgen. 2013. Metapragmatik, Indexikalität, soziale Registrierung. Zur diskursiven Konstruktion sprachideologischer Positionen. *Zeitschrift für Diskursforschung* 1(3). 263–287.
Spitzmüller, Jürgen & Ingo H. Warnke. 2011. *Diskurslinguistik. Eine Einführung in Theorien und Methoden der transtextuellen Sprachanalyse*. Berlin & Boston: De Gruyter Mouton.
Steinhäuser, Frauke. 2010. Hamburg und seine Kolonialgeschichte. In Rita Bake (ed.), *Ein Gedächtnis der Stadt. Nach Frauen und Männern benannte Straßen, Plätze, Brücken in Hamburg. Band 1: Überblick und Analyse*, 132–143. Hamburg: Landeszentrale für politische Bildung.
Stolz, Thomas & Ingo H. Warnke. 2015. Aspekte der kolonialen und postkolonialen Toponymie unter besonderer Berücksichtigung des deutschen Kolonialismus. In Daniel Schmidt-Brücken, Susanne Schuster, Thomas Stolz, Ingo H. Warnke & Marina Wienberg (eds.), *Koloniallinguistik – Sprache in kolonialen Kontexten*, 107–176. Berlin & Boston: De Gruyter Mouton.
Stolz, Thomas & Ingo H. Warnke. 2016. When places change their names and when they do not. Selected aspects of colonial and postcolonial toponymy in former French and Spanish colonies in West Africa – the cases of Saint Louis (Senegal) and the Western Sahara. *International Journal of the Sociology of Language* 239. 29–56.

Stolz, Thomas & Ingo H. Warnke. 2017. Anoikonyme und Oikonyme im Kontext der vergleichenden Kolonialtoponomastik. In Axel Dunker, Thomas Stolz & Ingo H. Warnke (eds.), *Benennungspraktiken in Prozessen kolonialer Raumaneignung*, 205–229. Berlin & Boston: De Gruyter Mouton.

Stolz, Thomas & Ingo H. Warnke (eds.). 2018a. *Vergleichende Kolonialtoponomastik. Strukturen und Funktionen kolonialer Ortsbenennung*. Berlin & Boston: De Gruyter Mouton.

Stolz, Thomas & Ingo H. Warnke. 2018b. System- und diskurslinguistische Einblicke in die vergleichende Kolonialtoponomastik. In Thomas Stolz & Ingo H. Warnke (eds.), *Vergleichende Kolonialtoponomastik. Strukturen und Funktionen kolonialer Ortsbenennung*, 1–76. Berlin & Boston: De Gruyter Mouton.

Stolz, Thomas & Ingo H. Warnke. 2018c. Auf dem Weg zu einer vergleichenden Kolonialtoponomastik. Der Fall Deutsch-Südwestafrika. In Birte Kellermeier-Rehbein, Matthias Schulz & Doris Stolberg (eds.), *Sprache und (Post)-Kolonialismus. Linguistische und interdisziplinäre Aspekte*, 71–105. Berlin & Boston: De Gruyter Mouton.

Stolz, Thomas & Ingo H. Warnke. 2018d. Comparative Colonial Toponomastics. Evidence from German and Dutch colonial place-names. In Rita Heuser & Mirjam Schmuck (eds.), *Sonstige Namenarten: Stiefkinder der Onomastik*, 45–68. Berlin & Boston: De Gruyter Mouton.

Stolz, Thomas, Ingo H. Warnke & Nataliya Levkovych. 2016. Colonial place names in a comparative perspective. *Beiträge zur Namenforschung* 51(3/4). 279–355.

Tarde, Gabriel. 2009. *Die Gesetze der Nachahmung: Les Lois de l'imitation*. Frankfurt am Main: Suhrkamp.

Tarpley, Fred. 1996. Street names as signposts of world cultures. In Ernst Eichler, Gerold Hilty, Heinrich Löffler, Hugo Steger & Ladislav Zgusta (eds.), *Namenforschung: Ein internationales Handbuch zur Onomastik*. 2. Teilband, 1481–1499. Berlin & New York: De Gruyter.

Thum, Gregor. 2003. *Die fremde Stadt: Breslau nach 1945*. Berlin: Siedler.

Trebeß, Achim (ed.). 2006. *Metzler Lexikon Ästhetik. Kunst, Medien, Design und Alltag*. Stuttgart & Weimar: Metzler.

Urban, Thomas. 2006. *Der Verlust. Die Vertreibung der Deutschen und Polen im 20. Jahrhundert*. München: Beck.

Vogt, Martin. 1999. ‚Nettelbeck, Joachim'. *Neue Deutsche Biographie* 19. 83–84. Online unter: https://www.deutsche-biographie.de/gnd118738542.html#ndbcontent (abgerufen am 28/10/2018).

Vualteenaho, Jani & Lawrence D. Berg. 2009. Towards critical toponymies. In Lawrence D. Berg & Jani Vuolteenaho (eds.), *Critical toponymies. The contested politics of place naming*, 1–18. Farnham & Burlington: Ashgate.

Warnke, Ingo H. 2009. Deutsche Sprache und Kolonialismus. Umrisse eines Forschungsfeldes. In Ingo H. Warnke (ed.), *Deutsche Sprache und Kolonialismus. Aspekte der nationalen Kommunikation 1884–1919*, 3–62. Berlin & New York: De Gruyter.

Warnke, Ingo H. 2011. Die Stadt als Kommunikationsraum und Linguistische Landschaft. In Wilhelm Hofmann (ed.), *Stadt als Erfahrungsraum der Politik. Beiträge zur kulturellen Konstruktion urbaner Politik*, 343–363. Münster: LIT.

Warnke, Ingo H. 2014. Making place through urban epigraphy – Berlin Prenzlauer Berg and the grammar of linguistic landscapes. *Zeitschrift für Diskursforschung* 2. 159–181.

Warnke, Ingo H. 2017. Linguistik – Postcolonial Language Studies. In Dirk Göttsche, Axel Dunker und Gabriele Dürbeck (eds.), *Handbuch Postkolonialismus und Literatur*, 96–100. Stuttgart: Metzler.

Warnke, Ingo H. & Daniel Schmidt-Brücken. 2011. Koloniale Grammatiken und ihre Beispiele – Linguistischer Sprachgebrauch als Ausdruck von Gewissheiten. In Thomas Stolz, Christina Vossmann & Barbara Dewein (eds.), *Kolonialzeitliche Sprachforschung: Die Beschreibung afrikanischer und ozeanischer Sprachen zur Zeit der deutschen Kolonialherrschaft*, 31–54. Berlin & Boston: De Gruyter Mouton.

Warnke, Ingo H. & Daniel Schmidt-Brücken. 2017. Kolonialismus. In Thomas Niehr, Jörg Kilian & Martin Wengeler (eds.), *Handbuch Sprache und Politik*. Band 3, 936–955. Bremen: Hempen.

Warnke, Ingo H. & Thomas Stolz. 2013. (Post-)Colonial Linguistics, oder: Was ist das Koloniale an kolonial geprägten Diskursen? *Zeitschrift für Semiotik* 35(3/4). 471–495.

Warnke, Ingo H., Thomas Stolz & Daniel Schmidt-Brücken. 2016. Perspektiven der Postcolonial Language Studies. In Thomas Stolz, Ingo H. Warnke, & Daniel Schmidt-Brücken (eds.), *Sprache und Kolonialismus. Eine interdisziplinäre Einführung zu Sprache und Kommunikation in kolonialen Kontexten*, 1–25. Berlin & Boston: De Gruyter Mouton.

Weichel, Thomas. 1996. Bürgerliche Villenkultur im 19. Jahrhundert. In Dieter Hein & Andreas Schulz (eds.), *Bürgerkultur im 19. Jahrhundert. Bildung, Kunst und Lebenswelt*, 234–251. München: Beck.

Weinacht, Helmut. 2000. Jüdische Gebäudenamen in der fränkischen Mikrotoponymie. In Mechthild Habermann, Peter O. Müller & Bernd Naumann (eds.), *Wortschatz und Orthographie in Geschichte und Gegenwart. Festschrift für Horst Haider Munske zum 65. Geburtstag*, 282–297. Tübingen: Niemeyer.

Wenniger, Florian. 2018. Kommunalpolitische Handlungsspielräume im Umgang mit belasteten Straßennamen: Das Beispiel Österreich. In Matthias Frese & Marcus Weidner (eds.), *Verhandelte Erinnerungen: Der Umgang mit Ehrungen, Denkmälern und Gedenkorten nach 1945*, 319–358. Paderborn: Ferdinand Schöningh.

Werner, Marion. 2008. *Vom Adolf-Hitler-Platz zum Ebertplatz. Eine Kulturgeschichte der Kölner Straßennamen seit 1933*. Köln, Weimar & Wien: Böhlau.

Winkelmann, Helmut. 1984. *Das Recht der öffentlich-rechtlichen Namen und Bezeichnungen. Insbesondere der Gemeinden, Straßen und Schulen*. Stuttgart, Berlin, Köln & Mainz: Kohlhammer.

Wolter, Stefanie. 2005. *Die Vermarktung des Fremden. Exotismus und die Anfänge des Massenkonsums*. Frankfurt am Main: Campus.

Yeoh, Brenda. 2009. Street-naming and nation-building: Toponymic inscriptions of nationhood in Singapore. In Lawrence D. Berg & Jani Vuolteenaho (eds.), *Critical toponymies. The contested politics of place naming*, 71–84. Farnham & Burlington: Ashgate.

Zantop, Susanne M. 1999. *Kolonialphantasien im vorkolonialen Deutschland (1770–1870)*. Übersetzung der amerik. Originalausgabe von 1997 (Colonial fantasies: Conquest, family, and nation in precolonial Germany). Berlin: Schmidt.

Zeller, Joachim. 2000. *Kolonialdenkmäler und Geschichtsbewußtsein. Eine Untersuchung der kolonialdeutschen Erinnerungskultur*. Frankfurt am Main: Verlag für Interkulturelle Kommunikation.

Ziegler, Evelyn, Heinz Eickmans, Ulrich Schmitz, Haci-Halil Uslucan, David H. Gehne, Sebastian Kurtenbach, Tirza Mühlan-Meyer & Irmgard Wachendorff. 2018. *Metropolenzeichen. Atlas zur visuellen Mehrsprachigkeit der Metropole Ruhr*. Duisburg: Universitätsverlag Rhein-Ruhr.

b. Quellen

Darmstädter, Paul. 1920. *Geschichte der Aufteilung und Kolonisation Afrikas seit dem Zeitalter der Entdeckungen*. Band 32. Berlin & Leipzig: Vereinigung der wissenschaftlichen Verleger Walter de Gruyter & Co.

Dernburg, Bernhard. 1909. Staatssekretär des Kolonialamts. In Karl Schneider (ed.), *Jahrbuch über die deutschen Kolonien*. 2. Jg, 1–12. Essen: Baedeker.

Deutsche Kolonialzeitung (DKZ). Organ der Deutschen Kolonialgesellschaft. 1884–1922. Online unter: http://sammlungen.ub.uni-frankfurt.de/kolonialbibliothek/periodical/titleinfo/7720783 (abgerufen am 28/06/2019).

„Koloniale Straßenbezeichnungen". DKZ 18.01.1913, 30(5), 53.

„Koloniale Straßenbezeichnung". DKZ 8.3.1913, 30(10), 167.

„Koloniale Straßenbezeichnung". DKZ 22.3.1913, 30(12), 201.

Katterfeld, A. 1886. Joachim Nettelbeck als Vorkämpfer für eine Deutsche Kolonialpolitik. DKZ Jg. 3, Nr. 3, 170–174.

Deutsche Vereinigung Schanghai. 1913. *Denkschrift zur Förderung des Deutschtums in China*. Bremen: Schünemann.

Deutscher Städtetag. *Benennung von Straßen und Plätzen. Bekanntmachung vom 21. Oktober 1922* (erhalten vom Stadtarchiv Coburg).

Deutscher Kolonialkrieger-Bund. 1924. *Unvergessenes Heldentum. Das Kolonisationswerk der deutschen Schutztruppe und Marine*. Berlin: Kolonialwarte.

Die Grenzboten: *Zeitschrift für Politik, Literatur und Kunst*. 1841–1922. Berlin: Verlag der Grenzboten GmbH. Online unter http://brema.suub.uni-bremen.de/grenzboten (abgerufen am 28/10/2018).

Die Lage der Dinge in Transvaal. 1880. *Die Grenzboten* 39(1), 485–497.

Die Aussichten unseres südwestafrikanischen Schutzgebietes. 1892. *Die Grenzboten* 51(1), 171–175.

Deutschlands Beziehungen zu Transvaal. 1896. *Die Grenzboten* 55(1), 305–310.

Geheimes Staatsarchiv Preußischer Kulturbesitz, I HA Rep. 77, Tit. 1319, Nr. 2, Bd. 17.

Geheimes Staatsarchiv Preußischer Kulturbesitz, TA I HA Rep. 89 Nr. 14456 Bl. 191–196.

Grimm, Hans. 1926. *Volk ohne Raum*. München: Albert Langen.

Jäger, Fritz. 1914. Hofrat Professor Dr. Hans Meyer, Leipzig. In *Jahrbuch über die deutschen Kolonien VII*, 1–18.

Kolonial-Wirtschaftliches Komitee. Ca. 1915. *Kupfer und die deutschen Kolonien*. Berlin: Mittler & Sohn.

Külz, Ludwig. 1906. Nachahmung der Engländer vom 17. August 1903. In Agnes Külz, *Blätter und Briefe eines Arztes aus dem tropischen Deutschafrika*. 91–93. Berlin: Wilhelm Süsserott.

Lene, Hauptmann a. D. 1908. Der Kilimandscharo. In *Bilder aus den deutschen Kolonien. Lesestücke, gesammelt u. bearb. i. A. der Deutschen Kolonialgesellschaft*. 135–140. Essen: Baedeker.

Litzmannstädter Zeitung mit den amtlichen Bekanntmachungen für Stadt und Kreis Litzmannstadt. Online unter: http://bc.wbp.lodz.pl/dlibra/publication/29012?tab=1 (abgerufen am 26/10/2018).

Ausgabe vom 12.04.1940, Jg. 18, Nr. 102.

Ausgabe vom 22.03.1942, Jg. 25, Nr. 81.

Ausgabe vom 06.12.1942, Jg. 25, Nr. 339.

Mader, Friedrich W. 1938. *Die Schlacht bei Tanga. Erzählung aus dem Ersten Weltkrieg. 1938.* Gütersloh: Bertelsmann.
Puttkamer, Jesko von. 1912. *Gouverneursjahre in Kamerun.* Berlin: Georg Stilke.
Reichs-Kolonial-Amt. 1915. *Der Krieg in den deutschen Schutzgebieten. 1.–4. Mitteilung.* Berlin: Königliche Buchhandlung.
Reinecke, Franz. 1902. *Samoa.* Berlin: Süsserott.
Rohlfs, Gerhard. Ca. 1885. *Angra Pequena. Die erste deutsche Kolonie in Afrika. Dem ganzen deutschen Volke gewidmet.* Bielefeld & Leipzig: Velhagen & Klasing.
Runderlaß des Ministers des Innern. 17.06.1933. Straßenbenennung. Ministerial-Blatt für die Preußische innere Verwaltung, Teil I, Ausgabe A. Online unter: https://www.lwl.org/westfaelische-geschichte/nstopo/normen/1933-06-17.pdf (abgerufen am 18/05/2019).
Runderlaß des Reichsministers des Innern und des Preußischen Ministers des Innern. 01.11.1934. Beschriftung der Straßenbenennungsschilder. III M 38a, Nr. 49/34 [II M], *Ministerial-Blatt für die Preußische innere Verwaltung, Ausgabe A.* Online unter: http://www.lwl.org/westfaelische-geschichte/nstopo/normen/1934-11-01.pdf (abgerufen am 28/10/2018).
Runderlaß des Reichsministers des Innern. 15.07.1939. Ausführungs-Anweisung zur Verordnung über die Benennung von Straßen, Plätzen und Brücken. V a 5141 IX/39-1002 B. Online verfügbar unter: http://www.lwl.org/westfaelische-geschichte/nstopo/ normen/1939-07-15.pdf (abgerufen am 10/11/2018).
Schmidt, Richard. 1941. *Kleines Stadtbuch von Königshütte Oberschlesien. Herausgegeben im Auftrage des Oberbürgermeisters.* Königshütte OS: Verlag für Sozialpolitik, Wirtschaft und Statistik.
Schnee, Heinrich. 1927. *Die koloniale Schuldlüge.* 2. Auflage. München: Süddeutsche Monatshefte.
Schorn, Hans Traugott. 1920. *Dr. Carl Peters. Ein Lebensbild.* Großenwörden bei Hamburg: Rüsch.
Statistische Jahrbücher für das Deutsche Reich. 1880–1943.
 Kaiserliches Statistisches Amt. 1880. Statistisches Jahrbuch für das Deutsche Reich. 1. Jg. Berlin: Puttkammer & Mühlbrecht.
 Kaiserliches Statistisches Amt. 1900. Statistisches Jahrbuch für das Deutsche Reich. 21. Jg. Berlin: Puttkammer & Mühlbrecht.
 Statistisches Reichsamt. 1925. Statistisches Jahrbuch für das Deutsche Reich. 44. Jg. Berlin: Verlag für Politik und Wirtschaft.
 Statistisches Reichsamt. 1940. Statistisches Jahrbuch für das Deutsche Reich. 58. Jg. Berlin: Schmidt.
Trierenberg, Georg. 1914. *Togo. Die Aufrichtung der deutschen Schutzherrschaft und die Erschließung des Landes.* Berlin: Ernst Siegfried Mittler und Sohn.
Vollerthum, Waldemar. 1924. Kiautschou. Ein Gedenkblatt deutscher Kolonisation in China. In Präsidium des Deutschen Kolonialkrieger-Bundes (ed.), *Unvergessenes Heldentum. Das Kolonisationswerk der deutschen Schutztruppe und Marine.* 61–72. Berlin: Kolonialwarte (Agencia Duems).
Winzer, Otto. 1907/10. *Straßennamen. Sonderdruck Zeitschrift des Allgemeinen Deutschen Sprachvereins.* 1–4. Online unter: https://www.lwl.org/westfaelische-geschichte/portal/Internet/finde/langDatensatz.php?urlID=991&url_tabelle=tab_websegmente (abgerufen am 28/10/2018).
Wünsche, Alwin. 1912. *Die deutschen Kolonien für die Schule dargestellt.* Leipzig: Voigtländer.

Koloniallexika

Kausch, Oskar. 1903. *Deutsches Kolonial-Lexikon. Allgemeine Übersicht über die deutschen Kolonialgebiete, alphabetische Aufführung der neuen geographischen Namen (der Länder, Völker, Flüsse, Gebirge, Orte), Angabe der Regierungs-, Militär-, Zoll- und Missionsstationen, Verkehrsanstalten, Handelsniederlassungen und Pflanzungen, Erklärungen der Namen und Zusammenstellung der wichtigsten Kolonialforscher*. Dresden: Küthmann.

Schnee, Heinrich. 1920. *Deutsches Kolonial-Lexikon*. I. Band A–G, II. Band H–O, III. Band P–-Z. Leipzig: Quelle & Meyer.

Adressbücher, Stadtpläne, administrative und nicht-administrative Texte, Straßennamenlexika u. dgl.

Die jeweiligen Quellen werden zur besseren Übersichtlichkeit anhand der Einzelorte dargelegt. Die jeweiligen ortsbezogenen Einträge sind wiederum chronologisch angelegt.

Altenburg

Adreßbuch Altenburg. 1935. Altenburg: Stephan Seibel & Co. Online unter: http://wiki-de.genealogy.net/Altenburg_(Th%C3%BCringen)/Adressbuch_1935 (abgerufen am 28/01/2019).

Plan der Stadt Altenburg. 1939. Angefertigt nach Planunterlagen des Stadtvermessungsamtes. Altenburg: Seibel & Co. (= Beilage zum Adreßbuch 1939). SBBPK S 16060.

Amberg

Einwohnerbuch von Amberg in der Oberpfalz. 1938 (erhalten vom Stadtarchiv Amberg).

Asch [Aš]

Adreßbuch für die Stadt und den Landkreis Asch. 1941. Dritte Ausgabe. Asch: Albert Gugath.

Bad Godesberg

Einwohnerbuch (Adreßbuch) der Bürgermeisterei Godesberg. 1920. Bad Godesberg am Rhein: Jean Schneider. Online unter: http://digitale-sammlungen.ulb.uni-bonn.de/periodical/pageview/1426923 (abgerufen am 20/04/2019).

Bautzen

Bestand 62011 Repertorium XI, Straßenumbenennungen (1935–1942) (Bestand Archivverbund Bautzen).

Berlin

Berliner Adreßbuch. 1908. Unter Benutzung amtlicher Quellen. Zweiter Band. Berlin: August Scherl Deutsche Adreßbuch-Gesellschaft. Online unter: https://digital.zlb.de/viewer/readingmode/34115495_1908/1/LOG_0003/ (abgerufen am 09/06/2019).

Berliner Adreßbuch. 1910. Unter Benutzung amtlicher Quellen. Zweiter Band. Berlin: August-Scherl Deutsche Adreßbuch-Gesellschaft. Online unter: https://digital.zlb.de/viewer/readingmode/34115495_1910/3262/LOG_0199/ (abgerufen am 09/06/2019).

Berliner Adreßbuch. 1919. Unter Benutzung amtlicher Quellen. Zweiter Band. Berlin: August Scherl Deutsche Adreßbuch-Gesellschaft. Online unter: https://digital.zlb.de/viewer/metadata/34115495/1/LOG_0000/ (abgerufen am 09/06/2019).

Berliner Adreßbuch. 1921. Unter Benutzung amtlicher Quellen. Dritter Band. Berlin: August Scherl Deutsche Adreßbuch-Gesellschaft. Online unter: https://digital.zlb.de/viewer/readingmode/34115495_1921/1/LOG_0003/ (abgerufen am 09/06/2019).

Berliner Adreßbuch. 1942. Unter Benutzung amtlicher Quellen. Dritter Band. Berlin: August Scher Nachfolger. Online unter: https://digital.zlb.de/viewer/readingmode/ 34115495_1942/1/LOG_0003/ (abgerufen am 09/06/2019).

Bochum

Adreßbuch Bochum. 1920. Bochum: Bochumer Adresßbuchverlag GmbH. (Bestand im Stadtarchiv Bochum).

Adreßbuch Bochum. 1924/25. Bochum: Bochumer Adresßbuchverlag G.m.b.H. Online unter: http://wiki-de.genealogy.net/Bochum/Adressbuch_1924-25 (abgerufen am 20/10/2018).

Neuester Stadtplan Bochum. 1938. Essen: Buch- und Kartenvertrieb Neue Zeit. SBBPK, Kart. X 20039/28.

(Böhmisch-) Budweis [České Budějovice]

Stadtplan Budweis. 1943. Prag: Landesvermessungsamt Böhmen und Mähren. SBBPK, S 37320-

Bottrop

Adreßbuch Bottrop. 1938. Bottrop: Wilhelm Postberg. Online unter http://wiki-de.genealogy.net/Bottrop/Adressbuch_1938 (abgerufen am 20/10/2018).

Plan der Stadt Bottrop. 1939. Bottrop: Wilhelm Postberg.

Brandenburg an der Havel

Einwohnerbuch Brandenburg (Havel, Plaue und Kirchmöser). 1938/39. Brandenburg (Havel): J. Wiesike. Online unter: https://opus4.kobv.de/opus-slbp/frontdoor/index/index/docId/14435 (abgerufen am 20/04/2019).

Stadtplan Brandenburg (Havel). 1955. SBBPK, Kart. X 56/89.

Braunschweig

Zusammenfassung der Beigeordnetensitzung vom 17.11.1939 zur Straßennamensgebung in Braunschweig. Akt. C 26-730 (erhalten vom Stadtarchiv Braunschweig).

OB Braunschweig an den Herrn Stadtbaurat am 23.09.1939. E26_5 Akz. 2006_030 (erhalten vom Stadtarchiv Braunschweig).

OB Braunschweig ans Tiefbauamt am 28.11.1939. Neubenennungen von Straßen. E 62_5 Akz. 2006_030 (erhalten vom Stadtarchiv Braunschweig).

OB Braunschweig ans Tiefbauamt Braunschweig am 18.01.1940. E 62_5 Akz. 2006_030 (erhalten vom Stadtarchiv Braunschweig).

Braunschweigisches Adreßbuch. 1940. Nach amtlichen Quellen bearbeitet. Jg. 126. Braunschweig: Joh. Heinr. Meyer. Online unter: http://wiki-de.genealogy.net/Braunschweig/Adressbuch_1940 (abgerufen am 20/10/2018).

Bremen

Bremer Adreßbuch. 1905. Jg. 32. Bremen: Carl Schünemann. Online unter: http://brema.suub. uni-bremen.de/periodical/structure/997972 (abgerufen am 28/01/2019).
Bremer Adreßbuch. 1919. Jg. 46. Bremen: Carl Schünemann. Online unter: http://brema.suub.uni-bremen.de/periodical/structure/998025 (abgerufen am 28/10/2018).
Stadtplan Bremen. 1927. Mit Straßenverzeichnis. Berlin: Grieben.
Stadtplan Bremen. 1938. Mit Straßenverzeichnis. Berlin: Grieben. BSB, Mapp XII 33.
Hafenplan von Bremen. 1938. SBBPK, Kart. X 20479 <1938>.
Bremer Adreßbuch. 1939. Jg. 65. Bremen: Carl Schünemann. Online unter: http://brema.suub. uni-bremen.de/periodical/structure/998091 (abgerufen am 28/01/2019).
Bremer Adreßbuch. 1942. Bremen: Carl Schünemann. Online unter: http://brema.suub.uni-bremen.de/periodical/structure/998100 (abgerufen am 28/01/2019).

Breslau [Wrocław]

Stadtplan Breslau. 1906. Leipzig: Wagner & Debes. Online unter: https://www.discusmedia.com/maps/wroclaw_city_maps/4303/ (abgerufen am 29/10/2018).
Stadtplan Breslau. 1911. Leipzig: Wagner & Debes. Online unter: https://www.discusmedia.com/maps/wroclaw_city_maps/5266/ (abgerufen am 29/10/2018).
Stadtplan Breslau. Ca. 1930 (Ritz Landkarten – Restauration und Rekonstruktion 2016). Online unter: https://www.landkartenarchiv.de/historischestadtplaene.php?q=landkartenarchiv _breslau (abgerufen am 29/10/2018).
Stadtplan Breslau. Ca. 1941. Online unter: https://www.landkartenarchiv.de/mobil/historischestadtplaene.php?q=landkartenarchiv_breslau_mittlereausgabe_1941 (abgerufen am 29/10/2018).
Breslauer Adreßbuch. 1943. Unter Benutzung amtlicher Quellen. Breslau: August Scherl Nachfolger. Online unter: http://wiki-de.genealogy.net/Breslau/Adressbuch_1943 https://www.sbc.org.pl/dlibra/publication/98198 & (abgerufen am 28/10/2018).

Chemnitz

Stadtplan Chemnitz. 1920 (Ritz Landkarten – Restauration und Rekonstruktion 2016). Online unter: http://www.landkartenarchiv.de/historischestadtplaene.php?q=landkartenarchiv _chemnitz_192X (abgerufen am 28/05/2019).
Reichskolonialbund, Kreisverband Chemnitz an den OB Chemnitz am 27.8.1936 (erhalten vom Stadtarchiv Chemnitz).
Chemnitzer Adreßbuch. 1940. 82. Ausgabe. Chemnitz: Pickenhahn & Sohn. Online unter: https://digital.slub-dresden.de/werkansicht/dlf/99634/1/0/ (abgerufen am 28/05/2019).

Cuxhaven

Cuxhavener Adreßbuch. 1939. Bearbeitet nach Aufzeichnungen des Einwohnermeldeamtes der Stadt Cuxhaven und eigenen Ermittlungen. Cuxhaven: Cuxhavener Tageblatt. Online unter: http://agora.sub.uni-hamburg.de/subhh-adress/digbib/tree?sdid=c1:1535900 (abgerufen am 28/05/2019).
Wo ter, Günther. 1997. *Die Straßennamen der Stadt Cuxhaven*. Cuxhaven: Cuxdruck GmbH.

Stadt Cuxhaven. 2014. *Bebauungsplan NR. 193 „Quartier Gorch-Fock-Straße" mit Erhaltungssatzung und örtlichen Bauvorschriften.* Online unter: http://www.cuxhaven.de/pics/medien/ 1_1421999862/Anlage_2._B-Plan_193_Begruendung_12.2014.pdf (abgerufen am 28/10/2018).

Danzig [Gdańsk]

Danziger Einwohnerbuch mit allen eingemeindeten Vororten und Zoppot. 1942. Jg. 43. Danzig: A. W. Kafemann. Online unter: http://pbc.gda.pl/ dlibra/docmetadata?id=13073 (abgerufen am 28/05/2019).

Delmenhorst

Grundig, Edgar. 1960. *Geschichte der Stadt Delmenhorst. Von 1848 bis 1945. Band IV.* Delmenhorst: Stadtverwaltung Delmenhorst.

Dessau

Dessauer Adreßbuch. 1940. Dessau: Dünnhaupt. Online unter: http://wiki-de.genealogy.net/Dessau/Adressbuch_1940 (abgerufen am 28/10/2018).

Dortmund

Dortmunder Adreßbuch. 1938. Dortmund: W. Crüwell. Online unter: http://wiki-de.genealogy.net/Dortmund/Adressbuch_1938 (abgerufen am 28/10/2018).

Dresden

Adreßbuch Dresden. 1910. Dresden: Dr. Güntzsche Stiftung. Online unter: http://digital.slub-dresden.de/werkansicht/dlf/72304/1/0/ (abgerufen am 28/10/2018).
Stadtplan Dresden. 1911 (Ritz Landkarten – Restauration und Rekonstruktion 2016). Online unter: https:// www.landkartenarchiv.de/mobil/historischestadtplaene.php?q=landkartenarchiv_dresden_1911 (abgerufen am 29/10/2018).
Dresdner Ortsgesetzblatt. 1913 (erhalten vom Stadtarchiv Dresden).
Parzellierungsplan vom Gelände der Terraingesellschaft Dresden-Süd. Ca. 1914. Online unter: http://www.deutschefotothek.de/documents/obj/70401006 (abgerufen am 29/10/2018).
Stadtplan Dresden. 1923 (Ritz Landkarten – Restauration und Rekonstruktion 2016). Online unter: https://landkartenarchiv.de/historischestadtplaene.php?q=landkartenarchiv_dresden_1923 (abgerufen am 29/10/2018).
Adressbuch für Dresden und Vororte. 1932. Dresden: Dr. Güntzsche Stiftung. Online unter: http://digital.slub-dresden.de/werkansicht/dlf/489/1/ & http://wiki-de.genealogy.net/Dresden/Adressbuch_1932 (abgerufen am 28/10/2018).
Dresdner Ortsgesetzblatt. 1934 (erhalten vom Stadtarchiv Dresden).
Dresdner Ortsgesetzblatt. 1938 (erhalten vom Stadtarchiv Dresden).
Stadtplan Dresden. 1939. Mit Straßenverzeichnis. Nach vermessungsamtlichen Unterlagen bearbeitet. Dresden: Meinhold & Söhen GmbH. SBBPK, Kart. X 23016 <1939>
Adreßbuch der Landeshauptstadt Dresden. 1940. Dresden: Dr. Güntzsche Stiftung. Online unter: https://digital.slub-dresden.de/werkansicht/dlf/74077/1/0/ & http://wiki-de.genealogy.net/Dresden/Adressbuch_1940 (abgerufen am 28/10/2018).

Duisburg

Stadtplan von Duisburg. 1942. Köln: Gleumes & Co. SBBPK, S 23250/15.
Mitteilungen im Amtsblatt der Stadt Duisburg vom 19.9.1944 und 27.09.1944 (Bestand im Stadtarchiv Duisburg).

Düsseldorf

Stadtplan Düsseldorf. 1909 (Ritz Landkarten – Restauration und Rekonstruktion 2016). Online unter: https://landkartenarchiv.de/historischestadtplaene.php?q=landkartenarchiv_duesseldorf_kleine_ausgabe_u1909 (abgerufen am 06/11/2018).
Adreßbuch der Stadt Düsseldorf. 1934. Düsseldorf: Schwann. Online unter: http://digital.ub.uni-duesseldorf.de/ihd/periodical/structure/8592384 abgerufen am 06/11/2018 (abgerufen am 06/11/2018).
Stadtplan von Düsseldorf. 1937. Köln: Gleumes. BSB, Mapp. X,197 bm.
Adreßbuch der Stadt Düsseldorf. 1940. Düsseldorf: Schwann. Online unter: http://digital.ub.uni-duesseldorf.de/ihd/periodical/structure/8562217 (abgerufen am 06/11/2018).
Kleinfeld, Hermann. 1996. *Düsseldorfs Straßen und ihre Benennung. Von der Stadtgründung bis zur Gegenwart*. Düsseldorf: Grupello.

Eilenburg

Eilenburger Geschichts- und Musemsverein. 2016. *Eilenburger Straßennamen-Lexikon*. Eilenburg: Eilenburger Geschichts- und Musemsverein e. V.

Erfurt

Wohnungsanzeiger der Stadt Erfurt. 1919. Erfurt: Erfurter Einwohner-Meldeamt. Online unter: https://zs.thulb.uni-jena.de/receive/jportal_jpvolume_00224538 (abgerufen am 28/10/2018).
Adreßbuch der Stadt Erfurt. 1924. Erfurt: Gebr. Richters Verlagsanstalt. Online unter: https://zs.thulb.uni-jena.de/receive/jportal_jpvolume_00223267 (abgerufen am 28/10/2018).
Blaha, Walter, Ferenc Bonyhadi, Joachim Böhnisch, Annette Brunner, Helga Brück, Bodo Fischer, Werner John, Josef Metze, Arnold Nicolai, Ruth Nicolai, Christine Riesterer, Erika Schwarz & Ingrid Sturm. 1992. *Erfurter Straßennamen in ihrer historischen Entwicklung*. Erfurt: Verlagshaus Thüringen.

Essen

Stadtplan Essen. 1942. Online unter: https://geo.essen.de/historisch/#scale=128000&basemap=1&centerX=2570970.580064964&centerY=5699843.346073587&startTime=-11676099208000&endTime=-11676099208000&bmFader=0&layerIds=445.1933 (abgerufen am 06/11/2018).
Dieckhoff, Erwin. 1979. *Essener Straßennamen. Stadtgeschichte im Spiegel der Straßennamen*. Essen: Bacht.

Forst (Lausitz)

Forster Stadtbuch. Adreßbuch der Industrie- und Handelsstadt Forst (Lausitz). 1939. Forst (Lausitz): E. Hoene. Online unter: http://wiki-de.genealogy.net/Forst_(Lausitz)/Adressbuch_1939 (abgerufen am 06/11/2018).
Stadtplan Forst (Lausitz). 1940–1945 (erhalten vom Stadtarchiv Forst (Lausitz)).

Frankfurt am Main

Frankfurter Adreßbuch mit Umgebung. 1931. Frankfurt am Main: August Scherl Nachfolger. Online unter: http://sammlungen.ub.uni-frankfurt.de/periodika/periodical/titleinfo/ 8739545 & http://wiki-de.genealogy.net/Frankfurt_am_Main/Adressbuch_1931 (abgerufen am 06/11/2018).

Frankfurter Adreßbuch mit Umgebung. 1941. Frankfurt am Main: August Scherl Nachfolger. Online unter: http://sammlungen.ub.uni-frankfurt.de/periodika/periodical/titleinfo/ 8739545 & http://wiki-de.genealogy.net/Frankfurt_am_Main/Adressbuch_1941 (abgerufen am 06/11/2018).

Frankfurt/Oder

Wohnungsbuch für Frankfurt-Oder. 1929. Frankfurt-Oder: Trowitzsch & Sohn. Online unter: http://wiki-de.genealogy.net/Frankfurt_%28Oder%29/Adressbuch_1929 (abgerufen am 01/02/2019).

Stadtplan Frankfurt/Oder. 1937. Beilage zum Wohnungsbuch 1933. Berlin: Pharus-Verlag. SBBPK, S 24623 <1933>.

Gelsenkirchen

Adreßbuch der Stadt Gelsenkirchen. 1941. Bochum: Märkischer Adressbuch-Verlag GmbH. (Bestand im Stadtarchiv Gelsenkirchen).

Glatz [Kłodzko]

Die Grafschaft Glatz. Einwohnerbuch. 1937 (unveränderter Nachdruck von 1983. Leimen & Heidelberg: Marx Verlag).

Gierich, Albert. 1982. Die Milch- oder Nonnengasse, später Judengasse in Glatz. In Jörg Marx & Alois Bartsch (eds.), *Tausend Jahre Glatz: Die Entstehung einer schlesischen Stadt 981–1981*, 110–115. Leimen & Heidelberg: Marx Verlag.

Gleiwitz [Gliwice]

Plan der Stadt Gleiwitz. 1928. Gleiwitz. Pharus-Verlag Berlin. SBBPK, 8 Kart. X 25129/13.
Plan der Stadt Gleiwitz. 1938. SBBPK, Kart. X 25129/13 <1938>.

Gmünd bzw. Schwäbisch Gmünd

Stadtadressbuch Schwäbisch Gmünd. 2015. 10. Ausgabe. Bearbeitet nach amtlichen Unterlagen der Stadtverwaltung und nach eigenen Erhebungen. Fellbach: Städte-Verlag Wagner & Mitterhuber GmbH.

Gotha

Stadtplan Gotha. 1936 (erhalten vom Stadtarchiv Gotha).
Einwohnerbuch (Adreßbuch) der Stadt Gotha. 1941/42. 76. Ausgabe. Gotha: Engelhard-Reyher Verlag (1. Nachdruck-Auflage 2006. Bad Langensalza: Rockstuhl).

Halle

Hallesches Adreßbuch mit Umgebung. 1943. 98. Ausgabe. Halle: August Scherl Nachfolger. Online unter: http://digital.bibliothek.uni-halle.de/hd/periodical/structure/1773905 (abgerufen am 06/11/2018).

Hamburg

Stöllin (o. Vorname). 1925. *Die Gemeinden und Straßen des hamburgischen Staatsgebiets nach dem Stande von Anfang Oktober 1925*. Hamburg: Otto Meißners.
Hamburger Adreßbuch. 1932. Jg. 146. Hamburg: Hamburger Adreßbuch-Verlag. Online unter: http://agora.sub.uni-hamburg.de/subhh-adress/digbib/tree?sdid=c1:956356 (abgerufen am 06/11/2018).
Hamburger Adreßbuch. 1935. Hamburg: Hamburger Adreßbuchverlag. Online unter: http://agora.sub.uni-hamburg.de/subhh-adress/digbib/tree?sdid=c1:982715 (abgerufen am 01/02/2019).
Stadtplan Hamburg. Ca. 1935. Hamburg: Hamburger Adreßbuchverlag. Online unter: https://landkartenarchiv.de/stadtplansammlung.php?q=stadtplan_hamburg_u1935 (abgerufen am 01/02/2019).
Statistisches Landesamt Hamburg. 01.05.1939. Amtliches Gebiets- und Straßenverzeichnis (Bestand im Staatsarchiv Hamburg).
Adreßbuch Hamburg. 1939. 152. Ausgabe. Hamburg: Hamburger Adreßbuchverlag. Online unter: http://agora.sub.uni-hamburg.de/subhh-adress/digbib/view?sdid=c1:648140 (abgerufen am 01/05/2020).
Adreßbuch Hamburg. 1940. 153. Ausgabe. Hamburg: Hamburger Adreßbuchverlag. Online unter: http://agora.sub.uni-hamburg.de/subhh-adress/digbib/view?sdid=c1:654912 (abgerufen am 01/05/2020).
Adreßbuch Hamburg. 1942. 155. Ausgabe. Hamburg: Hamburger Adreßbuchverlag. Online unter: http://agora.sub.uni-hamburg.de/subhh-adress/digbib/view?sdid=c1:606735 (abgerufen am 01/02/2019).
Senat der Freien und Hansestadt Hamburg. 1947. Amtlicher Anzeiger Nr. 129. Hamburg: Lütcke & Wulff (Bestand im Staatsarchiv Hamburg).
Adreßbuch Hamburg. 1949. 158. Ausgabe. Hamburg: Hamburger Adreßbuchverlag. Online unter: http://agora.sub.uni-hamburg.de/subhh-adress/digbib/view?sdid=c1:309374 (abgerufen am 15/05/2020).
Adreßbuch Hamburg. 1950. 159. Ausgabe. Hamburg: Hamburger Adreßbuchverlag. Online unter: http://agora.sub.uni-hamburg.de/subhh-adress/digbib/tree?sdid=c1:392783 (abgerufen am 01/05/2020).
Adreßbuch Hamburg. 1953. 162. Ausgabe. Hamburg: Hamburger Adreßbuchverlag. Online unter: http://agora.sub.uni-hamburg.de/subhh-adress/digbib/tree?sdid=c1:403289 (abgerufen am 01/05/2020).
Beckershaus, Horst. 1997. *Die Hamburger Straßennamen. Woher sie kommen und was sie bedeuten*. Hamburg: Ernst Kabel Verlag GmbH.

Hannover

Pharus-Plan Hannover. 1924. Grosse Ausgabe. Hannover: Sachse & Heinzelmann. SBBPK, Kart.X 26684.
Stadtplan von Groß-Hannover. 1931 (Ritz Landkarten – Restauration und Rekonstruktion 2016). Online unter: https://www.landkartenarchiv.de/historischestadtplaene.php?q=landkartenarchiv_grosshannover_192X (abgerufen am 01/02/2019).
Adreßbuch der Stadt Hannover. 1937. 135. Ausgabe. Hannover: August Scherl. Online unter: http://digitale-sammlungen.gwlb.de/sammlungen/sammlungsliste/werksansicht/

?no_cache=1&tx_dlf%5Bdouble%5D=0&tx_dlf%5Bid%5D=2553&tx_dlf%5Bpage%5D=1& cHash=a13a8383efae67252199e8a1f1d5922f (abgerufen am 01/02/2019).

Adreßbuch der Stadt Hannover. 1940. 138. Ausgabe. Hannover: August Scherl Nachfolger. Online unter: http://digitale-sammlungen.gwlb.de/sammlungen/sammlungsliste/ werksansicht/?no_cache=1&tx_dlf%5Bpage%5D=1&tx_dlf%5Bid%5D=2858&tx_dlf %5Bdouble%5D=0&cHash=98157792c971a27bbf31bb7ecc7d1cf3 (abgerufen am 01/02/2019).

Hanke, Christian. 2014. *Hannovers Straßennamen erzählen Geschichte*. 2., überarbeitete und erweiterte Auflage. Hamburg: Medien-Verlag Schubert.

Zimmermann, Helmut. 1992. *Die Straßennamen der Landeshauptstadt Hannover*. Hannover: Hahnsche Buchhandlung.

Heilbronn

Adreßbuch Heilbronn. 1936. Heilbronn: Heilbronner Verlagsdruckerei GmbH. (erhalten vom Stadtarchiv Heilbronn).

Stadtplan Heilbronn. 1938 (erhalten vom Stadtarchiv Heilbronn).

Hildesheim

Stadtplan Hildesheim. 1940 (erhalten vom Stadtarchiv Hildesheim).

Hindenburg [Zabrze]

Stadtplan Hindenburg. 1936. SBBPK, S 27178/1936.

Iglau [Jihlava]

Landesvermessungsamt Böhmen und Mähren. 1943. Stadtplan Iglau. Prag. SBBPK, Kart. X 37633.

Iserlohn

Schreiben des Reichskolonialbundes, Gauverband Westfalen Süd, 19.5.1938. Bestand B 4 Nr. 76 (erhalten vom Stadtarchiv Iserlohn).

Jungbunzlau [Mladá Boleslav]

Landesvermessungsamt Böhmen und Mähren. 1943. Stadtplan Jungbunzlau. Prag. SBBPK, Kart. X 37755.

Karlsbad [Karlovy Vary]

Stadtplan Karlsbad. 1940. Ortsfremdenverkehrsamt. SBBPK, Kart. 14923.

Karlsruhe

Grieben-Stadtplan von Karlsruhe. 1938. Berlin: Grieben-Verlag. SBBPK, 8 27670/1938.

Karlsruher Adreßbuch. 1940. 67. Jg. Karlsruhe: G. Braun GmbH. Online unter: https://digital. blb-karlsruhe.de/blbihd/periodical/pageview/187995 (abgerufen am 29/01/2019).

Kassel

Einwohnerbuch Stadt und Landkreis Kassel. 1939. Jg. 103. Kassel: Gebr. Schönhoven. Online unter: http://orka.bibliothek.uni-kassel.de/viewer/image/1382947338432_1939/5/ & http://wiki-de.genealogy.net/Kassel/Adressbuch_1939 (abgerufen am 29/01/2019).

Kattowitz [Katowice]

Pharus-Stadtplan Kattowitz. 1940. SBBPK, Kart. X 10365.
Stadtplan Kattowitz. 1942. Online unter: http://www.mapywig.org/m/City_plans/Górnośląski_Okręg_Przemysłowy/GAUHAUPTSTADT_KATTOWITZ_10K_1942.jp (abgerufen am 29/10/2018).

Königsberg i. Pr. bzw. Königsberg (Pr.) [Kaliningrad]

Stadtplan Königsberg i. Pr. Ca. 1925 (Ritz Landkarten – Restauration und Rekonstruktion 2016). Online unter: https://www.landkartenarchiv.de/historischestadtplaene.php?q=landkartenarchiv_koenigsberg_u1925 (abgerufen am 29/10/2018).
Einwohnerbuch Königsberg (Pr.). 1941. Jg. 89. Königsberg: Königsberger Verlagsanstalt GmbH (3. Nachdruck-Auflage 1993. Hildesheim, Zürich & New York: Georg Olms Verlag).

Königshütte [Chorzów]

Stadtplan Königshütte in Oberschlesien. 1941. Online unter: http://www.deutschefotothek.de/documents/obj/90030580/df_dk_0006327 (abgerufen am 29/10/2018).

Kiel

Kieler Adreßbuch für das Jahr 1940. Kiel & Berlin: August Scherl Nachfolger. Online unter: http://wiki-de.genealogy.net/Kiel/Adressbuch_1940 (abgerufen am 20/10/2018).
Stadtplan Kiel. 1940 (Ritz Landkarten – Restauration und Rekonstruktion 2016). Online unter: https://www.landkartenarchiv.de/historischestadtplaene.php?q=landkartenarchiv_kiel_gross_192X (abgerufen am 20/10/2018).
Hilscher, Hans-G. 2015. *Kieler Straßenlexikon. Stand: Juni 2015. Fortgeführt seit 2005 durch Landeshauptstadt Kiel (Amt für Bauordnung, Vermessung und Geoinformation, Herr Dietrich Bleihöfer)*. 6. Auflage. Kiel: Amt für Bauordnung, Vermessung und Geoinformation.

Kladno [Kladno]

Landesvermessungsamt Böhmen und Mähren. 1943. Stadtplan Kladno. 1943. Prag. SBBPK, Kart. 43/385.

Kolin [Kolín]

Landesvermessungsamt Böhmen und Mähren. 1943. Stadtplan Kolin. Prag. SBBPK, S 38010/1.

Köln

Adreßbuch der Hansestadt Köln. 1937. Jg. 79. Zweiter Band. Köln: Greven. Online unter: http://wiki-de.genealogy.net/K%c3%b6ln/Adressbuch _1937/2 (abgerufen am 28/10/2018).
Adreßbuch von Köln. 1939. Vierter Band. Köln: Greven's Kölner Adreßbuch-Verlag Ant. Greven. Online unter: http://wiki-de.genealogy.net/K%C3%B6ln/Adressbuch _1939/4 (abgerufen am 28/01/2019).
Kaufmann, Fred, Dagmar Lutz & Gudrun Schimdt-Esters. 1996. *Kölner Straßennamen*. Köln: Greven.

Landsberg an der Warthe [Gorzów Wielkopolski]

Stadtplan Landsberg an der Warthe. Nach 1934 (Ritz Landkarten – Restauration und Rekonstruktion 2016). Online unter: https://www.landkartenarchiv.de/historischestadtplaene.php?q=landkartenarchiv_landsberganderwarthe (abgerufen am 29/10/2018).

Leipzig

Leipziger Adreßbuch. 1918. 97. Jg. Leipzig: August Scherl. Online unter: https://digital.slub-dresden.de/werkansicht/dlf/89869/1/0/ (abgerufen am 28/01/2019).

Vermessungsamt des Rates der Stadt Leipzig. Ca. 1920. Plan von Leipzig. Nachgetragen bis Ende Juni 1919. Leipzig & Berlin: Giesecke & Devrient.

Leipziger Adreßbuch für das Jahr 1938. Jg. 117. Zweiter Band. Leipzig: August Scherl Nachfolger. Online unter: https://digital.slub-dresden.de/werkansicht/dlf/93348/1065/0/ & http://wiki-de.genealogy.net/Leipzig/Adressbuch_1938 (abgerufen am 29/10/2018).

Leslau [Włocławek]

Stadtplan Leslau. 1942. Online unter: http://maps.mapywig.org/m/City_plans/Central_Europe/Stadtplan_Leslau_15K_c.1942.jpg (abgerufen am 28/01/2019).

Lodz bzw. Litzmannstadt [Łódź]

Górski, Ryszard Eug. Ca. 1938. Plan wojewódzkiego miasta Łodzi. Łódź. Online unter: http://daten.digitale-sammlungen.de/~db/0009/bsb00094033/images/ (abgerufen am 29/10/2018).

Oberbürgermeister von Litzmannstadt & Statistisches Amt. 1941. Straßenverzeichnis von Litzmannstadt. Litzmannstadt: S. Seipelt GmbH. Online unter: http://bc.wbp.lodz.pl/Content/75062/Strassenverzeichnis_von_Litzmannstadt1941a.pdf (abgerufen am 19/04/2019).

Thiem, Erwin. 1942. Plan von Litzmannstadt. Litzmannstadt: S. Seibelt GmbH. Online unter: http://www.deutschefotothek.de/documents/obj/90066471/df_dk_0009664 (abgerufen am 29/10/2018).

Teunissen, Harrie. 2016. *Lebensraum und Getto. Karten der Warthegau, Pläne von Litzmannstadt. Vortrag für das 18. kartographiehistorische Colloquium*, 15.–17. September 2016 am Institut für Geschichte der Universität Wien. Online verfügbar unter: http://www.siger.org/lebensraumundgetto/ (abgerufen am 12/10/2018).

Ludwigsburg

Einwohnerbuch der Stadt Ludwigsburg. 1943. Ludwigsburg: Eichhorn-Verlag. [Alphabetisches Straßen-Verzeichnis] (Bestand im Stadtarchiv Ludwigsburg).

Ludwigshafen am Rhein

Adreßbuch, Stadtbuch, Einwohnerbuch der Stadt Ludwigshafen am Rhein. 1936. Ludwigshafen am Rhein: Julius Waldkirch & Cie.m.b.H. Online unter: http://wiki-de.genealogy.net/Ludwigshafen_am_Rhein/Adressbuch_1936 (abgerufen am 29/10/2018).

Lübeck

Adreßbuch der Hansestadt Lübeck und benachbarter Gemeinden. 1939. Lübeck: Maß Schmidt-Römhild. Online unter: http://wiki-de.genealogy.net/L%C3%BCbeck/Adressbuch_1939 (abgerufen am 28/05/2019).

Stadtplan Lübeck. 1938. Berlin: Pharus-Verlag. SBBPK, Kart. X 28992 <1938>.

Adreßbuch der Hansestadt Lübeck und benachbarter Gemeinden. 1942. Lübeck: Maß Schmidt-Römhild. Online unter: http://wiki-de.genealogy.net/L%C3%BCbeck/Adressbuch_1942 (abgerufen am 28/05/2019).

Lüneburg

Reinecke, Wilhelm, Gustav Luntoswi & Uta Reinhardt. 2007. *Die Straßennamen Lüneburgs*. 5. Auflage. Hildesheim: Lax.

Lünen

Einwohnerbuch Lünen. 1938. Lünen: Adreßbuch-Verlag G. Berkenkopf.

Magdeburg

Stadtplan Magdeburg. 1919. SBBPK, Kart. X 29234 <1919>.

Stadtplan Magdeburg. 1937. SBBPK, Kart. X 29234/5.

Magdeburger Adreßbuch. 1940. Magdeburg: August Scherl Nachfolger. Online unter: http://wiki-de.genealogy.net/Magedeburg/Adressbuch_1940 (abgerufen am 20/10/2018).

Mannheim

Stadtplan Mannheim. Haupt- und Vorortplan nebst Straßenverzeichnis. 1936/37. SBBPK, Kart. X 29823 <1938>.

Merseburg

Mitteilung des Polizeipräsidenten: Neubenennungen von Straßen im Stadtgebiete Merseburg. *Merseburger Zeitung vom 15.07.1938* (erhalten vom Stadtarchiv Merseburg).

Einwohnerbuch der Stadt Merseburg. 1940. Merseburg: Mitteldeutscher Nationalverlag GmbH. Online unter: http://wiki-de.genealogy.net/Merseburg/Adressbuch_1940 (abgerufen am 20/10/2018).

Stadtplan Merseburg und Leuna. 1947. Nebst Straßenverzeichnis. Merseburg: Friedrich Stollberg.

Mühlheim an der Ruhr

Adreßbuch Mühlheim an der Ruhr. 1940. Duisburg: Rheinische National-Druckerei und Verlag GmbH. Online unter: http://wiki-de.genealogy.net/M%c3%bclheim_an_der_Ruhr/Adressbuch_1940 (abgerufen am 20/10/2018).

Meißner, Wolfgang. 1999. *Vom Adlerhorst bis Zwischen den Gärten. Straßennamen in Mülheim an der Ruhr*. Mülheim an der Ruhr: Geschichtsverein Mühlheim an der Ruhr.

München

Adressbuch der Stadt München und Umgebung. 1923. München: Handelskammer München. Online unter: http://wiki-de.genealogy.net/M%c3%bcnchen/Adressbuch_1923 (abgerufen am 28/10/2018).

Adreßbuch für München und Umgebung. 1926. München: Handelskammer München. Online unter: http://wiki-de.genealogy.net/M%C3%BCnchen/Adressbuch_1926 (abgerufen am 28/10/2018).

Stadtplan München. 1933. SBBPK, 8 Kart. X 30718 <1933>.

Brunn's Neuester Plan von München 1940. München: Verlag Oscar Brunn. SBBPK, Kart. X 30739 <1940>.

Münchner Stadtadreßbuch. 1935. 85. Ausgabe. München: Adreßbuchverlag der Industrie- und Handelskammer. Online unter: http://wiki-de.genealogy.net/M%c3%bcnchen/Adressbuch_1935 (abgerufen am 20/10/2018).

Münchner Stadtadreßbuch. Adreßbuch der Hauptstadt der Bewegung. 1941. 91. Ausgabe. München: Adreßbuchverlag der Industrie- und Handelskammer. Online unter: http://wiki-de.genealogy.net/M%c3%bcnchen/Adressbuch_1941 (abgerufen am 20/10/2018).

Dollinger, Hans. 2004. *Die Münchner Straßennamen*. Erarbeitet zusammen mit dem Stadtarchiv, dem Kommunalreferat-Vermessungsamt und dem Baureferat der bayerischen Landeshauptstadt. 6., aktualisierte Auflage. München: Südwest Verlag.

München Gladbach [Mönchengladbach]

Pharus-Plan der Städte München Gladbach und Rheydt. 1940. Köln: Sonderverlag Gleumes & Co. SBBPK, S 30868/1940.

Wittmann-Zenses, Manfred. 1998. Vom „Platz der Republik" zum „Langemarckplatz" – und zurück? Straßenbenennungen in M.Gladbach und Rheydt zur Zeit des Nationalsozialismus. *Rheydter Jahrbuch* 24. 11–68.

Münster

Stadtplan Münster. 1939. SBBPK, S 30968/10.

Einwohnerbuch der Provinzialhauptstadt Münster (Westf.). 1941-42. Jg. 63. Münster: Verlag des Einwohnerbuches der Stadt Münster (Westf.). Online unter: https://sammlungen.ulb.uni-muenster.de/hd/periodical/pageview/2631713 (abgerufen am 20/10/2018).

Neustadt an der Haardt bzw. Weinstraße

Stadtplan Neustadt an der Haardt. 1931/32. SBBPK, Kart. X 31197.

Stadtplan Neustadt an der Haardt. 1936. SBBPK, 8 31 196.

Stadtplan Neustadt an der Weinstraße. 1957. SBBPK, Kart. 59/794.

Adreßbuch für Stadt und Bezirksamt Neustadt an der Weinstraße. 1938. Jg. 9. Neustadt an der Weinstraße: Pfälzische Verlagsanstalt GmbH. Online unter: http://wiki-de.genealogy.net/Neustadt_an_der_Weinstra%C3%9Fe/Adressbuch_1938 (abgerufen am 28/10/2018).

Autor unbek. „Der Gattin ein Denkmal gesetzt." *Die Rheinzeitung* 2001 Nr. 63 vom 14.03.2001 (erhalten vom Stadtarchiv und Stadtmuseum Neustadt an der Weinstraße). Stadtplan Neustadt an der Haardt. 1912. SBBPK, Kart. X 31195.

Oberhausen

Pharus-Plan Oberhausen. 1938. Köln: Gleumes & Co. SBBPK, Kart. X 31668/5.

Oldenburg

Einwohnerbuch der Stadt Oldenburg. 1940. Jg. 60. Oldenburg: Schulzesche Verlagsbuchhandlung. Online unter: http://wiki-de.genealogy.net/Oldenburg_%28Oldenburg%29/Adressbuch_1940 (abgerufen am 28/10/2018).
Schohusen, Friedrich. 1977. *Die Oldenburger Straßennamen*. Oldenburg: Heinz Holzberg Verlag.
Fricke, Klaus: „Keine Bikinipflicht in der Tangastr.", Nordwest-Zeitung vom 5.11.2009.

Oranienburg

Adreßbuch für Oranienburg und Umgegend. 1937/38. 10. Ausgabe. Oranienburg bei Berlin: Wilhelm Möller K.G. (durchgesehen vom Stadtarchiv Oranienburg).
Oranienburger Verkehrsverein: Verkehrsplan der Luise-Henriette- und Runge- Stadt Oranienburg. 1940. SBBPPK, Kart. X 371678/5.

Pabianitz [Pabianice]

Stadtplan von Pabianitz. 1943. Online unter: https://landkartenarchiv.de/stadtplansammlung 2.php?q=STADTPLAN_VON_PABIANITZ_c_12K_1943 (abgerufen am 28/05/2019).

Pirmasens

Hauptausschussprotokoll Pirmasens vom 21.01.1947 (Bestand im Stadtarchiv Pirmasens).

Pirna

Adreßbuch für die Stadt und den Amtsgerichtsbezirk Pirna. 1938. 22. Ausgabe. Pirna: Ostermanns Erben. Online unter: https://digital.slub-dresden.de/werkansicht/dlf/90596/5/0/ (abgerufen am 28/05/2019).
Plan der Stadt Pirna. 1939. Freigegeben durch das Landesvermessungsamt in Dresden Nr. 19/38. Pirna: Ostermanns Erben. SBBPK, S 32105/5.

Posen [Poznań]

Städtisches Vermessungsamt. 1939. Plan der Stadt Posen. Online unter: http://www.deutschefotothek.de/documents/obj/90061895 (abgerufen am 28/05/2019).

Prerau [Přerov]

Landesvermessungsamt Böhmen und Mähren: Stadtplan Prerau. 1943. Prag. SBBPK, Kart. X 2/39 KE 14.

Proßnitz [Prostějov]

Landesvermessungsamt Böhmen und Mähren: Stadtplan Proßnitz. 1943. Prag. SBBPK, Kart. 2/39 KE 14.

Ravensburg

Benennungsbeschlüsse *Gustav-Nachtigal-Weg, Lüderitzweg, Petersweg* StadtA RV AI 2068, StadtA RV AI 2186, StadtA RV AI 2187 (durchgesehen vom Stadtarchiv Ravensburg).

Riesa

Stadtplan von Riesa. 1937. Riesa: Verlag des Riesaer Tageblatt. SBBPK, 8 33137/8.

Saalfeld

Werner, Gerhard. 2011. *Das Saalfelder Straßenbuch. Die Straßennamen der Stadt Saalfeld und ihrer eingemeindeten Ortsteile in Vergangenheit und Gegenwart.* Saalfeld: Geschichts- und Museumsverein e. V.

Saarbrücken

Einwohnerbuch der Stadt Saarbrücken. 1926/27. Saarbrücken & Völklingen: Gebr. Hofer A.G. Verlagsanstalt.

Schweidnitz [Świdnica]

Einwohnerbuch für den Stadt- und Landkreis Schweidnitz mit allen Gemeinden einschließlich der Städte Striegau und Freibug Schl. 1942. Breslau: Breslauer Verlags- und Druckerei GmbH. Online unter: https://martin-opitz-bibliothek.de/de/elektronischer-lesesaal?action=book&bookId=0010238-1942 (abgerufen am 28/05/2019).

Adler, Horst. 2006. *Schweidnitz in den Jahren 1934–1939. Materialien zu einer Stadtgeschichte.* Online unter: http://www.horst-adler.de/Schweidnitz_1934-1939.pdf (abgerufen am 28/05/2019).

Schweinfurt

Einwohnerbuch der Stadt Schweinfurt. 1938. Nach amtlichen Quellen nach dem Stand vom 15. April 1938 bearbeitet mit einem Stadtplan. Schweinfurt: Schweinfurter Adreßbuchverlag.

Siegburg

Stadtplan Siegburg. Ca. 1942 (erhalten vom Stadtarchiv Siegburg).

Solingen

Stadtplan Solingen. 1935. Düsseldorf Bauermann & Carl GmbH. SBBPK, Kart. X 33840/3.

Stettin [Szczecin]

Stettiner Adressbuch. 1932. Jg. 76. Stettin: August Scherl. Online unter: http://www.digitale-bibliothek-mv.de/viewer/image/PPN770593895_1932/1/ (abgerufen am 28/05/2019).

Pharus-Plan von Stettin. Ca. 1939. Große Ausgabe. Berlin: Pharus-Verlag. SBBPK, Kart. X 34185.

Stettiner Adreßbuch für das Jahr 1941. Jg. 85. Stettin: August Scherl Nachfolger. Online unter: http://www.digitale-bibliothek-mv.de/viewer/image/PPN770593895_1941/33/LOG_0003/ (abgerufen am 28/05/2019).

Stolberg (Rhld.)

Stadtplan Stolberg. 1942. Dortmund: Wilgrödruck (erhalten vom Stadtarchiv Stolberg).

Stuttgart

Adreßbuch der Stadt der Auslandsdeutschen Stuttgart. 1940. Stuttgart: Union Deutsche Verlagsgesellschaft Stuttgart. Online unter: http://digital.wlb-stuttgart.de/purl/bsz4103 42459-19400 & http://wiki-de.genealogy.net/Stuttgart/Adressbuch_1940 (abgerufen am 20/02/2019).

Swinemünde [Świnoujście]

Stadtplan Swinemünde. 1910. SBBPK, S 34893.
Übersichtskarte der Stadt Swinemünde. Zusammengestellt nach amtlichem Material im November 1933 durch den Vermessungstechniker Strohmeyer. SBBPK, S 34895.
Adreßbuch der Stadt Swinemünde. 1938. Swinemünde: W. Fritzsche. Online unter: http://www.digitale-bibliothek-mv.de/viewer/image/PPN818300922_1938/5/LOG_0003/ (abgerufen am 28/05/2019).

Tübingen

Adressbuch der Universitätsstadt Tübingen. 1942. Stuttgart: Windhager Verlag. Online unter: http://www.tuebingen.de/Dateien/adressbuch_1942.pdf (abgerufen am 28/05/2019).
Eck, Helmut. 2017. *Die Tübinger Straßennamen. Vielfach umbenannt*. Tübingen: Stadtarchiv der Universitätsstadt Tübingen.

Völklingen

Bürgermeister von Völklingen am 24.10.1938. *Betrifft: Straßenbenennungen in den neuen Siedlungen*. A Nr. 2701 (erhalten vom Stadtarchiv Völklingen).
Bürgermeister von Völklingen am 22.12.1938 an den Herren Polizeipräsidenten in Saarbrücken. *Nr. 5 Strassenbenennung für die neuen Siedlungen*. A Nr. 2701 (erhalten vom Stadtarchiv Völklingen).
Isberner, Roland & Hubert Kesternich. 2012. *Völklinger Straßen gestern und heute. 150 Jahre Straßengeschichte in Wort und Bild*. Völklingen: Harrer Druck.

Waldenburg [Wałbrzych]

Adreßbuch für die Stadt Waldenburg (Schles.). 1939. Waldenburg: Tageblatt-Druckerei.

Weimar

Adreßbuch Weimar. 1919. Weimar: Putze & Hölzer. Online unter: https://zs.thulb.uni-jena.de/receive/jportal_jpvolume_00085593 (abgerufen am 31/10/2018).
Einwohnerbuch der Stadt Weimar. 1937. Weimar: Dietsch & Bruckner GmbH. Online unter: https://zs.thulb.uni-jena.de/receive/jportal_jpvolume_00203079 (abgerufen am 28/05/2019).

Wiesbaden

Stadtplan Wiesbaden. 1939. Berlin: Pharus-Verlag. SBBPK, Kart. X 36202 <1939>.

Wolfenbüttel

Adreßbuch Wolfenbüttel. 1937. Wolfenbüttel: Heckners-Verlag.

Schreiben der Stadt Wolfenbüttel vom 28.10.1936. NLA WO, 34 N 4, Fb. 9 Nr. 4307 (Bestand im Stadtarchiv Wolfenbüttel).

Wuppertal

Orientierungs-Plan des Hauptverkehrsgebietes von Elberfeld und Vohwinkel. Vor 1935. Elberfeld: Eduard Werths. Online unter: https://www.wuppertal-vohwinkel.net/0-pics/1-home/plankarten/mom-plan-vohwinkel-vor-1935.jpg (abgerufen am 28/05/2019).

Adreßbuch Wuppertal. 1938. Wuppertal: Buchdruckereien Born. Online unter: http://wiki-de.genealogy.net/Wuppertal/Adressbuch_1938 (abgerufen am 28/10/2018).

Stock, Wolfgang. 2002. Wuppertaler Straßennamen. Ihre Herkunft und Bedeutung. Essen-Werden: Thales Verlag.

Zerbst/Anhalt

Einwohnerbuch der Stadt Zerbst. 1939/1940. 19. Ausgabe. Zerbst: Otto Schnee (erhalten vom Stadtarchiv Zerbst/Anhalt).

Zwickau

Adreßbuch der Kreisstadt Zwickau und Umgebung. 1940/41. 39. Ausgabe. Zwickau: Förster & Borries. Online unter: https://digital.slub-dresden.de/werkansicht/dlf/94702/1/0/ (abgerufen am 28/10/2018).

Adreßbuch der Stadt Zwickau (Sachsen) und Umgebung. 1943/44. Zwickau: Förster & Borries (erhalten vom Stadtarchiv Zwickau).

Appendix 1: Erstelltes Nameninventar kolonial motivierter Straßennamen

Stadt	SN-Token
Altena	Karl-Peters-Straße
Altenburg	Lettow-Vorbeck-Straße, Samoaweg, Togoweg
Amberg	Lüderitzplatz
Asch [Aš]	Lüderitzstraße
Bad Godesberg	Gerhard-Rohlfs-Straße, Karl-Peters-Straße
Bautzen	Dr.-Peters-Straße, Lüderitzstraße, Wissmannstraße
Berlin	Afrikanische Straße, Damarastraße, Dualastraße, Gröbenufer, Guineastraße, Iltisstraße, Kameruner Straße, Kiautschoustraße, Kongostraße, Lansstraße, Lüderitzstraße, Mohasistraße, Nachtigalplatz, Otavistraße, Pekinger Platz, Petersallee, Sambesistraße, Samoastraße, Sansibarstraße, Senegalstraße, Swakopmunder Straße, Takustraße, Tangastraße, Togostraße, Transvaalstraße, Ugandastraße, Usambarastraße, Windhuker Straße
Bochum	Lüderitzstraße, Petersstraße, Wissmannstraße
Bottrop	Gustav-Nachtigal-Straße, Karl-Peters-Straße, Lüderitzstraße, Wissmannstraße
Brandenburg an der Havel	Gustav-Nachtigal-Straße
Braunschweig	Albert-Voigts-Weg, Carl-Peters-Straße, Hermann-Blumenau-Straße, Kamerunstraße, Lettow-Vorbeck-Straße, Lüderitzstraße, Otto-Finsch-Straße, Swakopmunder Straße, Togoweg, Windhuker Straße, Wissmannstraße
Bremen	Dualaweg, Gerhard-Rohlfs-Straße, Kamerunstraße, Kribiweg, Leutweinplatz, Leutweinstraße, Lüderitzbrücke, Lüderitzstraße, Nachtigalstraße, Otavistraße, Südweststraße, Togoplatz, Togostraße, Waterbergstraße, Windhukstraße, Wissmannstraße
Breslau [Wrocław]	Apiastraße, Dualastraße, Heinrich-Schnee-Straße, Karl-Peters-Straße, Lettow-Vorbeck-Straße, Lüderitzstraße, Samoastraße, Tangastraße, Togostraße, Windhukstraße, Wissmannstraße
Chemnitz	Kamerunstraße, Wissmannstraße
Cuxhaven	Carsten-Niebuhr-Straße, Lettow-Vorbeck-Straße, Leutweinstraße, Lüderitzstraße, Tsingtaustraße, Wissmannstraße
Danzig [Gdańsk]	Carl-Peters-Straße, Lüderitzstraße, Gustav-Nachtigal-Straße, Von-Wissmann-Straße

Stadt	SN-Token
Delmenhorst	Karl-Peters-Straße, Lettow-Vorbeck-Straße, Leutweinstraße, Lüderitzstraße, Nachtigalstraße, Vogelsangstraße, Wissmannstraße
Dessau	Lüderitzweg, Nachtigalweg, Petersweg, Wissmannweg
Dresden	Godeffroystraße, Karl-Peters-Straße, Leutweinstraße, Lüderitzstraße, Nachtigalstraße, Rohlfsstraße, Swakopmunder Straße, Windhuker Straße, Wissmannstraße, Woermannstraße
Duisburg	Kameruner Pfad, Kameruner Straße, Lüderitzallee, Otavistraße, Swakopmunder Pfad, Swakopmunder Straße, Windhuker Pfad, Windhuker Straße, Waterbergpfad, Waterbergstraße
Düsseldorf	Lüderitzstraße, Lüderitzstraße, Meyer-Waldeck-Straße, Meyer-Waldeck-Straße, Petersstraße, Petersstraße, Sodenstraße, Sodenstraße, Solfstraße, Solfstraße, Trothastraße, Wissmannstraße, Woermannstraße, Woermannstraße
Eilenburg	Dr.-Nachtigal-Straße, Dr.-Peters-Straße, Lüderitzstraße
Erfurt	Wissmannstraße
Essen	Askaristraße, Gustav-Nachtigal-Straße, Hansemannstraße, Kamerunstraße, Karl-Peters-Straße, Lüderitzwiese, Samoastraße, Südseestraße, Tangabucht, Windhukweg, Woermannstraße
Forst (Lausitz)	Karl-Peters-Straße, Kamerunstraße, Lüderitzstraße, Nachtigalstraße, Swakopmunder Straße, Togostraße, Tangastraße, Waterbergstraße, Wissmannstraße, Woermannstraße
Frankfurt am Main	Lettow-Vorbeck-Straße, Neuguineaweg, Samoaweg, Tangastraße, Togoweg
Frankfurt/Oder	Wißmannstraße
Gelsenkirchen	Tangastraße, Waterbergstraße, Windhukstraße
Glatz [Kłodzko]	Lettow-Vorbeck-Straße
Gleiwitz [Gliwice]	Lettow-Vorbeck-Straße, Lüderitzstraße, Petersweg, Windhukstraße, Wissmannstraße
Gmünd bzw. Schwäbisch Gmünd	Lüderitzweg, Petersweg
Gotha	Adolf-Lüderitz-Straße, Von Lettow-Vorbeck-Straße
Hagen	Karl-Peters-Straße, Lettow-Vorbeck-Straße
Hamburg	Askaristieg, Carl-Peters-Weg, Daressalamstraße, Dominikweg, Emin-Pascha-Straße, Erckertstraße, Estorffstraße, Gerhard-Rohlfs-Weg, Gustav-Nachtigal-Damm, Kameruneck, Kamerunkai, Kamerunweg, Kamerunstraße, Karl-Peters-Weg, Lüderitzweg, Lettow-Vorbeck-Straße, Otawiweg, Ostafrikadamm, Somalikamp, Südwestkamp, Tangastraße, Theodor-Weber-Reihe, Togokai, Togostraße, Togoweg, Waterberg, Windhuker Stieg, Windhukkai, Windhukstraße, Wissmannsweg, Wissmannsweg

Stadt	SN-Token
Hannover	Am Carl-Peters-Platz, Carl-Peters-Platz, Kamerunstraße, Lettow-Vorbeck-Allee, Nachtigalstraße, Ostafrikastraße, Rohlfsstraße, Woermannstraße, Wissmannstraße
Heilbronn	Guineastraße, Kamerunstraße, Karl-Peters-Straße, Karolinenweg, Lettow-Vorbeck-Straße, Lüderitzstraße, Samoastraße, Tangastraße, Togostraße, Tsingtauer Straße, Windhuker Platz
Herford	Adolf-Lüderitz-Straße, Carl-Peters-Straße, Gustav-Nachtigal-Straße, Hermann-von-Wissmann-Straße
Hildesheim	Karl-Peters-Straße
Hindenburg O.S. [Zabrze]	Lüderitzstraße, Petersstraße, Togostraße
Iglau [Jihlava]	Lüderitzgasse
Iserlohn	Karl-Peters-Straße
Kaiserslautern	Karl-Peters-Straße
Karlsbad [Karlovy Vary]	Herrmann-von-Wissmann-Straße
Karlsruhe	Karl-Peters-Straße, Lettow-Vorbeck.Straße, Lüderitzstraße, Wissmannstraße
Kassel	Lüderitzstraße, Togoplatz, Togostraße, Windhukstraße, Wissmannstraße, Woermannstraße
Kattowitz [Katowice]	Lettow-Vorbeck-Straße
Kiel	Carl-Peters-Straße, Lettow-Vorbeck-Straße, Lüderitzstraße, Nachtigalstraße, Wissmannstraße, Woermannstraße
Koblenz	Gustav-Nachtigal-Straße, Karl-Peters-Straße, Lüderitzstraße, Wissmannstraße, Woermannstraße
Köln	Carl-Peters-Straße, Gravenreuthstraße, Gustav-Nachtigal-Straße, Iltisstraße, Lansstraße, Kamerunstraße, Lettow-Vorbeck-Straße, Lüderitzstraße, Takuplatz, Takustraße, Tangastraße, Togostraße, Wissmannstraße
Königsberg i. Pr. bzw. Königsberg (Pr.) [Kaliningrad]	Karl-Peters-Straße, Liebertstraße, Leutweinstraße, Lüderitzstraße, Rohlfsstraße, Woermannstraße, Wissmannstraße
Königshütte [Chorzów]	Kamerunstraße, Kolonialstraße, Lettow-Vorbeck-Straße, Lüderitzstraße
Landsberg an der Warte [Gorzów Wielkopolski]	Lüderitzstraße, Nachtigalstraße, Petersstraße, Wissmannstraße
Leipzig	Lüderitzstraße, Swakopmunder Straße, Windhuker Straße, Waterberg Straße, Wissmannstraße
Leslau [Włocławek]	Karl-Peters-Straße

Stadt	SN-Token
Lodz bzw. Litzmannstadt [Łódź]	Archipelstraße, Askaristraße, Daressalamer Straße, Dattelweg, Hererostraße, Kakaoweg, Kalaharistraße, Kamerunstraße, Killimandscharostraße, Kokosweg, Koloniestraße, Korallenweg, Lettow-Vorbeck-Straße, Lüderitzstraße, Neuguineastraße, Njassastraße, Palmenweg, Perlmutterstraße, Riffstraße, Samoastraße, Suaheliweg, Südoster Straße, Südwester Straße, Taifunstraße, Tanganjikastraße, Tangaweg, Togostraße, Tropfenpfad, Windhukstraße
Lübeck	Karl-Peters-Straße, Lettow-Vorbeck-Straße, Lüderitzstraße
Ludwigsburg	Lüderitzstraße, Karl-Peters-Straße
Ludwigshafen am Rhein	Nachtigalstraße, Petersstraße, Wissmannstraße
Lüneburg	Karl-Peters-Straße
Lünen	Lettow-Vorbeck-Straße
Magdeburg	Dualaweg, Daressalamer Weg, Gustav-Nachtigal-Straße, Kameruner Weg, Leutweinweg, Lomeweg, Massaiweg, Tangaweg, Togoweg, Swakopmunder Weg, Windhuker Weg, Woermannstraße, Kilimandscharoweg, Waterberg, Wissmannstraße
Mannheim	Karl-Peters-Straße, Gustav-Nachtigal-Straße, Leutweinstraße, Lüderitzstraße, Wissmannstraße
Merseburg	Lüderitzstraße, Nachtigalweg, Petersstraße, Tangaweg, Togoweg, Windhukweg, Wissmannweg, Woermannstraße
Mühlheim an der Ruhr	Dr.-Karl-Peters-Straße, Lüderitzstraße, Von-Lettow-Vorbeck-Straße
München	Anechostraße, Askaripfad, Bennigsenstraße, Daressalamstraße, Daressalamstraße, Dominikstraße, Dualastraße, Emin-Pascha-Platz, Gröbenstraße, Großfriedrichsburger Straße, Groß-Nabas-Straße, Iltisstraße, Kamerunplatz, Kameruner Straße, Karl-Peters-Straße, Kibostraße, Leutweinstraße, Lüderitzstraße, Lomeweg, Nachtigalplatz, Nachtigalstraße, Maerckerstraße, Nettelbeckstraße, Rohlfsstraße, Sansibarplatz, Samoaplatz, Samoastraße, Sansibarstraße Swakopmunder Straße, Taku-Fort-Straße, Tangastraße, Togostraße, Togostraße, Tsingtauer Straße, Tsingtaustraße, Usambarastraße, Von-Erkert-Platz, Von-Erkert-Straße, Von-Gravenreuth-Straße, Von-Heydebreck-Straße, Von-Trotha-Straße, Waterbergstraße, Windhuker Straße, Wissmannstraße
München Gladbach	Lettow-Vorbeck-Straße
Münster	Lüderitzweg, Woermannweg
Neustadt an der Haardt bzw. Weinstraße	Gustav-Nachtigal-Straße, Karl-Peters-Straße, Lüderitzstraße, Von-Wissmann-Straße
Nürnberg	Wissmannplatz, Wissmannstraße
Oberhausen	Karl-Peters-Straße, Leutweinstraße, Lüderitzstraße, Windhuker Straße, Wissmannstraße

Stadt	SN-Token
Oldenburg	Tangastraße
Oranienburg	Dualastraße, Kamerunstraße, Lüderitzstraße, Otavistraße, Swakopmunder Straße, Tabrastraße, Togostraße, Transvaalstraße, Windhukstraße
Pabianitz [Pabianice]	Kamerunstraße, Karl-Peters-Straße, Lettow-Vorbeck-Straße, Lüderitzstraße, Nachtigalstraße, Samoastraße, Togostraße, Wissmannstraße
Pirmasens	Dr. Carl-Peters-Straße
Pirna	Dr. Carl-Peters-Straße, Gustav-Nachtigal-Straße
Posen [Poznań]	Karl-Peters-Straße, Lüderitzstraße, Lettow-Vorbeck-Straße, Nachtigalstraße, Wissmannstraße
Ravensburg	Gustav-Nachtigal-Weg, Lüderitzweg, Petersweg
Recklinghausen	Karl-Peters-Straße, Gustav-Nachtigal-Straße, Lettow-Vorbeck-Straße, Lüderitzstraße, Von-Wissmann-Straße
Riesa	Dr.-Karl-Peters-Straße, Dr.-Nachtigal-Straße, Lüderitzstraße
Saalfeld	Carl-Peters-Platz, Lettow-Vorbeck-Straße
Saarbrücken	Lüderitzstraße
Saarlouis bzw. Saarlautern	Von-Lettow-Vorbeck-Straße
Schweidnitz [Świdnica]	Lüderitzufer
Schweinfurt	Karl-Peters-Straße, Lüderitzstraße
Siegburg	Dr. Karl-Peters-Straße
Solingen	Lüderitzweg, Wissmannstraße
Stettin [Szczecin]	Kamerunstraße, Lüderitzlandstraße, Tangastraße, Togostraße, Waterbergstraße, Windhuker Straße
Stolberg (Rhld.)	Dr. Karl-Peters-Straße
Stuttgart	Deutsch-Ostafrika-Straße, Deutsch-Südwestafrika-Straße, Kameruner Straße, Lüderitzstraße, Leutweinstraße, Neuguineastraße, Otavistraße, Petersstraße, Samoastraße, Südseestraße, Togostraße, Tangastraße, Tsingtauer Straße, Windhuker Straße, Wissmannstraße
Swinemünde [Świnoujście]	Karl-Peters-Straße, Lüderitzstraße
Tübingen	Eduard-Haber-Straße
Völklingen	Karl-Peters-Straße, Lettow-Vorbeck-Straße, Lüderitzstraße, Nachtigalstraße, Wissmannstraße
Waldenburg [Wałbrzych]	Petersstraße, Wissmannstraße

Stadt	SN-Token
Weimar	*Lüderitzstraße, Petersstraße, Rohlfsstraße*
Wiesbaden	*Karl-Peters-Straße*
Wolfenbüttel	*Karl-Peters-Straße, Lüderitzstraße, Wissmannstraße*
Wuppertal	*Lettow-Vorbeck-Straße, Samoastraße, Windhukstraße*
Zerbst/Anhalt	*Karl-Peters-Straße*
Zwickau	*Karl-Peters-Straße, Lüderitzstraße*

Appendix 2: Ortskorpus

Alle aufgeführten Städte wurden hinsichtlich kolonial motivierter Straßenbenennungen zwischen 1884 und 1945 untersucht. Die innerhalb des Untersuchungszeitraums erfolgten Eingemeindungen wurden berücksichtigt, werden in dieser Liste aber nicht einzeln aufgeführt.

Aachen, Aalen, Ahaus, Allenstein [Olsztyn], Altena, Altenburg, Amberg, Ansbach, Apolda, Arnstadt, Asch [Aš], Aschaffenburg, Aschersleben, Aue, Augsburg, Aussig [Ústí nad Labem], Baden-Baden, Bad Godesberg, Bad Kreuznach, Bamberg, Bautzen, Bayreuth, Bendzin [Będzin], Bergisch Gladbach, Berlin, Bernau bei Berlin, Bernburg (Saale), Beuthen [Bytom], Bielefeld, Bocholt, Bochum, Bodenbach (Sud) [Děčín], (Böhmisch-)Budweis [České Budějovice], Bonn, Bottrop, Brandenburg an der Havel, Braunsberg (Ostpreußen) [Braniewo], Braunschweig, Bremen, Bremerhaven-Wesermünde, Breslau [Wrocław], Brieg [Brzeg], Bromberg [Bydgoszcz], Brühl, Brünn [Brno], Brüx [Most], Bunzlau [Bolesławiec], Burg, Castrop-Rauxel, Celle/Zelle, Chemnitz, Krenau bzw. Chrzanow [Chrzanów], Coburg, Cottbus, Crimmitschau, Cuxhaven, Czeladz [Czeladź], Danzig [Gdańsk], Darmstadt, Datteln, Delmenhorst, Dessau, Detmold, Dinslaken, Dirschau [Tczew], Döbeln, Dombrowa [Dąbrowa Górnicza], Dortmund, Dreieich, Dresden, Duisburg, Düren, Düsseldorf, Eberswalde, Eger [Cheb], Eilenburg, Eisenach, Eisleben, Elbing [Elbląg], Elmshorn, Emden, Erfurt, Erlangen, Eschweiler, Essen, Esslingen am Neckar, Falkensee, Flensburg, Forst (Lausitz), Frankenthal (Pfalz), Frankfurt (Oder), Frankfurt am Main, Freiberg, Freiburg im Breisgau, Freital, Friedrichshafen, Fulda, Fürstenwalde/Spree, Fürth, Gablonz an der Neiße [Jablonec nad Nisou], Gelsenkirchen, Gera, Gevelsberg, Gießen, Gladbeck, Glatz [Kłodzko], Glauchau, Gleiwitz [Gliwice], Glogau [Głogów], Gnesen [Gniezno], Göppingen, Görlitz [Zgorzelec], Goslar, Gotenhafen [Gdynia], Gotha, Göttingen, Graudenz [Grudziądz], Graz, Greifswald, Greiz, Grünberg i. Schlesien [Zielona Góra], Guben [Gubin], Gumbinnen [Gussew], Gummersbach, Güstrow, Gütersloh, Hagen, Halberstadt, Halle a. d. Saale, Hallein, Hamburg, Hameln, Hamm, Hanau, Hannover, Heidelberg, Heidenheim an der Brenz, Heilbronn, Herford, Herne, Herten, Hilden, Hildesheim, Hindenburg O.S. [Zabrze], Hirschberg [Jelenia Góra], Hof, Homberg (Efze), Homburg (Saarland), Hürth, Idar-Oberstein, Iglau [Jihlava], Ingolstadt, Innsbruck, Inowrazlaw/Hohensalza [Inowrocław], Insterburg [Tschernjachowsk], Iserlohn, Itzehoe, Jägerndorf [Krnov], Jaworzno, Jena, Jungbunzlau [Mladá Boleslav], Kaiserslautern, Kalisch [Kalisz], Kamp-Lintfort, Karlsbad [Karlovy Vary], Kassel, Karlsruhe, Kattowitz [Katowice], Kempten, Kiel, Kladno [Kladno], Klagenfurt, Klausberg [Mikulczyce], Kleve, Koblenz, Kolberg [Kołobrzeg], Kolin [Kolín],

Kolmar [Colmar], Köln, Komotau [Chomutov], Königsberg i. Pr. bzw. Königsberg (Pr.) [Kaliningrad], Konstanz, Köslin [Koszalin], Köthen (Anhalt), Krefel, Krems, Kremsier [Kroměříž], Küstrin [Kostrzyn nad Odrą], Kutno [Kutno], Landau in der Pfalz, Landsberg an der Warthe [Gorzów Wielkopolski], Landshut, Langenbielau [Bielawa], Leipzig, Lemberg [Lwow], Leslau [Włocławek], Leverkusen, Liegnitz [Legnica], Linz, Lippstadt, Lodz bzw. Litzmannstadt [Łódź], Lörrach, Lübeck, Luckenwalde, Lüdenscheid, Ludwigsburg, Ludwigshafen am Rhein, Lüneburg, Lünen, Magdeburg, Mährisch Ostrau [Ostrava], Mainz, Mannheim, Marburg, Marienburg [Malbork], Marienwerder [Kwidzyn], Marl, Meerane, Meiningen, Meißen, Memel [Klaipėda], Merseburg, Metz, Minden, Moers, München Gladbach bzw. Mönchengladbach, Mühlhausen/Thüringen, Mülhausen [Mulhouse], Mülheim an der Ruhr, München, Münster, Naumburg (Saale), Neisse [Nysa], Neubrandenburg, Neumünster, Neunkirchen, Neuruppin, Neuss, Neustadt an der Haardt bzw. Weinstraße, Neustadt O.S. [Prudnik], Neustrelitz, Neuwied, Nordhausen, Nordhorn, Nürnberg, Oberhausen, Offenbach am Main, Offenburg, Oldenburg, Olmütz [Olomouc], Oppeln [Opole], Oranienburg, Osnabrück, Ostrowo [Ostrów Weilkopolskiv], Pabianitz [Pabianice], Paderborn, Pardubitz [Pardubice], Passau, Pforzheim, Pilsen [Plzeň], Pirmasens, Pirna, Plauen, Posen [Poznań], Plozk [Płock], Potsdam, Prag [Praha], Prenzlau, Prerau [Přerov], Proßnitz [Prostějov], Quedlinburg, Radebeul, Rathenow, Ratibor [Racibórz], Ratingen, Ravensburg, Recklinghausen, Regensburg, Reichenbach, Reichenberg [Liberec], Remscheid, Rendsburg, Reutlingen, Rheine, Riesa, Rosenheim, Rostock, Rybnik [Rybnik], Saarbrücken, Saalfeld, Saarlouis/Saarlautern, Sagan [Żagań], Salzburg, Sankt Pölten, Schlesisch Ostrau [Slezská Ostrava], Schleswig, Schneidemühl [Piła], Schönebeck (Elbe), Schweidnitz [Świdnica], Schweinfurt, Schwelm, Schwenningen, Schwerin, Siegburg, Siegen, Soest, Solingen, Sonneberg, Sorau [Żary], Sosnowitz [Sosnowiec], Speyer, St. Ingbert, Stargard [Szczeciński], Staßfurt, Stendal, Sulzbach (Saar), Steyr, Stettin [Szczecin], Stolberg (Rhld.), Stolp [Słupsk], Stralsund, Straßburg [Strasbourg], Straubing, Stuttgart, Suhl, Swinemünde [Świnoujście], Tarnowitz [Tarnowskie Góry], Teplitz-Schönau [Teplice], Teschen [Český Těšín], Thorn [Toruń], Tilsit [Sowetsk], Trier, Troppau [Opava], Tübingen, Ulm, Velbert, Viersem, Villach, Völklingen, Waldenburg [Wałbrzych], Wanne-Eickel, Warnsdorf [Varnsdorf], Warthenau [Zawiercie], Weiden, Wilhelmshaven, Weimar, Weißenfels, Wels, Werdau, Wernigerode, Wesel, Wiesbaden, Wetzlar, Wien, Wilhelmshaven, Wismar, Witten, Wittenberg, Wolfenbüttel, Worms, Wuppertal, Würzburg, Zdunska Wola bzw. Freihaus [Zduńska Wola], Zeitz, Zerbst/Anhalt, Zgierz [Zgierz], Zittau, Zlin [Zlín], Znaim [Znojmo], Zoppot [Sopot], Zweibrücken, Zwickau.

Appendix 3: Auszug aus dem Annotationsraster für die in Dresden und Breslau [Wrocław] verfügten Kolonialismen

SN-Token	Ortspunkt	Orts-typ	Benennungs-zeitraum	KLASS-Token	MOD-Token	MOD-Type	Klassenzu-gehörigkeit MOD	Räumliche Referenz top. MOD
Godeffroystr.	Dresden	G	Fakt. Kolonialzeit	straße	Godeffroy	Godeffroy	ANTHR	x
Karl-Peters-Str.	Dresden	G	nach VV, NS-Zeit	straße	Karl Peters	Peters	ANTHR	x
Leutweinstr.	Dresden	G	nach VV, NS-Zeit	straße	Leutwein	Leutwein	ANTHR	x
Lüderitzstr.	Dresden	G	Fakt. Kolonialzeit	straße	Lüderitz	Lüderitz	ANTHR	x
Nachtigalstr.	Dresden	G	Fakt. Kolonialzeit	straße	Nachtigal	Nachtigal	ANTHR	x
Rohlfsstr.	Dresden	G	nach VV, NS-Zeit	straße	Rohlfs	Rohlfs	ANTHR	x
Swakopmunder Str.	Dresden	G	nach VV, NS-Zeit	straße	Swakopmunder	Swakopmund	TOP, OIK	dt. Kolonialbesitz, Afr., Deutsch-Südwestafrika
Windhuker Str.	Dresden	G	nach VV, NS-Zeit	straße	Windhuker	Windhuk	TOP, OIK	dt. Kolonialbesitz, Afr., Deutsch-Südwestafrika
Wissmannstr.	Dresden	G	Fakt. Kolonialzeit	straße	Wissmann	Wissmann	ANTHR	x
Woermannstr.	Dresden	G	nach VV, NS-Zeit	straße	Woermann	Woermann	ANTHR	x
Apiastr.	Breslau	G	nach VV, NS-Zeit	straße	Apia	Apia	TOP, OIK	dt. Kolonialbesitz, Südsee, Samoa
Dualastr.	Breslau	G	nach VV, NS-Zeit	straße	Duala	Duala	TOP, OIK	dt. Kolonialbesitz, Afr., Kamerun
Heinrich-Schnee-Str.	Breslau	G	nach VV, NS-Zeit	straße	Heinrich Schnee	Schnee	ANTHR	x
Karl-Peters-Str.	Breslau	G	nach VV, NS-Zeit	straße	Karl Peters	Peters	ANTHR	x
Lettow-Vorbeck-Str.	Breslau	G	nach VV, NS-Zeit	straße	Lettow-Vorbeck	Lettow-Vorbeck	ANTHR	x
Lüderitzstr.	Breslau	G	nach VV, NS-Zeit	straße	Lüderitz	Lüderitz	ANTHR	x
Samoastr.	Breslau	G	nach VV, NS-Zeit	straße	Samoa	Samoa	TOP, CHOR	dt. Kolonialbesitz, Südsee, Samoa

Appendix 3 — 297

SN-Token	Ortspunkt	Ortstyp	Benennungszeitraum	KLASS-Token	MOD-Token	MOD-Type	Klassenzugehörigkeit MOD	Räumliche Referenz top. MOD
Tangastr.	Breslau	G	nach VV, NS-Zeit	straße	Tanga	Tanga	TOP PRAX	dt. Kolonialbesitz, Afr., Deutsch-Südwestafr.
Togostr.	Breslau	G	nach VV, NS-Zeit	straße	Togo	Togo	TOP, CHOR	dt. Kolonialbesitz, Afr., Togo
Windhukstr.	Breslau	G	nach VV, NS-Zeit	straße	Windhuk	Windhuk	TOP, OIK	dt. Kolonialbesitz, Afr., Deutsch-Südwestafrika
Wissmannstr.	Breslau	G	nach VV, NS-Zeit	straße	Wissmann	Wissmann	ANTHR	x

(fortgesetzt)

SN-Token	CL (gr./kl.) vs. Einzelbenennung	Status	Explizite Aussagenzusammenhänge
Godeffroystr.	CL (gr.), Räcknitz/Zschertnitz	NEU	„Zum Andenken an den Hamburger Großkaufmann Joh. Cesar Godeffroy, Begründer von Handelsstationen und Plantagen in der Südsee" (OGB Dresden 1913)
Karl-Peters-Str.	CL (gr.), Räcknitz/Zschertnitz	NEU	(o. A.)
Leutweinstr.	CL (gr.), Räcknitz/Zschertnitz	NEU	(o. A.)
Lüderitzstr.	CL (gr.), Räcknitz/Zschertnitz	NEU	„Zum Andenken an den Großkaufmann Franz Lüderitz, der Angra Pequena erwarb und damit den Grund zu den deutschen Kolonien in Südwest-Afrika legte" (OGB Dresden 1913)
Nachtigalstr.	CL (gr.), Räcknitz/Zschertnitz	NEU	„Zum Andenken an den Afrikaforscher Gustav Nachtigal, der als Generalkonsul Togo, Kamerun und Lüißeritzland unter deutschen Schutz stellte" (OGB Dresden 1913)
Rohlfsstr.	CL (gr.), Räcknitz/Zschertnitz	NEU	(o. A.)
Swakopmunder Str.	CL (gr.), Räcknitz/Zschertnitz	NEU	(o. A.)
Windhuker Str.	CL (gr.), Räcknitz/Zschertnitz	NEU	(o. A.)
Wissmannstr.	CL (gr.), Räcknitz/Zschertnitz	NEU	„Zum Andenken an den Afrikaforscher und vormaligen Gouverneur von Deutsch-Ostafrika Hermann von Wißmann" (OGB Dresden 1913)

SN-Token	CL (gr./kl.) vs. Einzelbenennung	Status	Explizite Aussagenzusammenhänge
Woermannstr.	CL (gr.), Räcknitz / Zschertnitz	NEU	„Zum Andenken an den Hamburger Großkaufmann und Reeder Adolf Woermann, Besitzer von Faktoreien und Plantagen in Kamerun, Mitbegründer der Woermann-Dampferlinie nach Westafrika" (OGB Dresden 1913)
Apiastr.	CL (gr.), Mochbern	NEU	(o. A.)
Dualastr.	CL (gr.), Mochbern	NEU	(o. A.)
Heinrich-Schnee-Str.	CL (gr.), Mochbern	NEU	„Heinrich Schnee, ehemaliger Gouverneur von Deutsch-Ostafrika" (Adressbuch Breslau 1943 II: 136)
Karl-Peters-Str.	CL (gr.), Mochbern	NEU	(o. A.)
Lettow-Vorbeck-Str.	CL (gr.), Mochbern	NEU	„Paul von Lettow-Vorbeck. Kommandeur der Schutztruppe in Deutsch-Ostafrika 1914–1918" (Adressbuch Breslau 1943 II: 207)
Lüderitzstr.	CL (gr.), Mochbern	NEU	(o. A.)
Samoastr.	CL (gr.), Mochbern	NEU	(o. A.)
Tangastr.	CL (gr.), Mochbern	NEU	(o. A.)
Togostr.	CL (gr.), Mochbern	NEU	(o. A.)
Windhukstr.	CL (gr.), Mochbern	NEU	(o. A.)
Wissmannstr.	CL (gr.), Mochbern	NEU	„Herm. v. Wißmann, Afrikareisender, erwarb Deutsch-Ostafrika für Deutschland." (Adressbuch Breslau 1943 II: 397)

Personen- und Autorenregister

Adler, Horst 165
Adolfmeister, Adolf E. 58
Agamben, Giorgio 33
Ahlfänger, Jörg H. 85, 236
Alderman, Derek H. 16f.
Aleff, Maria 37f., 120, 134, 151
Assmann, Aleida 15
Assmann, Jan 15
Auer, Peter 4, 34
Azaryahu, Maoz 12ff., 16, 20

Bach, Adolf 11, 22, 24, 28
Backhaus, Peter 34
Bake, Rita 14, 180
Barth, Andreas 23
Bechhaus-Gerst, Marianne 18f., 174f., 202, 215, 228
Behne, Claudia 29ff.
Bennigsen, Rudolf von 200
Ben-Rafael, Eliezer 34
Berg, Lawrence D. 16, 20
Bergmann, Rolf 23
Bering, Dietz 26f., 56
Berman, Russel A. 17, 146
Blaha, Walter 165
Bourhis, Richard Y. 34
Bruns, Karin 158
Bungert, Gerhard 165
Busse, Beatrix 34, 210, 244
Bußmann, Hadumod 94

Casemir, Kirstin 31
Clark, Christopher M. 79
Conrad, Sebastian 18

Damaschke, Adolf 55
Darmstädter, Paul 159
Debus, Friedhelm 20, 23f.
Dernburg, Bernhard 150
Dewein, Barbara 32, 34
Dieckhoff, Erwin 174
Dix, Andreas 16f.
Dollinger, Hans 55
Dominik, Hans 200
Domke, Christine 34f.

Dörfler, Hans-Diether 28f., 56
Döschner, Jascha 91, 93
Dunker, Axel 34
Dunse, Karin 233
Dürr, Michael 42

Ebert, Verena 3, 18, 22, 27f., 31, 34, 37ff., 43, 50, 54, 71, 90, 97, 118ff., 184, 187, 210, 214, 237, 253
Eck, Helmut 9, 166
Eichler, Ernst 22f., 32
Eisenberg, Peter 96f.
Emin Pascha (Schnitzer, Eduard) 187, 199f.
Engel, Michael 85
Engelberg, Stefan 33, 37
Epkenhans, Michael 171
Erbar, Ralph 199
Erckert, Friedrich 122, 134ff., 181
Estorff, Ludwig von 181

Ferguson, Priscilla Parkhurst 13
Flacke, Johannes 51
Foucault, Michel 33
Frese, Matthias 9, 14f., 21
Friedrichsmeyer, Sara 18
Fuchshuber, Elisabeth 25
Fuchshuber-Weiß, Elisabeth 11, 25, 27, 32
Fuhrhop, Nanna 95f.

Gardt, Andreas 44
Gatter, Thomas 44
Gerstenberger, Debora 39
Glasner, Peter 25f., 28f., 35
Godeffroy, Jh. Cesar 67, 199
Gorter, Durk 34
Grewe, Bernd-Stefan 156
Grimm, Hans 222
Gröben, Otto Friedrich von der 200
Großsteinbeck, Klaus 26f.
Gründer, Horst 78, 135f., 158, 160, 208, 217
Günzel, Stephan 20

Haerendel, Ulrike 243
Hahn, Heinz 21

Halbwachs, Maurice 15
Hamann, Christof 143
Handke, Kwiryna 32, 38
Handro, Saskia 9, 18f.
Hanke, Christian 187, 202
Hardenberg, Karl August von 59
Harten, Hans Christian 218, 223
Harweg, Roland 91
Heineberg, Heinz 192, 241
Hellfritzsch, Volkmar 28
Hennig, Mathilde 4
Henschel, Richard 15
Hermann, Gertrude 61
Hermann, Wilhelm 61
Heuser, Rita 10f., 24f., 27ff., 38, 41f., 212, 246
Heyden, Ulrich van der 2, 17f., 115, 155, 248
Hilscher, Hans G. 57
Hilscher, Hans-G. 55, 57, 196
Hoffmann, Walter 28
Hofmann, Michael 149
Holtmann, Everhard 48
Honold, Alexander 2, 18, 143, 188, 200
Hough, Carol 32
Hürten, Heinz 171

Isberner, Roland 197

Jäger, Fritz 143
Jansen, Jan C. 1
Jaworski, Rudolf 14
Jessen, Jens 252

Kalousková, Lenka 32, 81, 83, 165
Kämper, Heidrun 12f., 28, 44, 105, 252
Katterfeld, A. 71
Kaufmann, Fred 169, 172
Kausch, Oskar 53, 65, 68, 71, 73, 77, 101, 118, 121f., 124ff., 131f., 134, 138ff.
Kenkmann, Alfons 9
Kesternich, Hubert 197
Klein, Wolf Peter 48
Kleinfeld, Hermann 183
Kludas, Arnold 178
Kohlheim, Volker 27ff.
Korff, Gottfried 12f., 21
Koß, Gerhard 23, 25, 36

Kraft, Heinz 171, 182
Kreykenbohm, Marcel 18
Külz, Ludwig 147
Kundrus, Birthe 17

Laak, Dirk van 17, 42
Landry, Rodrigue 34
Lemme, Sebastian 19
Lemmen, Daniel J. 219
Lene, Hauptmann a.D. 143
Lettow-Vorbeck, Paul von 57, 60, 68, 78, 84, 105
Leutner, Mechthild 18
Leutwein, Theodor Gotthilf 63
Levkovych, Nataliya 37
Leza, José-Luis Iturrioz 37
Lindner, Ulrike 18, 244
Linke, Angelika 43
Linne, Carsten 217
Löffler, Heinrich 43
Lüderitz, Franz Adolf Eduard 19, 81, 83

Maas, Herbert 175
Mader, Friedrich W. 158
Mauf, Pascal 30
Meißner, Wolfgang 197
Melchers, Paul 22
Meyer-Waldeck, Alfred 184, 199
Miccoli, Paolo 37ff.
Moser, Hugo 27
Mückler, Hermann 19, 38
Mühlhäusler, Peter 19
Myers, Garth Andrew 17

Nachtigal, Gustav 67
Neethling, Bertie 32
Nettelbeck, Joachim 71f.
Neuß, Elmar 28f.
Niemeyer, Manfred 29
Nübling, Damaris 5, 8ff., 23ff., 29, 32, 36, 41, 43, 91, 95, 97f., 100, 118, 128, 226

Oebel, Guido 28, 31
Osterhammel, Jürgen 1

Papen, Uta 34
Pesek, Michael 141

Peters, Carl/Karl 19, 53f., 60, 94
Poguntke, Peter 14, 19, 238, 240
Pöppinghege, Rainer 15, 20f., 84
Puttkamer, Jesko von 128

Randeria, Shalini 18
Reeken, Dietmar von 9
Reinecke, Wilhelm 147, 165
Riederer, Günter 15
Roeder, Heidi 212, 243
Rogowski, Christian 17
Rohlfs, Gerhard 122, 134f., 168, 214

Sänger, Johanna 15, 20, 56
Schäfers, Stefanie 183
Scheer, Reinhard 55
Schlobinski, Peter 42
Schmidt-Brücken, Daniel 4, 32, 34, 43, 54
Schmuck, Mirjam 41f.
Schnee, Heinrich 3, 53, 61, 63, 65, 68, 71, 73, 77, 83, 90, 95, 97, 99, 101, 105, 118, 121ff., 129ff., 134f., 138f., 142, 144, 147, 150f., 153f., 159, 194f., 199, 205, 214, 239
Schöfert, Arne 217
Schohusen, Friedrich 165
Schorn, Hans Traugott 53
Schulte-Varendorff, Uwe 136, 155, 159
Schultheis, Johannes 23, 25
Schulz, Matthias 2f., 5, 12, 20f., 34, 37ff., 42f., 50, 54, 63, 71, 75, 120, 134, 184, 253
Schürmann, Felix 18, 239
Schuster, Susanne 37
Seutter, Konstanze 44
Shohamy, Elana 34
Siebenherz, Eva 9
Sladeczek, Martin 30
Soden, Julius Freiherr von 184, 199
Solf, Wilhelm 125, 151, 183f., 199
Sonderegger, Stefan 9f., 15f., 20, 29
Speitkamp, Winfried 1, 17, 38, 136, 140, 160f., 172, 222
Spitzmüller, Jürgen 37, 101, 128
Stachel, Peter 14
Steinhäuser, Frauke 18f.
Stock, Wolfgang 227
Stöllin, o.A. 177

Stolz, Thomas 2, 5, 22f., 32ff., 39f., 42, 45, 47, 70, 86f., 90f., 100f., 117, 120, 132f., 136, 138f., 150f., 153, 210, 239, 249, 252

Tarde, Gabriel 115
Tarpley, Fred 32
Thiem, Erwin 169, 172, 219, 223
Thum, Gregor 104
Tjarks, Anjes 18
Trebeß, Achim 15
Trierenberg, Georg 147
Trotha, Lothar von 129

Urban, Thomas 219

Vogt, Martin 71
Vollerthum, Waldemar 147
Vualteenaho, Jani 16, 20

Waldersee, Alfred von 73
Walther, Hans 23
Warnke, Ingo H. 1f., 4ff., 20, 22f., 32ff., 39f., 42, 44ff., 54, 70, 76, 86f., 90f., 100f., 117, 120, 128, 132f., 136, 138f., 150f., 153, 161, 210, 239, 244, 247, 249f., 252
Weber, Theodor 199
Weichel, Thomas 243
Weidner, Marcus 9, 14f., 164f., 167, 169, 195ff., 237f.
Weinacht, Helmut 10
Wenniger, Florian 9
Werner, Gerhard 175
Werner, Marion 9f., 26ff., 186, 190, 212, 226
Winkelmann, Helmut 11, 44
Winzer, Otto 90, 154, 209
Wissmann, Hermann von 68, 94, 98, 105
Wittmann-Zenses, Manfred 165
Woermann, Adolf 67
Wolter, Günther 187
Wolter, Stefanie 250
Wünsche, Alwin 143

Yeoh, Brenda 16f.

Zantop, Susanne M. 17, 217
Zeller, Joachim 2, 17f., 43, 115, 155, 248
Ziegler, Evelyn 34f.
Zimmermann, Helmut 202

Sachregister nebst geografischen Bezeichnungen

Administration 6f., 11f., 20, 44, 47, 54, 61, 63, 71, 109, 115, 139, 149, 151, 153, 156, 162, 172, 188, 190, 209f., 212, 228, 233, 236f., 245, 248
Afrika 1, 38, 78, 88, 99, 103, 132, 143, 151, 177, 215ff.
Altena 106, 164, 287, 293
Altenburg 106, 109, 146, 166f., 171, 226f., 229, 236, 287, 293
Amberg 106, 165, 229, 236, 239, 287, 293
Anthroponym 23, 71, 88, 98, 102ff., 117, 119ff., 132ff., 154ff., 170ff., 175f., 190f., 195, 198ff., 204f., 207ff., 249
Appellativum 88, 229
Asch [Aš] 81, 106, 108, 165f., 287, 293
Askari 84, 110f., 115, 118, 158f., 180, 195f., 201, 203, 225, 231, 288, 290

Bad Godesberg 106, 167f, 170, 287, 293
Bautzen 3, 106, 189, 195, 198, 287, 293
Benennungsmotivik 11f., 50, 53, 55, 57, 59f., 63, 68, 71ff., 75, 79, 81, 95, 97f., 101, 104f., 122, 127f., 130, 133, 135f., 141ff., 146, 152, 159f., 171f., 177f., 181, 184f., 199f., 206, 222, 251
Benennungspraktiken 6, 31, 34, 36f., 39f., 44, 48, 52, 63, 70, 91f., 100, 103, 109, 111, 113, 117f., 134, 140f., 145, 151, 160, 236, 247
Benennungsprozess 7, 16, 27ff., 38, 43, 70, 92ff., 101, 248
Benennungszeitpunkt 12, 54, 62, 75, 115
Berlin 2f., 11, 14f., 18, 53, 64, 80, 85, 90, 93, 96, 100, 106f., 109, 115, 119, 129, 132, 151f., 154, 161, 168ff., 182, 184, 186ff., 200, 205ff., 211, 214, 231f., 236f., 239, 248, 287, 293
Bochum 61, 98, 106f., 189, 195, 198, 211, 293, 287
Bottrop 106, 189, 195, 231f., 237, 239, 287, 293
Brandenburg an der Havel 106, 165, 287, 293
Braunschweig 3, 59f., 78, 106f., 135ff., 189, 201, 207ff., 211, 242, 287, 293

Bremen 43, 63f., 73, 80, 106f., 109, 121, 128, 139, 146, 149, 151, 168, 182, 187f., 191f., 194f., 198, 210f., 215, 229, 243, 248, 287, 293
Breslau [Wrocław] 51, 65, 68f., 87f., 102ff., 112, 119, 124, 145, 189, 201, 227, 287, 293, 296ff.

Chemnitz 106f., 109, 157, 167f., 170, 210, 248, 287, 293
Choronym 88, 98, 103, 124, 131, 137ff., 147, 149, 154ff., 161, 177, 192, 194f., 205ff., 238
Cluster 6, 27ff., 59, 63ff., 67ff., 72ff., 78, 84, 89, 99f., 103f., 108, 116, 128, 163f., 168, 170ff., 230ff., 237ff., 242ff., 250ff.
Cuxhaven 3, 106, 109, 187, 201, 203, 243, 248, 287, 293

Danzig [Gdańsk] 55, 106, 108, 167f., 193, 287, 293
Daressalam 38, 110f., 115, 120, 123, 125, 127, 140, 153, 179f., 191, 202f., 225, 252, 288, 290
Delmenhorst 106, 189, 196, 231f., 288, 293
Dessau 57, 106f., 189, 196, 288, 293
Deutsche Kolonialgesellschaft (DKG) 3, 65, 71, 121, 153ff, 168, 175, 188f., 211
Deutsch-Neuguinea 38, 61, 74, 89, 99, 120, 137, 150f., 200
(Deutsch-)Ostafrika 110ff., 115, 123, 125, 138
(Deutsch-)Südwest(-Afrika) 110ff., 115, 123, 138, 148
Diskursfunktion 5ff., 35, 45, 52, 70, 87, 103, 105, 116ff., 120, 133, 137, 140, 152, 155, 169, 175, 186, 209, 215, 247, 249f., 252f.
Dresden 3, 65ff., 69f., 87f., 102ff., 106ff., 112, 119, 124, 145, 186f., 201, 211, 215, 227, 248, 288, 293ff.
Duala 68, 78f., 102f., 110f., 115, 123, 125ff., 139, 155, 157, 187, 191f., 194f., 200ff., 205, 207, 287, 290f., 296, 298
Duisburg 106f., 189, 201, 215ff., 252, 288, 293

Düsseldorf 54, 99, 106f., 109, 122, 168, 170, 182ff., 189, 196, 198f., 208, 229f., 248, 288, 293

Fixierungspraktiken 7, 104, 111f., 152, 162, 176, 188f., 199, 210, 212, 240
Forst (Lausitz) 3, 58, 106, 189, 201, 203, 215, 288, 293
Frankfurt am Main 27, 53, 105ff., 134, 189, 202, 231f., 288, 293
Frankfurt (Oder) 106, 293

Gattungseigennamen 91
Gelsenkirchen 106f., 189, 191, 210, 215, 288, 293
Gewissheiten 4ff., 33, 38, 43, 45, 48, 87f., 91, 94, 105, 116, 133, 137, 145, 150, 153f., 159, 161f., 163, 186, 191, 210, 212, 214, 218, 225, 236, 242, 247ff.
Glatz [Kłodzko] 106f., 165, 229, 288, 293
Gleiwitz [Gliwice] 106f., 109, 187, 202, 215, 288, 293
Gmünd bzw. Schwäbisch Gmünd 106, 175, 288
Gotha 58, 106, 136, 174, 288, 293

Hagen 106f., 167, 229, 288, 293
Hamburg 14, 18f., 67, 80, 92, 106f., 109, 118, 123, 130, 136, 149, 168f., 177ff., 187, 189, 191f., 194ff., 198f., 210, 215, 229, 231f., 238, 240, 243, 288, 293
Hannover 18, 105ff., 109, 182, 187, 189, 196, 202, 215, 231f., 248, 252f., 289, 293
Heilbronn 3, 61, 75, 106, 130, 135, 169, 172, 189, 202ff., 208, 289, 293
Herford 106, 169, 189, 196, 229, 289, 293
Hildesheim 106, 165, 229, 289, 293
Hindenburg O.S. [Zabrze] 106f., 189, 202, 289, 293
Hydronyme 88, 98, 131f., 142ff., 205ff., 211, 225

Iglau [Jihlava] 82f., 106, 108, 165f., 289, 293
Iltis 85, 110f., 119, 131, 188, 200, 202f., 214f., 287, 289f.
Iserlohn 106, 158, 165, 229, 235, 289, 293

Kaiserslautern 58, 84, 106f., 165, 289, 293
Kamerun 2f., 67, 78f., 84, 88, 91, 99, 103, 110f., 113f., 121ff., 125ff., 131, 134, 138f., 146, 150, 154, 156f., 161, 167f., 174, 178ff., 184, 187, 191ff., 200ff., 207, 216f., 219, 221, 225, 231, 287ff., 296ff.
Karlsbad [Karlovy Vary] 81, 106, 108, 165f., 289, 293
Karlsruhe 106f., 189, 196, 289, 293
Karolinen 61, 74f., 99, 110f., 150, 202, 204, 289
Kassel 106f., 122, 189, 202, 215, 289, 293
Kattowitz [Katowice] 106, 108, 165f., 289, 293
Kiautschou 89, 95, 99, 110f., 127, 146, 148, 154, 184, 199f., 215, 217, 243, 287
Kibo 110f., 131f., 142f., 203, 205f., 290
Kiel 55ff., 59, 105ff., 189, 196, 198, 244, 289, 293
Klassifikator 88, 90, 92ff., 96f., 102, 111, 113f., 116, 118, 121, 124, 155, 157, 161, 178, 208, 249
Koblenz 106, 189, 196, 289, 293
Köln 3, 18f., 25ff., 56, 106f., 109, 119f., 130f., 135f., 146, 169, 172, 174f., 182, 188f., 202, 208, 211, 214f., 226f., 229, 248, 253, 289, 294
Königsberg i. Pr. bzw. Königsberg (Pr.) [Kaliningrad] 51, 106f., 109, 169f., 189, 196, 198, 289, 294
Königshütte [Chorzów] 51, 106, 108, 163, 177, 218f., 221f., 289
Kolonialakteure 9, 54, 57, 63, 65, 68, 72, 74, 103, 135ff., 156, 160, 169, 176, 179, 183, 189, 198f., 205, 208ff., 215, 217, 220, 222, 230, 240, 249f.
Kolonialdiskurs 40, 52f., 61, 79, 97, 101, 159, 248
Koloniale Raumaneignung 2, 5f., 37, 42, 44, 46, 70, 88, 93, 100, 140, 210
Koloniale Straßennamen 2, 71, 84, 181, 186
Kolonialepoche 5, 17, 47, 53, 65f., 68, 77, 110, 113, 115, 127, 132, 155, 175, 200, 207, 211, 215ff., 245
Kolonialgebiete 9, 37, 68, 99, 138f., 143, 145f., 156, 161, 178, 192, 215, 217, 238

Kolonialgeschichte 1, 17f., 32, 47f., 68, 158, 209, 214, 217, 225, 242
Kolonialismus 1f., 5, 17f., 20, 32f., 39, 44, 46, 53f., 61f., 75, 77f., 80, 87, 94, 101, 108, 137, 140, 182, 193, 247, 250
Koloniallexika 53f., 65, 68, 71, 73, 75, 77f., 97, 101, 121, 124, 126, 128f., 131, 133f., 139
Kolonialmacht 6, 36, 38f., 88, 99, 120, 141, 144ff., 150, 152ff., 157, 161, 216, 236, 249
Kolonialrevisionismus 33, 160, 217, 239
Kolonialtoponomastik 8, 22, 32ff., 39f., 42, 87, 90f., 252
Kommemoration 7, 12, 61, 78, 96, 134, 136, 148f., 155, 161f., 163, 170, 172, 176, 186, 189, 193ff., 199f., 207, 209f., 212, 214f., 222, 226, 230, 233, 236, 239f., 245, 248ff., 253
Kongo 111, 131f., 142, 145, 152ff., 200, 205f., 217, 287
Konstruktionsmuster 6, 78, 103, 113ff., 117ff., 123, 130f., 133, 137f., 140f., 144, 149, 154f., 159ff., 163, 205, 225, 250

Landsberg an der Warthe [Gorzów Wielkopolski] 106, 189, 197, 289, 294
Leipzig 3, 14, 23, 54, 75, 95, 105ff., 109, 130, 169f., 186f., 202, 208, 211, 214, 216, 229f., 248, 289, 294
Leslau [Włocławek] 106, 108, 165f., 289, 294
Lodz bzw. Litzmannstadt [Łódź] 106, 108, 111, 116, 118f., 132, 149, 163, 169, 172, 177, 218f., 222ff., 290, 294
Lomé 96f., 111, 157, 202f., 205, 213, 252, 290
Ludwigsburg 106, 167, 290, 294
Ludwigshafen am Rhein 106f., 117, 189, 197, 231f., 235, 290, 294
Lübeck 73, 106f., 136, 189, 197, 290, 294
Lüneburg 106, 165, 290, 294
Lünen 106, 165, 172, 229, 235, 290, 294

Magdeburg 3, 92, 105ff., 109, 128, 132, 174ff., 189, 202, 205f., 212f., 215, 230, 243, 248, 290, 294
Makrotoponym 24, 35, 37, 40, 87, 91, 100, 117, 120, 124, 151, 153

Mannheim 106f., 189, 197, 243, 290, 294
Merseburg 3, 54, 106, 135f., 189, 202, 215, 290, 294
Metasprache 101, 104f., 136, 238, 251, 253
Metropole 1f., 5, 7, 18, 20, 22, 39f., 42ff., 48, 67, 70, 77, 80, 86ff., 91, 93f., 100, 103ff., 113, 115, 117f., 120, 123, 132ff., 137, 139ff., 159ff., 186, 217, 247ff.
Mikrotoponym 2, 24, 34, 37ff., 42f., 70, 75, 80, 87, 90f., 98, 118, 120, 133f., 151
Modifikator 88, 90, 93ff., 110ff., 123f., 137f., 144ff., 155, 157, 159, 161, 170, 175, 182, 186, 190f., 194f., 198ff., 205ff., 214f., 223ff., 240, 249, 253
Mohasi 111, 131f., 142, 145, 201, 295ff., 287
Mühlheim an der Ruhr 106f., 189, 197, 290
München 9, 18f., 50, 55, 59, 71f., 78, 95, 99, 106f., 109, 118f., 128ff., 137, 142ff., 152f., 159, 184ff., 189, 197ff., 202f., 205ff., 211, 244, 253, 290, 294
München Gladbach 106, 165, 290, 294
Münster 106, 108, 123, 173f., 176, 230, 290, 294
Musterkolonie 164ff.

Namengebung(sprozesse) 10, 16, 20, 28, 30f., 154
Nationalsozialismus 6, 14, 17f., 40, 48, 67, 79, 102, 108, 110, 157, 159, 170, 175f., 193, 211f., 217, 220, 226, 239, 248
Neustadt an der Haardt bzw. Weinstraße 74f., 106, 189, 197, 290, 294
Njassa 111, 131f., 142, 145, 225, 290
Nürnberg 106, 108f., 175, 225, 290, 294

Oberhausen 106, 108, 167, 229, 234, 290, 294
Oikonym 88, 98, 102f., 124, 126f., 138ff., 147, 149, 155f., 161, 177, 192, 205, 214, 238, 249
Oldenburg 106, 165, 170, 229, 291, 294
Onomastik 7ff., 20, 22ff., 41f., 89, 100, 252
Oranienburg 3, 78f., 99f., 106, 152, 189, 203, 215, 227, 291, 294
Oronym 88, 91, 98, 124, 131, 142ff., 205ff., 211

Otavi 78f., 94, 111, 115, 123, 127, 139, 148f., 187, 191, 201, 203, 207, 232, 287f., 291

Pabianitz [Pabianice] 106, 108, 163, 177, 218ff., 291, 294
Pirmasens 106, 165, 291, 294
Pirna 106, 109, 175, 291, 294
Place-Making 87, 244f., 248
Posen [Poznań] 106, 108, 167f., 291, 294
Praxonyme 88, 103, 124, 128ff., 132, 138, 141, 149, 161, 170, 194, 205, 214

Ravensburg 3, 106, 189, 197, 291, 294
Recklinghausen 106, 189, 197, 231f., 237, 239, 291, 294
Reichskolonialbund (RKB) 155ff., 162, 189, 217, 236, 240, 244f., 248
Riesa 106, 189, 197, 291, 294

Saalfeld 106, 175, 230, 291, 294
Saarbrücken 106, 108f., 165, 170, 242, 291, 294
Saarlouis bzw. Saarlautern 106, 165, 291, 294
Sambesi 111, 132, 142, 145, 201, 205ff., 287
Samoa 38, 68, 89, 93, 99, 102f., 111, 115, 120, 123, 125f., 138, 146ff., 150, 157, 161, 166f., 175, 184, 199, 201ff., 207, 219, 225, 230f., 234, 238, 287ff., 296, 298
Sansibar 17, 99ff., 111, 122f., 125, 127, 138, 140, 152ff., 201ff., 207, 252, 287, 290
Schutzgebiet 3, 42, 54, 61, 89, 99, 118, 120, 124ff., 135, 138f., 144, 146, 150f., 154ff., 184, 192, 194, 204, 242
Schweidnitz [Świdnica] 106, 108, 165, 291, 294
Schweinfurt 107, 175, 291, 294
Siegburg 107, 166, 291, 294
Solingen 107f., 167, 229, 234, 291, 294
Stettin [Szczecin] 3, 51, 105, 107f., 189, 191ff., 210, 215, 231f., 237, 243, 291, 294
Stolberg (Rhld.) 107, 166, 229, 291, 294
Stuttgart 3, 14, 19, 107f., 146, 149, 189, 203, 225, 231f., 238f., 291, 294
Swakopmund 65ff., 78f., 94ff., 102f., 111, 115, 123, 126f., 139, 145, 148ff., 152, 161, 201ff., 214, 216, 287ff., 296f.

Swinemünde [Świnoujście] 107, 175, 230, 235, 291, 294

Taku 85, 94, 111, 113, 120, 123, 128ff., 136, 141, 188, 200, 202f., 214f., 287, 289f.
Tanga 68, 92, 102, 111, 115, 123, 128ff., 132, 141, 144, 156ff., 165, 170f., 180f., 191, 193f., 201ff., 207, 210, 225, 229, 231f., 239f., 287ff., 297f.
Tanganjika 111, 132, 142, 145, 225, 290
Togo 2f., 19, 67f., 78f., 89, 96f., 99, 102f., 111ff., 121, 123f., 126, 138f., 146ff., 150, 154ff., 161, 166f., 169, 178, 180ff., 187, 191ff., 201ff., 213, 219, 225, 229, 231, 238, 252f., 287ff., 297f.
Toponomastik 5, 22, 24f., 32, 34f., 38, 41
Transvaal 78ff., 99ff., 111, 152, 201, 203, 207, 287, 291
Tsingtau 37f., 93ff., 111, 115, 120, 123, 127, 139, 146f., 184, 187, 201ff., 207, 232, 238, 243, 287, 289ff.
Tübingen 107, 137, 166, 291, 294

Umbenennungsprozesse 28, 163, 226ff., 230ff., 237, 240, 244ff., 253
Usambara 111, 131f., 142, 144, 205, 297

Vergabepraxis 3, 65, 176, 203, 218, 226, 241f., 251
Versailler Vertrag 88, 238f.
Völklingen 107, 189, 197, 209, 242, 291, 294

Waldenburg [Wałbrzych] 107f., 167, 291, 294
Waterberg 92, 111, 115, 123, 128ff., 141f., 148f., 180f., 191, 193f., 202, 205, 214, 231, 288ff.
Weimar 107, 109, 135, 167f., 170, 248, 292, 294
Weimarer Republik 6, 14, 43, 48, 52, 71, 88f., 95, 104, 114, 188, 217, 226, 235, 239, 248
Wiesbaden 107f., 166, 291, 294
Windhuk 60, 65ff., 78f., 90, 102f., 111ff., 123, 126f., 139, 145, 148ff., 155f., 161, 167, 175, 178f., 181f., 187, 191ff., 201ff., 207, 214, 216, 225, 229ff., 234, 238, 287ff., 296ff.

Wissensbestände 4ff., 36, 47, 94, 143, 160f.
Wissenskonzepte 101, 111, 117, 134, 139, 144, 159, 186, 190, 217, 248ff.
Wissensordnungen 36, 38, 78, 86, 120, 133, 137
Wolfenbüttel 107, 117, 189, 197, 231f., 237, 239, 292, 294

Wuppertal 52, 72, 107f., 136, 169, 175, 226f., 229f., 232, 234, 253, 292, 294

Zerbst/Anhalt 107, 166, 292, 294
Zwickau 107, 175f., 292, 294
Zwischenkriegszeit 88f., 109f., 113ff., 155f., 160, 166, 178, 184, 187, 189, 192f., 207, 210, 222, 238, 243

www.ingramcontent.com/pod-product-compliance
Lightning Source LLC
Chambersburg PA
CBHW060350190426
43201CB00044B/1959